浙商研究系列

U0657305

*T*HE STUDY OF ZHEJIANG
BUSINESSMEN
2010

浙商研究
2010

吕福新　主　编
张旭昆　副主编

浙江工商大学出版社

本书编委会名单

（按姓氏笔画排序）

编委会主任　　吕福新

编委会成员　　王春福　　刘海生　　吕福新

　　　　　　　李生校　　张旭昆　　张宗和

　　　　　　　杨轶清　　吴高庆　　金杨华

　　　　　　　项国鹏　　赵浩兴　　韩永学

序

　　"浙商"是当今世界之中国第一民商。浙商是中国改革开放以来率先兴起的百姓商人,大多出身于农民;浙商源于浙江"疾虚妄、倡实践"以及民众本位、"义利并举"和"工商兼本"的文化传统;浙商既根植于浙江本土又远征于全国和世界;浙商人数众多、分布广泛和抱团经营,成为实力和影响很大的民商群体;浙商既充分利用"后发优势"而迅速崛起,又先行遭遇"后发劣势"而面临挑战;浙商正处于代际传承和转型提升的关键时期。

　　浙江省浙商研究中心是 2006 年批准设立的浙江省首批哲学社会科学重点研究基地之一,依托于浙江工商大学,对社会开放。浙江工商大学为了整合全校科研资源,提升浙商研究,于 2009 年 10 月把浙江工商大学浙商研究中心升格为浙江工商大学浙商研究院。于是,就有了浙江省浙商研究中心和浙江工商大学浙商研究院两个名称。

　　浙江省浙商研究中心(浙江工商大学浙商研究院)的理念和宗旨,是坚持以民众为本位,反映当今世界之中国的现代化,以及经济全球化以国家现代化为基础,国家现代化以民众现代化为根本的规律,体现知识和理论来自实践、服务实践、提升实践的要求,把商业功利与社会理想、科学知识与人文知识、中国传统文化与西方现代文明结合起来,进行综合的知识创新,以促使当今世界之中国第一民商——浙商的现代化。

　　浙江工商大学浙商研究院的目标和使命,是用全球化的视野,从中国经济、社会和文化现代化的全局与高度来观察、审视和研究浙商,成为浙商研究的学术高地,浙商政策的咨询参谋,浙商发展的理论支持和思想导航,促使浙商成为"世界之中国"的主流商人群体。

　　浙江工商大学浙商研究院的学科特色,是把哲学社会科学作为一个整体来把握和运用于浙商研究,开展经济学、管理学、政治学、人文学、社会学、心理学、法学、哲学等多学科和跨学科研究,在综合性的平台上进行综合创新,提出了自主性与相关性统一的完整主体性分析范式,试图创建"浙商主体—环境和生态"的思想理论体系。同时,确立了"东方管理思想和浙商文化"、"浙商与企业家和企业发展"、"浙江民营经济与浙商竞争优势"三个主攻方向,浙商行为与公共政策和法律制度、浙商社团组织、浙商与浙江经济社会发展以及浙商的分支包括温商、台商、甬商、婺商、越商、湖商和杭商等研究内容。同时,采取"四位一体,两个对接",即学者、商人、官员和传媒人四位一体,对接政府决策和企业实践的工作思路。

浙江工商大学浙商研究院从 2006 年起,每年选择不同的主题进行研究,先后出版了《浙商转型研究》、《浙商人文精神》、《浙商创新——从模仿到自主》和《浙商崛起与危机应对》等论文集。从 2010 年开始,论文集统一以《浙商研究》为主书名,体现以书代刊。

浙江省哲学社会科学重点研究基地
——浙江省浙商研究中心主任、首席专家
浙江工商大学浙商研究院院长、博导

吕福新
2010 年 12 月

目　　录

第一篇　转型发展

第二篇　创业创新

第三篇　经营管理

第四篇　历史演进

第五篇　政策建议

转型发展

浙商群体转型发展的思路^①

吕福新

全球金融危机总体和根本地暴露了全球资本主义生活方式和生产方式的局限,全面和集中地暴露了发达国家和发展中国家的经济增长方式及其关系格局等的局限,典型和突出地暴露了中国后发现代化的"后发劣势"以及浙商群体的局限。在"后危机"时期,浙商群体必须实行转型发展。浙商群体转型发展的方向,是体现循着一超越自然历史发展的规律,反映中国特色社会主义市场经济的要求,从自发逐利以及与环境冲突的商人群体转变和发展为科学创值以及与环境协调的企业家群体,并通过人、企业、产业和区域等不同层面的路径来推进和实现。

一、浙商群体转型发展的背景与挑战

1. 浙商群体转型发展的背景

浙商作为中国改革开放以来率先兴起的人数最多、分布最广和影响最大的第一民商群体,其转型发展的背景直接是全球金融危机和"后危机"时期的中国改革开放和经济社会以及浙商群体的状况。

中国的改革开放,既要实行市场经济,与经济全球化对接,又在计划经济的基础上进行,要坚持社会主义和以公有制经济为主体,是没有先例的,必须而且只能"摸着石头过河"。而改革开放首先是从体制边缘开始,解放农民,使农民从农业中解放出来,允许农民从事工商业活动。第一代浙商就是这样开始形成的,其80%来自于农民。浙商是以个私所有为基础并主要从事轻纺工业或日常用品生产经营的民商,处于计划经济体制外。但是,当民商发展到一定的规模之后,一方面是要求法律的保护和政策的支持,要求有相应的

---

①在本成果的产生过程中经过浙商研究院及有关专家的集体讨论,吸收了一些专家的观点。

制度环境,这就与计划经济体制发生直接的矛盾和冲突;另一方面是要求进入新的生存空间和发展领域,要求进入重化工业等,这就与国有垄断行业发生直接的矛盾和冲突。这两方面都需要进行深层的和根本性的体制改革,实行存量调整基础上的发展。但由于中国实行的是渐进改革,是在不调整存量和不触动既得利益的前提下进行的增量发展,甚至是在既得利益集团的领导下进行改革和发展,因此当增量和新生利益发展到一定程度,而与存量和既得利益发生矛盾和冲突时,就进退两难甚至是无所适从了,摸不着石头过河了。中国的改革和发展,从体制边缘到体制中心,从增量增长到存量调整和总量发展,从摸着石头过河到摸不着石头过河。这也因为单纯的经济改革和发展到一定程度,就再也走不下去了,必然触动政治体制和社会结构,但政治体制和社会结构的变革非常困难,进退维艰。摸不着石头过河,有三种可能:一是硬着头皮往前走,可能撞得头破血流,甚至淹没在水里;二是往回退,没有前途;三是忽左忽右,徘徊摇摆。

与摸不着石头过河相对应的是,浙商群体处于迷茫状态。在此之前,中国改革开放尽管是摸着石头过河,但思路和方向是明确的,而且可行,因此作为中国改革开放以来率先兴起的民商群体,浙商是改革的产物,与改革开放的方向和步伐相一致。第一阶段1978—1989年,主要是解决"生存"的问题;第二阶段1990—1999年,主要是解决"向左向右"的问题;第三阶段2000—2009年,主要解决"向内和向外"问题。每一个阶段,浙商都走在全国的前列,都快半拍,是改革的先行者,成为市场化和民营经济发展的"风向标",引起全国舆论的关注,而且越往前越兴奋。但是,从现在开始,在"后危机"时期,浙商群体就处于迷惘状态,生存问题早就解决了,而且往往是几代人吃不完;赚钱的路子很广但越来越受阻,经常碰壁;发展经济,受制于市场、资源、环境、技术、人才和制度等;承担社会责任,处处伸手,没有限度,难以承受;参与政治的作用,受现有政治体制和格局的限制,等等。这样,浙商群体就面临"何去何从",以及"路在何方"的问题。

2. 浙商群体转型发展的挑战

浙商群体转型发展遭遇的最大挑战,是中国后发现代化正面临"后发劣势"凸显,浙商先行遭遇了"后发劣势"。中国是在欧美发达国家已经进入后现代化,日本等也已实现现代化之后才真正地、大规模和正式地开始现代化。欧美是先发现代化,日本等是继发现代化,我们中国是后发现代化。后发现代化,既处于当今世界环境和格局中,可以利用先发现代化和继发现代化所产生和形成的科技、产业、产品等文明成果,具有"后发优势",又基于自己的历史和传统,在文化、制度和国民素质等方面受落后传统和保守力量的制约,存在"后发劣势"。"后发优势"主要表现为,有大量的市场和产业机会,有长期的计划经济和短缺经济以及积压的人口众多的巨大消费需求所形成的市场机会,有发达国家上百年工业化所产生的科技发明、产业革命、产品创新的产业机会,以及大量未被开发的廉价的土地、矿产和劳动力资源等可供利用,因而可以较长时间地高速增长经济规模,使物质财富的数量和硬件设施的规模迅速增加或扩大。这实际上主要是低水平的经济扩张。同时,大量的赚钱和获利也导致人们的欲望尤其是物欲的过分膨胀。于是,当低水平的经济扩张遭遇市场、资源、环境的根本束缚和限制时,"后发劣势"也就充分和严重地暴露出来了。"后发劣势"除了有障碍现代化的传统文化和观念,旧的制度和习俗,落后的知识和技能外,还有因一味追求金钱和物质欲望膨胀以及急功近利而导致道德沦陷等。浙商作为中国改革开放以来率先兴起的民商群体,也就自然先行遭遇了"后发劣势"。浙商所遭遇的"后发劣势",既突出地表现为其知识、素质和能力受制于其对物质欲望和经济利益的追求,落后于经济发展的要求,也突出地表现为其知识、素质和能力受制于现有体制和制度以及传统文化和社会观念等客观环境,落后于社会发展的要求,从而集中和突出地表现为知识、素质和能力危机以及环境和社会危机。这是浙商群体转型发展的根本挑战。

浙商群体转型发展面临的挑战,就其自身来说主要在于草根性,第一代浙商的80%来自于农民,存在很多难以超越的障碍,尤其是一代人要完成几代人的历史使命,更是困难和挑战重重。同时,浙商企业虽然经过一二十年和二三十年的发展,有了一定的基础和规模,但基本都属于中小企业。截至2009年底,浙江中小企业总数超过260万家,其中工业中小企业达到91万多家,占全省企业总数的99%、地区生产总值的88%、外贸出口的81%、新增就业的92%。在后金融危机时期和加快转型升级的背景下,大量中小企业的技术含量、产业层次和获利能力低,又面临原材料、能源、土地、劳动力等生产要素短缺及其价格上涨的约束,其生存和发展形势面临严峻的挑战。

浙商群体转型发展面临的挑战,就其环境来说主要在于严重失衡。这包括经济扩张与资源约束、过度竞争的民间工商业与过度垄断的国有行业包括金融业、过度膨胀的低技术产业与过于弱小的高科技产业、投资规模扩张与投资效益低下、出口贸易导向增长与国际贸易壁垒限制、资本权利与社会责任、私人资本与官僚资本、特权利益与社会公平、制度需求与制度供给等的严重失衡,其集中和突出地表现为社会结构严重失衡。以个私所有及私人资本为基础和主要从事低技术的传统工商业并大量依靠出口导向增长和实行经济扩张的浙商正处在这种种严重失衡的社会结构的中心。

草根浙商的迅速崛起,并形成先发的后发优势,从国内市场来看,一个重要的原因就是浙商的产业结构与同期的国内居民消费结构高度吻合。但是,随着经济的发展,居民消费需求结构发生了明显变化,对浙商的适应能力和产业转型提升能力提出了挑战。如果浙商仍旧停留在传统的需求收入弹性较小的行业,那么由于这些行业的发展空间有限,浙商的发展将受到很大制约;如果浙商要进入变化了和在变化中的居民消费需求产业,那么如何实现产业转型升级将是一个很大的难题。总之,国内居民消费需求结构的变化使浙商陷入一个两难困境。

从国际市场的视角看,草根浙商的迅速崛起也由于其充分利用低成本优势和块状经济规模优势,以及利用中国加入 WTO 的市场机会,抢占国际低端产品市场的很大份额,使浙商成为世界性资源配置的重要力量。但是,这种大规模的低端产品出口导向的经济增长模式难以为继,尤其是全球金融危机的爆发,浙商遭遇了外需萎缩、人民币升值压力、生产要素价格持续上涨和贸易保护等多重挑战,浙商的传统竞争优势大大削弱,不可能再继续普遍扮演世界低端加工厂的角色。但是,浙商要提升在全球产业链中的地位却是很困难,极具挑战性的。

总之,浙商面临三重"内外交困":外需萎缩和国内市场竞争加剧同时存在;企业内部管理水平提升艰难与外部经营环境改善艰难同时存在;浙商的企业家精神及素质瓶颈约束与资本社会化及公司法人治理瓶颈约束同时存在。这对浙商的生存和发展构成巨大挑战。

3. 浙商群体转型发展的基础

改革开放以来,由于人数众多的浙商率先崛起和快速发展,使以民营经济为主体的浙江经济规模在全国处于前列,尤其是居民人均收入水平处于全国各省和自治区的首位,而且产业结构也趋于合理化。据浙江省政府有关经济部门初步核算,在金融危机背景下的 2009 年浙江全省的经济概况也比较良好,其指标如下表所示:

2009 年浙江经济总体指标

GDP	人均 GDP	城镇居民人均可支配收入	农村居民人均纯收入	三产比例
22832 亿元	44335 元	24611 元	10007 元	5.1∶51.9∶43

浙商和浙江经济的一个显著特点,是形成块状经济和产业集群。在同一区域内,集中发展某一产业,形成较大规模的产业群。如义乌小商品、乐清低压电器、海宁皮革服装、永康五金制品、诸暨珍珠和嵊州领带、浦江水晶工艺

品等。

浙商的先发优势,不仅使浙江经济的总量处于全国前列,而且使浙商企业的规模也得到大幅提升,在全国民营企业中处于前列。这既从最近几年来全国百强民营企业中浙商企业占着最大的比重中看出,也可从浙江规模以上工业增加值中看出。2009 年浙江省人均 GDP 达到了 44335 元,全部工业增加值为 10457 亿元,其中规模以上工业增加值 8232 亿元,制造业中高新技术产业增加值 1771 亿元,占规模以上工业的比重为 21.5%,规模以上工业增加值仅在省内的私营企业就达到了 3228 亿元。2009 年全国工商联公布的中国民营企业 500 强,浙江占据 182 席,同时浙江企业百强中民营企业占 80% 以上。这些经济数据居于国内各省前列,这是浙江省和浙商经济转型发展的良好基础。

浙商群体转型发展的另一个重要基础,是浙商群体规模很大,分布广泛。据浙江省工商行政管理局的初步调查,目前浙江人在省外境内经营发展的有 400 万左右,加上境外的 100 多万和省内的 500 万左右,目前大约有 1000 多万浙江人在中国和世界五大洲开发资源、开拓市场和创造财富。据省委政策研究室和省政府经济合作交流办公室的最新调查统计,省外国内有浙商总数 600 万。无论从数量还是质量来看,浙江商人已经成为中国当之无愧的第一创富集团。同时,经过 30 年的发展,浙商队伍中已经成长起一批优秀的企业家,他们既自觉地贯彻国家的大政方针和政策,又自觉地开发和利用各种社会资源,并不断创新,不断地把企业做大做强。

二、浙商群体转型发展的目标和趋势

1. 浙商群体转型发展的要求

浙商群体转型发展,从根本上说是反映在当今国际环境和形势下中国现代化的发展要求。当今的国际环境和形势,是发达国家已经进入和处于包括后市场化、后工业化和后城市化在内的后现代化。后现代化主要是网络经济社会、知识经济社会和低碳经济社会等。而中国正处于市场化、工业化和城市化的现代化过程中。总的来说,中国还是处于现代化的中期,甚至在不少地区和方面还处于现代化的早期。中国实行现代化,一方面是要循着现代化的自然历史进程,按照发达国家已经走过的路子走;另一方面是要超越现代化的自然历史进程,超越发达国家的现代化路径,即循着一超越自然历史发展。浙商作为中国改革开放以来率先兴起的第一民商群体,更要循着超越现代化的自然历史进程,要率先行动和实践。

当今的国际环境和形势,是资本主义主导的。一方面是资本驱使经济全球化,推动和实现市场、资源、贸易、生产和经营以及产业的全球化;另一方面是资本的竞争性、掠夺性、扩张性和强权化,与资源、市场和环境的有限性,以及落后国家和地区的发展要求等,形成尖锐的矛盾和冲突,并寻求在资本主义体系中难以解决的解决方案。在这样的国际环境和形势下,中国的根本出路只能且应该是走中国特色的社会主义道路。但中国特色的社会主义道路,是没有人走过的,有很多不确定性,甚至可能会有鱼目混珠,把陈旧的落后的甚至是腐朽的东西作为中国特色社会主义的内容或要素。但是,我们只能也必须按照中国特色社会主义的原则,这也是对浙商群体转型发展的根本要求,并集中地体现为资本权利与社会公平和责任的协调。

就经济而言,浙商群体转型发展主要反映可持续发展以及浙江经济与浙商经济互动发展的要求。大量消耗资源和污染环境的粗放型经济增长难以为继,必须转向节约资源、保护环境、精益生产、低碳消费和循环经济的发展方式。浙商必须反映经济发展方式转变的要求。这种发展方式的转变既是一种目标,也是一个过程,它体现在浙江经济与浙商经济的关系上。浙江经济经过前 30 年的快速增长,已经到了工业化的中后期,继续以往的工业化会受资源和环境的极大限制,浙江可用的土地资源等十分有限,而且还出现"民工荒",工业化的成本优势已经被中西部地区所取代,开辟新的工业化和发展知识经济又受科技和人才等高端资源短缺的限制。所以,浙江经济的发展速度开始落后于沿海地区的江苏和山东等,更普遍落后于中西部地区。而遍布于省外全国各地的浙商,已经拥有并将更大规模和更高程度地开发利用其他地方的土地、矿产、科技和人才资源而继续快速发展。这就需要使浙江经济与浙商经济结合起来,实现互动发展。这主要是依托于浙江率先工业化的基础,利用浙商在省外全国各地拥有和开发的资源,一方面是延长工业化的时间,为工业化提升创造更好的条件,奠定更加坚实的基础;另一方面是促使工业化快速地从低端提升到中端,从中端提升到高端,从工业化提升到信息化和知识化的水平。这主要是资本与资源的结合。

就社会而言,浙商群体转型发展主要反映社会结构调整和变革的要求。浙商已经成为资本的所有者和社会的富有阶层。浙商群体要在经济上持续发展,社会上和谐相处,就必须反映对严重失衡的社会结构进行调整和变革的要求。这除了处理和协调好资本与劳动的关系外,主要是处理和协调私人性与社会性,以及个体理性、群体理性、社会理性的矛盾和非均衡关系。浙商作为既得利益者,自然是要维护自己既得权利,并与社会结构保持协调。但是,在国家政策和制度安排存在很多缺陷,社会意识形态和利益格局存在很多局限的情况下,浙商追求自己利益最大化的个体理性,与社会利益最大化的社会理性之间严重失衡,社会理性严重缺失。这就要求浙商提高社会理性,更加主动地承担社会责任,推动和促使社会结构的调整与变革。

总之,浙商应该树立理想,率先进行和实现转型升级。浙商作为中国改革开放以来率先兴起的第一民商,如果不能在中国率先成功实现转型升级,那么它的先发优势和领先优势将日趋丧失。

2. 浙商群体转型发展的目标

浙商群体转型发展的根本目标,是成为中国现代化和中国特色社会主义事业的同道先行者。从前期看,浙商无疑是中国现代化和中国特色社会主义建设的同道先行者,但主要体现在经济领域。而中国现代化和中国特色社会主义事业是一种长期的使命,一个全方位的事业,要从经济领域拓展到社会、文化和政治以及生态环境等领域,要经历很多变革、转型、超越和提升。浙商转型发展的根本目标就是要反映中国现代化和中国特色社会主义的长期使命,要在经历经济、社会、文化和政治以及生态环境等诸多变革、转型、超越和提升的很长过程中同道先行。

浙商群体转型发展的总体目标,是从片面和对立的主体—生态模式,向全面和协调的主体—生态模式转型发展。改革开放以来率先兴起的浙商群体主要是市场主体,追求私人经济利益的最大化,可谓是片面的主体,它与社会和自然环境的关系也是片面的获取,这种关系的继续发展会产生与环境的对立,形成片面和对立的主体—生态模式。这种模式是不可持续的。浙商群体转型发展的总体目标,就是要转变和发展成全面和协调的主体—生态模式。全面和协调的主体—生态模式,是中国现代化和中国特色社会主义的体现,是自赢与多赢和共赢的模式,是可持续发展的模式。它首先要求浙商丰富自己作为市场主体和经济主体的内涵与属性,充分体现契约精神、公平交易和市场原则,体现稀缺资源的节约和有效利用,提高经济效益等。同时,浙商群体应该使自己成为社会主体和文化主体以及生态环境主体,并使自己逐步成为政治主体,树立相应的价值观念,培养相应的素质能力,履行相应的权利义务。这样,浙商群体就具有完整的主体属性,就能建立和发展协调的主体—生态模式。这个过程也就是重构社会生态系统的过程。

浙商群体转型发展的直接目标,是从自发逐利的商人群体转型发展为科学创值的企业家群体。逐利虽然是市场主体的本性,尤其是温饱问题还没有解决的早期的草根浙商更是自发逐利。但是,不仅已经解决了温饱而且已经富裕起来的浙商,又面对短缺经济和卖方市场已经普遍地转变为供过于求的买方市场,还面临普遍的资源短缺和要素价格上涨的情况,必须从自发逐利的商人群体转型发展为科学创值的企业家群体。单纯赚钱的生意人,不仅自己体会不到金钱之外的快乐和幸福,甚至是赚了钱也缺乏幸福感,而且单纯赚钱的路子也越来越窄了。单纯买卖和模仿会受到知识产权和国际金融高手的限制和打击,中国还比较多的金融管制等。而科学地创值的路子会越走越宽,越走越多,可长期持续发展,能够兼顾利益相关者的意愿和利益,能够实现自赢、多赢和共赢。

从自发逐利的商人群体向科学创值的企业家群体转型发展,包括从物质利益至上的功利主义向精神主导和价值多元的价值主义转型,从个人和家庭至上向企业和社会至上转型,从模仿、投机、偏离主业和泡沫化向自主创新、技术进步和产业提升转型等。

3. 浙商群体转型发展的趋势

浙商群体转型发展的总趋势,与中国改革开放和现代化发展的大趋势相吻合。民商的根本命运是与改革开放和现代化包括经济、社会、政治和文化现代化的前途紧密地联系着的,甚至可谓是一脉相承和相传。浙商群体既会随着中国改革开放的深入和扩展以及现代化事业的推进而进步和发展,而且会先行或适当领先,也会随着中国改革开放以及现代化事业的障碍或挫折而停滞甚至倒退,而且也会先行表现或显现。总之,浙商群体转型发展与中国改革开放和现代化是同呼吸共命运的,既有利用"后发优势"而快速转型发展,又有"后发劣势"的障碍而迟缓地艰难转型和超越发展。浙商先发的"后发优势"和先遇的"后发劣势",在群体转型发展的趋势中会继续存在和表现出来,甚至会强化。

浙商群体转型发展的具体趋势,是在"后危机"时期的进一步分化、淘汰、新生、重组和提升。经过30年的发展,浙商已经出现分化。在全球金融危机和后危机时期的压力、挑战和机遇下,浙商的分化将进一步加剧。有的浙商在危机中逆势而上,主要是因为这部分浙商在危机到来之前就已经开始转型升级,而有些浙商在危机中遭受重创和逆势而下,是因为他们没有转型升级。经历了全球金融危机,有了教训和经验,而且在后危机时期仍然是压力与机遇并存,浙商的分化将更加加剧。越来越多的浙商意识到转型升级的重要性和紧迫性,并加大转型升级的力度,采取有效措施。但同时,也有很多浙商一方面是看到现在的产品还有市场,原先的经营方式还多少有点钱可赚,另一方面是转型升级的自觉性不高,缺乏动力和素质能力,仍然按老路子走下去,甚至滑下去。由于主体的动机、素质和能力以及主观能动性存在差别,在同样的客观环境和条件下,不同的浙商采取不同的态度和行为,出现不同的分层和分类。已经出现并将进一步加剧的浙商分化,其主要表现为:一小部分浙商开始成为以实现和增进社会价值为主要目标,并由社会责任感驱动创新和转型升级的事业家或准事业家;有不少浙商已经和开始成为以追求更大利益为取向而进行创新和转型升级的企业家;有不少浙商延续过去的生产和经营方式而继续扮演企业主或老板角色;有一些浙商成为投资人;有一些浙商单纯投机取巧和炒作买卖而成为极端的生意人;还有一些浙商已经基本甚至完全退出经营活动而单纯依靠资本生活的食利者。当然,还有一些浙商已经和将被淘汰出局,退出历史舞台和浙商队伍。同时,有一大批新生的浙商,他们或者是已经开始接班的第一代浙商的子女,或者是自主创业的大学生,或者是 20 世纪 60 年代尤其是 70、80 年代出生的草根创业者,或者是从打工者转变和提升为创业者或合作创业者,等等。他们往往具有新的视野,对新事物比较敏感,获得新知识的能力较强,运用新的手段和方法进行创业和经营,或多或少体现转型升级的要求。

三、浙商群体转型发展的问题和路径

1. 浙商"人":从草根阶层向民众精英转型发展

浙商群体转型发展,主要是针对浙商存在的主要问题,反映转型发展的目标和要求,选择有效的路径和采取有力的措施,以加快和提高转型发展。其首先是"人"的问题及其转型发展的路径和措施。

从人的角度看,浙商群体转型发展存在的主要问题,是存在比较普遍的本能性、功利化、经验主义和特权化以及伪贵族化等。浙商群体的草根性,受教育程度低,大多数是初中以下文化程度,当初经商基本都是出于生存的本能需要,依靠本能的激发,通过本能的感知,运用本能的魄力和胆识,采取本能的行动,具有明显的本能性,并表现为突出的小农意识。与本能性相联系的是功利化和经验主义。功利首先是本能的要求和体现,在市场经济中不断放大和加强。浙商群体的功利化比较普遍、突出和强烈,这既突出地表现为"炒股"、"炒矿"、"炒房"和"炒黄金"等投机主义,也普遍地表现为只要有钱赚就什么地方和行业都去做的多元化或全面出击。同时,浙商几乎完全是干出来的,在干中学,非常重视经验,经验主义的倾向比较强。在今天,浙商群体的本能性、功利化和经验主义仍然比较普遍和突出地存在着。不仅如此,浙商群体也已经出现或开始形成特权化和伪贵族化的倾向。本来是出身于社会底层或普通百姓的浙商,绝大多数人经商办企业赚了钱,成了富有者或资本所有者,由于受落后的传统文化的影响,一部分浙商已经出现了特权化倾向,既把资本作为特权,自我膨胀,又与特权者"联姻"或结盟,喜欢或热衷于建立和发展各种特殊权利关系,轻视甚至忽视科技和人才。同时,有一些浙商的物欲很强,追求奢侈消费,有的染上赌博恶习等,有一些浙商热衷于追求

高档住宅、别墅、家具、汽车和服装,以及收藏宝物等等,追求高物质享受,精神明显落后于物质,是一种伪贵族化倾向,或者是上面穿西装下面穿裤衩的"文明瘪三"。少数精英浙商也出现特权化和伪贵族化,连西湖景区也出现"富贵化",成了一些大款或大牌浙商的私人会所。特权化和伪贵族化等,会导致不求进取、贪图富贵,自我欣赏、自我膨胀和自恋自闭,导致企业家精神的衰落或衰败。

　　从人的角度看,浙商群体转型发展的有效路径,主要是社会化、科学化、角色化和人格化以及人格超越于角色。浙商群体转型发展超越本能性和功利化的有效路径,是社会化。人的本质是其社会性而不是其自然本性或本能,但只有在社会化的过程中才能真正超越自然本能。浙商的社会化,一方面是不仅仅从自己出发,反映自己的需要、思想和情感等,也了解和反映他人主要是非家庭成员的社会各界人士尤其是普通劳动者和社会贫困者的需要、想法和情感等;另一方面是认识自己的社会地位以及拥有的权利和承担的义务或责任,培养履行权利和承担责任所需要的素质和能力,树立和提升社会资格。浙商群体转型发展克服经验主义的有效途径,是科学化。全球金融危机和后危机从总体和根本上改变了浙商群体生存和发展的环境与条件,使浙商在之前形成的很多成功经验变得过时了。科学是面向未来的。浙商群体转型发展必须从经验主义中跳出来而转向科学,既要通过分析和概括把以往的经验提升为科学,又要以新的科学思想和方法指导经营管理,用科学理性提高实践理性。浙商群体转型发展克服特权化和伪贵族化的有效途径,是角色化和人格化,以及人格超越于角色。传统社会是身份社会,现代社会是角色社会。过分看重或拘泥于自己的资本所有者地位和老板身份,是传统社会的体现。浙商群体应体现现代社会的要求而树立和提高角色意识,反映角色所体现的各种关系,认识老板可以扮演多种不同角色,包括爱护员工角色、关心弱者角色、保护环境角色和创新创业角色,等等。只有角色的改变和创新,才能推动相互关系的改变和发展,才能实现转型发展。同时,浙商必须全面地认识人,认识人的需要和动机,认识人的感性和感知,认识人的理性和科学,认识人的伦理和道德,认识人的心灵和信仰,认识人的品德和行为等。人是可以引导、激发、塑造和改造的,人的精神是无限的。浙商既应该按转型发展的角色要求,培养和塑造自己,又应该保持独立性、自主性和自觉性,以避免产生角色束缚和依附,形成和发展角色人格。人格是平等的,角色人格是适应环境、条件和任务及其变化而形成的角色自我及其超越自我。浙商不仅应该这样对待自己,也应该这样对待他人尤其是员工。

　　从人的角度看,浙商群体转型发展的有力措施,主要是学习、反思、觉悟和互动以及因觉悟和互动而超越自我。浙商无论是社会化和科学化,还是角色化和人格化,都是基于和通过学习来实现的。浙商除了继续在干中学外,还必须向书本学和向他人学等,并在学习中反思,在反思中觉悟,在觉悟中超越自我。浙商的学习,不只是个人或个体的学习,而主要是众人和群体的学习。浙商不乏个人或个体的学习者,有非常自觉的个人学习者,有长期坚持的个体学习者,缺乏的是众人和群体的学习。为此,必须建立浙商群体学习组织,由浙商的学习积极分子带头,社会尤其是高校和科研机构的知识分子积极参加,以理论学习与实践学习的融合以及学以致用和现身说法为有效形式,吸引广大浙商参加,学习科学知识和人文知识,通过交互学习来激发他们自主学习的积极性与热情,培养他们坚持学习的兴趣和毅力,促使他们学会思考和进行反思,以提高学习的自觉性和修养的水平。商会和行业协会也应尽可能增加或加强学习功能,使之成为浙商群体的学习组织。同时,应表彰浙商的学习榜样、学习先进和学习积极分子等,倡导学习精神,营造学习氛围,使实干和务实型浙商转变和发展为学习和知识型浙商。

浙商群体要从草根阶层转型发展成为民众精英,除了拥有资本权利和科学知识外,还要有社会良知和责任感。民众精英是反映和代表民众利益的优秀人士,不同于西方精英理论所认为的是少数社会统治者。浙商群体转型发展,既要突破由新老既得利益集团主导的社会模式的限制,又要突破由个人经历、知识素养和价值观念等形成的较为固定的心智模式的限制。由思维方式和行为习惯构成的心智模式,具有"锚定效应"或"沉锚效应",会排斥异质性资源。没有或缺乏异质性社会成员的参与和作用,社会良知是很难真正形成和长期保持的。所以,我们主张建立"浙商四方思想峰会",由商界、学界、政界和媒体四方有社会良知的精英参加,充分互动。参加者必须具有独立和自主的思想,精神高于地位、权力和财富。"浙商四方思想峰会"既体现科学的批判精神,也体现人文的关怀情操,对浙商群体转型发展的政策和制度环境,经济、社会、政治和文化环境,浙商的精神面貌、生活态度、经营理念和管理模式等,进行客观全面和科学合理的分析,指出是非和利弊,提出建设性的意见和建议,推动和促使浙商群体形成社会良知和树立社会责任感,超越自我,激发创新创业热情,并以体现社会良知和责任的战略来指导企业转型发展。

党和政府应该鼓励和支持浙商群体学习组织和"浙商四方思想峰会"的建立与发挥作用,不仅给予必要的政策、财力和新闻舆论支持,而且要求党政官员以普通成员的身份参与,不是高高在上和作指示,而是虚心听取和发表意见,支持和鼓励讨论,以形成真正体现民众意见和反映国家利益的思想、理论和政策建议。同时,政府应鼓励和支持对新生代浙商或新创业者群体的培养与教育。

2. 浙商企业:从私家企业向社会组织转型发展

浙商既是浙江商人或企业家,也是浙江商人或企业家的企业。浙商群体转型发展,必须落实到浙商企业转型发展上。

浙商企业转型发展的主要问题,是"老板天花板"、代际传承障碍和"富不过三"。浙商企业转型发展存在很多问题,包括资本、组织、技术、产品、文化、经营和管理等,并表现在企业普遍偏小,缺乏变革的愿望和创新的动力,缺乏可持续发展的核心能力等,但关键是"老板天花板"和"富不过三"。浙商企业绝大多数是老板企业,是老板个人拥有绝对控制权的传统企业。其前提是资本的老板个人或家族绝对所有和控制。根据 2009 年《浙江工商与改革开放 30 年》的数据资料,浙江全省共有个体工商户 181.4 万户,私营企业 45.2 万家,个私企业注册资本达 8281.3 亿元,民营经济居全国首位。浙江企业绝大多数是家族企业。同时,由于在创业和经营发展的过程中,老板个人的市场感知和经营决策能力得到了实践的证明,形成了个人的绝对权威,以及相应的人治组织。还有,就是形成企业的老板文化。老板个人的价值取向、态度倾向和行为方式等,被企业多数员工尤其是创业元老和核心员工所接受和认同,事实上成为企业文化。所以,即使是那些老板个人或家族并不拥有资本绝对控制权的浙商企业,老板个人也往往事实上成为企业投资决策和经营活动的绝对控制者。这是目前浙商企业的普遍情况。正是老板个人的绝对控制,因此老板个人成了浙商企业转型发展的真正天花板。老板个人的动机和价值取向、素质和知识能力、品德和行为方式,以及对公司未来发展的愿望和热情度,对公司发展战略的关注和重视程度,对技术和产品的了解和熟悉程度,对企业理念和文化的认知与信仰程度,对经营管理和技术人才的重视和关心程度,对组织和制度的了解和运用情况,对社会资源的开发和利用能力,对变革和创新的认知和驾驭能力等,就成为企业转型发展的极限所在。虽然西方发达国家的现代企业也存在"经理天花板"一说,但经理人不仅拥有专门的知识和能力,是一个团队,而且是可以撤换的,但浙商企业的老板是不可以撤换的,这个"天花板"是绝对的。"老板天花板"的突破,往往要到老了不干了,通过代际传承来实现。

中国内地富豪榜编写者胡润做的一项统计表明,未来 10-20 年将是我国民间财富从第一代创始人转向第二代传承的高峰期。当年那些血气方刚的企业家,如今已是两鬓斑白。但是,浙商企业的代际传承普遍存在很大的障碍。这既有不少第一代浙商因成功、权威和自信以及"事业第一"和"工作就是生活"而不愿交班授权让位,也有不少第一代浙商的子女不愿或没有素质能力接班,更有很多浙商骨子里不愿把自己创办经营的企业交给"外人"接班,也有很多职业经理人缺乏职业意识、道德和能力而不能获得老板的信任,还有大多数浙商企业缺乏代际传承所需要的制度安排、组织治理和文化氛围等。正是由于代际传承的严重障碍,使浙商企业难以逃脱"富不过三"的宿命,甚至很多是"富不过二",到第二代就难以延续和发展。这对于浙江经济的持续发展是严峻的问题。

浙商企业转型发展的有效途径,主要是资本、组织和治理的社会化。浙商企业"老板天花板"、代际传承障碍和"富不过三"等问题,其症结都是体现中国传统文化的排他和封闭的"个私"及家族观念,解决问题的有效途径是社会化。首先,是浙商企业资本的社会化。资本的本性是社会的,需要开放和融合。浙商企业资本的社会化就是对他人和社会开放,以企业发展和企业资本增值为目标,既吸收来自他人和社会包括机构投资者的资本,又转化成企业职业经理人和技术人员等的资本。这就根本有利于吸收和利用社会的科技和人才资源,以推进企业转型升级。其次,是浙商企业组织的社会化。浙商企业名义上或法律上是社会的,但实际上和伦理上是"个私"或家族的,是自然组织,很多老板把企业看成是"自己"的或家族的,把企业员工分成"自己人"与"外人"。浙商企业转型发展,必须实现组织的社会化,不区分自己人和他人,广泛地吸收、开发和利用社会资源尤其是科技和人才资源。为此,关键是建立和实施组织的理性原则、公平标准和分工合作机制,防范和控制个私意愿和情感以及偏私关系左右与控制企业。第三,是浙商企业治理的社会化。浙商企业转型发展需要解决老板个人说了算和绝对控制的问题。虽然这不一定绝对排斥转型发展,但会阻碍长期持续的转型发展。从老板个人绝对控制到治理社会化的转变,既要加强制度建设,实行分治和监督,又要建立相应的企业文化,加强柔性控制。这也就从根本上保证和促使管理创新,以推进企业转型发展。

浙商企业转型发展的有力措施,主要是政府倡导支持、社会组织推动和鼓励企业参与的对话、服务系统。浙商企业转型发展的主体虽然是企业及其老板,但政府和社会应该有所作为。这首先是开展政府官员与企业老板的平等沟通交流和对话,既充分地听取老板的心声,也善意地提出意见。企业老板比较重视政府官员,对官员的话会比较虚心、认真和用心地听,会比较理性地分析、思考和选择。政府官员尤其是主要领导人,应定期或不定期地与企业老板对话,可以是一对一,或一对多,坦率地提出对"老板天花板"和代际传承障碍等的看法与顾虑,促使老板觉醒。其次,是政府关注、鼓励和支持对

"富二代"的培养和教育。政府和社会有关各方尤其是高校、科研机构和商会组织等,既要关心"富二代"的成长,促使"富二代"提升人力资本,又正视"富二代"的问题,采取有效措施。这包括建立"富二代"成才和败家基金,举办"富二代"培训班或训练班。第三,政府关注、鼓励和支持建立职业经理人档案库、评价系统和服务平台。有责任感的法律、经济和管理等社会专业人士,以及商会和行业协会等社团组织,建立职业经理人的档案库,以及培养、推荐和评价系统,在对职业经理人的专业知识、职业道德和操守等进行培养与测评后,向需要职业经理人的浙商企业推荐,甚至提供必要的信任担保,进而对职业经理人的使用和胜任情况进行评价与监督。第四,政府机构、社团组织和新闻媒体应给予浙商企业资本、组织和治理社会化,以及代际传承和管理创新等以必要的舆论鼓励、政策支持和专业服务。

3. 浙商产业:从传统分散聚集向现代分工联合转型发展

浙商群体转型发展更要落实到或体现在产业上。虽然产业转型升级不是浙商群体转型发展的特定内容,但无疑是客观的体现和结果。因此,浙商群体转型发展是体现为浙商产业转型发展。

浙商产业转型发展的主要问题,是技术水平和产品档次低、进入壁垒和存在歧视、缺乏专业化分工和合作等。首先,浙商群体主要从事技术传统和产品档次及附加值低的传统工商业。浙商的祖先有很多是能工巧匠。改革开放以来兴起的浙商仍然大量使用手工技术,以及半机械化等,普遍使用落后的甚至是淘汰的机器设备。即使到了今天,有很多浙商企业虽然已经大量引进和使用国外的先进机器设备,但是技术设备不系统,更有工艺技术的落后,使得整体的技术水平仍然比较低。加上技术的使用,设备的运用和维护,工人的技术素质和能力以及行为方式,还有技术管理等的落后,实际的技术水平更低。再加上生产流程、产品质量、产品开发和创新等的落后,导致产品档次和附加值很低。这是一个比较普遍和突出的问题。第二,存在产业进入的壁垒。带有垄断性的产业,都对民营企业设置障碍,禁止或严格限制进入。即使是 2005 年《国务院关于鼓励支持和引导个体私营等的非公有制经济发展的若干意见》即"非公经济 30 条"下达后,仍然存在对民营企业的种种难以突破的限制。虽然国务院的文件规定,凡是允许外资进入的领域或行业也允许民间资本进入,但实际上全社会 80 多个行业,允许外资进入的有 62 个行业,而允许民间资本进入的只有 41 个行业。很多行业对于民营企业来说,看似可以进入而实际却进不去,即"玻璃门"现象。这主要因为垄断行业掌握在具有行政权力的部门手里,经营与行政混合或联姻,行政是经营的后台或靠山,由行政设置障碍进行保护。行政部门口头上是贯彻国务院的文件,而实际上是设置很高的门槛或标准；表面上是反映行业的特性和现代化的要求，实际上是限制或排斥民营企业进入；虽说是公平，实际上是歧视。因此，虽然 2010 年又出台了《国务院关于鼓励和引导民间投资健康发展的若干意见》即"新 36条"，明确规定"进一步拓宽民间投资的领域和范围"，鼓励和引导民间资本进入基础产业和基础设施领域、市政公用事业和政策性住房建设领域、社会事业领域、金融服务领域、商贸流通领域和国防科技工业领域，以及重组联合和参与国有企业改革等，但是民营企业的进入障碍和遭受歧视仍然隐约可见。这不仅因为垄断行业的经营与行政没有真正脱节，垄断行业的体制没有真正改革，而且因为关于市场准入标准只规定"对各类投资主体同等对待，不单对民间投资设置附加条件"，而没有规定和允许民营企业有一个适应和提高过程，对国有企业利用垄断地位和权利的行为没有约束和限制。何况，文件仍然区分公有制经济与非公有制经济。第三，浙商群体所从事的传统产业大多是缺乏专业化分工和合作的分散聚集的块状经济，而不是现代产业集群，即使部分浙商企业进入新兴和高科技产业，也是分散的，缺乏专业化分工和合作，缺乏产业的整体技术基础和专业化协作系统，暂时看似转型了，但实际上是难以提升和持续发展。

浙商产业转型发展的有效途径，主要是资本、技术和产业的大联盟。以低、小、散为基础的浙商产业要成功转型发展，浙商进入高新产业要能站住脚并实现提升发展，都存在资本和技术的积累严重不足的问题。尽管浙商企业经历了一二十年甚至二三十年的发展，已经有了一定的规模和基础，但是与发达国家的企业相比差距太大，所以必须走资本、技术和产业大联合的路子。还有，浙商要进入垄断性行业，也需要通过大联合来提高话语权，影响政府政策，制约国有垄断部门和企业的行为。据现有资料，浙江长期活跃在市场的民间资本超过 1 万亿元，单温州就有 7500 亿到 8000 亿元的流动民间资本。何况，在大批企业手里还有巨额可联合使用的资本。浙商是中国的第一财富集团，浙商的资本联合可以搭建资本大舞台，可以排演威武雄壮的大话剧。同时，还要有技术大联合。没有技术的联合，缺乏系统或完整的产业技术基础，就不可能有真正的产业大联合。当然，可以也应该通过产业大联合来推进技术大联合。中国激光行业的几位专家，依据后危机时期激光行业的现状以及如何发展的问题，一致提出"专业分工，实现产业大联盟"的主张或意见。中国光学学会激光加工专业委员会主任王又良说，中国激光产业在市场开发应用上可称为"大国"，总量不少；但在技术发展上，还是属于"小国"，特别是全国激光产业的整体基础还比较薄弱，新光源的开发和发展有差距，高端领域如先进激光器件、新型激光制造装备和应用领域方面需进一步突破，存在技术和产业瓶颈。这需要行业加强整体规划和合理布局,使竞争有序化。在华中地区,已经有一些龙头企业自发地在行业内部实行分工、联合,主动对产品、技术、市场结构进行调整。这使得部分企业在经济危机的情况下,依然取得了很好的营销业绩。这其实就是在政府主导下,以大公司为龙头,有意识地构建产业联盟,采取大投入的方式,在高端领域取得突破,使产业布局从无序走向有序。江苏已经构建了好几个产业大联盟,包括信息安全产业联盟和光伏产业联盟等。信息安全产业联盟以龙头企业为牵引,将成立数据库、传感网、互联网、信息安全……十大联盟,为各成员单位提供一个合作、交流、创新、发展的平台,提升联盟成员的产品研发、应用和产业化水平,推动产业链的形成和产业的集群发展。汇聚22家龙头企业的中国光伏产业联盟,其重点工作是标准体系建设、技术创新平台搭建、专利梳理与体系建设、产业推广等四大领域。浙商群体的产业大联盟,还可以实体产业与虚拟产业的大联盟,充分利用阿里巴巴等网络企业或网商的优势。

浙商产业转型发展的有力措施,主要是领袖、推手和监军联动的大平台建设和专门化服务。浙商产业转型发展要实行资本、技术和产业大联合,首先要突破或克服"宁为鸡头不为凤尾"的观念。浙商的特点是人人都做老板,是人数众多的老板群体。在企业内部存在"老板天花板"的问题,在企业之间存在"老板隔离板"的问题。老板们往往自以为是,相互不服气和不买账,存在心理障碍或隔阂。这种观念必须批判和清理。同时,必须要有领袖,要有产业或行业领袖。只有领袖,才能认清经济和社会以及市场和产业发展的方向或趋势,才有大局意识和心胸,才有营造和掌握大势的能力,才能服众,才有追随者,才能形成和发展产业大联盟。但是,浙商群体缺乏产业领袖。政府、舆论和社会应该从关注"风云浙商",更多地转向关注"领袖浙商",发现、鼓励、倡导和支持"领袖浙商"。相应地,政府部门和官员不应该当领袖,而应该当推手,"首席推手",支持浙商企业领袖,推进资本、技术和产业大联合,并鼓励企业和社会各界有关人士参与,更多的人来当推手。不仅如此,浙商群体要形成和发展资本、技术和产业大联盟,还必须有"监军",选择有公平意识,主张和坚持公正原则,以及有责任感和敢于得罪人的社会资格人士来负责监督工作,以保证联合或联盟顺利建立和健康发展。在建立大联盟或大平台的基础上,通过提供有针对性的专业服务使大平台与各成员企业有效对接。

无论是传统的块状经济转型发展为现代产业集群,还是建立和发展新的产业大联盟,都需要树立"超集群学习"的意识,并建立相应的机制。超集群学习,是反映集群学习存在思维趋同化,以及心智模式禁锢化和创新惰性滋生化的问题,而打破集群内的固有网络结构,构建在空间范围更广阔的知识共享网络,创造与全球先进知识联系或沟通的"管道",从区域外部引进新的技术知识,实现知识获取和创新能力的实质性提升。这首先是需要在建立资本、技术和产业大联盟的时候,吸收更多的异质成分,需要政、产、学、研、用联动。

4. 浙商区域:从向外转移到互动提升转型发展

浙商区域转型发展的主要问题,是资本、企业家资源和产业的外移而导致浙江本地的空心化、泡沫化和低劣化。浙商尤其是温州商人是行商,历史上就具有行商的传统,不受本地的资源和市场的限制,以天下为家,买天下卖天下。浙商走天下和闯世界,在给浙江产品开拓天下市场或获得天下资源的同时,也使浙江的资本和企业家资源流向省外全国和世界各地。浙商到外地做生意和办企业就会把资本带到外地,这是很自然的。但是,这对于浙江来说是资本的流出。当然,也有资本的流回,但其自然结果通常为流出的是创业和经营资本,而流回的主要是资产资本,即购买房产等的资本。这是资本性质的变化,它会导致房产等资产价格的过度上涨甚至是资产泡沫的形成,使浙江经济发展的成本大大提升,从而限制或阻碍浙江经济的发展。不仅如此,资本性质的这种改变意味着企业家资源的单向流动或流出。其原因除了外地市场和资源的吸引外,还由于本地资源和环境的限制,既缺乏科技和人才等高端资源,也缺乏公平有效的政府和政策环境,限制产业向上发展。于是,具备开拓和开创精神的浙商即企业家资源就流向外地。这里包含"劣币驱逐良币",缺乏开拓和开创精神的老板(包括一些善于跟本地政府官员搞特殊关系和获得特殊利益的老板)留在本地。这是浙江经济发展的最大损失。正是由于企业家资源以及创业和经营资本的流出,使浙江的产业和经营模式,包括块状经济和专业市场等,也就转移到其他地区,包括东部地区的江苏和上海以及广大中西部地区等,使浙江的产业出现某种程度的空心化。

浙商区域转型发展的有效途径,主要是通过区域浙商之间的互动来实现浙商经济、社会和文化跨区域发展。浙商既是一个地域概念,又是一个跨地域概念。浙商群体转型发展的有效路径必定是跨地域或跨区域。这首先是跨越浙江与浙江以外区域。浙商发源或发端于浙江,浙江是浙商的根;浙商流向全国和世界各地,浙商的根系、枝叶和藤蔓伸展到全国和世界各地;只有根扎得更深,枝叶伸得更广,根深叶茂才能长成参天大树。这就需要浙江经济与省外浙商经济加强互动,更加密切地联系起来,使浙江尤其杭州应该成为浙商总部经济所在地,成为浙商企业家精神及其经济活动的高地,成为浙商群体转型发展的大本营。然后,是浙商跨省际甚至是跨国际,在全国和全球范围内互动发展。这是超越浙江和浙江经济的发展,但整体的浙商和浙商经济的发展，又可以通过与浙江经济的互动来影响和推进浙江经济发展。同时，浙商跨区域发展不只是一个经济发展，也是社会和文化发展。区域间在社会和文化之间的差别比较大，跨区域的异质多元以及创新推动力很大。所以，浙商必须加强跨区域的社会和文化互动。无论是跨浙江与浙江以外区域，或者是跨省际和国际，还是跨经济、社会和文化，其主体都是浙商，都需要通过区域浙商之间的互动来展开和实现。

浙商区域转型发展的有力措施，主要是跨区域组织、交流、学习和行动。首先，是跨区域组织，形成和发展大网络。区域浙商互动，必须建立跨区域组织。这已有一定的基础。浙江省政府早就重视"走出浙江发展浙江"，现在又提出"浙江经济与省外浙江人经济互动发展"等，并由浙江省政府经济合作交流办公室负责推进异地浙江商会的建立，并联络和指导异地浙江商会，全国除西藏外都已建立了省级浙江商会，每年召开全国浙江商会会长和秘书长会议。在此基础上，正准备建立"浙江省全国浙商联谊总会"。浙江省政府也已经决定今后每两年召开一次"世界浙商大会"，作为常规性的跨国际浙商组织形式。还有超越浙江的跨区域浙商组织，如东北浙商大会等。但是，到目前为止，除了省外浙江商会外，浙商的跨区域组织还主要是一种形式，主要是造势，实质性的内容比较缺乏，必须丰富、加强和提高。这首先是加强跨区域学习，形成和发展大学习。近年来，有国外学者提出非本地学习、跨本地学习、超本地学习等概念。这表明跨本地或跨区域学习已经开始成为一种潮流或趋势，非常重要。跨区域学习的关键是认真观察，虚心听取和真正了解异地的情况、心声与要求，并加以分析和消化，静心和用心，而不只是大家聚在一起，热闹一下。与跨区域学习相关联的是跨区域交流，形成和发展大交流、大合作。浙商跨区域交流和学习的有效形式，是真正有内容和效果的"论坛"、对话和沙龙等。学习和交流的主要是知识，包括科学知识和人文知识，但主要目的是提高素质和能力，包括价值观和行为态度等。如浙商产业的跨区域整合发展，既要分析省内外和其他省际浙商从事同一产业的状况，所具备的产业基础，所拥有的产业资源，以及跨区域产业整合发展需要的条件和采取的措施等，又要有跨区域产业整合发展的意愿、态度和方式等。只有这样，才能切实有效地推进和实现跨区域发展。

后危机时代的生态经济
与浙商转型对策研究报告[①]

张孝德

一、导言

后危机时代世界经济发展的走势,是目前理论界与政府开始关注的一个热点问题。目前的研究更多地集中于金融体制本身。从理论看,后危机时代的研究涉及长周期研究。从长周期看当前的世界金融危机,在本质上属于世界产业周期的危机。世界经济发展史表明,全球性经济危机往往会成为催生重大科技创新和新兴产业兴起的契机。当代人类的经济正处在一个重大的具有里程碑意义的转型期。在百年不遇的金融危机的冲击与催化下世界经济将面临着多重转型,但是对未来世界经济与中国经济最具有挑战性,成为世界发展的主流的转型是正在兴起的以新能源革命为契机的从传统工业经济向生态经济转型。在工业文明以来的历次经济革命中,都与中国擦肩而过,而目前正在兴起的又一次新经济革命,同以往的历史相比,一个革命性的变化是,中国将成为这次世界经济转型主导国家之一,参与到新经济革命中来。在这样一种背景下,走在中国经济前沿的浙商经济如何应对,这既是一个战略问题,更是一个迫在眉睫需要应对的现实问题。该选题的研究具有以下意义:

1. 对后危机时代世界经济与中国经济双重转型的研究,对当代的浙商经济的发展具有战略导航的作用。在重大转型期,最不能犯的就是方向性错误。

---

①本研究报告为浙商研究中心基地课题"后危机时代的生态经济与浙商转型对策"研究报告。

2. 正在兴起的生态经济将会成为世界与中国的主流经济形态。从生态经济发展的高度,研究浙商经济的转型,不是一个简单的局部转变,而是涉及产业结构、经营模式、外贸模式等一系列的转型。这种研究将会从模式的视角为浙商的发展提供系统对策方案。

3. 在重大经济转型的过程中,都离不开政府助力的推动。美国奥巴马推出新能源经济计划,就是推动经济转型的计划。本课题的研究对于政府如何在转型期,从战略与模式的高度,找到推动浙商转型的着力点,具有重大政策咨询意义。

4. 后危机时代的生态经济与浙商转型的问题,既是一个重大的现实问题,也是一个涉及理论创新的课题。该研究对理论创新、观念创新、拓展思路都有重要价值。

二、后危机时代世界转型与新经济革命的兴起

从长周期看,当前的世界金融危机,在本质上属于世界产业周期的危机。世界经济发展史表明,全球性经济危机往往会成为催生重大科技创新和新兴产业崛起的动力。1857 年的世界经济危机引发了以电气革命为标志的第二次技术革命,1929 年的世界经济危机引发了战后以电子、航空航天和核能等技术突破为标志的第三次技术革命。2000 年美国的高科技泡沫破裂后,标志着 IT 产业作为推动美国与世界经济增长引擎时代的结束。正是在 IT 产业作为经济增长引擎力结束后,缺乏新的引擎产业跟进,形成产业空洞的背景下,在高科技时期形成巨额剩余的资本开始流向房地产业,再加上在美国政府长期实行低利率和放松金融管制的条件下,由金融投资家与房地产商合谋演绎出了支撑美国经济增长的畸形引擎产业:在金融创新下催发的虚拟产业经济。

当代人类的经济正处在一个重大转型期,我们在应对世界百年不遇的金融危机中,一面不仅要考虑如何挽救那些处在危机中的传统产业,更要关注世界金融危机背后,正在浮出水面的当代人类遇到又一次新经济革命。正在酝酿中的新经济革命表现在以下四个领域,需要引起我们高度关注。

1. 以再生能源为核心的新能源革命。关于能源危机问题,从 20 世纪 70 年代提出,经过近 40 多年的酝酿,新能源革命终于在这次世界金融危机的催发下浮出水面。在世界各国出台应对危机,振兴经济的计划中,大部分国家都不约而同地,将发展新能源作为新兴产业给予高度重视。在新能源开发走向世界前列的德国,再次修改了 2000 年出台的《可再生能源优先法》,提高了对风能、太阳能开放的政府补贴。最需要关注的是奥巴马上任后已经把发展新能源产业作为再造美国增长动力的战略高度来对待。奥巴马新政剑指新能源领域：宣布未来3年内将可再生能源的产量增加一倍,10年内节约石油的总数超过目前从中东和委内瑞拉进口石油的总和。世界各国都对占领新能源行业的制高点、话语权的竞争初现端倪。一场人类自有能源使用记载以来最庞大、最深刻的新能源革命序幕正在拉开。因为能源危机是遏制当代人类经济与社会发展的死穴,谁能够在新能源中最先突破,谁就会成为新经济最大收益者。

2. 以生物技术为主导的生态农业革命。2008年与金融危机同时发生是世界粮食危机。联合国报告指出,当前全球约有10亿人处于饥饿状态或濒临饥饿状态边缘。受价格浮动以及气候变化等因素影响,粮食危机2009年可能进一步加剧。情况如果持续下去,不仅对缺粮国产生消极后果,而且将拖累全球应对金融危机的努力。2008年4月15日,联合国和世界银行发表了一份由全球400多位科学家撰写的报告《国际农业知识与科技促进发展评估(IAASTD)》提出:"世界需要一个更加环保的粮食生产方式,世界需要从一个严重依赖农药和化肥等化学品、对环境破坏很大的农业模式转化成对环境更友好、能保护生物多样性和农民生计的生态农业模式。建立生态农业,是应对气候和粮食安全双重危机的最佳解决方案。"

技术支持	农业革命的内容	解决问题
蒸汽技术	机械化农业	解放了劳动力,提高了生产率
化工技术	化学化农业	提高农业产量,围绕了环境
生物技术	生态化农业	农产品安全性,农业可持续性

以有机农业为内容的农业革命,不仅来自当前世界粮食危机的倒逼动力,同时也来自世界对食品安全需求的市场需求。长期以来,对有机农业需求的最大市场主要集中西欧和美国的发达国家,而目前这个市场已经扩展到对人口大国的新型市场经济国家,特别是中国。在市场需求与世界粮食危机双重动力下,一次继机械化农业、化学化农业之后的生态化农业革命势在必行。

3. 以文化创意为核心新产业革命。进入21世纪以来,在高科技泡沫破裂之后,IT技术与文化结合中催发一个快速成长的新兴产业:文化创意业。在英国,创意产业已经成为创造财富的第二大产业部门、创造就业的第三大部门。在2006年最新发布的《硅谷指数要点》报告中,美国的"创意和创新服务产业"已成为仅次于软件产业的第二大产业集群。其实文化创意产业其真正意义并不在于其本身,而是在文化创意背后酝酿着一次新的产业革命。我们之所以说文化创意将会引发一次新的产业革命,是因为文化创意引发的不仅仅是纯文化产业崛起,而是文化创意将会全覆盖到满足人类需求的所有终端产业领域。使传统的产业在文化创意中向具有个性化、文化化升级转型是未来新产业革命主要内容之一。产业文化化的大趋势,不仅会使传统产业升级换代,还会使濒临消失的农业时代手工业和手工艺获得复兴的契机。

技术支持	产业革命内涵	产业类型	满足需求类型
蒸汽机技术	产品生产的规模化	纺织业、开采业、运输业	满足吃穿为主的温饱需求
电气化技术	产品生产多样化	汽车、飞机、火车、现代重化工业	满足多样化物质需求
信息技术	产品生产智能化	IT 产业、移动通讯、软件、宽带网等	满足智能发展需求
文化创意	产品个性化、文化化	数字多媒体、具有个性与文化的所有终端产品	满足人的精神需求

4. 以最低能耗、低投入实现生活幸福最大化的人类生活方式的革命。长期以来在解决能源与环境的危机中,一直受困于生产与消费失衡的悖论中。一方面,我们为资源与环境的危机而担忧,另一方面我们所有的政策和制度设计又在为满足不断膨胀的物质需求和 GDP 增长而努力。在如此充满悖论与病态的经济体系中,人类生产的目标迷失在追求 GDP 增长最大化、无限刺激物欲消费的现代工业生产模式中。

如果不对病态的消费模式进行变革,仅仅在生产的一端,降低能耗,搞清洁生产,很难从根本上解决现代工业文明的能源与环境危机问题。从改变高能耗、高消费的生活方式开始,倡导低碳生活,已成为各国刺激经济增长的一个新内容。在德国、日本和法国都把鼓励使用新能源住宅、低碳生活纳入到发展新能源的法律与规划中。特别是在奥巴马刺激经济计划中,除了新能源外,用于基础建设、医疗、教育、卫生、社保等投资项目都与改变原来的高能耗生活有关。以及中国提出建设集约型社会,近期出台了"太阳能屋顶计划"都标志着当代人类对在解决能源与环境问题思路与方向的一个革命性的转变:从单一的生产领域转向了消费领域。

本着节能减碳、降低污染,在现代技术与新能源的支持下,使人类过上一种低能耗、更智能化、更健康的新生活,将会成为新经济革命的重要内容之一。沿着这个思路走下去,现有的经济系统面临着另一个革命性的变革,从 GDP 最大化的生产经济向追求幸福指数最大化的生活经济化转变。

三、后危机时代的机遇与挑战:中国走向生态经济的一个转变与三个提升

在"十二五"及未来一段时间内,对中国经济社会发展具有重大影响的新因素,是能源与环境的危机。在世界金融危机的催化下,能源与环境问题正在上升为又一次新经济革命。以新能源和低碳经济为主要内容的生态经济的兴起,再一次将中国推到了历史选择的十字路口。生态经济作为一种继工业经济之后又一次全新的经济形态,对我们提出了新的挑战。如何在传统工业化的轨道上,导入生态经济建设的新目标,如何以生态经济统领中国经济战略转型,是"十二五"期间我们必须研究的新课题。

世界新经济革命,对中国经济社会发展的最大冲击,就是我们必须修改与调整百年以来以工业化为目标的现代化战略思维。无论是应对世界新经济发展的冲击,还是资源及环境的支持力,都迫使中国必须把未完成的工业化进程导入生态经济与生态文明建设的轨道上来。实现从工业经济向生态经济的转型,我们面临着一个转变与三个提升的战略决策。

一个转变是:调整与转变中国工业化目标,把实现生态文明与建设中国特色的生态经济,作为中国下一个 30 年发展的新目标来对待。

中国共产党从 1919 年到 1949 年经过 30 年的新民主主义革命,建立了一个独立的社会主义新中国。从 1949 到 1978 年,也大约用了 30 年的时间,在艰难曲折的探索中经历了计划经济时期。从 1978 启动中国改革开放至今,又一次经过 30 余年的时间,初步建立了中国特色的社会主义市场经济。为什么说生态文明与生态经济是中国下一个 30 年发展的新目标,这是因为替代工业经济的生态经济,是一个涉及文明与文化、技术创新模式与经济运行机制变革的系统革命。从工业化经济到生态经济,这是一个属于时代级别、触动文明模式变革的革命。所以,从中国社会生态演化周期看,生态经济是关乎中国未来发展的长周期目标。

"十二五"作为关系中国未来长周期发展的拐点期与奠基期,在生态经济建设上,应重点把握好三个提升。

1. 把"节能减排"提升到生态经济模式建设的高度,来应对能源与环境问题。节能减排的治理方案属于单一技术创新因素的外部治理方案;而生态经济是基于模式、机制、流程、技术等多因素创新基础上的系统解决方案。

2. 把应对低碳经济上升到探索中国特色生态经济之路,来应对国际低碳经济的挑战。基于对既得利益的保护,在哥本哈根会议上推出的低碳经济有三个缺陷:其一,这是一个没有触动工业经济模式弊端的外部治理的改良方案;其二,按照哥本哈根的"承认存量,重点在增量"控制排放的规则,这是一个遏制发展中国家发展的方案;其三,这是一个利益大于责任的解决方案。发达国家对低碳经济带来的利益追逐远高于应承担的责任。在这样一种背景下,中国必须探索一条更符合中国国情的低碳之路,探索能够在模式与机制创新上解决能源与环境危机的有效方案。如果中国能够走出一条满足13亿人口的低能耗、可持续的生态经济之路,也就铺平了中国与世界共赢的和平崛起之路。

3. 把生态经济建设上升到"十二五"经济转型的战略目标来对待。从工业经济到生态经济,这不仅仅是一个单纯的概念变化,而是一个涉及到发展模式、产业结构等一系列重大问题的转型。以生态经济为目标的经济转型,为"十二五"期间增长方式的转型赋予了新目标与新内容。从这个角度看,未来中国经济转型属于"双重复合模式"转型,即以经济生态化为核心的发展模式转型和以转变增长方式为核心的增长模式的转型。

四、实施生态经济的四大战略,为中国经济战略转型导航开路

"十二五"期间,与目前中国现实挂钩的应着力实施推进生态经济的四大战略。

1. 以国民福利最大化为中国 GDP 增长导航,探索建立 GDP 与国民福利总量均衡增长的新调控体系。

经济增长是以 GDP 最大化为目标,还是以实现国民福利最大化为目标,这是工业经济与生态经济最根本的区别。推进工业经济向生态经济转型的核心,首要任务就是国民经济增长目标从追求 GDP 最大化转变到实现国民福利最大化的目标上来。从现阶段来看,国民福利的增长应当包括:生态环境的福利、物质福利与精神福利、公共福利与个人福利。大量数据与事实说明,我们在追求 GDP 最大化的过程中,不可能自然地内生出国民福利的同步增长。建立在高能耗、高消费、高碳排放基础上的经济增长,不仅没有增进国民福利,反而在许多方面成为国民福利发展的扣除。让 GDP 的增长在实现国民福利最大目标的约束下,探索建立国民福利增长的评估、考核体系,把国民福利增长纳入国家宏观调控体系中来,是推进生态经济发展的首要任务。

2. 启动消费端的低碳解决方案,走出一条消费端与生产端同步减排的中国特色的生态经济之路。

哥本哈根推出的低碳经济是基于生产端的节能减排方案。如果高能耗消费方式不能得到革命性解决,单纯的生产端的节能减排无法走出能源与环境危机的困境。发达国家能耗占全球能耗总量的50%,其中消费领域能耗就占其总能耗的60%～65%,而制造业能耗不足40%。

中国正处在工业化初期,在消费模式尚未定型的情况下,启动消费端主导减排路线,将会走出一条高效的低碳经济之路。全国建筑技术科学领域首位中科院院士吴硕贤指出,如果从现在开始严格推行生态住宅标准,预计20年后,在总建筑面积增加150亿平方米的情况下,与不搞生态住宅相比,可节约建筑用电3500亿度,相当于4个三峡电站的年发电量。不仅在建筑领域,在生活用水、用电、交通等领域也有很大节能空间。在"十二五"期间,启动消费端节能减排是充分发挥中国后发优势,走中国特色低碳之路的大战略。我们必须给予高度重视。

3. 以生态经济为导向,振兴中国资源禀赋优势产业,打造中国经济的新竞争优势。

生态经济的发展,为发挥中国的文化与自然的禀赋优势提供了巨大的历史机遇。在推进生态经济建设中,中国资源禀赋的生态产业将成为中国经济增长的新亮点。在"十二五"期间应关注四类产业的发展。

一是要利用中国五千年生态农耕文明优势,大力发展中国的有机农业。目前按照工业化模式所走的化学农业、专业化农业、转基因农业的道路值得反思与调整,亟待探索新能源与中国生态农业相结合的中国特色的生态农业之路。

二是大力发展具有中国生态资源优势的新兴产业。如正在兴起的新能源产业、旅游业有巨大的发展潜力。在未来将会成为拉动中国经济增长的主导产业。中国属太阳能资源丰富的国家之一,中国也是世界上的旅游资源大国。根据世界旅游组织预测,到2015年,中国将成为世界上第一大旅游接待国和世界上最大的国内旅游市场。

三是要大力发展中国文化资源优势的文化产业。中国拥有世界上最丰富的民俗、文艺、文学、哲学等文化资源。这些文化资源是中国发展文化创意产业、中国民间手工业、手工艺的独特优势所在。

四是充分发挥中国古代的医学优势,推进具有中国优势的中医中草药、康体保健业的新发展。

4. 以经济生态化为导向,探索传统工业经济生态化、智能化、低碳化发展新路径与新模式。

生态经济并不是简单排除工业化,而是在正在进行的工业化进程中,导入生态化、智能化、低碳化的新解决方案,使传统工业化成为一种低能耗、低排放、可持续发展的工业化。

五、浙商经济面临的双重转型挑战研究

1. 双重转型的内涵

一是适应世界与中国经济转型的要求,从传统工业化浙商经济向生态化

浙商研究。所谓生态浙商就是从商业理念与文化、经营模式、产业类型都应当体现为适应生态经济发展需要,为人类生态文明做贡献的特质。浙商面临的另一个转型,就是浙商经过 30 年的发展之后自身提升的转型。

2. 当代浙商的转型概括起来有三个方面的转型。

一是从第一代创业的浙商向第二代创新的浙商转型。

浙商是中国改革开放以来兴起的主要出身于农民和基层百姓的"草根商人",是中国民营经济的典型代表。浙商的崛起与发展史,也是浙商企业家的创业史。从第一代浙商的个体和家族式创业,到 20 世纪 90 年代后公司与团队创业的蓬勃发展,再到以阿里巴巴、网盛科技等为代表的网络型创业企业的出现,处处体现了浙商敢冒风险、勇于开拓、积极进取的企业家精神,是浙商企业家精神能力的集中体现。浙商这一企业家群体和其他省区的商人不同,他们是真正的民商,不仅独立于政府、区别于"红顶商人",而且不依赖外资、不投靠外商。浙江省的企业有 95% 是个私企业,而且,这些民营企业绝大多数是家族企业,从万向、传化、横店等大型民营企业到小型个私企业,其组织、管理方式大都具有典型的家族制管理特点。从某种程度上来说,浙江的多数私营企业是在家庭工业基础上发展起来的。

30 多年来,浙商之所以成长为中国私营领域最具特色的群体,有其特定背景条件。在浙江省资源匮乏和政府支持不足的情况下,浙商的成功之路是建立在一群敢于冒险、具有创业精神的"人文素质"低的投资者群体基础上的。他们利用所能利用的一切资源,借助长期打拼形成的经商嗅觉,发现新的商机,才逐步发展起当前庞大的浙商群体和浙商企业集群。

浙商初创企业时的目的大多不在于推出新的产品和新的生产工艺,或者进入新的市场并且创造新的组织形式,更多的在于解决实际问题,满足创业致富的理想。所以浙商创业尤其是早期创业具有草根性和模仿性等特点。浙商大多出身于农民和手工艺人等,具有典型的草根性,创业时大多为了赚钱和养家糊口,务实性和功利性很强,往往运用传统技术和设备,而且相互模仿和跟随,实现群体性扩张,即在血缘、亲缘、地缘和业缘关系而进行区域化和跨区域的扩张。在市场环境和创业氛围还没有普遍形成的时候,并且容纳低价位商品的世界市场和中国市场还很巨大,浙商的模仿创业正以低成本的生产经营方式和优势为市场提供大量的商品很具有生产性。

但是,当市场化和工业化发展到中后期,普遍的和大规模的模仿创业会导致大量同类产品供给的大幅增加,导致的后果就是:短缺经济转变为过剩经济,供过于求、利润微薄和资源浪费,还带来了严重的环境污染问题,就像疯狂的野草侵害了庄稼一样,很具有破坏性。所以浙商必须要摆脱在创业初期的单纯模仿。随着国内外经济形势和发展环境的变化,"浙商"的先发优势逐渐弱化,发展瓶颈逐渐凸显,曾经一度创造过辉煌的"浙商",面临着严峻的挑战和考验,特别是 2007 年以来,在国际宏观经济走势变化、原材料价格上涨、人民币升值压力和宏观调控政策等的多重影响下,上述问题表现得尤为突出。

同时,第一批家族企业创始人的平均年龄在 50—60 岁之间,正陆续进入交接班时期。关于传承问题,据研究显示,有 80% 以上的家族企业创始人希望子女能成为继承人,"子承父业"是主要选择模式,俗话说"打江山容易,守江山难"。

严峻的经济形势和环境已经不得不面临的第二代浙商接班传承问题的双重压力摆在浙商们的面前,浙商必须从第一代的创业浙商向第二代的创新浙商转变,即"二次创业"。浙商企业只有不断地增强自身在新业务开拓、创新自我发展和超越等方面的能力,在企业发展到一定规模的阶段仍保持创业初期的灵活性、创造性和创业精神,才能保证浙商企业的持续健康发展,从传统工业化浙商经济向生态化浙商转变。康奈集团有限公司的副总裁郑莱毅就是公司创始人的儿子,是准备接班的第二代浙商。他说,我们康奈集团是家族企业,但是我们必须认清和确定企业是第一位的,家族是第二位的,家族要服从和促使企业适应市场和社会发展的要求。

浙商要摆脱创业初期简单的模仿创业,首先就是要加强模仿创新。有一个著名的公式就是:模仿+改进=创新。新中国成立以来,技术水平已经有了很大的提高,但是和发达国家相比差距仍然较大,在缺乏原始技术积累,难以实现原始技术创新的条件下,模仿创新是现阶段乃至以后一段很长的时间中小型浙商企业的一个主要的创新模式。更值得一提的是,改良式的创新对于经济增长的作用在一定程度上比突破性创新作用更大。在经历了资本的原始积累和早期的快速发展后,面临普遍和大量的模仿产生的困扰和陷阱,越来越多的浙商应该重视、加强和实施模仿创新,走出低水平市场竞争的模式。

模仿创新的创新往往很局限,特别是容易被人再次模仿,进入恶性循环。所以浙商企业要实现真正的长久不衰、永续经营必须要加强自主创新。企业初期进行模仿创新的往往是老板个人的偶然发现和行为,难以持续。鲍莫尔说过,企业家创新职能的重要性正在丧失。只有企业把创新降低成为日常事务,将创新活动常规化,使它们成为企业活动中一项常规的甚至是普通的组成部分,就可以将创新的不确定性降为最低。创新活动的常规化已经成为企业持续创新的基本保证。在企业自主创新中,企业必须充分利用企业内外的一切社会资源,充分调动一切可以调动的积极性,整合企业内部和外部的优势,联合一切可以联合的力量,通过管理创新、产品创新、业务创新、工艺创新、服务创新等创新形式为企业的发展源源不断地注入新的活力从而保证和驱动企业健康地可持续发展。从而打破"以小取胜、以量取胜、以多取胜、以价取胜"的老的经营格局,换来新的产业、新的体制和新的增长方式。

新世纪之初,出身平民的新一代浙商,紧追网络时代脉搏,进行新时代的创新,再次在创业领域做出了杰出贡献。网络游戏、电子商务、高新技术等领域纷纷崛起的众多新富豪们,以及那些曾经在各个领域进行艰辛探索、默默无闻的浙商们,更多的是通过承担风险为社会注入创新因素而获得发展的。所有这些发展,无论有无自有知识产权,都是模仿的结果,也都是创新的结果。

当代浙商的发展,不仅仅创造了看得见的财富,更重要的是,推动浙江率先形成和发展创新型社会。浙商是推动浙江创新型社会发展的根源和原动力,正是在这种意义上,浙江"创业富民、创新强省"既是对改革开放以来浙江经济社会发展和浙商经验的回顾与总结,更是对浙江实施科学发展观和建设和谐社会实践的丰富和发展。

二是从制造浙商向智慧浙商转型。

智慧的浙商,就是主张智慧是一种超越传统的现实,在认识时空与境界上的一种超越。能够从更大空间和视野,来审时度势,谋划未来。智慧浙商也是一种价值的超越。要从狭隘的利益观与价值观中解脱出来,在更大时空中对实现认识的超越。智慧在管理上,也是一种更高层次的管理。不是简单的计谋管理,而是在更高层次与更大时空中,以系统的思维、和谐的价值、实现企业管理资源的在大时空内的更有效配置。对人从更高价值激励上实现和谐化管理。中国的智慧,集中表现在道德经、儒商之道、易经等经典文献中。

处于经济转型期"浙商",在既没有外资企业雄厚的资金或高端技术,又没有国有集体企业的政府支持情况下,创业的初期都是凭借着浙商敢冒风险、勇于开拓、积极进取、吃苦耐劳的企业家精神为中国市场乃至世界市场提供了大量的低价商品。制造型浙商可以说为浙江经济的发展做出了巨大的贡献。然而随着低成本优势的消失、竞争的日益激烈,国际贸易摩擦越来越多,资源和环境的压力越来越大,曾经创造辉煌的"浙江制造"已经慢慢失去了它原有的光环。"浙商"的模仿创业以低成本的生产经营方式和优势取得了巨大成功已经一去不返,由普遍和大量模仿而产生的困扰和陷阱已随处可见,那些只是关心于生产的浙商们,已经不能适应新时期经济发展的要求,从而从制造浙商向智慧浙商转型。

换句话说企业家的能力必须首先从模仿型向创新型转变。就是要变无意识的、本能的模仿为有意识的、科学的自主创新,克服机会主义和个人英雄主义倾向,主动摆脱和超越单纯的模仿路径,创造和拥有属于自己的生意,增强独立性和自主性,加强自己的思考、推理和判断,产生新的思想,引入新的方式,采取新的手段,建立新的组织,注入新的文化,在创业创新中实现制度、技术、管理创新。

其次,从战术型向战略型转型。早期"浙商"草根性的特点决定了其总体上科学文化素养不高,理念滞后,视野狭窄。企业家能力从战略要素来看,过于重视有形、短期的战略要素,忽视无形、长期的战略要素;从战略类型而言,过于注重业务层面的竞争战略,忽视整体层面的公司战略;从战略过程来看,过于侧重操作性的战略执行,忽视理念性的战略决策。因此,企业转型必须加快企业家能力从战术型向战略型转变,就是要极大提升战略企业家能力,即企业家的制度能力和战略能力。浙商要实现战略型企业家的转变必须培养自己和团队的战略企业家能力,这包括分析动态的环境机会和威胁、企业自身的优势和劣势以及洞察竞争规则和变化的战略认知能力,对战略方案和战略形成方式等的战略选择能力,建立全面的反馈与控制机制、调动和组织战略资源并实现动态均衡、建立和穿心业务流程等的战略执行能力,有效管理引发变革的强制性诱因和诱致性诱因以催发企业成员产生创新行为的战略变革能力。这就要求浙商们善于观察、勤奋学习、拓展视野、丰富知识和提高自身的素质。新光集团董事长周晓光女士不仅坚持流行性饰品生产和经营这一主业,重视研发,与科研院所合作,大量地进行产品、工艺、技术和材料等的研发,更是用战略的眼光,致力于整个饰品行业的标准的建立。

再次,成功由制造浙商向智慧浙商转型,浙商企业家还必须向事业家转变和提升。松下幸之助曾经把商者分为三类:一是创业者,二是企业家,三是事业家。吴晓波把它归结为是一种对未来充满自信的事业心。从企业家到事业家的跳跃,从某种意义上说与企业的规模或资本的雄厚都无太大的关系,而是关系到企业家本人对于企业的理解。从企业家向事业家的转变,也可以说是一种价值观念的转变,它完全超脱于经济利益,超脱对一般企业的理解。它可以说是一种企业家发自内心的对事业的关注和兴趣。苏泊尔董事长苏显泽就是这样一位事业型的企业家。他曾经说过,我们的创新来源于对人文的关怀,来源于对厨房文化的深入研究与挖掘,我们的工作使命就是让每一个下厨房的人享受到人文关怀的温馨、感受到文化之酒的醇香。

最后也是最重要的一点,就是浙商要成为真正的智慧浙商必须改变功利性的价值观念,树立使命价值观念。长远来说,功利性价值观念无疑具有很大的局限性,因为功利性的价值观念主要是关于现实的利弊得失,而影响长远发展的很多因素是在功利性价值观念以外。浙商要长期、持续健康地发展，就需要树立使命价值观。华立集团董事长汪力成就曾经说过，企业不是个人，而是社会，一开始就是利用社会资源而创办起来和进行经营的。他很好地诠释了现代浙商应该有的使命观。毕竟企业来源于社会必将还原于社会。多数浙商是家族或家庭企业，在不少浙商看来，企业是家族赚取钱财和光宗耀祖的手段和工具，这是非常典型的功利价值观，这样的浙商自然或自发地把个人和家族的价值观念作为企业的价值观念强加给企业，这就势必会引起员工的反感和排斥，对于企业要实现长久不衰的理想是非常致命的。只有企业里每一个员工发自内心地认同企业的理念，把自己的目标和企业的使命融入在一起，企业才能基业长青。也只有浙商摒弃原来的功利性观念，把对社会、对员工甚至对人类的文明和发展作为自己的使命，整个社会才会源源不断地进步。

三是从本土浙商向国际浙商转型。

在世界经济群雄并起之际，也是浙江企业突出重围、走向全球的好时机，是浙商"走出去"进行战略性投资和海外扩张、进行品牌收购的好时机。

浙商的升级与转型如果仅靠政府的财政政策、税费减免和金融支持只会加强企业"等、靠、要"的依赖心理。浙商应该清楚地认识到，企业自身才是升级转型的主体，而政府只能在该过程中扮演引导和服务者的角色。当前尽管遭遇金融危机的挑战，但经济全球化、企业国际化已成为不以人的意志为转移的趋势，因此推行国际化战略应成为现阶段浙商转型升级的必然选择和必由之路，从而实现从本土浙商向国际浙商的成功转型。

浙江省是我国的对外贸易大省。2009年，全省进出口总额为1877.3亿美元，其中出口总额为1330.1亿美元，预计到2012年，货物进出口规模将突破2700亿美元，出口规模将超过2000亿美元。2009年民营企业出口729.2亿美元，占全省出口比重上升至54.8%，居全国第一。浙江外贸出口直接或间接提供了1000多万个就业岗位，占浙江就业人口的30%左右。浙江以占中国1%的面积、3.8%的人口，创造了占中国10.8%的出口。据浙江省对外贸易经济合作厅统计，浙江2008年外贸依存度达到68.2%，出口依存度达到49.9%，均高于中国平均水平。这说明浙江经济已迈入国际化进程，今天的浙江离开世界，脱离国际经济是不可想象的。浙江经济的国际化已是"只因身在此山中"，浙江省委、浙江省政府推出国际化战略的理由更是不言自明。

国际化战略有利于企业的快速成长和升级转型。浙商企业在组织方式、创新能力、资金、管理以及制度、管理者决策水平、文化理念等方面存在国际化的不利因素，这是浙商升级转型的障碍所在。而伴随美元持续贬值，全球通胀压力增大,国内劳动力成本上升,土地瓶颈制约更加突出,原材料、能源价格持续上涨,房地产市场持续升温,以及部分企业上市融资并大举实施兼并计划、反倾销加剧等等,原来低成本、低价格的制造优势已经不复存在,各种因素综合累积的结果导致大批中小企业陷于困境。这些问题不可能坐着等政府来解决。而通过国际化,是获取国外先进的科技资源和先进管理,解决和转移省内部分剩余产能、拓展市场带动出口、提升自身经济国际竞争力的重要途径。

浙商是中国"第一商帮"、中国人气最旺的财富部落、中国最具活力最有韧性的商业群体。"白天当老板,晚上睡地板;走千山万水,说千言万语;吃千辛万苦,想千方百计"。有研究者把"浙商精神"归纳为这种"四千精神"。浙商在省外全国各地投资创业的人数近 500 万人,这是其他商帮所无法望其项背的。正是国际化为这些企业家提供了一个循着现代企业发展轨迹前进的训练场。而敢为人先、善于捕捉商机、市场反应敏锐、不畏风险等特殊的企业家潜质弥补了草根浙商们知识素质的不足。这是浙商推行国际化战略,实现自身升级转型的内在条件。

3. 新浙商的四个特质。

从浙商的三个转型升级中不难看出,在双重转型中生态文明时代的浙商应当是具有四个特质的浙商,即生态浙商、智慧浙商、创新浙商与文明浙商。

生态浙商要求浙商在正在兴起的以新能源革命为契机的从传统工业经济向生态经济转型的时代,放弃单纯以利润为目的的价值观念,以减少污染和对社会利益的损害,把企业的社会责任纳入到企业的战略中去,用战略指导和控制企业的经营,即在追求和提高效率、实现和增进企业利益的基础上,保证和增加利益相关者的利益,促使社会公平的实现与提高,努力实现员工效益和企业效益统一起来,企业效益和社会效益统一起来,企业才能基业长青。

智慧浙商要求浙商这群中国改革开放以来兴起的主要出身于农民和基层百姓的"草根商人"在从传统工业经济向生态经济转型的新的经济革命中成长为在更大空间和视野,来审时度势,谋划未来。智慧浙商也是一种价值的超越。要求浙商从狭隘的利益观与价值观中解脱出来,在更大时空中对实现认识和超越。以系统的思维、和谐的价值来实现企业管理资源的在大时空内的更有效配置。只有这样"草根商人"才能真正地成长为战略型企业家、事业型企业家。

创新浙商要求浙商完全摆脱创业初期简单的模仿创业,并且在"模仿＋改进＝创新"的基础上实现浙商企业真正的长久不衰,永续经营就必须加强自主创新。经过 30 年的风风雨雨,在探索中求生存和发展,浙商凭借自己执著、不畏艰险、敢冒风险的精神托起了浙江经济的一片天,走出了"浙江模式"的特色经济,然而在今天,在兴起的以新能源革命为契机的从传统工业经济向生态经济转型新经济革命中,浙商要创造第二个辉煌 30 年的制胜法宝就是源源不断地进行创新,通过创新完成产业链的升级。管理大师德鲁克说过,企业家就是创新者,创新是企业家的具体工作,把企业家精神界定为社会创新精神,并进一步指出企业家精神是一种实践,富有企业家精神的企业把企业家看作是一种职责,促进技术创新活动的开展。时代赋予了浙商精神新的内涵即创新精神。所以浙商要想再创辉煌走出新的"浙江模式"必须要成为创新浙商。

文明浙商要求浙商以诚信为本。当代浙商在兴起的过程中虽然有过不少把功利与诚信对立起来,并以功利牺牲诚信,但是越来越多的浙商开始注意到诚信的重要,把诚信作为企业的命根。事实上,功利和诚信其实可以做到完全统一,杭州永盛集团董事长兼总裁李诚就认为,诚信是最大的生意和资本,并始终坚持和实践诚信。从本质上讲,诚信是德性伦理与规范伦理的合一,浙商要把功利和诚信真正统一起来,更好地实现超越发展,除了培养和树立"诚"的美德和品行外,还特别需要建立制度化和规范化的"信"。

4. 推进浙商经济双重转型的对策研究。

从政府角色如何推进浙商转型面临的最大工作就是推进浙商发展生态商业环境。从从模仿激励的商业生态环境向激励原创的商业生态环境转型。围绕商业生态环境转型政府对策的着力点有五个方面。

一是战略导向。不能犯方向性错误;政府对于经济的发展特别是民营经济的发展应该是战略导向性的引导而不是过度的干预。政府必须转变角色从管市场到服务市场。政府的过多扶持和干预会导致专业市场缺乏创新。随着经济体制与政治体制改革的深入,我国政府逐渐由管理型职能向服务型职能转变,即政府对专业市场的发展的直接干预将转变为规范、引导和服务。这有利于浙江专业市场以需求为导向进行企业化运作,提高专业市场的适应能力和创新动力。浙江是"块状经济"最明显的省份,浙江政府部门应该侧重于专业市场的宏观管理,一是做好规划、定位,避免重复建设以及与实现专业市场与产业之间的协同发展。

二是利益导向。通过税收政策、金融政策决定创新成本,形成激励机制;政府要进一步加强投融资扶持政策,如税收优惠、水电价格优惠等各项优惠政策。发挥浙江省民营经济发达的优势,进一步放宽市场准入条件和领域,鼓励民营资本和外资向垄断行业流动,形成以政府资金为引导、企业投入为基础、银行信贷和民间资金为主体,股市融资和境外资金为补充的多元化投融资体系,以突出浙江块状经济的优势和特点。

世界各国经济、文化、法律、政治背景不同,要求浙江企业在经商时必须作相应的调整和适应。然而,很多跨国投资的浙江企业,风险意识淡薄,风险管理能力不足,遇到重大风险时往往措手不及。政府在加强对重点国家和地区的政治经济、民族宗教等研究的同时,应搭建风险信息网络服务平台,增强企业防范风险的意识和信心。

完善风险保障机制。设立省内海外投资风险基金,增强跨国投资的整体抗风险能力。强化以保险手段支持企业跨国投资的制度安排。尽快开发国外投资保险的新品种,对政治风险要在全球内进行分保和再保险,进一步分散风险。进一步推动境外经济贸易合作区建立。通过国际友好省市、姊妹城市等合作方,在国外建立类似新加坡在苏州的工业园区,组织、引导本省海外企业集中起来发展,形成合力,规避单个企业尤其是中小企业跨国投资时的政治风险、经验风险、贸易壁垒风险和汇率风险。

三是产业导向。从当地优势出发,形成独特的有竞争优势的创新产业集群;政府必须加强对行业协会等社会中介组织的管理和引导,特别是依托相关政府和部门的行业协会和组织必须改变以往职责不明,服务少、收费多的普遍现象,而应该更多地向企业提供及时、高效的优质服务,充分发挥行业的自律、协调与服务功能。

引导和扶持浙江"块状经济"龙头骨干企业提高自主创新能力,使之成为创新型企业,对引领和带动"块状经济"内企业、产业的技术创新,加快向现代产业集群转变具有关键性的作用。整合相关创新资源,可以建好一批省重点行业与区域科技创新服务平台,扩大服务企业创新发展的内容和范围,使之成为现代产业集群发展的重要组成部分。在主要"块状经济"区块建立一支由技术、管理等各方面专家组成、产学研结合的专家服务组,协助当地政府有关部门制定产业和科技发展规划,帮助、指导企业联合省内外高校、科研院所引进培养人才,开展关键共性技术攻关、科技成果转化、推广应用、技术咨询等服务。

政府必须重视产业技术水平的提高,重视提高公共科技服务能力建设;浙江经济面临加快转型升级、转变发展方式的迫切需求,企业开展技术创新,向产业链、价值链高端发展的需求非常旺盛。由于浙江块状经济特色明显,产业集聚程度较高,以中小民营企业为主,产业关键共性技术的需求市场较大。政府可以通过整合创新资源,在一些重点产业和区域建设一批由高校、科研院所、检验测试机构及企业共建的科技创新服务平台,为产业技术创新联盟的构建创造了良好的基础和条件。

四是制度支持。形成有利于新型、新兴中小企业不断产生的制度激励环境;完善有关政策法规,加强监管,维护市场健康的竞争机制,形成良好的市场环境。改革开放30年来,浙江民营经济蓬勃发展的奥秘是把市场的自发力量和社会自觉力量充分调动起来,把企业微观活力与政府宏观调控有效结合起来。但经过30年的快速发展,民间自主创造性虽已得到充分发挥,但民企发展却遇到了自身难以克服的体制机制瓶颈,需要政府主动适应市场变化及民营经济发展的需要,加快政府职能转变,创新民营经济发展的法律政策体系、行政管理体制、市场准入机制、要素保障机制和行业协会自律机制,引导民营企业建立现代企业制度,逐步形成确保不同所有制企业公平竞争的政府、市场、中介组织和企业"四位一体"的良性发展环境。积极构建加快民营经济发展的法律政策运行导向机制。着力推进市场准入公平化和要素配置市场化。建立更加有利于民营经济发展的行政管理体制。

五是服务保障。创造为新兴产业升级与第三产业服务环境和新型服务产业群。浙江政府必须高度重视,面向产业集群努力优化生产性服务业的发展环境。鼓励各地依托产业集群发展生产性服务业。进一步完善面向产业集群支持构建共享技术服务平台,为鼓励面向中小企业或产业集群开展法律服务。近年来,浙江省提出了"创业富民,创新强省"的发展战略。在政府的引导和政策支持下,企业、中介组织、科研院所乃至地方政府等相关主体面向产业集群发展生产性服务业,积极开展面向需求的创新创业活动,不断进行业态和经营模式的创新。

参考文献

[1] 魏一鸣. 中国能源报告2008:碳排放研究[M]. 北京:科学出版社,2008.

[2] 顾树华,刘鸿鹏. 2000—2015年新能源和可再生能源产业发展规划[M]. 北京:中国经济出版社,2001.

[3] 张孝德. 资源环境约束下大国工业化的困境与文明模式[J]. 甘肃社会科学,2008(11).

[4] 张孝德. 中国工业化的困境与文明模式的创新[J]. 经济研究参考,2008(12).

[5] 张孝德. 中国经济急需避免转型陷阱[J]. 中国经济时报,2004(10).

[6] 张孝德. 中国经济转型嵌入内生增长模式的战略思考[J]. 改革,2005(4).

[7] 吕福新. 浙商的崛起与挑战——改革开放三十年[M]. 北京:中国发展出版社,2008,407—419.

[8] 吕福新. 浙商论[M]. 北京:中国发展出版社,2009,147—156.

[9] 贾生华. 企业家能力与企业成长模式的匹配[J]. 南开学报,2004(1).

[10] 李新春,胡骥. 企业成长的控制权约束——对企业家控制的企业的研究[J]. 南开管理评论,2000(3).

转型经济中的企业家制度能力：
中国企业家的实证研究及其启示

项国鹏　李武杰　肖建忠

摘　要:为了从企业家能力角度解释转型经济中的中国企业家制度创新行为,本文提出企业家制度能力的概念。企业家制度能力是企业家通过制度创新,突破企业创业过程中的外部制度性约束和(或)内部制度性约束,促进企业成长的能力。它是制度理论和企业家能力理论的整合性产物。根据对21个中国企业家案例的聚类分析,企业家制度能力可以分为三类:外部正式制度创新能力、外部非正式制度创新能力和内部制度创新能力。21位中国企业家可以分为四种:全面性制度创新企业家、规制性制度创新企业家、认知性制度创新企业家和内部制度创新企业家。中国企业家应该大力增强制度能力,适应转型经济所导致的特殊制度环境,为成功创业提供具有本土针对性的企业家能力支撑。

关键词:转型经济　企业家制度能力　制度创新　聚类分析

一、引言

起始于1978年的中国经济体制改革使中国成为当今世界的转型经济大国。转型经济的关键是经济体制从计划经济向市场经济的转型,实质是一种制度变迁。在制度视野中,正在向市场经济纵深层次演进的中国转型经济对中国企业家创业造成了双重影响:既激发了创业激情、创业能力和提供了丰富的创业机会,也制造了大量的制度性创业约束。在制度约束面前,有些企业家畏难退缩,企业止步不前,有些企业家却能通过制度创新,勇敢而巧妙地突破制度约束,促进企业成长。例如,李书福领导吉利集团打破民营企业不能造车的产业管制性进入壁垒,倪捷领导绿源公司打破制约电动自行车发展的政策性桎梏。影响企业家成功实现制度创新的因素众多,企业家能力应该是不可或缺的能力性因素。从企业家能力角度来看,解答这些问题有利于中国企业家更好地致力于自身成长和企业发展:企业家制度创新行为的能力依托是什么? 实施制度创新的企业家属于哪种企业家[①]? 由于制度的复杂性,这种企业家是否存在不同类型? 他们如何通过制度创新促进企业成长? 但是现有相关研究难以有效地回答这些问题。首先,就企业家能力研究而言,虽然关于企业家能力内涵的研究文献比较丰富(Knight,1921;Casson,1982;Penrose,1959;Gartner,1989;Chandler & Hanks,1994;张完定、李垣,1998),但是较少关注企业家所处的制度环境及企业家和相关经济组织、经济行为人之间的制度关系(郑江淮,2004)。其次,从企业家能力和企业成长的相关研究来看,贾生华(2004)确立了基于企业家能力的企业成长的一般逻辑,贺小刚和李新春(2005)从实证角度研究了企业家能力对企业成长的影响,可是基于企业家能力的企业家作用于企业成长的内在机理的质性研究是不多的,在制度情境下的研究就更为少见。最后,就中国转型经济背景下的企业家研究来看,主流是从制度背景研究如何改革公司治理机制以更好地发挥企业家精神,企业家能力在这些研究中被视为给定而不加以分析(贺小刚,2006)。因此,本文将综合运用企业家能力理论、制度理论,尝试性提出并剖析企业家制度能力的内涵,并通过对中国企业家案例的聚类分析,回答上述问题。

二、企业家制度能力概念提出的理论基础

必须指出的是,企业家制度能力是一个新的概念。徐飞和程志波(2009)指出,新概念的提出需要具备两个条件:一是要求新的概念来谋求突破现有理论难以克服的困境;二是学术环境已经为新概念的提出创造了必要的理论基础。引言部分已经指出,在转型经济情境下,如何从企业家能力角度解答中国企业家制度创新行为已经成为现有理论难以克服的困境。下文将分析提出企业家制度能力概念的理论基础。

1. 转型经济中的企业家能力对企业成长的影响

企业家能力是促进企业成长的重要能力之一。相对发达市场经济国家稳定的制度环境,转型经济的"中间制度"性使企业成长面临较高的制度环境和市场环境的双重不确定性(Droege and Johoson,2007)。较高的制度环境不确定性要求企业家增强对制度环境的认知与开拓能力、对制度需求变化的预

[①] 这里的隐含逻辑是:从企业家能力角度划分企业家类型。贺小刚、连燕玲、沈瑜(2007)认为,在企业家个体特征中,企业家行为特征具有较大的可观察性,可以从该角度研究企业家类型。企业家行为是企业家能力的体现,因此从企业家能力角度研究企业家类型也是可行的。

测能力并且要实施制度变革以促进企业成长(Acs and Karlsson,2002;Luo, Zhou and Liu,2005;Batjargal,2005)。汪伟和史晋川(2005)指出,中国转型经济中存在的管制性壁垒对企业家突破管制性进入壁垒,实施制度创新的能力提出较高要求。如果把企业家通过制度创新促进企业成长的能力称为制度能力,那么转型经济中企业家制度能力对于企业成长的作用不可忽视。与此同时,较高的市场环境不确定性要求企业加强战略管理(Tan,2007)。这就对企业家战略能力提出了更高要求。可见,随着中国转型经济演进,企业成长对企业家制度能力和战略能力提出了越来越高的要求[①]。转型经济对企业成长的制度性影响催生了战略性影响[②],企业家制度能力对企业成长的作用机理很可能会影响企业家战略能力的作用机理。这说明在转型经济中研究企业家制度能力具有基础性价值。

2. 制度理论

这里的制度理论包括新制度经济学中的制度企业家理论和组织社会学的新制度学派中的组织合法性理论。两者是互补关系(Scott,1995)。Peng (2003)就曾结合两者,研究制度变迁中的企业战略选择。

(1)制度企业家。制度企业家是制度变迁的关键主体。戴维斯和诺斯(1994)认为,任何一个制度变迁中的初级行动团体的成员至少是一个熊彼特意义上的企业家。在制度变迁情境下,制度企业家通过实施制度创新,打破制度障碍,促进企业成长(张曙光,1999,2005;Dieleman and Sachs,2008)。周其仁(1997)、陈湘舸(1998)都强调了制度企业家才能是企业家实现制度创新的力量源泉。制度企业家的企业家能力结构不同于一般企业家。李稻葵等人(2006)认为制度企业家不仅应该具备传统企业家能力,而且要具有处理企业和政府、社会公众的关系能力,从而能够在商业活动过程中促进市场制度发展。制度企业家理论从行为主体角度对企业家制度能力研究提供了有力支撑。

(2)组织合法性。组织合法性(legitimacy)是组织社会学中的新制度学派的重要概念(周雪光,2003)。它是指当各种制度安排、社会规范等成为社会公众的"广为接受"的事实之后,就会成为规范人和组织行为的制度环境,导致组织趋同。由于组织合法性理论是用于解释组织和环境的关系,因此逐渐形成制度视角和战略视角的研究(曾楚宏、朱仁宏、李孔岳,2008)。在获得组织合法性的认识上,制度视角认为组织的地位是被动的,但是战略视角认为组织的地位是

---

① 贺小刚和李新春(2005)提出,当前中国企业家的战略能力和管理能力对企业成长的贡献率大于关系能力,内部管理和战略定位成为企业家的主导性经营活动。

② 徐岩和李海洋(2004)认为,在中国经济转型过程中,制度和市场对企业经营战略演变产生直接影响,中国企业经营战略的变化或者调整更可能是一种制度化过程中的产物。

主动的,组织可以通过管理者所设计的组织合法性获取战略主动地适应环境、选择环境和操纵环境(Suchman,1995)。本文采用战略视角的组织合法性理论。由于企业创业过程其实就是获取合法性的过程,因此战略视角的组织合法性理论在企业创业研究中的应用日益广泛(Aldrich and Foil,1994;Tornikoski and Newbert,2007)。从中国现实来看,能否打破制度约束并获得组织合法性和企业家创业成败息息相关(杜运周、任兵、陈忠卫等,2008)。所以,组织合法性理论为企业家制度能力研究提供了行为识别和目的指向。

由此可见,尽管现有研究没有提出企业家制度能力的概念,但已经从不同方面论述了企业家制度创新行为。上述理论在企业家制度能力研究中的角色是:转型经济所要求的企业家能力是行为动力,制度企业家是行为主体,组织合法性是行为目标。围绕企业家创业活动,它们和制度紧密相连,具有内在的逻辑自洽性。因此,提出企业家制度能力的概念,具备一定的理论基础。

三、企业家制度能力的概念和维度

张旭昆(2007)指出,制度可以从多个角度来定义,制度分类也没有定则,制度定义和分类角度的确立和研究者的研究目的密切相关。在这种情况下,为了清晰界定企业家制度能力并明确其内涵,把握制度的基本内涵就显得尤为重要。制度的基本内涵是人类相互交往的规则,使人们的行为更可预测并由此促进劳动分工和财富创造(柯武刚、史漫飞,2002)。其次,还要明确制度的分类。根据本文研究内容,借鉴李建德(2000)对组织内外部制度的划分,这里把制度分为企业外部制度和企业内部制度。企业外部制度指规制整个企业行为,调节企业之间关系的规则;企业内部制度指调节企业成员在实现组织目标过程中的责、权、利的分配方面的规则。

1. 概念界定

企业家制度能力是指企业家通过制度创新,突破企业创业过程中的外部制度性约束和(或)内部制度性约束,促进企业成长的能力[①]。它包括企业家外部制度能力和企业家内部制度能力。

企业家外部制度能力的概念解析要从企业外部制度的构成入手。Scott(1995)指出,制度有三个支柱:规制性支柱、规范性支柱以及认知性支柱,这三个支柱就构成了制度的三个基本组成部分。Kshetri(2007)在研究中国制

---

① 这里的企业创业行为包括先动性创业(proactiveness)和跟随性创业。前者是指企业率先进入新行业、推出新产品、新服务或者新的商业模式等,后者是指企业不具有创新意义的从众性创业;前者面临外部制度性约束和(或)内部制度性约束,后者主要面临内部制度性约束。

度变迁对企业家精神的影响时指出,制度包括规制性制度、规范性制度和认知性制度。鉴于 Kshetri 所分析的制度和本文所指的企业外部制度的内涵一致性,本文就沿用该观点,认为企业外部制度包括规制性制度、规范性制度和认知性制度。规制性制度是指政府、行业协会、专业机构制定的具有强制执行特征的正式规则;规范性制度是指社会价值观、道德规范;认知性制度是代表社会公众对特定事物的知晓程度的知识集合。因此,企业家外部制度能力是指企业家通过外部制度创新,突破创业过程中的规制性制度约束、规范性制度约束和认知性制度约束,获取规制合法性、规范合法性和认知合法性,促进企业成长的能力[①]。

企业家内部制度能力的概念剖析要从企业内部制度的构成入手。企业制度的主要框架由企业产权制度、治理结构、企业组织管理制度和企业社会责任制度四部分组成(顾文涛、王以华、李东红等,2008)。企业产权制度和企业治理结构是协调企业和所有者、经营者的利益关系的规则,两者可以整合;企业社会责任制度涉及企业和外部利益相关者之间的关系,它会和企业外部制度产生交叉。因此,本文所理解的企业内部制度包括企业产权制度和组织管理制度。企业产权制度是企业的资源配置、权利和利益分配规则,组织管理制度是规范企业内部生产和经营活动的规则。基于这些认识,企业家内部制度能力是指企业家通过内部制度创新,突破创业过程中的企业产权制度约束和组织管理制度约束,优化内部管理效率,促进企业成长的能力[②]。

根据本文对企业家制度能力的界定,可以这样认为:在企业创业过程中,只要存在外部制度性约束和内部制度性约束,就为企业家外部制度能力和内部制度能力提供了作用机会。中西方企业都如此。国外相关研究显示,即便在相对完善的西方市场经济体制情境下,企业家制度能力也存在[③]。但是,由于制度环境不确定性程度的差异,西方企业家制度能力对企业成长的作用机

<hr>

① Scott(1995)指出,组织生存不仅取决于市场环境,而且取决于法规、规范和认知共同构成的制度环境,而法规、规范和认知构成了合法性的三个来源。

② 企业家内部制度能力和企业家管理能力既有区别也有联系。区别在于两者的分析逻辑。前者的分析逻辑是基于制度的基本内涵和分类,后者的分析逻辑是基于一般意义的企业家职能。联系表现在,如果企业家是通过企业产权制度创新和组织管理制度创新来履行管理职能,就表现为企业家内部制度能力。

③ 国外学者采用案例研究方法,研究企业家如何打破企业创业中的外部制度约束,促进企业成长。比较典型的有:Hargadon 和 Douglas(2001)对爱迪生突破规制性制度约束和认知性制度约束,成功实现现代照明系统的制度化案例;Jones(2001)从企业家经历、制度规则和动态竞争这三者共同演化角度的对美国电影产业兴起的案例研究;Hensmans(2003)对 Napster 突破传统的分销网络,创新美国音乐产业的案例研究。另外,西方国家的企业家也在不断推动企业内部制度创新,推进企业成长。

会及影响和转型经济国家的企业家制度能力不可同日而语[①]。像中国这样的转型经济国家正在进行的各个层次的正式制度变迁和非正式制度变迁为企业家施展制度能力提供了更丰富的机会、更强劲的动力和更丰厚的回报。中国企业产权制度改革（包括国有企业产权制度改革和民营企业的追求合法化产权制度的曲折历程）是中国市场经济体制改革的重要内容，而且企业产权制度改革必然要求公司治理结构与组织管理制度的相应改革。由此可见，相对中国这样的转型经济大国，西方完善的市场经济体制环境难以为企业家施展制度能力（尤其是外部制度能力）提供宽阔的舞台，从而使企业家制度能力研究缺乏现实基础，这可能是西方相关文献没有出现企业家制度能力这个概念的情境性原因。因此，企业家制度能力研究倾向于特定情境研究（徐淑英、欧怡，2008），它从制度层面表现了中国转型经济情境对企业家能力的本土化要求[②]。对于中国学者来说，正如 Scott（1995）所指出的那样，身处这些"原始试验"之中，有必要研究企业家如何拒绝旧制度，确立新制度，发展新能力。

还要进一步指出的是，企业家制度能力是制度理论和企业家能力理论的整合性产物。Oliver（1997）整合制度理论和资源基础论，提出资源资本和制度资本是企业获取可持续竞争优势所不可或缺的要素。Peng（2001）认为制度理论和资源基础论的整合对于转型经济条件下的企业战略研究颇具指导价值，但是这种整合机制是未知的（Peng，2003）。提出企业家制度能力是基于这些前期研究的理论探索。

2. 维度分析

企业家能力不易被直接测量。常用方法是通过企业家行为加以测量（Man，2001；贺小刚，2006），原因是企业家行为是企业家能力的体现。因此，企业家制度能力维度可以通过企业家制度创新行为来确定。

需要强调的是，本文属于特定情境下的理论探索性研究，这不同于理论验证性研究。为了验证关系模型及理论假设，理论验证性研究要求对概念加以严格的统计学意义的信度和效度检验。由于缺乏先验的理论框架，本文难以对企业家制度能力的维度加以统计学意义的检验。但是理论研究的严谨性决定了必须对概念区分维度。这时，相对理想的途径是根据现有理论来指导维度分

---

① 田志龙、高勇强、卫武（2003）就认为，在中国转型经济情境下，企业实施外部制度创新行为的机会、获利程度都要大大高于西方成熟市场经济国家。

② 韩巍（2009）在讨论"管理学在中国"时指出，尝试创建一种本土化管理新理论，的确会涉及术语的创设。

析。基于中国企业政治策略及行为理论[①]、国外组织合法性获取战略理论、企业制度等理论和所选案例,本文对企业家制度能力的维度分析参见表1。

表1　　　　　　　企业家制度能力的维度分析:理论依据、含义及举例

维度	维度确立的理论依据	含义	举例
维度1:企业家外部制度洞察能力			
EIC101 发现制度缺口	田志龙、高勇强、卫武(2003);卫武(2006)	发现政策法规或行业标准中阻碍创业的不合理内容。	倪润峰发现政府对彩电的价格管制这项制度缺口之后,与银行合作,绕道降价,促进了彩电价格市场化。
EIC102 发现制度真空		发现政策法规或行业标准的制度空白,激发创业行为。	徐福新于1996年察觉当时尚处中国电信业务领域的制度空白地带的"小灵通"业务前景。
维度2:企业家外部制度创新的执行能力			
EIC201 适应环境	吴敬琏(2003)	采取符合当前政策法规、行业标准的方式,使创业行为合法。	20世纪八九十年代,类似于李书福创办的吉利集团这样的民营企业为谋生存求发展,采取"带红帽子"等变通性制度安排行为来获得政府认可。
EIC202 私下实践	高勇强(2007)	私下实践创业行为,等待政府的事后承认。	在信息产业部的压力下,徐福新却领导"小灵通"迅速发展,最终获得政府的正式认可。
EIC203 游说沟通	田志龙、高勇强、卫武(2003);卫武(2006)	直接游说政府官员,为合法实施创业行为争取政治理解。	徐文荣为了给横店集团争取经营自主权,在产权制度上激励企业创业激情和创业能力,积极游说横店乡政府官员,终于得到当地官员支持。
EIC204 政治关联		积极响应政府号召,做适合政治环境的事情,间接地争取政府对创业行为的支持。	徐文荣领导横店集团从事城镇建设、精神文明建设等,间接推进社团经济制度的贯彻。

[①] 企业家外部制度能力的作用目的是获取组织合法性,其实这就是一个政治过程(Aldrich and Fiol,1994)。田志龙、高勇强、卫武(2003),卫武(2006)认为制度创新策略是中国企业的一种政治策略。由于田志龙等关于中国企业政治策略及行为是仅限于政企关系,因此,可以充分借鉴田志龙等的理论成果来确立旨在获取规制合法性的企业家外部制度能力的有关维度。

续 表

维度	维度确立的理论依据	含义	举例
EIC205 参政议政	田志龙、高勇强、卫武(2003);卫武(2006)	获取人大代表、政协委员、政府顾问等政治身份,参与政策法规制定,为合法实施创业行为争取政治资源。	徐文荣、李书福、倪捷等企业家拥有各级人大代表或者政协委员的政治身份。
EIC206 行业活动		直接沟通行业组织,为合法实施创业行为争取行业标准支持。	2004 年 4 月,中自协即将公布新标准,绿源电动车有限公司总经理倪捷联合全国电动自行车厂商向标准委提出紧急要求,反对新标准出台,并争取到标准委支持。
EIC207 舆论造势		形成舆论氛围,间接影响政府和行业组织,争取政策法规、行业标准等对创业行为的支持。	为了进入汽车制造行业,李书福积极利用新闻媒体的力量,为打破民营企业不能造车的产业管制性壁垒摇旗呐喊,影响政策制定。
EIC208 舆论倡导	Suchman (1995); Zimmerman and Zeitz (2002)	利用舆论工具,向社会公众倡导新的价值观、消费观,使公众理解并接受创业行为。	针对消费者对电动交通工具的陌生状态,倪捷创办电动自行车科普读物《绿源》,积极倡导"推动绿色交通,倡导健康生活"的价值观。
EIC209 社会形象	Elsbach and Sutton(1992)	经营公共关系,塑造良好形象,间接地使创业行为被公众接受。	吴炳新领导三株公司在主流报刊刊登形象文章、首创专家义诊模式,塑造良好形象。
EIC210 广告宣传	Shepherd and Zacharkis (2003)	通过广告手段提高企业知名度,使公众熟悉创业行为。	赵新先为了消除混乱不堪的胃药市场给消费者造成的认知约束和信任障碍,举办"学术报告会"并首创出租车灯箱广告和明星代言广告,使"三九胃泰"这个新产品成为利润支柱。
EIC211 培训教育	Aldrich and Fiol(1994)	通过教育和培训公众,传播专业知识,提高企业知名度,使公众熟悉、接受创业行为。	为了推广互联网商业模式,张树新创办的瀛海威在各大新闻媒体开设专栏,普及网络知识,传播网络文化。王永民创建的王码电脑公司通过举办讲座推广五笔字型技术。

续　表

维度	维度确立的理论依据	含义	举例
维度3：企业家内部制度洞察能力			
EIC301 发现内部制度缺口	参照 EIC101而确立	发现企业产权制度、公司治理结构、组织管理制度对创业的约束。	李书福、南存辉发觉家族企业产权制度对企业发展的束缚。
维度4：企业家内部制度创新的执行能力			
EIC401 改革产权制度		改革企业股权结构，使其更加多元化，为创业决策的科学化奠定基础。	南存辉突破阻力，稀释家族股份。
EIC402 优化公司治理	顾文涛、王以华、李东红等（2008）	明确股东会、董事会、监事会的权利义务，制定有效的经理人激励约束机制，为成功创业提供治理保证。	朱德坤领导的小天鹅股份有限公司运用独立董事及其配套的三票否决制度，在公司决策等方面发挥了重要作用。
EIC403 改革管理制度		改革人事、研发、生产、销售等正式管理制度，为成功创业提供管理保障。	太阳神的怀汉新在1990年大胆创新内部用人制度。德力西总裁胡成中在1996年前后就已经建立了企业内部管理条例、程序文件和标准，使各项管理制度化、程序化、规范化。
EIC404 创新企业文化	陈传明（1995，1999）	企业文化是企业的非正式管理制度，通过培育企业文化，使其从"软管理"角度促进创业成功。	海尔集团成功发展的一个重要原因是创造了具有鲜明特色和强大渗透力的企业文化，而"张瑞敏就是海尔文化的源头"。

四、研究方法

1. 样本来源

本文借鉴了贾良定等（2004）在研究愿景型领导时所用的取样方法，选择有关中国企业家的案例性出版物作为主要数据来源。Eisenhardt（1989）和殷（2004）指出，虽然出版物本身存在偏见，但只要出版物是思考性的，可以作为学术研究的素材。Langley，Kakabadse 和 Swailes（2007）指出，在探索性研究的初始阶段，研究者可以利用出版物作为信息源。

2. 保证二手资料可靠性的措施

在利用出版物这种二手资料时,应该设法保证其可靠性。纵观国外优秀学术期刊的利用二手定性数据转化为定量数据的研究,为了保证资料的可靠性,对二手资料来源的把关很严格。一般选择有影响力的报纸、杂志和其他出版物(Lee and James,2007)、上市公司年报(Nadkarni and Narayanan,2007)、富含公共信息的行业性杂志(Chen and Miller,1994;Langley,Kakabadse and Swailes,2007)。鉴于本文的研究主题,上市公司年报和行业性杂志都不是理想选择。所幸国内关于企业家创业和成长的出版物比较丰富,因此比较适合作为资料来源。

为了尽量保证二手资料的可靠性,采取了下面这些措施。首先,通过网络在第一作者所在单位的图书馆馆藏书目中用"企业家"、"总裁"、"首席执行官"、"老板"、"总经理"、"董事长"等关键词检索,选出备选图书。然后,根据本文研究内容和目的来确立案例筛选标准。案例筛选的标准包括:(1)企业家对企业成长具有很强的控制权,企业行为实质上是企业家行为的组织化外显[1];(2)企业创建时间或者关键发展时期应该在1978年改革开放之后,保证企业成长处于转型经济情境之中;(3)案例描述比较清晰,能够反映企业创业过程中的企业家制度创新行为的目的和手段,以符合企业家制度能力的维度分析要求;(4)案例信息比较充分,以保证研究变量能够编码,如果某些案例信息不充分,必须能够通过检索优秀学术期刊、浏览企业网站加以信息补充和比对。根据这些标准,在备选图书中加以筛选。最后,根据卡麦兹(2009)关于扎根理论对文本分析的要求,结合图书的思考性、信息量等作出终选。确实,这个过程不可避免地带有主观性。

经过层层过滤,最终从《大败局Ⅰ》、《大败局Ⅱ》、《浙商制造——草根版MBA》、《中国著名企业首席执行官》、《与100名老板对话(二)》、《财智人物》和《大逆转》这些出版物中选择了17个案例[2]。另外,还从优秀学术论著、企业内部出版物、新闻报道等渠道增补了4个案例,它们是首推"小灵通"的徐福新(高勇强,2007)、广东华帝的黄启均(王宣喻、李新春、陈凌,2006;陈凌、曹

---

[1] 提出这个观点的主要理由是:第一,大部分中国企业(尤其是民营企业)尚未完成钱德勒意义的"管理革命",较大程度上还是古典意义的"企业家的企业";第二,即便企业实现了从古典企业向现代企业的转变,形成了组织能力,增加了企业家能力作用于企业成长的中介变量,但是企业家能力及行为对企业成长依然很重要。

[2]《大败局》系列所分析的企业经历了创建、成长、繁荣、衰败的曲折历程。就本文从中所选案例的信息编码看,在企业繁荣过程中,能够发现企业家制度能力在其中的作用;企业失败和企业家制度能力之间难以发现明确的因果关系。

正汉等,2007)、江苏双良的缪双大(刘小玄、韩朝华,1999)和绿源电动车的倪捷。总共选择了 21 个合格案例。

3. 数据编码

数据编码采用双盲方式,对每个案例使用利克特 7 点刻度进行编码。编码组成员包括主持人和 2 名编码人员。为保证编码过程的科学性,编码人员按照内容分析方法和企业家制度能力的 18 个变量进行编码。

(1)效度保证。首先是概念效度。它得以保证的重要因素是理论基础。在前文的分析中,企业家能力理论、制度理论等理论整合为企业家制度能力奠定了理论基础。其次是编码效度。保证编码效度的重要方法是每个编码成员必须清晰理解每个变量的含义,并且取得共识。由于编码组成员都参与了前期研究工作,所以对各变量的含义有较清晰的理解。主持人还对各个测项在案例中的表现形式进行了举例说明,并将之附在每个测项之后,供编码人员参考。

(2)信度保证。包括三个阶段。第一,统一打分标准与尺度。尽管参与编码的人员对测项有比较清晰的理解,但在打分尺度上仍然可能存在不一致,所以为统一打分标准与尺度,编码过程通过多阶段的递进形式进行。首先进行尝试性编码。主持人提出 3 个较经典的案例,要求编码人员在一天之内阅读这些案例并打分。第二天进行比对和分析。主持人仔细对各项打分进行审查。对完全一致和方向一致的测项,主持人给出其意见,编码人员进行讨论,得到一致认可的尺度;对于方向冲突的测项,3 人共同讨论,分析冲突出现的原因,再推出一致认可的尺度。第二,预编码过程。采用双盲方法对21 个案例企业家进行预编码。得到的结果是:完全一致率为 32.01%,方向一致率为 27.51%,方向冲突率为 40.48%。对于方向性一致的,取均值作为测项得分;对于方向性冲突的,由主持人组织编码人员共同讨论,达成共识。第三,正式编码。经过上述准备工作,正式编码结果比预编码在一致性上有了较大提高,完全一致率为 41.8%,方向一致率为 48.41%,方向冲突率为 9.79%。

五、数据分析

1. 变量的多维尺度分析(multidimensional scaling)

这里运用 SPSS 16.0 统计软件中的多维尺度分析方法,以变量间的欧氏距离为依据,描述各变量之间的相似程度,并将 18 个变量映射到二维坐标的4 个区间内。图 1 显示了企业家制度能力的 18 个变量的相似程度,反映了样本企业家的企业家制度能力类型。它们的名称是:(1)企业家外部正式制度

创新能力;(2)企业家外部非正式制度创新能力;(3)企业家内部制度创新能
力;(4)未命名。

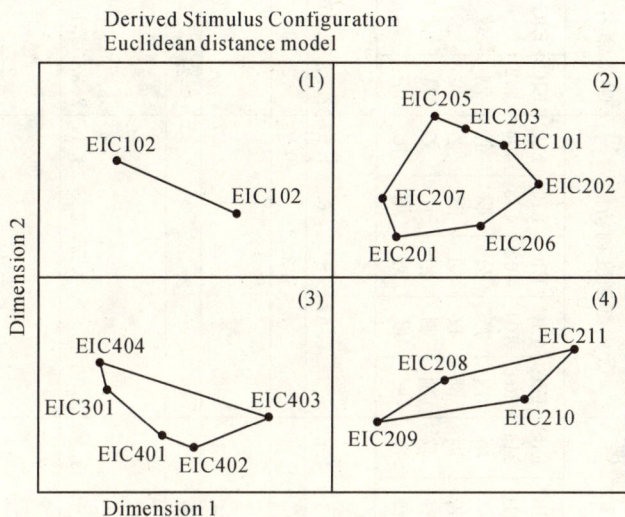

图1　变量的多维尺度分析

2. 聚类分析过程

首先使用层次聚类法进行分析,根据树状图的形状和聚类系数确定最佳聚
类数目。然后,以层次聚类得到的各类别的变量均值为原始聚类中心,进行
k-mean聚类。得到的4个类别中仅有一个企业家调整了类别(黄启均从原来的
第3类调整到第4类),变化率为4.76%,这说明聚类结果可信(见表2)。

六、数据分析结果的理论阐释

1. 企业家制度能力类型

(1)企业家外部正式制度创新能力包括7个变量:制度缺口、适应环境、
私下实践、游说沟通、参政议政、行业活动和舆论造势。这种能力的作用对象
是正式的规制性制度,体现企业家通过政治行为影响政府制定政策法规或者
行业组织确立行业标准,打破创业的规制性制度约束,争取规制合法性。
(2)企业家外部非正式制度创新能力包括4个变量:舆论倡导、社会形象、广告
宣传和培训教育。前两个变量的作用对象是非正式的规范性制度,后两个变
量的作用对象是非正式的认知性制度。这体现企业家利用舆论工具,宣传新
的价值观、消费观和企业商业模式,使公众理解并接受创业行为,打破创业的
规范性制度约束和认知性制度约束,争取规范合法性和认知合法性。(3)企

表2　运用利克特7点刻度编码数据对企业家类型的各组均值和各变量均值的方差分析①

企业家类型	企业家	企业家制度能力类型																		制度能力类型间的方差分析	
		①外部正式制度创新能力							②外部非正式制度创新能力				③内部制度创新能力					④未命名		F	Sig.
		EIC101 制度缺口	EIC201 适应环境	EIC202 私下实践	EIC203 游说沟通	EIC205 参政议政	EIC206 行业活动	EIC207 舆论造势	EIC208 舆论倡导	EIC209 社会形象	EIC210 广告宣传	EIC211 培训教育	EIC301 内部制度	EIC401 产权制度	EIC402 公司治理	EIC403 职能管理	EIC404 企业文化	EIC102 制度真空	EIC204 政治关联		
全面性制度创新企业家	李书福	5.67	5	4.67	6.33	4.33	5.17	5.33	5.33	4	3	4.67	5.33	5.67	5	6	4.67	2.33	2.67	9.094	
	徐文荣				5.21					4.25					5.33			2.50			0.001
	倪润峰																				
规制性制度创新企业家	倪捷																				
	徐福新	5.33	4.67	5	6.17	2	6	5.33	3	3.33	4	3	3.67	2	2.33	3	2.67	2	2.33	24.860	
	缪双大				5.26					3.33					2.73			2.17			0.000
认知性制度创新企业家	张树新																				
	黄鸣																				
	吴炳新	2.5	3.67	2.5	3.17	2	2.58	3.83	5	4	6	5.83	3.33	2.67	2.5	2.5	3.17	2.33	2.17	15.024	
	王永民																				
	赵新先				2.89					5.21					2.83			2.25			0.000
	梁庆德																				

① 为了使表格清晰美观，该表中的企业家制度能力变量的表述做了简化处理，具体内涵可以参阅表1。

续　表

企业家类型	EIC101 制度缺口	EIC201 适应环境	EIC202 私下实践	EIC203 游说沟通	EIC205 参政议政	EIC206 行业活动	EIC207 舆论造势	EIC208 舆论倡导	EIC209 社会形象	EIC210 广告宣传	EIC211 培训教育	EIC301 内部制度	EIC401 产权制度	EIC402 公司治理	EIC403 职能管理	EIC404 企业文化	EIC102 制度真空	EIC204 政治关联	制度能力类型间的方差分析 F	Sig.
	①外部正式制度创新能力							②外部非正式制度创新能力				③内部制度创新能力					④未命名			
张瑞敏																				
南存辉																				
周厚健																				
黄启均																				
朱德坤	2.78	2.56	1.89	3.06	2.89	3.72	2.56	2.67	4.11	2.67	2.22	5.22	4.78	5.11	5.44	5	1.67	2.67	21.407	0.000
怀汉新				2.78					2.92					5.11			2.17			
韩召善																				
陈伟荣																				
胡成中																				
F	17.34	8.82	13.7	18.7	4.17	15.6	12.27	11.7	0.5	15.6	18.08	5.02	9.34	22.7	15.23	7.11	1.51	0.354		
Sig.	.000	.001	.000	.000	.002	.022	.000	.000	.692	.000	.001	.014	.001	.000	.000	.003	.248	.79		
企业家类型间的方差分析 F	62.813							29.550				31.320					0.246			
Sig.	0.000							0.000				0.000					0.863			

（行标题左侧：企业家类型 — 内部创新制度企业家）

业家内部制度创新能力包括了5个变量:内部制度、产权制度、公司治理、职能管理和企业文化。这种能力的作用对象是企业内部制度,体现了企业家通过内部制度创新,打破创业的内部制度约束,优化内部合作秩序,提高管理效率。另外,制度真空和政治关联聚为一类,但它们在理论上并未体现出共性。它们聚成一类的原因是各种企业家在这两个变量上的得分都较低。

2. 企业家类型及对企业成长的作用模型

(1)全面性制度创新企业家。这种企业家的制度能力的类均值为:外部正式制度创新能力5.21、外部非正式制度创新能力4.25、内部制度创新能力5.33和未命名2.50,方差检验的F值为9.094。企业家外部制度创新能力和内部制度创新能力分值很高,表现了这种企业家打破创业中的规制性制度约束和内部制度性约束的能力很强。代表性企业家是李书福、徐文荣、倪润峰。图2是他们对企业成长的作用模型。

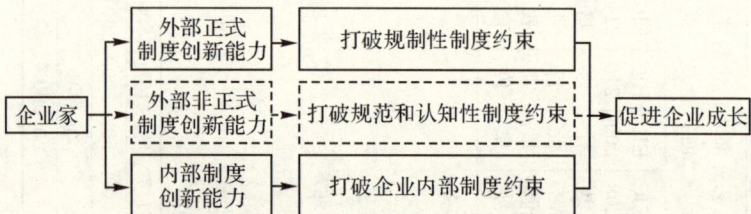

图2 全面性制度创新企业家对企业成长的作用模型①

1997年,李书福敏锐察觉进入汽车制造行业蕴藏着丰厚的利润,但是必须突破产业管制。为了打破创业约束,李书福的外部制度创新行为主要表现在以下方面。第一,游说沟通政府官员,争取支持。典型事例是时任浙江省副省长的叶荣宝为吉利汽车获得合法身份上下奔走。第二,以私下实践方式赢得竞争时机的优先权。1998年,李书福在临海市征地850亩,名义上是造摩托车,实际上是筹建吉利豪情汽车工业园区。第三,舆论造势。李书福积极利用新闻媒体的力量,为打破民营企业造车的制度壁垒摇旗呐喊,影响政策制定。最终国家放松汽车生产管制,目录管理制改为公告制,吉利成为中国首家获得轿车生产资格的民营企业,获得了成功创业所需的规制合法性。李书福的外部制度创新行为还产生了外部经济性影响。截至2004年5月,中国已经有15家非国有企业获准进入汽车制造业。在企业内部制度创新方面,

---

① 企业家制度能力促进企业成长是三种制度能力共同作用的结果。图中实线内容表示主导性企业家制度能力(即分值最高的制度能力)作用于企业成长,其对企业成长的影响更加明显;虚线内容表示非主导性企业家制度能力作用于企业成长,其对企业成长的影响相对较弱。下同。

李书福觉察到四兄弟之间"亲兄弟,不算账"的产权制度对企业创业的负面影响,决定改造家族企业产权制度和引进高级职业经理人,优化了产权结构和公司治理机制。在李书福的领导下,2002年,吉利进入全国企业500强,名列浙江省百强企业第28名。2005年,吉利在香港成功上市。2007年,吉利汽车被纳入中央政府公布的2007—2008年中央政府国家机关汽车协议供货项目。

（2）规制性制度创新企业家。这种企业家的制度能力的类均值为:外部正式制度创新能力5.26、外部非正式制度创新能力3.33、内部制度创新能力2.73和未命名2.17,方差检验的F值为24.860。企业家外部正式制度创新能力分值最高,表现了这种企业家打破创业中的规制性制度约束的能力很强。代表性企业家是倪捷、徐福新、缪双大。图3是他们对企业成长的作用模型。

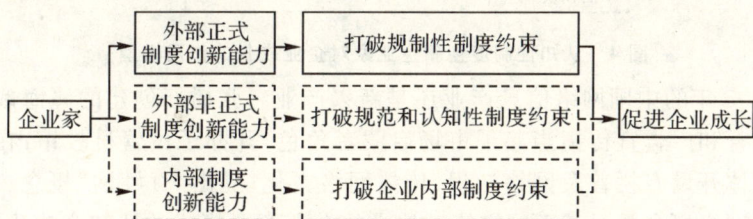

图3　规制性制度创新企业家对企业成长的作用模型

2003年,福州市政府发布通告禁止销售电动自行车,在126家企业的支持下,倪捷带领绿源启动法律程序抗争,得到了社会舆论的强大支持,有力地推动了电动自行车行业发展。2004年,国家标准委员会拟出台的电动车标准将严重影响电动车行业的发展,绿源联合全国约150家电动自行车厂商向标准委紧急要求,反对新标准出台,标准被发回协会重新修改,为整个电动车行业的发展赢得了宝贵时间。除了通过法律途径和行业活动等方式突破创业中的规制性制度约束之外,倪捷还积极通过舆论造势,例如参加中央电视台"实话实说"栏目、在各大报纸媒体大量发表文章,促使政府和社会公众日益重视电动车发展。倪捷的外部制度创新行为为绿源集团、乃至整个电动车行业发展获取了规制合法性,创造了发展空间。绿源逐渐成长为现代化世界级电动车生产企业,2009年1月入选2008影响世界的中国力量品牌500强排行榜。

（3）认知性制度创新企业家①。这种企业家的制度能力的类均值为:外部

---

① 尽管同为非正式制度,但是认知性制度变迁速度快于规范性制度变迁速度。原因是:作为规范性制度的社会价值观、道德伦理具有厚重的历史积淀性和组织惯性,变迁非常缓慢;构成认知性制度的主要成分是知识,随着知识创造、传播、应用及更新速度的加快,变迁速度也加快。而且从均值来看,针对认知性制度创新的2个变量(广告宣传、培训教育)高于针对规范性制度创新的2个变量(舆论倡导、社会形象)。因此,精确起见,本文把这种企业家命名为认知性制度创新企业家。

正式制度创新能力 2.89、外部非正式制度创新能力 5.21、内部制度管理能力 2.83 和未命名 2.25，方差检验的 F 值为 15.024。分值最高的是企业家外部非正式制度创新能力，表现了这种企业家打破创业中的认知性制度约束的能力很强，为他们所扮演的产业启蒙者角色提供企业家能力支撑。代表性企业家是张树新、黄鸣等。图 4 是他们对企业成长的作用模型。

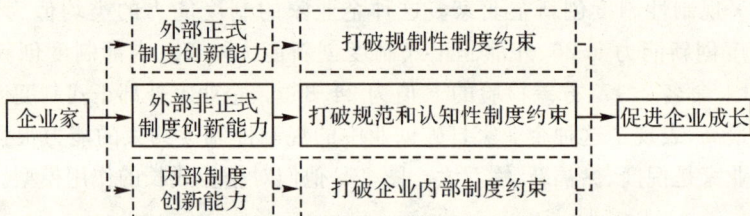

图 4 认知性制度创新企业家对企业成长的作用模型

1995 年的中国网络信息产业还是新兴产业。张树新创建的瀛海威通过培训教育和广告宣传担当起了市场启蒙者角色，开办了民营科教馆；在各大新闻媒体开设专栏普及网络知识、传播网络文化；提出"百姓网"概念。张树新推广网络概念是对基于网络信息技术的企业商业模式的认知合法化过程，瀛海威公司也得到了迅猛的发展。尽管瀛海威由于盈利模式和战略方向上的错误使其高速发展仅维持了短短的一两年时间，然而张树新却培养和发展了最初的中国互联网市场。皇明太阳能集团董事长黄鸣被誉为"中国太阳能产业化第一人"。1995 年前后，在国人不知太阳能为何物的情况下，黄鸣带领企业自 1996 年开始创办《太阳能科普报》，1997 年起发动"科普宣传万里行活动"和"百城环保行活动"，每年在全国各地举办数万场次的太阳能科普展示、销售、服务咨询活动，使消费者认识和接受了太阳能。

（4）内部制度创新企业家。这种企业家制度能力的类均值为：外部正式制度创新能力 2.78，外部非正式制度创新能力 2.92，内部制度管理能力 5.11 和未命名 2.17，方差检验的 F 值为 21.407。分值最高的是企业家内部制度创新能力，代表性企业家是张瑞敏、南存辉等。图 5 是他们对企业成长的作用模型。

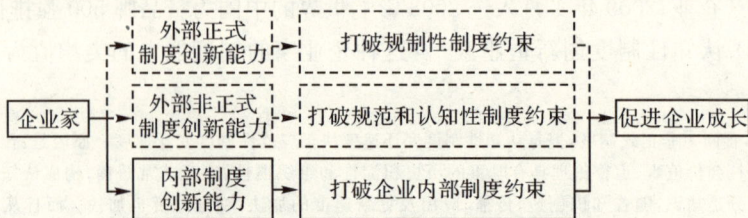

图 5 内部制度创新企业家对企业成长的作用模型

民营企业创业过程中一般都会遭遇家族产权制度的困扰。正泰集团董事长南存辉以其"温和革命"完成了卓有成效的家族产权改革。1991年,南存辉招进9名家族成员入股,使其股权从100％降到了40％。紧接着南存辉开始用社会资本稀释家族股份,先后有38家企业成为了正泰的私人股东,而南存辉的个人股份也被稀释到不足30％。南存辉还在集团内推行股权配送制度,其个人股份再度被稀释。正泰集团成功地从一家传统的家族企业转型为一个现代的"企业家族"。海尔是中国改革开放后迅速成长起来的成功企业典范,这在较大程度上归功于张瑞敏卓有成效的企业内部制度改革。从最初的砸冰箱事件开始,很多行为都鲜明体现了张瑞敏的思想——把管理做好。在管理实践中,张瑞敏开创了具有鲜明特色的海尔管理模式,他的管理实践被国内外知名大学遴选为工商管理教学案例。

3. 导致四种企业家的制度能力差异的因素

通过比较上述四种企业家的制度能力,并结合有关理论来分析导致企业家制度能力差异的因素是颇有意义的。可以从以下方面来探讨。

(1)企业家自身因素。它是导致四种企业家的制度能力差异的重要影响因素,包括:企业家拥有的资源(卫武,2006),通过企业规模与经济实力、企业声誉、企业家的政治身份来衡量;企业家社会技能(Fligstein,1997,2001),通过企业家社会活动来衡量;企业家在组织场域(organizational fields)中的地位(Maguire,Hardy and Lawrence,2004),通过企业家在行业组织中的任职、业界影响力来衡量;企业家性格(张建君、张志学,2005);企业家价值观[①];企业家对科学管理的重视程度。这些影响因素在案例中基本能够找到佐证。

(2)影响因素和企业家类型。综合前文分析,可建立图6所示模型。从图6来看,导致四种企业家的制度能力差异的因素除了企业家自身因素,还有企业家创业行为的类型:先动性创业和跟随性创业。前者更容易遭遇外部制度性约束和可能的内部制度性约束,如李书福、徐文荣、徐福新的创业行为受规制性制度约束,张树新、王永民的创业行为受认知性制度约束;后者更容易面临内部制度性约束。当企业家具备的各种制度能力能够突破相应的阻碍企业成长的制度性创业约束(尤其当这种约束成为阻碍企业成长的瓶颈时),就会生成不同的企业家。当然,这个理论模型需要后续研究来验证。

需要指出的是,有的企业家可能具有良好的企业家制度能力潜质,但缺

---

① 本文作者在实地调研绿源集团后发现,倪捷董事长之所以被电动自行车界誉为"维权斗士",和他"穷则独善其身,达则兼善天下"的价值观有密切联系。他的下属评价他"爱管闲事,好为人师"。这里的"闲事"是指不关绿源自身利益但和电动车行业发展有关的事。

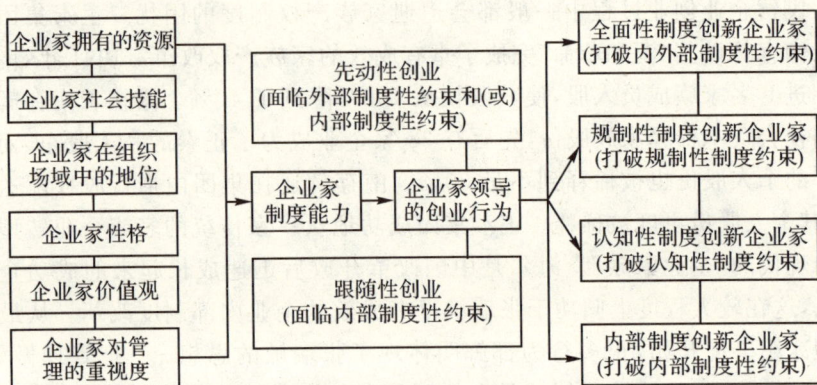

图6 企业家制度能力的影响因素和企业家类型

乏发挥能力的机会和制度环境,有的被抑制甚至遭扭曲。这和区域政策、区域文化有密切联系。以浙江为例,浙江顺应市场经济规律的区域政策设计和重商的区域文化为"浙商"兴起创造了良性的制度环境,以李书福、徐文荣等为代表的"浙商"的制度企业家行为为改革开放后浙江富有诱致性特征的制度变迁提供了充沛的民间制度创新活力。政府和企业家都是制度变迁中的重要"行动者",随着中国市场经济体制的演进,如何为企业家制度能力的发挥创造互补性制度环境,是政府必须直面的现实。

四种企业家的制度能力差异的成因研究是一个重要而复杂的主题,深入研究须后续跟进。

七、结论及讨论

1. 研究结论与理论贡献

本文的研究结论是,企业家制度能力是转型经济中的企业家实施制度创新,打破创业中的制度性约束,促进企业成长的能力依托。通过对21个中国企业家案例的聚类分析,可以把企业家制度能力分为三类。在制度能力的强度表现上,企业家表现出不同的主导性能力。根据主导性企业家制度能力,可把21位中国企业家分为四种,并初步确立了他们对企业成长的作用模型。

本文的理论贡献集中表现在,视中国转型经济所造就的制度环境为内生变量,整合制度理论和企业家能力理论,提出并剖析企业家制度能力,从制度视角拓展了企业家能力的理论内涵,有利于深刻揭示转型经济对中国企业家能力的特殊要求,尤其是企业家外部制度能力,本土化内涵更加鲜明。本文的分析综合了多种理论,就各种理论而言,本文的潜在理论贡献表现在这些方面。第一,对企业家能力理论而言,企业家制度能力拓展了企业家能力的内涵。传统的企业家能力理论视制度环境为外生变量。中国转型经济情境为企业家能力研究提供了丰富、独特的素材,应该将制度环境看作内生变量①。第二,对新制度经济学的制度变迁理论而言,本文从企业家角度,在一定程度上揭示了制度变迁的实现机制。制度变迁是政府、企业家、普通民众等利益相关者反复博弈的结果,但是,学术界没有较多关注包括企业家在内的组织行动者为何、在何时和以何种方式影响制度变迁(Burns and Nielsen,2006)。本文关于全面性制度创新企业家、规制性制度创新企业家和认知性制度创新企业家的分析对此作出了一定的解释。这还能够证明两个理论观点:企业家的合法化战术会影响制度形成(Aldrich and Foil,1994);制度企业家精神主要聚焦于行动者影响制度情境的斗争过程和方式(DiMaggio,1991)。第三,对组织社会学的制度学派来说,把企业家引入制度舞台。传统制度学派不重视企业家的创新作用,因此迪马久(2007)认为很有必要把利益与行动相关者引入到制度舞台的更中心位置。本文加强了制度学派在制度形成和"去制度化"这两个问题上的理论解释力度。

2. 现实意义

在当前我国市场经济体制改革正在向纵深演进的制度环境下,企业家应该大力增强制度能力,为充分利用制度变迁释放的创业机会,实现成功创业提供具有本土针对性的企业家能力支撑。尽管增强这种能力的关键主体是企业家自身,但也需要利益相关者的共同努力。增强措施包括两个方面。

(1) 企业家和政府、社会公众等外部利益相关者共同努力,协同式增强企业家外部制度能力。从企业家数量来看,全面性制度创新和规制性制度创新企业家最少(各有 3 位),认知性制度创新企业家次之(6 位),内部制度创新企业家最多(9 位)②。出现这种现象和企业家领导的企业创业类型密切相关。前三种企业家领导的是先动性创业,转型经济条件下,正在进行的正式制度变迁与非正式制度变迁使先动性创业极易遭遇外部制度性约束。企业家必须首先通过外部制度创新,克服外部制度性约束,获取组织合法性,否则创业难以为继。这对企业家外部制度能力提出挑战。此时,全面性制度创新企业

---

① 陈凌、曹正汉等(2007)指出,制度环境问题可能是导致中国民营企业近 20 多年来走上独特发展轨迹的客观原因,因此分析民营企业成长时,应该对此给予足够重视。

② 中国企业家调查系统于 2003 年调查了企业经营者对于"企业成功的关键因素"的看法,结果显示,"具有先进的管理能力"排在第 3 位,"优质的人力资源"和"高层团队的能力"排在第 5 位和第 6 位。2004 年的调查报告显示,80%以上的企业经营者对企业各项内部制度建设给予肯定。这说明中国企业家已经很重视企业内部管理制度建设。所以,内部制度创新企业家数量居本文所分析的 21 个企业家之首是有现实基础的。

家还会通过内部制度创新,突破企业内部制度性约束,提高管理效率和效益,双管齐下地驱动企业成长。最后一种企业家领导的是跟随性创业,就本文视角而言,影响这类企业成长的因素主要源于内部制度。企业家掌握了企业控制权,实施内部制度创新的难度和对企业家制度能力的要求会低于外部制度创新。值得关注的是,具备强大外部制度能力的企业家所领导的先动性创业孕育着更高的创新收益①。企业自身不仅拥有了先行竞争优势,而且会对所在产业发展带来明显的外部经济性。例如,李书福领导吉利集团进入汽车制造业及其对中国汽车产业发展的促进,倪捷领导绿源集团开发电动车及其对国内电动车行业发展的推进,黄鸣领导皇明太阳能集团利用太阳能后对中国乃至世界太阳能产业发展的推动。因此,在转型经济情境下,企业家外部制度能力及其所作用的先动性创业的影响更重大。从企业家角度来看,增强这种能力的重要途径是加强企业家战略学习,尤其要加强公共管理知识和宏观经济知识的学习,从中发现促进企业成长的制度性机会。同时,积蓄制度资源和制度资本(Oliver,1997)。政府应该明智地认识到企业家在制度变迁中的多元化作用,以大智之政治心态、大勇之政治举措,设计制度装置,以"善治"来激发、引导企业家制度能力,为企业可持续成长创造适应性的制度环境。社会公众应该在价值观上宽容、平和地看待企业家先动性创业行为,鼓励创新,允许失败。

(2)企业家和股东、经理、员工等内部利益相关者共同努力,协同式增强企业家内部制度能力。为了克服创业过程中的内部制度束缚,提高管理效益和效率,民营企业家的内部制度创新对象是企业产权制度和职能管理制度,国有企业家的内部制度创新对象主要是职能管理制度。从企业家角度而言,增强这种能力的重要途径是在心智上真正敬仰"管理是生产力",加强学习管理知识,掌握驾驭现代公司的管理方法与技巧。股东、经理及员工应该从企业长远发展角度,以建设性心态,支持企业家内部制度创新行为。

3. 研究局限及未来研究展望

作为一项涉及多种理论的探索性研究,本文必然存在不足之处,包括:企业家制度能力的维度建立在理论研究基础上,未经严格的统计学意义的效度和信度检验;通过二手案例编码所获得的数据,易受研究者的主观影响,影响研究结论的可推广性;二手案例的数量不够多,并且缺少对二手案例的样本

---

① 这里所指的创新收益是通过企业绩效体现出来的,但仅仅就本文所分析的企业家制度创新行为而言,不能和企业家及所创建(领导)企业的后续表现建立连带关系。例如倪润峰,案例的数据编码显示,他属于全面性制度创新企业家,为长虹发展做出了历史性贡献。但是,最终他退出长虹,长虹在中国彩电市场也逐渐失去霸主地位。

代表性的技术性评价。未来的研究展望将重点围绕实施先动性创业的企业，研究企业家如何基于外部制度能力,设计并实施组织合法性获取战略,促进企业成长。

参考文献

[1] 才力. 大逆转[M]. 延吉:延边人民出版社,2002.

[2] 陈传明. 比较企业制度[M]. 北京:人民出版社,1995.

[3] 陈传明. 知识经济与企业重构[J]. 南开管理评论,1999(4).

[4] 陈湘舸. 新市场社会主义导论[J]. 上海:上海三联书店,1998.

[5] 陈凌,曹正汉. 制度和能力:中国民营企业20年成长的解析[M]. 上海:人民出版社,2007.

[6] 杜运周,任兵,陈忠卫等. 先动性、合法化与中小企业成长——一个中介模型及其启示[J]. 管理世界,2008(12).

[7] 高勇强. 政治企业家的制度创新模式——对浙江吉利、中国电信与海南凯立的案例研究[J]. 公共管理学报,2007(1).

[8] 顾文涛,王以华,李东红等. 企业制度能力的系统分析[J]. 科学学与科学技术管理2008(3).

[9] 韩巍. 管理学在中国"——本土化学科建构几个关键问题的探讨[J]. 管理学报,2009(6).

[10] 贺力. 与100名老板对话(二)[M]. 北京:经济管理出版社,1999.

[11] 贺小刚,李新春. 企业家能力与企业成长:基于中国经验的实证研究[J]. 经济研究,2005(10).

[12] 贺小刚,连燕玲,沈瑜. 企业家类型、策略选择与企业绩效[J]. 中大管理研究,2007(1).

[13] 贺小刚. 企业家能力、组织能力与企业绩效[M]. 上海:上海财经大学出版社,2006.

[14] 贾良定,唐翌,李宗卉等. 愿景型领导:中国企业家的实证研究及其启示[J]. 管理世界,2004(2).

[15] 贾生华. 企业家能力与企业成长模式的匹配[J]. 南开学报(哲学社会科学版),2004(1).

[16] 凯西·卡麦兹. 建构扎根理论:质性研究实践指南[M]. 重庆:重庆大学出版社,2009.

[17] 柯武刚,史漫飞. 制度经济学:社会秩序与公共政策[M]. 北京:商务印书馆,2002.

[18] 李炳炎. 中国著名企业首席执行官[M]. 北京:中国财政经济出版社,2002.

[19] 李建德. 经济制度演进大纲[M]. 北京:中国财政经济出版社,2000.

[20] 刘小玄,韩朝华. 中国的古典企业模式:企业家的企业——江苏阳光集团案例研究[J]. 管理世界,1999(6).

[21] 田志龙,高勇强,卫武. 中国企业政治策略与行为研究[J]. 管理世界,2003(12).

[22] 汪伟,史晋川. 进入壁垒与民营企业的成长——吉利集团案例研究[J]. 管理世界,2005(7).

[23] 王宣喻,李新春,陈凌. 资本合作与信任扩展:一个跨越家族的创业故事——广东华帝集团案例[J]. 管理世界,2006(8).

[24] 王春元. 财智人物[M]. 北京:北京广播学院出版社,2003.

[25] 卫武. 中国环境下企业政治资源、政治策略和政治绩效及其关系研究[M]. 管理世界,2006(2).

[26] 吴晓波. 大败局(Ⅰ)[M]. 杭州:浙江人民出版社,2001.

[27] 吴晓波. 大败局(Ⅱ)[M]. 杭州:浙江人民出版社,2007.

[28] 吴敬琏. 当代中国经济改革[M]. 上海:上海远东出版社,2003.

[29] 徐飞,程志波. 科学争论中的学术主权刍论[J]. 自然辩证法研究,2009(5).

[30] 徐淑英,欧怡. 科学过程与研究设计,陈晓萍、徐淑英、樊景立. 组织与管理研究的实证方法[M]. 北京:北京大学出版社,2008.

[31] 徐岩,李海洋. 从计划导向到市场导向:中国电信企业经营战略演变的案例分析,徐淑英、刘忠明. 中国企业管理的前沿研究[M]. 北京:北京大学出版社,2004.

[32] 杨轶清. 浙商制造——草根版 MBA[M]. 杭州:浙江人民出版社,2003.

[33] 曾楚宏,朱仁宏,李孔岳. 基于战略视角的组织合法性研究[J]. 外国经济与管理,2008(21).

[34] 张建君,张志学. 中国民营企业家的政治战略[J]. 管理世界,2005(7).

[35] 张曙光. 中国制度变迁的案例研究(第二集)[M]. 北京:中国财政经济出版社,1999.

[36] 张曙光. 中国制度变迁的案例研究(第四集)[M]. 北京中国财政经济出版社,2005.

[37] 张完定,李垣. 企业家职能、角色及条件的探讨[J]. 经济研究,1998(8).

[38] 张旭昆. 制度分析演化导论[M]. 杭州:浙江大学出版社,2007.

[39] 郑江淮. 企业家行为的制度分析[M]. 北京:人民出版社,2004.

[40] 中国企业家调查系统. 新使命、新素质、新期望——中国企业家队伍成长与发展十五年调查综合报告(上)[J]. 管理世界,2008(9).

[41] 周其仁. "控制权回报"与企业家控制的企业[J]. 经济研究,1997(5).

[42] 周雪光. 组织社会学十讲[M]. 北京:清华大学出版社,2003.

[43] L. 戴维斯,D. 诺斯. 制度变迁的理论:概念与原因,R. 科斯,A. 阿尔钦,D. 诺斯. 财产权利与制度变迁[M]. 上海:上海人民出版社,1994.

[44] P. 迪马久. 制度理论中的利益与行动者,张永宏. 组织社会学的新制度主义学派[M]. 上海:上海人民出版社,2007.

[45] R. K. 殷,周海涛主译. 案例研究:设计与方法[M]. 重庆:重庆大学出版社,2004.

[46] Acs Z. J., Karlsson C. Introduction to Institutions, Entrepreneurship and Firm

Growth: From Swedon to the OECD[J]. Small Business Economics, 2002,19(3): 183—195.

[47] Aldrich H. E., Foil C. M. Fool Rush In? The Institutional Context of Industry Creation[J]. Academy of Management Review, 1994(19) 645—670.

[48] Burns J., Nielsen K. How Do Embedded Agents Engage in Institutional Change? [J]. Journal of Economic Issues, 2006,40(2): 449—456.

[49] Batjargal B. Entrepreneurial Versatility, Resources and Firm Performance in Russia: A Panel Study[J]. International Journal of Entrepreneurship and Innovation, 2005, 5(2): 284—296.

[50] Casson M. *Entrepreneur*, Barnes & Noble Books, 81 Adam Drive, 1982.

[51] Chandler G. N., Hanks S. H. Founder Competence, the Environment, and Venture Performance[J]. Entrepreneurship Theory and Practice, 1994, 77—89.

[52] Chen Ming-Jer, Miller, Danny. Competitive Attack, Retaliation and Performance: An Expectancy-Valence Framework[J]. Strategic Management Journal, 1994,(15 (2): 85—102.

[53] Dieleman M., Sachs W. M. Co-evolution of Institutions and Corporations in Emerging Economics: How the Salim Group Morphed into An Institution if Suharto's Crony Regime[J]. Journal of Management Studies, 2008,45(7): 1274 —1300.

[54] DiMaggio P. J. Constructing An Organizational Field as A Professional Project: U. S. Art Museums, W. W. Powell & P. J. DiMaggio, The New Institutionalism in Organizational Analysis, University of Chicago Press, 1991,267—292.

[55] Droege S., Johoson N. B. Broken Rules and Constrained Confusion: Toward a Theory of Meso-institutions[J]. Management and Organization Review, 2007,3 (1): 81—104.

[56] Elsbach K. D., Sutton R. I. Acquiring Organizational Legitimacy through Illegimate Actions: A Marriage of Institutional and Impression Management Theories[J]. Academy of Management Journal, 1992, 35(4): 699—738.

[57] Eisenhardt K. M. Building Theories From Case Study Research[J]. Academy of management Review,1989,14(4): 532—550.

[58] Gartner W. B. "Who Is An Entrepreneur" is Wrong Question[J]. Entrepreneurship Theory and Practice, 1989, 47—68.

[59] Fligstein Neil. Social Skill and Institutional Theory[J]. The American Behavioral Scientist, 1997,2(40): 397—405.

[60] Fligstein Neil. Social Skill and Theory of Fields[J]. Sociological Theory, 2001, 19 (2): 105—125.

[61] Hargadon A. B., Douglas Y. When Innovations Meet Institutions: Edison and the

Design of the Electric Light[J]. Administrative Science Quarterly, 2001, 46(3): 476—501.

[62] Hensmans M. Social Movement Organizations: A Metaphor for Strategic Actors in Institutional Fields[J]. Organizational Studies, 2003(24): 355—381.

[63] Jones C. Co-evolution of Entrepreneurial Careers, Institutional Rules and Competitive Dynamics in American Film[J]. Organization Studies, 2001, 22(6), 911—944.

[64] Knight F. H. Risk, Uncertainty and Profit, Houghton Millin Company, 1921.

[65] Kshetri N. Institutional Changes Affecting Entrepreneurship in China[J]. Journal of Developmental Entrepreneurship, 2001, 12(4), 415—432.

[66] Langley A., Kakabadse N., Swailes S. Longitudinal Textual Analysis: An Innovative Method for Analyzing How Realised Strategies Evolve[J]. Qualitative Research in Organizations and Management: An International Journal, 2007, 2(2), 104—125.

[67] Lee P. M., James E. H. She'-e-os: Gender Effects and Investor Reactions to the Announcements of Top Executive Appointments [J]. Strategic Management Journal, 2007, 28, 227—241.

[68] Li Daokui, Feng D. J., Jiang H. Institutional Entrepreneurs[J]. American economic review, 2006, 96(2): 358—362.

[69] Luo X., Zhou L., Liu S. S. Entrepreneurial Firms in the Context of China's Transition Economy: An Integrative Framework and Empirical Examination[J]. Journal of Business Research, 2005, 58(3): 277—289.

[70] Maguire S., Hardy C., Lawrence T. B. Institutional Entrepreneurship in Emerging Fields: HIV/AIDS Treatment Advocacy in Canada [J]. Academy of Management Journal, 2004, 47(5): 657—679.

[71] Man T. W. Y. Entrepreneurial Competencies and the Performance of Small and Medium Enterprises in the Hong Kong Services Sector[D]. Doctor Paper, From Department of Management of the Hong Kong Polytechnic University,2001.

[72] Nadkarni S., Narayanan V. K. Strategic Schemas, Strategic Flexibility, and Firm Performance: the Moderating Role of Industry Clock speed [J]. Strategic Management Journal, 2007(28): 243—270

[73] Oliver C. Sustainable Competitive Advantage: Combining Institutional and Resource-based Views[J]. Strategic Management Journal, 1997, 18(9): 697—713.

[74] Penrose E. T. The Theory of Growth of the Firm[M]. Basil Blackwell Publisher, Oxford,1959.

[75] Peng M. W. The Resource-based View and International Business[J]. Journal of Management, 2001(27): 803—829.

[76] Peng M. W. Institutional Transition and Strategic Choice[J]. Academy of Management Review, 2003, 28(2): 275—286.

[77] Scott W. R. Institutions and Organizations[M]. Sage Publication,1995.

[78] Shepherd D. A., Zacharkis. A new venture's cognitive legitimacy: A assessment by customer[J]. Journal of Small Business Management. 2003,41(2): 148－167.

[79] Suchman M. C. Managing Legitimacy: Strategic and Institutional Approaches[J]. Academy of Management Review, 1995(20): 571~610.

[80] Tan J. Phase Transitions and Emergence of Entrepreneurship: The Transformation of Chinese SOEs Over Time[J]. Journal of Business Venturing, 2007, 22(1): 77－96.

[81] Tornikoski E. T., Newbert S. L. Exploring the Determinants of Organizational Emergence: A Legitimacy Perspective[J]. Journal of Business Venturing, 2007 (22): 311－335.

[82] Zimmerman M. A., Zeitz G. J. Beyond Survival: Achieving New Venture Growth by Building Legitimacy[J]. Academy of Management Review, 2002, 27(3): 414 －431.

我国家族企业管理模式的现状及转型研究

——以浙江家族企业为例

陈云娟

摘要：在当今面临金融危机下，我国企业的发展受到了严重的挫伤。普遍认为转型是企业持续发展的必然选择，而企业转型的前提是管理的转型。本文就是基于此背景，对浙江家族企业作了调查，对我国家族企业管理模式的特点作了分析，并提出了管理转型应从企业家理念、管理制度、企业家身份等五种途径提升来实现。

关键词：家族企业　管理模式　转型

一、引言

企业管理模式就是从现实管理中提炼出来，在一定情境下，管理理论和实践中行之有效的管理方法，相对稳定组合形成的一种综合应用范式[1]。按企业产权制度不同，管理模式可分为家族制管理模式、现代企业管理模式。家族制企业和现代企业制度的最根本区别就是所有权和经营权是否分离，管理决策权是否控制在家族手中，如果两权分离并实现民主决策的企业一般认为是现代企业制度企业，否则就是家族制企业。在家族制企业中采用的管理模式往往就是家族制企业管理模式。改革开放以来，家族制管理模式成就了我国的家族企业，"家族制管理是否能使企业基业长青"始终是学者们关注的话题。本文拟以浙江家族企业为例，对我国目前家族企业管理模式作一些研究，目前的经济环境下，在家族企业管理转型的途径方面提出一些建议。

二、家族企业管理模式特点

1. 产权家族控制

为了解我国家族企业的产权情况,2008 年对浙江家族企业作了一项问卷调查,结果表明,绝大多数企业 90％以上的股权集中在 2－3 人家族成员手中,而且这几个人的关系大多为直系亲属,如夫妻或父子或兄弟等,其他家族成员控制了小部分,而高管和核心技术人员占有的股份很少,一般低于 3％,且股权极为分散,大部分企业家族外成员没有股份。这些股东在公司成立前就有较亲密的关系,其中是亲属的 70％,商业伙伴的占 25％。这正证实了浙江家族企业在创业期间主要依靠亲情、友情来筹集资本,并至今未被打破。产权、经营权基本是家族成员掌握。在这种产权结构下,企业家扮演着股东的角色,享受着绝大部分的剩余利润。股东利益最大化,基本上是企业家及家族利益最大化,而其他人员只是享受着劳动所得。从产权特征来看,我国家族企业大多数还处于传统的家族企业管理模式阶段。作为一家之主的企业家,为了能使自己及家族利益尽可能不受侵犯,总是亲自冲锋陷阵,掌握着企业的所有权力,甚至还亲自参与企业研发、营销等关键环节的工作。一旦企业家出了点差错,整个企业也就陷入困境。

2. 企业文化建设受到日益重视

在访谈中,企业家们总会提到他们如何重视企业文化的建设。在对"企业今后能长期较好发展必不可少的条件"这一项目的调查中,71％的企业家认为企业文化是必不可少的,得票数位居第二,仅次于商业模式。这些都说明企业文化的重要性已得到家族企业普遍的认同。并通过各种渠道传播、推广,比如某电动工具公司,通过一年一度文化宣传周,把企业提倡"人和"、"利益共享"的理念传播给员工。某汽配公司通过内部网络平台以及每年的职工代表大会,开通与员工交流的渠道,使民主管理的理念得以切实履行,并设立创新奖,鼓励每位员工树立"锲而不舍,永远创新"的企业精神。但是现阶段企业文化建设中,还存在一些制度的障碍,如前面所提到的电动工具厂,提倡"人和"、"利益共享"理念,强调企业和谐才能发展,大家共享赚取的利润,但事实上员工所得仅仅是社会平均劳动报酬,生产效率提高、降低损耗、节约能源等都与员工无关,受益者只有企业家族。所以管理方式只能靠人对人的监督来达到企业目的,很难让他们自觉做到,更不可能有参与企业开源节流、勇于创新的积极性。这时监督与被监督者之间矛盾就会存在,人和理念建立的难度也就可想而知了。企业文化不是靠制定条条框框、宣传就可以做到的,它是在企业发展中,围绕企业独有的企业精神,通过对其整个动作过程的设计与组织,逐渐被大家一致认可,最后才上升为企业文化,具有自主性、稳定性和不可复制性。

3. 管理制度从传统的家族管理向职业经理型管理过渡

我国家族企业规模、经营范围及企业生命周期不同,管理制度差别较大。企业规模中等以上的家族企业,存在两种典型的管理制度。一种是传统的家族制管理模式。经营范围比较单一,区域限于一个,企业组织结构一般采用直线职能制,老板独揽大权,既是董事长又是总经理,企业要害部门都是家族的亲密成员。对员工的管理以控制约束为主。在笔者重点考察的某电动工具公司,就是这种模式的代表,除了财务总监是投资方委派外,其他中层以上的管理人员都是兄弟姐妹。该公司老板也意识到,随着企业发展壮大,这种管理模式的弊端日益暴露,原来人对人的直接管理,死角越来越多,亲戚之间利益纷争也时有发生,变革企业的管理制度已迫在眉睫。还有一种就是职业经理型的管理模式。2008 年所做的调研中发现,企业规模较大,产业或分布区域较广的家族企业,组织结构大多采用事业部制。企业中高层管理人员中,较多地引进了职业经理,尤其是技术领域,也不乏高层次的专家。由此可见,这类企业已逐步地走向职业经理型管理,但权力依然家族控制,董事长、总经理还是家族成员。在股权上也是一样,家族绝对控股。据笔者调查所知,不管企业采用何种管理模式,对高级人才可以给高薪,基本不给股权。决策机制有关调查表明,决策由企业领袖直接下达的占 25%,经高管讨论后,最终由领袖作出的占 63%。由此可见,家族企业决策民主化程度不高,管理方式以直接管理为主,分级管理也只涉及较小的领域。

4. 激励机制以短期激励为主,长期激励较少

家族企业目前的激励方式项目繁多,旅游、培训、车贴房贴等,但主要还是以高薪为主,以直接货币形式为主。薪酬体系大致相同,由基本工资、各类奖金和福利三部分组成。基本工资以岗位为基础,加上计件工资,奖金分为由业绩考核来确定的业绩奖和单独设立的特殊贡献奖等。对一般员工主要就是工资,对中层、高层才可能享受各种奖金。人才晋升渠道比以前有所改善,人才晋升比较快,但还是会受到透明天花板的限制。在对浙商的访谈中,谈到长期激励措施,如股权激励,有的企业家马上以这个问题太复杂为由避而不谈。有的明确表明什么都可以给,但决不给股权,他们认为给了股权,将会失去对企业的控制权。有的认为物质资本的投资者,才能拥有股权,这显然是物质资本雇佣劳动观点的体现。总之,家族企业的激励只注重能为我所用,缺乏长期激励措施,再加上晋升的透明天花板限制,高级人才始终是高级的打工仔,一旦有机会就成了叛将,然后带走几个技术人员,自己另起锅台。

这也是我国家族企业很难做大的原因之一。

三 家族企业管理模式形成机理分析

1. 企业管理模式函数构建

以往的文献搜索结果表明,对企业管理模式要素方面学者们研究不是很多,较具代表性的有叶国灿[2](2003)、郑和平[3](2003)、卢启程[1](2006)等学者,他们把构成因素分为结构要素和支撑要素,结构要素包括五个方面:产权制度、企业文化和经营理念、决策及领导模式、管理技术、管理体制和组织模式,其中产权制度是核心要素,因为在企业模式中产权制度是起决定作用的因素,也是其他四个要素发挥作用的基础。支撑要素包括员工、产品和服务、企业战略目标和顾客。以上这些要素只有在企业管理中按照一定的规则产生互动,才能发生各要素应有的作用。这些要素的不同作用形成了企业不同的管理模式。何似龙、施祖留[4](2001)提出了"非情景化分析模型"管理模式,该模型认为企业管理模式应该由社会发展状态、社会制度、社会文化深层结构三大类基本因素,其中社会发展状态包括社会形态、经济发展阶段、主要"社会-经济"组织、知识进化阶段;社会制度包括政治制度、经济制度;社会文化深层结构包括思维方式、人文精神。企业管理模式由三大类八大基本变量决定,创建管理模式的步骤为:原型选择;文化根基开拓;原型特质分解;管理属性确立;模式界定。模型界定过程中文化是根本。从以往研究这些研究成果来看,影响企业管理模式主要有根植于人们深处的社会文化或区域文化,这种背景文化会影响企业家的理念和企业文化。其次是企业的规模和经营的产业特征,也就是特质。比如企业规模不大,一般只生产单一产品,只有单一决策机构,所以企业可以由雇主和几个家庭成员管理。当企业发展到一定程度后,这种管理模式就不能适应企业发展的需要了,就要进行管理模式的创新,所以企业不同发展阶段,经营领域的变化也就促使企业管理模式不断创新。再次是企业家的管理理念,企业家是企业的灵魂,理念是目的和手段的统一,企业的目的来自于企业家,企业家又要寻找合适的手段达到目的,创造种种与企业发展相吻合的企业管理模式。当然这里所提的只是企业内部影响因素,虽然外部因素如网络时代的到来也会影响企业管理方法,但对企业来说这些因素在某一特定时期是稳定的,而且是不可控制的,所以本研究所考虑的影响因素指企业内部的主要因素。综上所述,本研究认为企业管理模式应由以下函数来决定:

某企业管理模式 = f(文化根基,企业家理念,企业特质)。

文化根基:就是指影响某一特定人群的性格特征、价值观念、处事方法和原则的总和。

企业家理念:是指企业家基于他们在生产经营或管理经营中所积淀的或形成的思想与观念。

企业特质:是指企业在特定的阶段所具有的不同于其他企业的特征。

文化根基决定了决定的企业管理模式的一般形态,而企业家理念和企业特质决定着企业不同的管理模式。

2. 我国家族企业管理模式形成机理的分析

本研究以上述函数为基础,对我国家族企业的管理模式形成机理展开分析。

(1)"家文化"让企业偏爱家族制管理模式

中国人自古以来以自给自足的经济为主,以家为单位谋生,所以家的概念根深蒂固,希望企业也能像家一样的温暖。所以完全理性化的管理在中国企业中往往会遇到阻力。从浙江区域文化角度分析,浙商普遍崇尚儒家文化,强调个性、个体、能力、功利、重商的基本思想,在这种文化背景下,使广大民众有着强烈的自我创业欲望和浓厚的商品经济意识。加上浙江人多地少,资源贫乏,为了生存、摆脱贫困,千方百计去创业,凭着他们的吃苦耐劳、务实的农民精神,加上灵活机智的经商头脑,凭借在亲属、朋友中的威望,依靠亲情筹集资本,风雨同舟,完全是一种自发的经济组织,有人称为"草根性"。在儒家文化的影响下,企业中散发着浓郁的"家文化"。特别重视家庭的伦理关系和每个人在家庭中的责任和义务。由此可见,浙商企业的文化根基还是以父家长为中心,以嫡长子继承制为基本原则的守法制度,家族制企业管理模式也自然成为浙江家族企业创业期首选的管理模式。家族制管理模式下企业内部凝聚力强,代理成本低,决策速度快,能及时抓住商机,这些优势确实成就了浙江家族企业。中国传统文化中的"人"不是"经济人",是具有某些"社会人"特征的"伦理人"。从管理基础上看,中国企业缺乏采用"数字化管理"这种理性管理模式的基础。因此,在管理手段和方法上,强调"数字化管理",重视决策方案的数量模型和逻辑程序,推崇通过生产技术、管理机构和管理流程的公式化来实现效率目标的管理模式在我国企业中遇到了严峻的挑战。管理过程不仅是决策制定过程,尤其创新过程,更是充满了"越轨"行为和带有很强的无法测度的个人感情色彩,很难单靠严密的组织计划和机械的数字化控制方法加以掌握。当然,浙商文化除了传统的文化背景外,近年来也不断受西方文化的冲击,尤其是浙商二代以及新浙商,表现更为突出,因为他们中大多数接受了高等教育,有的还接受了西方文化熏陶,传承了父亲的基业或自己创建了企业,这又决定了现代家族企业管理模式的文化根基是儒家文化与西方文化融合的文化,因此,现代家族企业的家族制管理模式中,多了一些西方管理科学的成分,出现了现代家族管理模式。它既不像传统家族管理模式那样封闭,又不像现代企业管理模式那样实现管理社会化、受益社会化,是一种介于两者之间的管理模式。

(2)企业家不同的管理理念决定对家族制管理模式的变革程度

企业家的管理理念是企业文化、管理体制和规章、决策及领导机制、管理方法的基石,它渗透于企业一切管理活动和行为中。正如不少具有创新精神的浙商,虽然坚持家族企业观点,但他们并不守旧,能及时发现传统家族制的局限性,对传统家族制进行不断改革,创造了种种与企业发展相吻合的企业管理模式。有的企业家认为企业是靠严格的管理出来的,这种理念下就不容许任何人插足,意味着企业文化是家长文化,决策上专权独断,管理规章制度严格、僵硬,对员工较多采用控制的管理方法,这是我国家族企业发展初期普遍采用的一种管理模式。这种模式在创业初期非常有效,但企业发展到一定规模后,这种自闭的模式就会由于货币资本的局限性,很难持续发展。有的企业家则把企业看成是自己的家业,要发扬光大,然后传承给自己的后代。这种理念下,企业家们辛苦地创业,然后子承家业,自己逐渐地淡出领导地位。这种管理理念下,企业家勇于创新,为了企业能发展壮大,能自觉打破家族制管理束缚,接受一些先进的、科学的经营理念、管理方法,但他们始终如一坚持对企业绝对的控制权。所以这类企业的管理模式还是倾向于家族制管理模式,但它并不自闭,除了控制权外,也会从企业外部寻找所需的资源,包括股本适度扩散,职业经理人的引进等。因此,这类企业管理模式可称之为变革的家族制管理模式,比如茅氏父子的方太公司。还有一种理念是注重产品的专业化发展和企业品牌创建。这种理念下,把企业培育成一个具有良好形象,然后把企业所有权、管理权、受益权都社会化,在社会化过程中,自己赚足了钱。这种管理模式下,企业开放程度更高,他不会以世代相传为目的,也就是说在产权上,他不再坚持绝对的控制权。因此,企业家在这种理念下,企业产权制度改革进程比较快,决策比较民主,对人才的引进不会局限于家族内部。往往会把企业建立成现代企业制度作为努力目标,管理模式上较彻底地转向现代化企业管理模式,比如浙江广厦还有目前筹划上创业板和中小企业板的一些企业。对浙商来看,持第一、第二种理念的占绝大多数,尤其是第一代浙商,他们的创业都是基于当时生活的贫困,为了能使家人过上幸福的日子,才去创业的。对企业的感情就像自己的小孩。这种理念下,家族制管理模式也就成了必然的选择,并且也希望子女们能把祖业发扬光大。因此,在浙商企业中,不管公司大小,股权基本是家族控制。

（3）企业特质使家族制企业管理模式各有千秋

企业管理模式的原型只是一个具有普遍性的毛坯，毛坯需要进一步加工后才能成为零件，同样，企业管理模式具体确定还需详细分析企业特质。企业特质主要包括企业规模、企业目标、产业产品繁简程度和企业人员素质尤其是管理者素质等。在创业初期，企业规模不大，一般只生产单一产品，只有单一决策机构，所以可以由企业主和几个家庭成员管理企业。而且由家庭成员来管理企业可以节约成本，凝聚力强，齐心协力，克服创业过程中资金不足、管理经验缺乏等许多困难。企业发展到一定规模，产品越来越多，或者目标市场不断扩张，由企业一人根本无法管理；或由于新领域的开发，创业者家人再也无法胜任了，那就必须聘请经理人来管理。有的企业聘请的经理人是家族内部人，有的企业聘请的却是外部职业经理人。由此可见，不同的企业或同一企业不同发展阶段、不同战略目标下，企业管理模式也会有所不同。比如星光集团，由生产头饰起家，夫妻两人管理着企业供、产、销所有环节，发展到现在仅靠两人根本无法胜任了，就引进了职业经理担任中下层管理，聘请专业人才参与企业的重要决策和规划协助企业重大的改革。在企业发展过程中企业管理模式也在不断地改进。因此，在对浙商企业考察中，虽然大多是以家族制管理为基本模式，但具体来看，他们都有自己的特色。有的采用传统家族管理模式，老板一人管理整个企业，收益彼高，经营了三十多年，还是生气勃勃。有的进行了股份制改制，夫妻或其他家族成员仍是大股东，引进职业经理人管理整个企业，进入了职业经理型管理模式。有的发展迅速，成了上市公司，如广厦集团、东磁集团等基本实现了现代化企业管理模式，但在浙商企业中，这类企业不是主流，大多企业还是坚持着传统或变革的家族制管理模式。

四　家族企业管理模式提升途径

1. 企业家理念提升：战术型经营理念向战略型经营理念转变

浙商企业家往往被称为"草根企业家"，大多都是穷山恶水逼出来的，办企业的目的是为了能摆脱贫困，能让自己及家人过上富裕的日子。在这种背景下，什么能赚钱做什么，基本采用模范的商业模式，这也是浙江典型块状经济的主要原因，创业初期，凭着企业家们敢为天下先的精神和灵活经营的头脑取得了成功。成功的背后，企业家们也不得不承认这些成就取得与我国改革的好时代有密切关系，农村土地承包制派生了大量廉价劳动力，改革开放快速经济增长，带来消费群体的消费能力飞速提升，提供了大量的市场需求，大量的市场、低廉的成本带来了企业利润，缩短企业原始积累的时间。但现在人民币升值,劳动力、原材料成本提高,市场的供求关系发生了转变,原来靠低成本带来低价格的优势逐渐消失,利润大部分给了上游企业。如果企业再不从生产加工型企业向技术型制造企业转型,企业存活的概率很低。因此,基业常青必须由原来以钱为目标的战术型理念向企业先做强、再做大永葆青春战略型转变。也就是要明确自己的主业,要有详细的战略规划,不是企业追着钱跑,而是要让钱跟着企业跑。资本的投资符合战略规划,而不是天女散花,局限于眼前的利益。就像微软,始终以 IT 为主业,销售一代,生产二代,研发三代,一直跑在别人的前面,最初的高额利润当然也就属于他了。

2. 管理制度的提升:直接管理向间接管理转变

就像前面所说,家族企业目前的管理制度基本是针对中小企业,从制度内容来看事无巨细,管理制度似乎非常齐全,能约束所有不符合老板意志的行为。这些制度的执行力主要依靠老板自己或家人的监督执行。支持这种以约束为主要形式,以人对人直接管理为主的管理制度的组织结构都比较简单,研发、生产、市场推广都集中在一个地方,研发、财务、市场由企业老板亲自控制。这种组织结构下,像家规的管理制度是较为理想,而且也非常高效。但企业做大后,经营范围超出了一地或一个领域,老板及家人无法事事亲临现场,原来组织结构和管理方法无法适应了,变革也势在必行。这种变革首先应对组织结构进行重构,以实现企业跨地区的管理,从人对人的直接管理向间接管理过渡,有利于集权管理向分级管理转变。形成大企业结构体系后,管理制度的改革也就有了基础。与之相适应的管理制度也要体现企业整体性,又要符合分级管理的层次性,企业的管理制度内容由具体的转向指导性的,由约束为主转为激励为主的形式。具体如何达到这些目的,交给下面的基层管理人员去做。如在财务方面,企业对分部下达利润指标,支出实现公司预算制度,如何达到设定的目标,在不违背公司经营宗旨下,由部门经理自行决定,预算内的开支可以由分管经理审批。而老板对他们的管理转向审计式和预算式的间接管理。

3. 企业家身份的提升:冲锋陷阵型向领袖型转变

创业时期企业家靠大胆、冒险的精神,靠个人的魅力带着大家冲锋陷阵,并管理着企业所有的事务,但企业作出适应大企业的组织结构和管理制度变革后,管理开始专业化、多层化,企业家逐渐从直接管理中淡出,实际管理权力逐渐向拥有直接管理权的经理人手中倾斜。企业家还会发现自己有些力不从心,随着企业专业人才的不断引进,企业家在专业方面往往不如人。所以企业家要做好这些角色的转变,把自己从冲锋陷阵型转向领袖型,从个人英雄时代向团队合作过渡,企业家的主要能力体现在组建团队,以及用人、识人、找人上,在团队组建的过程中,完成企业的制度化管理和以间接管理为主的分级管理。此时企业家靠个人的品行、道德及招贤纳士的能力来服众。要实现这样的转变,对企业家也是很大的挑战,在角色转变中一方面要克服自己在此阶段某些价值的散失,同时还要有再学习的能力,学习外部招人的能力,学习资本市场的运作能力,提高跟各方面人士打交道的能力和个人影响力,还要有再创业的激情。

4. 激励机制的提升:对"劳"的激励向对"人力资本"的激励转变

在知识经济时代,生产要素的重要性正在从资本、设备转向人才、知识,转向有核心价值的企业领导人。这个时代使企业在竞争中立于不败之地,关键是拥有知识产权、品牌等无形资产,留住人才并能充分调动他们的工作积极性是企业可持续增长的密钥。而要达到这一目的,靠传统的加薪、带薪休假、高额的房贴等激励机制已经不够了。因此企业的激励机制应由传统的以金钱为主的激励方式,向符合知识经济时代的激励机制转型,让能人的"劳"也变成资,作为"人力资本"的投入者,成为领导企业的大股东。这种激励模式在IT行业早有成功先例,众所周知的比尔·盖茨,他当时并没有钱投资,别人出钱,他却当了大股东。这种模式下让经营者以持有干股的方式,同时拥有控制权和经营权,让有能力的经营者们从为投资者干变为自己干。这种激励机制下,他们所拥有的工作不仅能给他们带来财富、享受和荣誉,主要是他们作为"人力资本"受到极大的尊重,满足了他们最高层次的需求。毫无疑问,这将让他们热爱工作,充满创造性。随着企业技术含量的增高,可替代性的工人越来越少,而企业不可能让人人都拥有股权,对于激励普通员工,可采用参与超额利润分红的方法。只要超额完成了公司下达的利润指标,超过部分返还给分部,由公司监管下分配使用,包括可拿出一定比例的利润分给该部的员工,使员工也感觉到自己的努力不是为老板的,是为自己,达到财散人聚,从监控转变为自觉遵守,并激发人人创新的热情。

5. 企业文化的提升:小家"亲情"文化向大家"和谐"文化的转变

三流企业做产品,二流企业做品牌,一流企业做文化。管理的最高境界是无为而治,也就是用文化来规范企业。中小企业的成功主要靠企业家的能力和机会,管理主要依靠老板的智慧和能力,以及人对人的管理来实现,管理过程看得见,发现不对马上制止,员工少管得住。但是企业做大了,很多事情看不见、摸不着,制度也不可能无漏洞,好的制度还要靠人来执行,又如何保证在执行过程能切实履行呢?因此,"以看不见的管理"为主的大企业,更需要无形的文化来提高企业员工的自觉性和主人翁意识,从而提高管理的有效性。近年来,浙商企业也逐渐意识到企业文化建设的重要性,也采用搞文艺晚会、集体旅游、加强企业文化宣传等方式建设企业文化,但效果不显著。关键问题在于把企业文化误认为笼络人心的政工工作,或者观念上没有与时俱进。知识经济改变了资本和劳动的关系,从"劳求资"变成"资追劳",从资本强势变成知识强势,从货币强势变成了人性强势。资本结构发生的变化,知识资本和货币资本融合共赢,企业家必须要能协调企业家、员工和社会需求者三方利益,共赢、和谐成为知识经济企业文化的主旋律。如果以股东、员工和社会需求者为三角形的三条边,三条边相等时公共利益最大,所以企业家在这三角形中,不能只顾一边,而应该位于三角形的中央,协调好各方利益,才能使自己享受最大的利益。由此可见,家族企业的文化就是要做足亲情文化,把原来为自己和亲人过上幸福生活而艰苦创业的精神,扩大到为企业每位员工、用户各方都能共赢为宗旨而发展企业。在企业内部让亲情弥补制度的缺失,在外部让亲情维系市场。在共同利益最大化的基础上,达到企业利益最大化。

参考文献

[1]　卢启程. 企业管理模式的理论与发展研究[J]. 时代经贸,2006(10):71—74.

[2]　叶国灿. 企业管理模式的创新趋势[J]. 管理世界,2003(12):146—147.

[3]　郑和平. 企业管理模式理论及中国企业管理模式方向分析[J]. 企业活力,2003(1):60—64.

[4]　何似龙,施祖留. 转型时代管理学导论[M]. 南京:河海大学出版社,2001.

[5]　郭咸纲. G管理模式思想篇:人＋制度＋创新[M]. 广东:广东经济出版社,2002.

[6]　郭凡生. 中国模式——家族企业成长纲要[M]. 北京:北京大学出版社,2009.

"后危机"背景下越商转型研究
——绍兴新生代企业家成长报告①

李生校

一、前言

2008 年以来,世界金融危机席卷全球,浙商的重要组成部分绍兴民营企业(越商)也遭受到重大冲击,一部分企业经营出现状况,特别是部分企业在企业经营战略规划和风险控制方面出现失误,面临前所未有的困难。同时,也有相当一部分越商企业直面危机,积极调整,经受住了危机的考验,表现出很好的成长性,他们在危中找机,主动进行变革,实现转型升级,积极应对国际金融危机。

面对如此复杂的环境,企业必须做出转型升级的选择。转型升级是经济规律使然,这既是企业为了持续发展必须采取的举措,也是在快速变化的市场环境中保持企业竞争力的有效手段。

国际金融危机迫使越商全面反省原有的发展方式,在客观上造就了深化改革、转型升级的倒逼机制,他们的变革与转身,必将使越商率先走出危机、继续走在前列。

优秀的越文化是越商崛起的土壤和根基,制度创新为越商赢得了先发优势,催生了越商群体的形成,而带上浓重越文化个性特质的越商企业家精神的迸发才是越商群体崛起的真正原动力。在"后危机"背景下,越商新生代企业家如何通过越文化的传承与演进,发扬新时期越商精神,从而获得新的发展契机,是一个值得深入探讨的课题。本研究正是基于"后危机"这个背景,以越

---

① 本课题组成员有:李生校、庞飞、王华锋、钱祚胤、朱炳华等。

商新生代企业家为研究对象,从越文化视角入手分析越商转型升级的对策。

新生代企业家是绍兴经济转型发展、创新发展的探索者,代表着未来的发展方向,却同样面临着风险和困难。课题组通过调查和研究,掌握绍兴新生代企业家持续成长过程中面临的难题及其实践经验,希望为政府制定民营经济健康发展政策和新生代企业家突破持续成长瓶颈提供参考建议。

2010 年 5 月,我们先后对绍兴市和台州市的近 200 多家企业的新生代企业家进行了问卷调查,其中绍兴地区回收 130 份有效问卷,台州地区 46 份有效问卷。调查目的主要是为了了解新生代企业家在成长过程中所面临的问题,包括企业、企业家自身、政府、社会团体四方面的情况。问卷包括五个方面内容:企业家基本概况、新生代企业家的胜任力、新生代企业家压力、政府与新生代企业家成长、社会团体与新生代企业家。共计发放问卷 200 份,实际回收 176 份,回收率 88%,回收问卷中有效问卷 148 份,问卷有效率为 84.09%。

二、新生代企业家的定义

1. 新生代企业家的含义

关于"新生代企业家"这个概念在国内外学术界还没有明确定义。国内人们通常把新生代企业家形象地称为"386 的一代",即 30 多岁,出生在 1960 年代以后,"文革"之后上大学,1980 年代开始起步,在 1992 年以后市场经济蓬勃发展的大潮中飞速成长,迈入新生代企业家行列。民建中央专职副主席、武汉大学教授辜胜阻(2007)认为"新生代企业家"这个群体应该由继承型的"民企二代"和自创型的青年企业家共同组成。辜胜阻教授指出:企业家代际的划分是以企业家生成和发展的时间为标准,以代表性人物为标志。他认为,改革开放以来,中国企业家可以划分为三代:第一代企业家是改革开放以后、1992 年之前创业的企业家,标志性人物有柳传志、鲁冠球、年广久等,他们大多属于被迫创业,所设立的企业也大多戴着"红帽子"。第二代企业家是 1992 年邓小平南巡讲话之后诞生的企业家,标志性人物有陈东升、毛振华、田源、冯仑等,他们具有较强的资源调动能力,企业的产权制度比较清晰。第三代企业家则是诞生在 2000 年前后、伴随新经济的兴起,依靠风险投资、互联网经济迅速发展起来的企业家,标志性人物有马云、张朝阳、李彦宏等,他们的典型特征是高学历、高技术、年轻化,具有国际视野,熟悉国际规则,创始人或管理团队大多有"海归"背景。这样的划分,时间界限分明,特征也比较鲜明,这也为我们定义"新生代民营企业家"提供了丰富的理论基础。

根据调研,我们认为"新生代企业家"这个群体应该由继承型的"民企二代"和自创型的青年企业家共同组成,也可以理解为由辜胜阻教授关于企业家代际划分中的第一代企业家的继承人和第三代企业家所组成。把这两部分人统一归纳为新生代一个群体,主要是为了凸显这个群体的特殊性和重要性:一是这两部分人是民营经济的新兴力量,他们将承担着推动中国经济实现下一波快速发展的重任,是民营经济实现转型升级关键所在,是民营企业实现可持续发展的中流砥柱。二是这两部分人在年龄、价值观念、知识结构、企业管理经营理念等方面具有很多相似之处,在理论和实践上都便于作为一个群体来研究。

2. 新生代企业家的特征

(1)年纪轻。新生代企业家普遍年龄较小,调研发现,绍兴的新生代企业家年龄主要集中在 20—39 岁之间,占调查总量的 90％以上。在公司的管理中面临的最大问题是欠缺经验,占调查对象的 50.5％。但新生代企业家善于学习,调查结果显示,绍兴的新生代企业家越来越重视学习,大部分企业家认为其个人学习能力处于中上水平,52％的企业家对个人的学习和培训情况很满意或者比较满意。目前最希望学习的和正在学习的内容是企业经营,其获取经营管理知识最有效的途径来自于亲身实践以及总结与反思。

(2)理想远。新生代企业家希望将自己的企业打造为国内行业"旗舰",进一步想要在更高层次上参与国际竞争。新生代企业家们瞄准了领先的位置,努力使自己的企业在短时间内迅速成长壮大。应该说,这个理想是比较现实和可以实现的。但领先者只有一个,所以要超越,就必须付出别人更多的努力,就必须有所创新。这是新生代企业家成长的基本动力之一。新生代企业家希望打造国际品牌。对此,有理想的新生代企业家耿耿于怀。常常听到新生代企业家要把自己的企业建成"中国的 IBM"、"中国的微软"、"中国的沃尔玛"这样的豪言壮语。这一方面反映了新生代企业家对那些响遍全球的著名品牌的仰慕和渴望,同时也反映出对自己还不能特立独行地创造出自己的国际品牌的一种无奈。新生代企业家希望振兴一个产业。在新生代企业家心里,这些呼喊不是简单的口号。产业整体的发展是企业发展的基础,如同一座宝塔,基础不牢,即便你是塔上明珠也不会长久。同时,产业的发展又是靠业内所有企业的共同努力才能达到。这就是企业家们的责任感所在,也是他们的理想所在。

(3)学历高。新生代企业家与老一代企业家相比,他们都有一些共同的特点" 年轻、学历高、技术高、管理起点高"。他们中不乏 MBA、EMBA、硕士生、博士生,他们二三十岁,年纪轻轻就执掌了一家大型企业,有的甚至通过资本与产业的结合,控制了多个产业的知名企业。新生代企业家靠自己的核心技术和知识生产产品或提供服务,以此获得市场的认可,并最终完成原始积累;或者靠自己的技术甚至是"讲故事"的才能获得风险投资的青睐,从而轻松地站在资本巨人的肩上跳舞。

(4)理念新。新生代企业家注重企业战略和管理,发挥团队力量,依靠系统优势取胜,他们不再充当创造传奇的英雄角色,而是更多地充当战略制定者的角色,管理维护者的角色,他们依靠的是群体的智慧和整个体系的力量。而老一代企业家的发展更多的是依靠直觉,依靠企业领袖人物个人魅力,依靠不规则的出奇制胜和非理性竞争的时代。

(5)成长快。新生代企业家往往都是时代的幸运儿。他们成长在市场经济环境下,多数已不必受到传统计划经济企业管理体制的束缚,有的是在已经完成现代企业制度改造里,顺着现代企业职业经理人的制度安排,快速地成长为公司的CEO;他们只要兢兢业业地完成自己的经营目标,就能得到相应的回报,而不必像他们上一辈企业家那样,为获得认股权、股票等回报,苦与制度、体制搏斗,有的甚至付出了惨痛的代价;有的从大学毕业或辞去公职后直接创业,靠自己的专业知识、技术完成了原始资本的积累。

3. 绍兴新生代企业家的特点

(1)重视后天教育,提升自我能力。马歇尔在企业家能力理论所提出,后天的条件对企业家具有决定的作用,而后天教育是后天的条件中最重要的一部分,并从家庭教育、学校教育、工业训练三个角度进行了理论分析。而本次问卷调查所得"经营企业取得成功的主要原因"的数据,也很好证明了后天条件对企业家的重要作用,有28.47%的新生代企业家认为企业成功是由于企业发展环境好,29.25%的人归功于企业员工的支持,26.42%的人选择领导班子的团结。

依据马歇尔后天教育途径分析,课题组从导师指导、学校教育、工作经历三个角度对新生代企业家的后天教育进行分析(见表1和表2)。根据数据显示:超过60%的绍兴新生代企业家有导师指导,其中66.67%人有两位以上,导师主要是父母亲及父辈企业成员;在学校教育上,多数新生代企业家是本科以上,部分还去海外留学深造,但所占比例相当小,只有19.81%;工作经历方面,63.21%的新生代企业家曾经在其他企业工作过,有一半的人在传统制造业工作,他们所占岗位比较均衡,营销、管理、策划这些岗位都有人工作过,而在自己企业里,多数从基层管理者工作做起,但还是约有17%新生代企业家被直接"空降"到高层管理的位置上,并不排除被"空降"的人中有部分是创业者。

再进一步深入分析,可以发现所调查的新生代企业家有62%接受导师的指导,而其中有超过77%是接受父母亲及父辈创业成员的指导。从这一点,可以推算出有近一半的新生代企业家是企业接班人,也就是我们所称的"富

表 1　　　　　　　　　　　　　新生代企业家教育情况

导师指导

导师指导		导师数量			导师类型				
有	无	1 位	2—4 位	4 位以上	父母亲	父辈创业成员	职业经理人	专家	其他
绍兴									
62.26%	37.74%	33.33%	62.12%	4.55%	33.33%	43.95%	13.65%	0	16.67%
台州									
33.33%	66.67%	85.71%	14.29%	0	7.14%	85.17%	7.14%	7.14%	2.38%

学校教育

学历				海外留学	
高中以下	大专	本科	研究生	有	无
绍兴					
1.89%	28.3%	54.72%	15.09	19.81%	80.19%
台州					
28.57%	54.76%	11.9%	4.77%	4.76%	95.24%

表 2　　　　　　　　　　　　　新生代企业家工作经历情况

其他企业

工作经历		从事的岗位					所属行业				
有	无	营销	人力资源管理	财务	企业策划	其他	零售	服务业	传统制造业	高科技	其他
绍兴											
63.21%	36.79%	28.36%	22.39%	10.45%	17.91%	22.4%	7.46%	16.45%	49.25%	13.43%	14.9%
台州											
38.1%	61.9%	18.75%	18.75%	12.5%	12.5%	43.8%	6.25%	0%	50%	12.5%	31.3%

自己企业

最初岗位

普通员工	基层管理者	中层管理者	高层管理者
绍兴			
22.64%	43.4%	16.98%	16.98%
台州			
16.67%	21.43%	23.8%	38.1%

二代",甚至是"富三代"之后,而这其中还没包括未接受导师指导的并继承企业的新生代企业家。这也反映出绍兴企业比较注重对新生代企业家的培养,或者说老一代企业家比较注重对下一代企业家知识、能力的培养,而培养的方式有指导、安排企业基层岗位工作等。从新生代企业家自身角度看,同样有60%多的人有过其他企业的工作经历,体现出了提升自己能力的积极性。这种经历能让他们更好地了解其他企业情况并吸收他们的经营经验,有利于提高企业经营能力。

综合来看,无论是企业和新生代企业家自己,对于新生代企业家胜任力的培养比较重视,并保持着较高的积极性,同时,也表现出了他们对新生代企业家基础胜任力的要求(如知识、管理经验、技术等能力)是比较高的,从而为新生代企业家高管理起点奠定了良好基础。

(2)传承越商文化,发扬胆剑精神。绍兴文理学院寿永明教授将越商文化概括为三个字:一个"韧"字,吃苦耐劳,艰苦卓绝,顽强不屈的精神气质;一个"实"字,不尚虚功,求实崇实,经世致用的经营理念;一个"闯"字,敢于进取,富于冒险,开拓创新的行为准则。绍兴新生代企业家传承着这些越商文化。课题组对绍兴新生代企业家的调研中发现88.1%的调查对象受到的压力非常大或者较大,但同样82.4%的调查对象认为完全具备或者基本具备全面接管企业的能力,这也反映了新生代企业家在承受压力的同时发扬"韧"的精神气质,发展企业。绍兴新生代企业家在选择企业下一阶段发展的首要目标时,57.6%的调查对象选择了适度扩张企业规模,而只有7.6%的企业家选择了实现比其他企业更快的规模扩张。绍兴新生代企业家继续发扬着"实"的经营理念。当被问到企业遇到困难时,绝大部分企业家都选择了努力工作,61.2%的企业家认为要实现自我价值,这也体现了绍兴新生代企业家在遇到困难时依然会"闯"的行为准则。

千百年来,绍兴形成了独特的区域传统文化,特别是越王勾践"十年生聚,十年教训"的卧薪尝胆精神激励和影响着绍兴人民,绍兴民营企业家秉承这一精神,形成了精明、理性、内敛、务实、不事张扬、稳扎稳打的风格,这是推动绍兴经济社会发展的重要文化基因。绍兴新生代企业家传承卧薪尝胆、奋发图强、敢作敢为、创业创新的"胆剑精神",在企业发展中得到发扬。绍兴新生代企业家将企业制度从合伙制(股份合作制)演变为合资公司,再发展为集团公司,将管理模式从粗放经营的家庭工厂式管理发展到股份制的公司化管理,进而到集团化管理的过程。在调研中绍兴新生代企业家的企业注册形式50%是有限责任公司,12.3%是股份有限公司。绍兴新生代企业家不断创业创新创大业、谋事干事干大事。

（3）敢于创新创业，拓展企业发展。马歇尔认为"企业家是生产要素卖方和产品买方之间的中介人，是把生产要素在企业中结合起来，使之成为产品并送到消费者手中这一组织化过程的核心。"熊彼特指出"企业家是决定如何配置资源，以便利于生产和发明的决策者。"我们可以从对企业家的经典定义中发现，无论是哪个时代的企业家，他们都是承担不确定性问题责任的决策者、生产要素的配置和管理者。目前，绍兴民营经济已经从数量扩张为主要特征的工业化初期阶段，进入结构调整、质量提升的新阶段，对于新生代的企业家来说，他们不断创新，在角色定位中加进引领企业融入世界经济大环境，占领世界市场这一重要职责，以接轨现代市场经济运作为改革方向，以提高国际竞争力为根本目标，在实施组织升级、现代企业改造、科技创新和市场拓展等方面实现再创新。

（4）注重培养学习，掌握经营知识。上个世纪末，绍兴开始了大规模的企业改制，随着机制的转变及外向型经济的发展，一批学历高、管理能力强、有开拓思想、懂经营的新生代企业家走上了前台。与众不同的是，在新生代企业家中，相当部分是"海归"少帅，据统计，在绍兴县年销售超亿元的 102 家企业中，有 20 余位老总的子女留洋后回国，到父辈企业继任或即将回国接班。这些企业老总子女在国外学的大多是与本企业经营业务相关的专业知识和管理知识。更重要的是，他们在国外多方面地吸收了先进商务理念和管理模式。课题组调研发现，新生代企业家热衷于学习，最大的动力就是提高经营能力，占总数的 59.4％，最主要的学习内容是经济管理，占总数的 62.3％，并且他们对个人学习和培训的情况比较满意。业内人士认为，新生代企业家注重学习，掌握经营知识，无疑为绍兴民企在海内外的资本经营提供了与国际接轨的管理方式，更为绍兴民企的"二次飞跃"打下了先进运营与管理的人力基础。

三、新生代企业家成长的意义

经过 30 年的发展，绍兴民营企业中已涌现了一大批规模大、实力强、行业领先优势明显的骨干企业，成为绍兴民营企业中的"排头兵"。2007 年总产值或销售额（营业收入）超过 500 万元的私营企业达 7966 家，其中超亿元的 371 家；现有总资产亿元以上的私营企业 509 家；在中国最具竞争力 50 强民营企业中，绍兴占了 8 家；全国 500 强民营企业中，绍兴占了 51 家。新生代企业家在这些数据中做出了杰出贡献。绍兴的新生代企业家发展成长，对绍兴经济的发展起到关键作用。

1. 新生代企业家成长与绍兴的区域经济

随着知识经济的到来，企业家资源对区域经济发展的推动作用无可替代。绍兴是一个经济大市也是一个经济强市,通过创新寻求赖以生存发展的竞争优势的时候,需要依赖人力资本的能动性和创造性,只有企业家及其创新活动,才能实现区域经济的持续发展。而绍兴地区目前三分之一的企业已由新生代企业家掌管,所以,培养优秀的新生代企业家人才对发展绍兴区域经济起着至关重要的意义。

2. 新生代企业家成长与绍兴的产业转型

20世纪80年代初期,绍兴工业化由发展乡镇企业开始,经过20多年的发展,三产中工业经济比重突出明显,已成为绍兴经济中的主导产业。在绍兴的工业经济中,轻纺产业独当一面,形成了纺丝、织造、印染、服饰相配套的产业格局。然而其一枝独大的情形让人深感危机,因此"电子信息岛"就势建成,绍兴开始产生了IT产业。同时绍兴开始涉及如生物医药等一些高新技术领域。旅游业等一些服务性产业也开始发展起来。但是绍兴产业结构有其明显的缺陷:一是绍兴二产偏高、三产偏低;二是二产中传统低附加值产业比重偏高,高技术、高利润产业比重偏低;三是二产中轻工业比重过高,重工业比重低;四是三次产业"二、三、一"结构将延续较长时期,整体产业结构并不理想。而企业是产业转型过程的参加主体之一,因此,企业应扮演好"探索者"和"表演者"的角色,充分发挥创新能力,为转型注入活力。而绍兴地区新生代企业家在新的行业取得的成绩有目共睹,为绍兴的产业转型升级起到了举足轻重的作用。所以,培养优秀的新生代企业家人才对绍兴的产业转型具有重要的意义。

3. 新生代企业家成长与绍兴经济的可持续发展

当今世界不论是发达的工业化强国还是新兴的工业化国家都把发展循环型经济、建立循环型社会看作实施可持续发展战略的重要途径和实现形式。经济可持续发展需要政府、企业和企业家的积极参与,其中政府起了主导作用,而数目众多的企业是可持续经济发展的主体,企业家则是经济可持续发展的中坚力量。而目前,绍兴企业界新生代掌门人队伍正在壮大,仅绍兴县就有一半以上的大企业由新生代企业家掌管,所以培养优秀的新生代企业家对绍兴经济的可持续发展有着重大的意义。

四、新生代企业家成长的影响因素

1. 政府在新生代企业家成长中的影响因素

(1) 政府对新生代企业家的文化影响。文化是一个国家,一个民族千百年来积淀下来的对人的行为规范及价值取向的一个潜移默化的思维定式。这直接影响着人们处理问题的方式,以及人们对自己理想的定位模式。文化对经济的发展及人的发展起着重大的影响,当然这里固然有些对目前现代经济具有促进作用. 有其积极性的一面。但也不可否认许许多多对现代市场经济起制约作用, 有其消极性的一面。图 1 是绍兴新生代企业家 130 份有效问卷在文化环境的情况反馈图。独特的文化背景在某些方面也影响企业家在管理企业时所用的方法和思维。

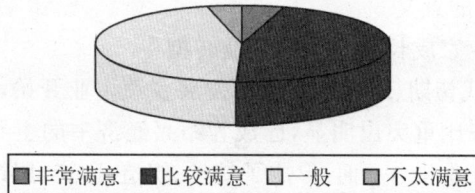

■非常满意 ■比较满意 □一般 ■不太满意

图 1 绍兴新生代企业家对文化环境反馈图

(2) 政府对新生代企业家的市场环境影响。企业家是市场经济的产物, 只有在市场经济下, 企业家才能发挥自己的才能。同时, 企业家也必须适应市场经济这个大环境。通过在绍兴地区发放的 130 份有效问卷的回馈, 我们不难发现绍兴大部分新生代企业家对目前的市场环境表示满意。(见图 2)

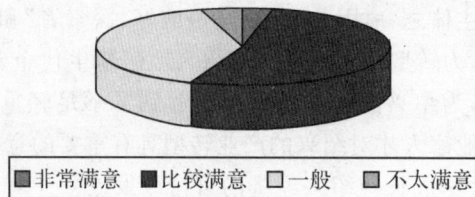

■非常满意 ■比较满意 □一般 ■不太满意

图 2 绍兴新生代企业家对目前的市场环境反馈图

(3) 政府对新生代企业家的法律影响。随着市场经济秩序的建立, 一些经济问题不能有效解决困扰着新生代企业家成长。虽然我国也出台了不少的法律法规如《公司法》、《知识产权保护法》、《企业所得税法》、《票据法》等, 但是抛开这些法律本身的缺陷不谈, 执行就往往得不到实施。尤其在司法实践中, 对于经济案件的处理力度之弱实难让人恭维。所以还是有很大一部分新生代企业家对目前的法律环境不是特别满意。(见图 3)

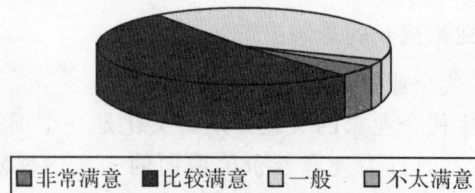

■非常满意 ■比较满意 □一般 ■不太满意

图 3 绍兴新生代企业家对目前的法律环境反馈图

（4）政府对新生代企业家的培训影响。当前中国民营企业正处于加快转变发展方式、实现转型升级的关键时期,培育好支撑中国民营经济未来的新生代企业家至关重要。但是在现实工作中,对于新生代企业家的培育并未引起足够重视。一是政府部门还存在着"官本位"思想,对于民营企业家往往存在"少予多取"的现象,没有树立起优质服务的理念;二是培育方式过于简单,认为把企业家送到党校或知名高校听几次辅导报告和讲座就算完成了培养任务,工作往往停留在文件和口号中,缺乏深入系统的思考和实实在在的行动。

但在回馈的 130 份绍兴地区有效问卷中,我们发现新生代企业家希望政府在培训方面给予更多的支持,特别是新生代企业家迫切需求在人际沟通技巧、道德品质、先进技术、现代管理知识的培养(见图 4)。在企业经营中迫切需要学习的知识也是多方面的,如人力资源开发管理、企业生产管理、市场开发营销、财务管理、法律知识等(见图 5)。

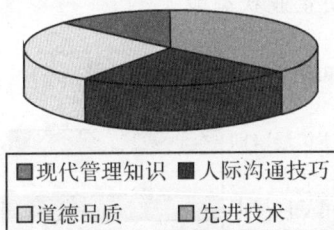

图4　新生代企业家知识需求结构图

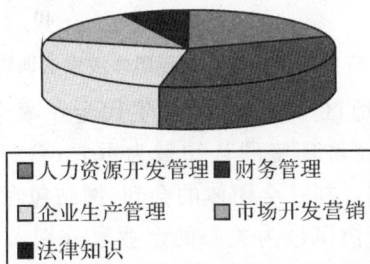

图5　新生代企业家在企业经营知识需求结构图

2. 企业在新生代企业家成长中的影响因素

被调查样本的基本情况所示(见表 3),可以看到无论台州还是绍兴都有着共同的地方:男性新生代企业家占了 70% 以上的比例;从年龄结构上看,多数新生代企业家年龄在 30 岁以上,与文中定义的新生代企业家年龄相符。在新生代企业家所经营企业中,有一半企业是有限责任公司,70% 的企业是属于家族。而这一点,是由表 3 中的"企业家家族股权比例"和"公司股份安排"

这两项调查所得的数据推导出来的。因而,进一步推出这些新生代企业家多数是家族成员之一,并由此猜测这些家族企业的新生代企业家多数会受到家族成员(如父母亲、与父母同辈的家族长辈)及企业元老的指导教育。事实上问卷所得的数据也很好地证明了这一点。

当然,也看到绍兴市和台州市,在新生代企业家接手现有企业年限是不一样的,绍兴市有 61.33％ 的企业年限在 1—5 年的范围内,而台州市有66.66％ 的企业年限在 6 年以上。

3. 社团在新生代企业家成长中的影响因素

据实地调研收集到的数据显示:(绍兴地区与台州地区新生代企业家对社会团体的认知和评价趋于一致,在此以绍兴地区为主要分析对象)新生代企业家对社会团体的服务项目的需求更为广泛,企业家所关注的重点也发生很大的变化。在社会团体提供的培训项目中,大多数企业家认为企业及行业外部环境作为培训项目使企业获益最大。

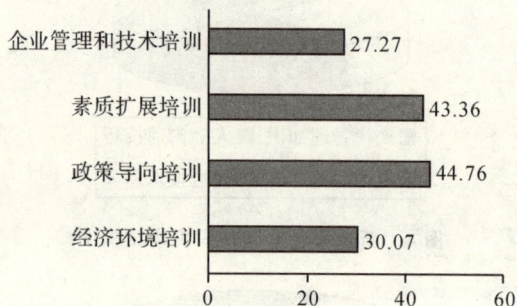

图6 绍兴新生代企业家对社会团体提供培训需求结构图

如图 6 所示,绍兴地区 44.76％ 的新生代企业家会选择政策导向培训,30.07％ 的企业家认为经济环境的认知最为重要;台州地区这两个数据分别为 42.310％ 和 15.38％。在社会团体的会刊、网站包含内容这一选项中,绍兴地区对政策信息和商业快讯最为关心的企业家分别占 47％ 和 49.65％;台州为 28.85％ 和 44.23％。而以往最为被企业关注的企业管理和技术类的培训仅有 27.27％ 的选择率。这表明随着市场经济的进一步发展,市场导向作用越发明显,企业对经济环境的依赖程度进一步加深。然而愿意公布本企业信息的企业家仅占被调查总体的 8.39％,这说明大多数企业还是不愿将本企业的生产经营状况公布于同行业的其他企业,这种"自我保护"的心理对整个社会团体的信息流通和行业优势整合起到了一定的阻碍作用。仅有 13.29％ 的企业家会关注协会动态,这反映出行业协会对企业缺乏吸引力,同时说明行业协会相对于企业的作用没有完全体现出来。

表 3　样本基本信息数据

单位：%

性别	样本数	比重	婚姻情况		年龄				企业年限				
			有	无	20以下	20-29	30-39	40以上	1年以下	1-3年	3-5年	6-10年	10年以上
绍兴	130												
男	78	73.58	70.75	29.25	0	35.85	55.66	8.49	3.77	24.54	36.79	21.7	13.2
女	28	26.42											
台州	42												
男	36	85.71	88.1	11.9	0	16.67	28.57	54.76	0	16.67	16.67	28.56	38.1
女	6	14.29											

	企业性质					企业类型				
	民营独资	合伙企业	有限责任公司	股份有限公司	其他	零售业	服务业	传统制造业	高科技行业	其他
绍兴	32.08	5.66	50	12.2	4.72	8.49	12.26	55.66	11.32	13.2
台州	30.95	7.15	50	9.52	2.38	0	0	37.2	13.95	48.85

	企业家族股权比例						公司股份安排			
	≤50	51-60	61-70	71-80	81-90	≥91	一位家族完全持有	几位同辈家族成员共同持有	多代家族成员都有	其他
绍兴	23.58	13.21	8.49	12.26	7.55	34.9	27.48	42.4	16.02	14.1
台州	28.57	19.05	14.29	2.38	2.38	33.34	30.95	54.76	9.53	4.76

据调查,人才和技术是最需引进的资源的企业家分别占 69.23％、40.56％;选择资金和项目的企业家分别占 34.97％、30.77％。通过数据我们可以看出,资金短缺和没有好的项目并不是现阶段新生代企业家最急需的资源,人才和技术成为新生代企业家关注的重点。先进技术的引进和开发、优秀人才精英是企业获取竞争优势的有力竞争武器,开发越发激烈的竞争市场离不开人才,离不开领先竞争对手的先进技术。

在进行企业宣传这一项,有超过 50％的企业家肯定了网络宣传对企业宣传的重要作用,电视和户外平面广告同样占有很大比重,分别占 42.66％、25.17％;报纸和广播则逐渐远离新生代企业家的视线。在宣传内容的选择上,企业品牌和企业信誉是企业家最为看重的,66.43％的企业家选择企业品牌,42.66％的企业家选择企业信誉,这充分体现了品牌的号召力和企业信誉对企业生命的影响力。品牌和信誉可以为企业带来丰厚的价值回报,大多数企业家已认识到这一点,品牌的宣传和信誉的培养需要社会团体介于市场和企业之间,为企业提供最好的宣传渠道和展示最好的企业形象。值得一提的是仅有 3.5％的企业家注重对企业业主自身的宣传,从侧面反映出新生代企业家的职业素养在提高,并不炫耀自身的才能和财力,将注意力集中于对企业利益最有帮助的因素上,这与企业家成长过程有密切的联系。

公益事业是企业回馈社会的最重要和最为有效的行为方式。如何让企业捐助的物资和资金最大程度地发挥效用,是社会团体的一项重要的服务项目。企业为公益事业做出贡献的同时,社会舆论和媒体会给予其积极的评价和赞扬,这又是塑造企业良好形象的有效方式。对企业文化的宣传也大有益处。这种具有互利、企业与社会共赢性质的中介服务,正是社会团体价值的体现。在众多公益事业中,捐资环保绿化和农村建设的企业家相对较少,分别占总体的 21.68％和 19.58％,这与绍兴已经相对完善的绿化环保体系和较为发达的农村经济发展水平密切相关,大多数新生代企业家更看中对助学办校和贫困家庭的资助。捐助贫困家庭的占 63.64％,捐资助学办校的占 40.56％。不同的企业家对国内公益事业的价值取向也有所不同:超过 80％的新生代企业家认为通过开展公益事业对树立本企业自身形象意义最大。这也是企业对社会团体服务需求的一个重要反映。要想加强社会团体对企业的吸引力,得到企业的认可和积极的加入,社会团体必须知道企业真正需要什么。这个问题得以解决,社会团体的生命力将大幅度提升。在开展联谊活动类型选项中,培训活动依然是企业家最为提倡的。员工素质对企业的发展依然具有重要作用。

4. 个人在新生代企业家成长中的影响因素

(1) 虽然在继承企业前或在创办企业前,新生代企业家在知识、工作经验、能力等方面进行了培训,同时也有 33.02% 的新生代企业家将企业经营的成功归功于自己的努力(注:"经营企业取得成功的主要原因"该题是多选题,所得的数据比例和≥100%。),但是在调查他们能否有能力全面接管企业时,54.3% 的新生代企业家选择了"基本具备",28.1% 选择了"完全具备",18.4% 还没有能力接管和刚开始学习,这反映出新生代企业家具备了基本的胜任力,但还需对企业家进行培训。

(2)根据关于"企业家受到的压力"调查的数据,同样可以看到,新生代企业家胜任力的不足。数据显示:66.7% 的人受到较大的压力,21.4% 人受到非常大的压力,这说明多数新生代企业家受到的压力比较大,也说明他们还缺乏能力。而这些压力主要来自企业的经营(见图7),在继承企业面临的最大问题是经验的不足(见图8),这两个现象说明了新生代企业家经营和管理企业能力不足。而这是否可以采用父辈们的经营理念去解决这些问题呢?根据调查结果显示,基本不可能。88.4% 的新生代企业家至少与他们父辈的管理理念存在一定的差别,他们不太可能采用父辈的理念去解决企业问题,但可能会借鉴处理方式以解决企业非常问题。而这一点凸显出了他们新生代的特点。在他们经营遇到困难时,仍旧努力工作,而促使他们这样做的动力来自他们对实现自我价值的渴望。61.2% 的新生代企业家在困境中努力工作的主要理由归结于实现自我价值。而这一点也显示出了他们跟老一代企业家的区别,老一代企业家努力工作的目的是利润。

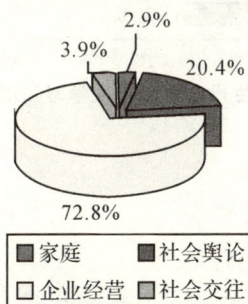

图7　新生代企业家主要压力来源

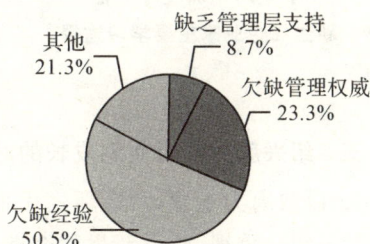

图8　继承企业面临的最大问题

(3)虽然有着优良的后天教育而形成良好的企业胜任力,但是在面对压力及继承和经营企业所面临的问题,新生代企业家整体上还是显现出了经营经验和能力的不足。对"新生代企业家胜任力培训学习"调查所得到的信息,也反映出新生代企业家对管理企业知识和能力提升的渴望。根据数据统计显示,63.26% 的新生代企业家在目前学习的主要内容是经济管理方面的知识,也有学习国内外经济形式、专业技术,但所占比重相对比较小,仅为

27.36％。他们学习的途径主要有上网、书本、培训、交流（见图9），其中上网学习的人最多占46.23％，交流学习的排第二也有40.57％，培训占36.79％。对于培训的形式，新生代企业家比较向往的是实地参观考察学习其他企业和工商管理（MBA）精选课程这两种方式。这两种方式主要是提升企业管理知识和增加管理技巧、经验，从侧面也反映出了新生代企业家在企业管理知识和管理经验上的不足和欠缺。

　　根据他们目前个人学习和培训满意度调查结果来看，满意度一般占到了46.23％，比较满意的有40.57％（见图10），这说明现有的培训和学习并不能让新生代企业家学到足够的知识和能力，也说明了目前企业、政府及社会团体对新生代企业家的培训机制要有所改善。另外，从数据中发现55.66％的人选择了半个月以内的培训，显示出新生代企业家对短期性的培训的热衷，但这也反映出了新生代企业家对自身胜任力提升的操之过急，短期培训并不能达到胜任力快速上升的速成效果。

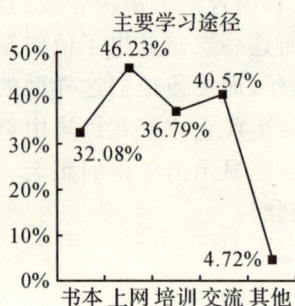

主要学习途径

46.23%
40.57%
36.79%
32.08%
4.72%

书本 上网 培训 交流 其他

图 9　新生代企业家主要学习途径

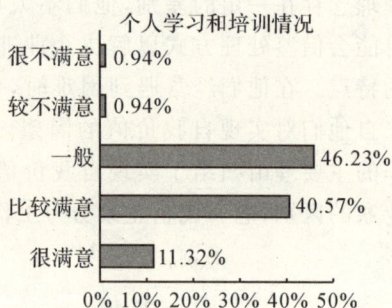

个人学习和培训情况

很不满意 0.94%
较不满意 0.94%
一般 46.23%
比较满意 40.57%
很满意 11.32%

0% 10% 20% 30% 40% 50%

图 10　新生代企业家个人学习和培训情况

五、绍兴新生代企业家成长的对策建议

1. 以政府为主导，营造新生代企业家成长的环境

（1）领导重视，建设新生代企业家队伍。始终把绍兴市新生代企业家队伍建设当作关键问题来抓。鼓励市委、市人大、市政府、市政协领导成员每人联系一名或多名新生代企业家，为新生代企业家做好政府层面的导师。对绍兴和台州地区的新生代企业家调研中了解到，一半以上的新生代企业家对接受政府推荐的导师指导工作有一定意向，而明确表示不愿意的仅为2.76％。鼓励政府每年主持召开优秀新生代企业家新春座谈会和企业发展座谈会，经常到新生代企业家的企业调研，把相当大的精力用在了新生代企业家队伍建设上。

（2）体制完善，开辟新生代企业家舞台。管理体制的每一次调整，都顺应了企业改革发展和企业家成长的要求,为优秀企业家的产生创造了条件。所以要加快构建科学合理的新生代企业家培育体制,即对具有企业家素质的"特殊种子"的筛选、培育、激励、约束、淘汰的体制。政府作为管理服务民营企业的职能部门,必须站在经济社会发展全局的高度,按照"充分尊重、广泛联系、加强团结、热情帮助、积极引导"的20字方针,创新思路,务实举措,健全体制,努力培育造就一支适应国际、国内竞争需要和市场经济发展的新生代企业家队伍,为实现区域经济的可持续发展奠定扎实的人力资源基础。

(3)职能转型,支持新生代企业家成长。政府要不断推进党政机关转变职能,积极创建服务型机关。建立新生代企业家企业"直通车"服务制度,政府组成新生代企业家"直通车"服务工作联席会议,定期研究解决企业提出的各种问题。各部门设立"直通车"服务窗口,并形成快速联动机制,特事特办、急事急办。同时政府各部门要加强主动服务、上门服务、超前服务的意识,并致力于经济、劳动保障、环保、建设等部门及基层政府与新生代企业家之间的政策对接和信息对接,使新生代企业家更多地了解和掌握有关政策法规,也让政府部门进一步了解企业的近期疑惑和需求,更好地为企业服务。

(4)政府引导,培育新生代企业家成长环境。一是营造平等的竞争环境。政府要按照十七大报告关于非公有制经济"两个平等"的要求,保证新生代企业家享受国民待遇。在科技立项、成果鉴定、成果奖励等方面,新生代企业家企业应享有与国有企业、传统优势企业同等待遇。让新生代企业家感觉经济发展的良好前景,切实增强他们发展企业的信心。二是营造良好的认知环境。"年轻"、"富有"是社会公众对新生代企业家这个群体的初步印象。尤其是在"富"的光环笼罩下,在一些焦点事件的影响下,公众对这个群体可能会产生价值观、道德观缺失的热议,进而形成晕轮效应或刻板印象。因此,我们要通过政府引导,规范与限制非法致富的行为,去除"为富不仁"的现象,而对那些通过自身努力合法致富的新生代企业家,则加以保护;消除社会公众对"新生代"的认知偏见,促进社会整体的融合,为新生代企业家的成长和发展营造一个宽松、平等和良性运行的社会认知环境。三是营造良好的舆论环境。政府要引导新闻媒体的舆论导向,运用电视、网络、报纸等手段,广泛宣传新生代企业家对经济发展和社会进步的重要贡献,宣传素质好、业绩好、影响好的优秀新生代企业家的先进事迹,树立新生代企业家良好的社会形象。积极引导广大市民尊重新生代企业家,形成一种尊重新生代企业家浓厚的社会氛围,一种尊重新生代企业家独特的城市文化。

(5)科学培训,提升新生代企业家整体素质。一是加强教育培训规划。要把新生代企业家的教育培训纳入整个企业家队伍教育和统一战线人才培训的整体规划,有计划、有组织做好教育培训计划。在有条件的大学里可以设置企业家学科,培养企业家人选;在有条件的高等院校、党校、社会主义学院建立新生代民营企业家培训基地。如 2004 年,浙江大学根据日益紧迫的社会需求,开展了青年二代企业家培育工程,首创"浙江大学创新与创业高级研修班",将国际创新与创业管理理论与浙江民企实战经验结合起来,致力于培养新一代的卓越企业经营管理人才。二是拓展教育培训手段。基于目前新生代企业家的出生、专业、文化以及企业经营状况,应该对他们进行形式多样的培训。在培训方式上,可以采取企业内座谈研讨、企业外讨论学习;海外研究考察或出国留学深造;组织新生代赴国内知名高校进行培训;也可以通过设立企业家论坛或企业家沙龙、青年企业家俱乐部等形式进行。如湖州每年都组织部分青年企业家赴清华大学、浙江大学等著名高校进行关于企业经营管理知识的轮训就是一种很好的探索与实践,自 2003 年以来,已累计培训民营企业家 360 多人次,其中新生代的比例为 42%,这对于企业家开拓眼界,更新知识结构,提升管理水平都有很大的帮助。三是丰富教育培训内容。对新生代民营企业家的教育培训应突出三个重点:加强政治教育,增强政治把握能力;加快知识更新,增强经营管理能力;重视法规教育,增强政策应变能力。

需要强调的是积极提供本市的培训,课程内容要基于新生代企业家能力发展需要。除了建设和完善信息渠道建设外,还要提供学习培训。由于新生代企业家集中倾向于本市培训,政府可以迎合他们的要求,在本市积极开设培训课程或培训讲座。培训课程内容可以从工商管理(MBA)精选课程和根据信息渠道统计所得的培训内容进行设计安排。也可以在原有的培训课程基础上,添加这些培训课程。另外,据数据显示,新生代企业家培训时间的安排意向主要是夏季和秋季,春季也可以,政府可以把不同季节培训偏向的人进行集中式培训,比如选择夏天培训的人都安排在夏天培训。当然也可以对所有的进行集中培训。不管哪种培训,最重要的是政府提供的培训内容要符合新生代企业家的需要。

(6)激励健全,激发新生代企业家内在活力。要实现企业的持续发展,就必须保持企业家干事创业的持久动力;而要保持这种持久动力,关键是要建立健全激励机制,使企业家能够获得应有的待遇、地位和荣誉。因此要不断完善政策措施,从各个方面激励新生代企业家向更高层次、更高水平发展。一是事业激励。政府要坚持"你有多大的能力,就给你搭建多大的舞台",结合改造企业和创新发展,积极支持优势和前景广阔的新生代企业家企业。同时,积极帮助新生代企业家寻找国际战略合作伙伴,支持具备条件的新生代企业家的企业向世界级企业的目标进军。二是物质激励。政府要把新生代企业家作为企业最重要的战略资本,让管理与劳动、资本、技术一样参与企业分配;可以推行期股期权制度,实行股权奖励、优惠购股和期权激励,把新生代企业家薪酬的绝大部分转化为股份,在企业家与企业之间建立起长期稳定的利益关系,从而有效规避企业的短期行为。三是精神激励。企业家作为高层次人才,对精神需求的满足往往超过对物质需求的满足。政府要对做出突出贡献的新生代企业家,坚持给荣誉、给地位,使他们有地位、受尊重。尽可能多地安排新生代企业家担任各级党代会代表、人大代表、政协委员,在调研中发现近2/3的新生代企业家对参政议政有一定意愿。开展优秀企业家评选活动,大张旗鼓地表彰奖励优秀企业家。

(7)制度保证,确保新生代企业家成长持久动力。一是建立联系制度。政府应建立起行之有效的联系新生代企业家的制度,切实加强与他们的交流沟通,努力为他们解决企业经营发展中的实际问题。联系应做到有计划、有重点、有内容、有台账,通过密切联系,广交深交新生代企业家中的重点人物;通过座谈、走访、网络交流等形式,进一步了解他们的思想、工作和生活动态,切实维护他们的合法权益,为他们表达正当的利益诉求提供畅通渠道,并努力为他们办实事、解难事,真正把新生代企业家团结在党委和政府周围,加快他们的健康成长步伐。二是建立奖赏制度,明确奖赏条件,加大奖赏力度,奖励正在崛起的新生代企业家。三是建立培训制度。按照地区经济的发展和产业升级的要求,不仅围绕新生代企业家当前缺乏的知识与能力开展培训,更要根据经济全球化和市场竞争加剧对新生代企业家潜在能力的要求实施培训;四是谈话、打招呼制度。市委、市政府以及组织、纪检、国有资产管理等部门加强对企业情况的了解,发现苗头性问题,及时找企业负责人谈话,予以提醒、告诫,避免发生大的问题。

(8)监督严格,端正新生代企业家成长方向。一是政府引导和帮助新生代企业家建立健全内部监督机制。新生代企业家要注重机构约束,按照现代企业制度的要求,建立起完善的股东大会、董事会、监事会构成的相互制衡的权力运行机制,决不能搞"个人英雄主义",避免因年轻而产生的独断专行或意气用事等情况。二是建立健全外部监督机制。政府要加强法律法规的约束,使新生代企业家所从事的各项活动始终处于法律允许的范围之内,真正做到合法经营;政府要注重道德约束,引导新生代企业家树立诚信经营的理念,逐步建立新生代企业家资信等级制度,积极引导他们讲信用、讲信誉;政府要加强舆论监督,鼓励新闻媒体和社会公众敢于曝光新生代企业家中存在的一些不正之风,并及时加以制止和改正。

2. 以社会团体为中介,搭建新生代企业家成长的桥梁

（1）树立服务型组织理念，服务新生代企业家成长。社会团体要依靠其优质的服务质量，充分发挥其协调行业内部企业间的利益冲突和提高行业间竞争优势的职能，吸引新生代企业家的目光，积极动员吸收新生代企业家加入相应的社会团体。社会团体要为新生代企业家提供国内外先进技术发明与应用的动态信息；充分利用网络资源和电视媒体，加强对新生代企业的品牌和信誉的宣传；积极动员新生代企业家参与公益事业，与贫困地区教育机构密切联系，促进公益事业的有效进行，建立企业与社会之间共同发展，相互促进的良性循环。

（2）组建信息交流平台，畅通新生代企业家沟通渠道。作为联结党和政府与企业家之间的桥梁纽带，社会团体要在党政所急、新生代企业家所需上有所作为，充分发挥社团组织在服务新生代企业家创业创新方面的积极作用，社会团体应成为企业家与政府之间双向沟通的中介与桥梁，能够向企业家迅捷传递政府的政策信息导向，及时回馈企业的需求与反应，减少不必要的中间成本。积极促进新生代企业家之间的互访，加强新生代企业家之间的交流合作。社会团体应通过举办各种喜闻乐见的聚会、沙龙、走进县市区等活动，增进新生代企业家之间的学习了解，促进新生代企业家之间的友谊和合作。在社会团体的会刊、网站中加强对政策导向、宏观经济环境等信息的收集和公布，使新生代企业家及时掌握最新政策资讯。社会团体要充分利用信息优势，组织联合攻关、推进行业技术进步。千方百计为会员企业提供力所能及的服务，积极创新工作方式和工作载体，通过各种渠道和方式加强社会团体与新生代企业家之间的联系沟通，努力办实事、办好事。

（3）搭建培训平台，为新生代企业家提供学习等服务。在当前国际国内宏观经济形势复杂多变的环境下，新生代企业家将学习作为常态。社会团体要顺应广大新生代企业家对学习充电提升素质的基本需求，积极创设载体、搭建平台，为新生代企业家争取或创造学习机会。围绕科学技术、企业管理和市场营销等方面，联手国内著名高校为新生代企业家举办各类函授班、短期培训班、研讨班等。组织新生代企业家到国内外发达地区、先进企业参观考察企业管理先进经验，围绕企业战略发展、管理结构、绩效评价、人力资源管理等课题，为新生代企业家提供专项的咨询服务等，不断提高领导能力、决策水平和管理能力，以适应当前形势和企业发展的现实需要。

（4）制定行业标准，规范新生代企业家行为。社会团体应制定行业标准和行业规范以及其他信息服务的提供，提高行业的竞争力。帮助企业建立完整的规章制度，使新生代企业家得到企业的认可，让新生代企业家觉得加入社会团体能够得到切实有效的帮助。

3. 以企业家为根本,培养高素质的新生代企业家队伍

(1)加强个人学习。在知识经济迅猛发展的今天,学习成为必不可少的一部分。一切优秀文化、科学技术、实践经验和管理知识是社会发展的需要,是人类进步的标志,学习能够让新生代企业家站在前人的肩上跳舞,学习是新生代企业家创新的原动力。要成为新生代企业家,必须加强自身修养,注重现代管理知识和先进科学技术的学习,不断自我反省,总结经验,借鉴和运用人类社会一切优秀经营管理成果,以全面提高"掌航"的本领。根据问卷调查结果显示,绍兴的新生代企业家对于市场开发营销和企业生产管理的知识需求比较的迫切。(见图11)

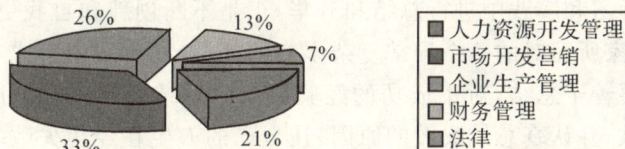

图 11　绍兴的新生代企业家知识需求比例

(2)增进相互交流。新生代企业家都普遍有如下特点:受教育学历普遍提高,知识结构也更为现代;个人英雄主义色彩开始淡化,更加注重企业内部管理;在公司治理方面更讲究整体和团队精神;更加注重企业创新,提高企业发展中的技术与知识含量;更加注重公司品牌,力求把握企业发展的前沿。

新生代企业家要充分利用通讯技术高速发展所带来的便捷,及时了解世界的变化。并且利用一切可能的时机进行学习提高,如出差在外抽空学,交流会上向同行学,遇到难题向行家学,把专家教授请到企业学。在建立学习型企业的同时,把自己塑造成学习型企业家。新生代企业家正以其青年人的锐气,务实地对父辈打下的"基业"进行"扬弃"。他们正试图寻找家族式企业与现代企业制度的契合点,以不断革新"企业政治"的姿态,重新塑造企业形象。虽然他们拥有共同的特征,但是由于学历的高低,个人的经历以及所掌管的公司性质的不同,每个新生代企业家都必定有自己的特长与不足,所以加强彼此之间的交流可以促进不同类型企业的新生代企业家更好地发展。

(3)积极实践锻炼。实践是新生代企业家加强素质建设的基本途径。在学习的基础上实践,并在实践中不断改进,这才是修身之本。因为企业家不是理论家,而是理论的实践者。企业家要通过自己的智慧和运作使生产要素合理配置产生利润。实践是新生代企业家综合能力的全面检验。他们的个人魅力、驾驭能力、收集信息的能力、分析判断能力、市场筹划能力、把握时机能力、决策决胜能力,以及个人品质、观念思维、心理素质等,都会在相应的实践中得

到全面的反映。实践的过程其实就是新生代企业家锻炼和成长的过程。

（4）完善能力培养。培养新生代企业家是建设社会主义市场经济的客观需要，是一项极其重要而紧迫的战略任务。企业是社会物质财富的创造者，是支撑人类社会生存的基本经济单位，在我国日益成为经济建设重要力量。市场经济下的企业与社会也有着千丝万缕般的联系。企业来自于社会，也必将还原于社会。从某种意义上说，企业是一种能人经济，企业的成功与否往往取决于一两个人。因此，培养新生代企业家，不仅是至关重要的战略问题，而且是十分重要的现实问题。

（5）不断总结升华。新生代企业家在学习和实践中的锻炼是相互融会贯通的，而在学习和实践中进行总结和升华，正是不断创新和自我更新的过程。新生代企业家所面对的一个异常复杂多变的社会，在实践中有成功也必然有失败，他们要善于总结，对于成功的经验要及时总结提高；失败时，要勇于面对，敢于承认，并认真总结失败的原因，让自己的人生在经历失败的砥砺中得到升华。学习、实践、总结和升华，这就是新生代企业家能力培养的基本途径和方法。在转折和多变的环境里，每一个人都想往上去奋斗，一个企业家在带领你的企业奋勇向上的时候，怎么跟上企业成长速度的需要，不断地调整自身？就要从战略上、从管理上、从道德上不断地自我提高。归根到底，企业家这个"企"字上面是个"人"，而企业家就是那个人上之人。一个企业，想要升到多高的高度，企业家对自我的要求就要引申到那个程度。

浙江台州医化产业集群
转型升级的 SWOT 研究

汪小倩

内容提要: 医化产业是浙江台州市一个重要的产业集群,在浙江省乃至全国都占有一席之地。当前,这个产业集群的发展已经进入到徘徊状态,面临着转型升级的问题,就是怎样从粗放型向集约型转型、从高污染向低污染转型,怎样从低附加值转向高附加值升级、从产业链的低端向产业链的高端升级。为此,我们对这个产业集群特征进行了考察,发现它的转型升级具有明显的优势与劣势,而且还存在着可持续发展的重大机遇。基于此,我们引入 SWOT 分析法,对这个产业集群的内部因素与外部环境作了较为全面的研究,探索了浙江台州医化产业集群转型升级的思路和对策。

关键词: 医化企业　产业集群　转型升级

医化产业是浙江台州市主导产业之一,已经有五十余年的发展历史。经过多年的发展,浙江台州医化产品已经由以前的一般日用化工产品、医药中间体等发展到技术含量更高的医药中间体、原料药、制剂及专利药等领域。分布在浙江台州所辖的椒江、黄岩、路桥、临海、温岭、玉环、天台、三门和仙居9个县市区。截至 2009 年底,该市共有医化企业 2309 家,其中规模以上医药化工企业 415 家;实现产值约 380 亿元,其中规模以上企业实现总产值约 315 亿元。目前,浙江台州医化产业的发展已经进入到徘徊状态,亟待通过转型升级来解决现有的空间布局、产品结构、企业结构、环境保护等问题。怎样实现转型升级? 怎样从粗放型向集约型转型、从高污染向低污染转型,怎样从低附加值转向高附加值升级、从产业链的低端向产业链的高端升级。企业、政府和相关部门都在寻找办法,见仁见智,试图破解这个难题。在这里,我们试用 SWOT 分析法来理解和提取浙江台州医化产业集群转型升级的对策。

一、浙江台州医化产业的发展现状及其产业集群特征

1. 浙江台州医化产业的发展现状

（1）浙江台州医化产业在浙江省乃至全国的比重较高。截至目前，浙江台州市具有《药品生产许可证》原料药生产企业 37 家，原料药批准文号品种 255 个，获得药品 GMP 证书的原料药品种 247 个，无原料药批准文号品种 189 个，获得 FDA、COS、TGA 等国外认证 128 个品种；尚未取得《药品生产许可证》生产企业 54 家，涉及品种有 148 个。原料药企业的销售收入已经超过全国的 10％，浙江省的 1/3，出口量占全国的 10％。

（2）浙江台州医化产品质量和价格的竞争力较高。浙江台州医化产业不仅有量的优势，而且产品质量较好，生产成本低，生产技术处于国内领先地位，主要经济指标位居全省前茅。目前，相对完善的工业配套已经形成，不少产品属国内独家生产，大吨位产品具有规模化、系列化和区域协作的优势，已初步形成了一批在国际市场具有控制力的产品，部分制造技术接近世界先进水平，全市医化企业生产的原料药出口多于国内销售（65.62 亿元/48.07 亿元）。例如，海正生产的抗肿瘤药出口量占有美国非专利原料药市场 60％的份额，抗寄生虫药阿佛菌素占国际兽药市场 40％以上的份额，他汀类系列降血脂药品生产规模和技术水平居世界第二，约占世界同类产品市场 1/3 以上的份额。此外，该市医化企业已有 55 个产品通过美国 FDA 认证，其中华海药业的奈韦拉平片剂是国内首个通过 FDA 现场认证的制剂产品。

（3）浙江台州医化企业的行业集中度较高。经过多年的竞争和发展，不少企业已经完成原始积累，日益成为行业的佼佼者。目前，海正集团已进入国家 520 家重点企业行列，有 11 家医化企业被列入国家级高新技术企业，占该市国家级高新技术企业的 33％，已经上市的医化企业有海正药业（600267）、华海药业（600521）、海翔药业（002099）、联化科技（002250）、仙琚制药（002332）、永太科技（002326）；拟上市且已通过或进入上市辅导期的有九州、东港集团、燎原药业等。此外，浙东南原料药基地已集聚了 50 余家医化企业，行业集中度在不断提高。

（4）浙江台州医化产业集群组织体系已经形成。浙江台州医化产业已经形成了从基本化工原料—中间体—原料药—制剂的完整产业链主轴，以及相关医化设备、物流、医药产品营销等构成的副轴，区域内集聚了一大批主业涉及中间体、原料药的产业集群主体企业，相关医化设备、物流、销售等产业链配套企业，优质企业较多。浙江台州市是全球最重要的化学原料药及其中间体产业基地之一，也是全球最重要的化学原料药及其中间体采购基地，每年都有大量的化学原料药及其中间体出口到世界,每年都有大量的企业来浙江台州洽谈医化合作和采购商品。与国内其他区域相比,"台州医药"的区域优势明显,已经涌现了一批高科技、上规模、上水平的医化企业,形成了龙头企业带动、中小企业配套的良性发展的产业集群体系。

2. 浙江台州医化产业集群特征

(1) 从产业集群生成模式来看,浙江台州医化产业集群带有较为明显的内源型特征。浙江台州医化产业集群内企业以内资、民资为主,大多内资医化企业主要从国有企业孵化、衍生而来,企业之间存在或远或近的"血缘关系"。

(2) 联化科技等一大批原料药知名企业,相比于其他地区企业优势较为突出。例如,海正药业已为中国最大的抗生素、抗肿瘤药物生产企业,其80%以上的原料药产品销往海外,成为在国际上具有一定影响力的原料生产企业。

(3) 从主要市场看,浙江台州医化产品以出口为主。浙江台州已成为世界化学原料药及其医药中间体的集中采购区,"浙东南原料药出口基地"、"国家级化学原料药基地"等称号在全国、乃至全球都具有较高知名度。区域内多家企业生产的原料药产品通过 FDA、COS、EHS 等国际注册认证,医药中间体和原料药等产品主要销往海外。以内销为主的制药企业,销售力量相对较弱,国内市场份额相比于扬子江药业、新华药业等国内知名药企,明显较小。

(4) 从产业链体系角度看,浙江台州医化产业集群体系有待完善。浙江台州医化产业集群主要分布在医化产业链的中上游,在医药中间体和原料药生产环节分布企业最多,在制剂生产领域企业数量较少,涉及生物医药和中成药的企业数量也不多,与制剂相关的辅料、配料生产配套能力明显不足,医化产业链呈现"偏短、偏低"的特征。目前,浙江台州医化产业中有近80%的现实产能集中在中间体和原料药环节,只有20%左右投向制剂和原料生产环节。

(5) 从产业集群升级角度看,浙江台州医化产业集群升级缓慢。受环境、土地、城市规划修订、环境容量制约、项目审批复杂等多重因素制约,近年来,浙江台州医化企业投资增长缓慢,新产品、新项目开发受制,浙江台州医化产业规模止步不前,一直停留在医药中间体和原料药生产环节,在制剂、生物医药、中成药以及保健品领域有零星企业开拓,尚未全面形成转型升级的态势。

二、浙江台州医化产业集群转型升级的 SWOT 分析

SWOT 分析就是通过分析优势、劣势、机会与威胁来理解和寻找浙江台州医化产业集群转型升级的一种方法。

1. 浙江台州医化产业集群转型升级的优势(S)

(1) 基地优势。浙江台州市地处我国对外开放和对台贸易的前沿地带,具有接受国际化学原料药业生产基地转移的独特优势。椒江口两岸（浙江台州医化园区）是全国唯一通过国家批准的国家级化学原料药基地，也是"浙东南化学原料药出口基地"、重点培育的"全国化学原料药制造中心"，在浙江省及全国有重要地位，产值、出口在同行业中占比较大，形成了一批在国际有竞争力的特色原料药优势产品、一批实力较强的龙头骨干企业队伍。

（2）品牌优势。浙江台州医化产业的国际认证水平处于国内领先地位，"台州医药"的区域品牌已初步形成。目前，通过美国 FDA 注册认证的产品有 55 个，获得欧盟 COS 注册认证的有 57 个，澳大利亚 TGA 注册认证的有 16 个，日本注册认证的有 21 个，韩国注册认证的有 9 个，印度注册认证的有 40 个。其中海正药业是国内通过 FDA 认证最多的企业，华海药业的奈韦拉平片剂是国内首个通过 FDA 认证的制剂产品。医化产品销售已覆盖全球大约 120 个国家和地区，主要市场集中在欧美和亚洲，少量为印度医药企业配套。与国内其他区域相比，"台州医药"的区域品牌优势明显，优势产品在全国乃至全球占有较高的市场份额。

（3）产业链优势。浙江台州地区已形成了一批龙头骨干企业、100 多家医化企业的产业集群，已形成了"中间体－原料药－成药"的完整产业链主轴，以及相关医化生产设备、危险化学品的物流系统、废溶剂回收、医药产品营销等构成的副轴，产业带动力强，营销网络健全，区域品牌效应显著，产业链配套优势突出，区域创新体系完善，具备了在全球产业链、价值链和供应链体系中获得持续升级能力的现代化产业集群的优势。

2. 浙江台州医化产业集群转型升级的劣势（W）

（1）产业布局不合理。从浙江台州市各主要医化集聚区的情况可以看出，浙江台州市医化行业历史性、结构性布局不合理的问题比较突出。各医化集聚区有的是在特定历史条件下形成的，现处于城市的边缘或生态水系的上游，不适宜大规模的化学合成，如椒江外沙岩头区块、三门海游镇等邻近城区，其恶臭废气严重影响城区空气质量；仙居城南工业区、天台坡塘医化集聚区等处于水系上游、紧邻城市中心，甚至出现医化企业与居民区混杂、被居民区包围的情况，其"三废"的排放严重影响周边生态环境质量。有的区块本身就是过渡性工业区块，如黄岩江口轻化投资区、椒江三山区块等，与最近居民点的距离仅有 200 米远，其周边远期规划均为居住区，区块内医化园区的建设与城市的长远发展规划相抵触。因此，布局不合理已经成为制约浙江台州医化行业发展的关键性问题。

（2）产品结构不合理。浙江台州市医化行业以一般精细化工产品为起步，经由医药、染料中间体、化学原料药发展到高技术含量的医药中间体、原料药、制剂、专利药的委托加工及与跨国医药公司合作生产满足国际市场需求的特色化学原料药,品种越来越多,技术含量越来越高。但从整体上来看,浙江台州市医化企业主要以生产化学原料药及其中间体为主,部分企业存在重复生产现象,医化行业中高附加值、低污染的制剂所占比例较低,具有巨大发展前景的现代中药、基因药物和生物制药等产品所占比例则更小,其中:化学原料药及中间体产值占比约 60.9%,化学原料及化学品制造占 10%,药品制剂约占 6.6%,中药仅占 1.6%。

(3)企业结构不合理。浙江台州市医化产业上规模、上水平的企业数量不多,在全市将近 400 多家规上医化企业中,列入浙江台州市大企业大集团"513"工程的企业有 18 家;2008 年全市医化企业产值亿元以上的有 40 家(其中超 10 亿元企业 4 家),共实现产值 125.2 亿元,占医化规模上企业产值的 40.9%。台州医化园区(椒江、临海区块)产值超亿元的医化企业有 14 家、5000 万－10000 万元企业 8 家,产值合计 58.0 亿元,占园区的 47.7%;利税 8.58 亿元,占园区的 62.0%。目前为止,全市范围内上市的医化企业共 6 家(海正药业、华海药业、海翔药业、仙琚制药、联华科技、永太科技),东港、九洲等企业已通过证监会批准(拟上市且已通过或进入上市辅导期的有九州、东港集团、燎原药业等)。大部分企业仍处于"低、小、散"初级阶段,生产工艺和技术装备落后,以高投入、高消耗和低效率为特征的粗放型经济增长方式尚未根本转变,企业的研发投入、管理水平跟先进企业相比均有较大差距,整体素质亟待提高。

3. 浙江台州医化产业集群转型升级的机遇(O)

(1)专利药仿制机遇。专利药到期迎来仿制药的黄金期。浙江台州医化企业以仿制药为主,原创药物较少。未来几年,全球将迎来仿制药的黄金期。2010 年,全球将有 323 种疗效确切、使用安全的新药失去专利保护,部分更是年销售额在 10 亿美元以上的药品,这是有史以来世界药品专利失效最多的一个时期,将极大地刺激非专利药市场的发展。目前,浙江台州的诸多企业已经着手进行研发和产品改造,以期在未来市场竞争中占据优势。

(2)新医改政策机遇。新医改政策将给医疗市场带来巨大扩容,据测算,新医改落实到位后政府增加的投入可拉动国内普药市场增加 1600 亿—1700 亿元的产值,而且这种政策性市场扩增具有可持续性。新医改有望释放原来被压抑的医疗保健需求,带来医药市场的快速增长。同时,新医改方案的实施将带来市场对于医疗器械产品需求的增长。国内部分医院改造,尤其是县级以下、社区医院的改造,使医疗器械类的购买需求增加,必将拉动了国内医疗器械的发展。新医改方案的实施将使医药产业链发生巨变,医药产业将向产业链的两端发展。

（3）兼并重组机遇。当前，兼并重组是医化行业做大做强的重大机遇。当前因为药品降价和反商业贿赂，国家加大了对药品市场的监管力度。诸多中小药厂因为渠道薄弱、产品结构单一，销量持续下滑；同时由于小企业环保设备不健全，将成为未来关停的重点。面对中小企业型医化企业的困境，诸多细分行业的优势企业或综合性企业迎来了兼并重组的好机会。优势企业可以通过并购获得研发能力、完善产品链、获取优势品种和品牌。当前药品价格的下降，也使得企业家注意到企业自身能力的薄弱，通过兼并重组充实自身实力成为企业做大做强的必然选择。

4. 浙江台州医化产业集群转型升级的考验或威胁（T）

（1）发展空间的挤压。浙江台州医化企业从创立至今，由于城市功能调整和沿海工业区块规划建设，医化企业用地逐渐被调整为城市居住、仓储或绿化用地，企业已遭受数次"整治搬迁"。由于医化企业新建或改造项目在当地遭到严格限制，企业迫于发展空间的需要纷纷转移到江苏、安徽、江西等外省设立新厂。为促进医化产业可持续发展，同时适应城市发展功能调整需求，现有医化企业拓展新的发展空间十分迫切。

（2）环境容量的考验。医药中间体和原料药生产过程必须以消耗大量的化学原料及能源资源为代价。生产一吨产品需投入几吨、几十吨乃至几百吨的化学原料，其余物质最终以"三废"形式排放。据统计，台州市医化行业平均万元产值综合能耗、取水量、废水排放量分别为全市工业企业平均值的 2.51、2.39、2.18 倍，单位产品资源消耗量和污染物排放总量比较大。且大部分企业"三废"的性质比较复杂，具体表现为产生量大、浓度高、污染因子多，"三废"尤其是废气做到稳定达标排放有技术和成本上的难度，对周围环境造成了一定的影响，并占用了当地有限的环境容量，严重制约了医化产业的进一步发展和壮大。

（3）市场销售的威胁。严格的制剂管理，使企业销售市场受到明显限制。近年来，国内外药品安全事件频发，如"齐二药"、安徽华源、上海华联甲氨蝶呤不良事件等，因此国家对上市的制剂药品生产质量监管越来越严格。相应地，对原料药的监控也越来越严格，国内制剂药品生产企业对原料药的供应的审计越来越严格，浙江台州市的原料药生产企业也将经受考验。原先没有取得药品批准文号的涉药化工产品，往往通过中间商或与药品生产企业直接联系销售至药品生产企业，药品生产企业再经精制达到生产制剂的目的。目前，原料药必须经国家注册的工艺组织生产，这样，化工企业生产的所谓的原料药，药品生产企业就不敢买，买了也不能通过精制来实现制剂生产的投料，这样浙江台州的这些原料药市场将完全失去。

三、基于 SWOT 分析的转型升级的对策思考

浙江台州医化产业已经成为浙江台州经济的主导产业之一,但由于传统的发展模式和粗放型的增长方式,医化企业在发展过程中出现了产业布局、企业结构、产品结构等多方面的问题,有优势也有劣势,有机遇也有威胁。我们按照上述 SWOT 的分析,来思考浙江台州市医化产业集群的转型升级的对策。

1. 基于比较优势和比较劣势的对策

如前所述,浙江台州医化产业的比较优势是基地优势、品牌优势和产业链优势;而比较劣势是产业布局不合理、产品结构不合理和企业结构不合理。这就有一个如何发挥优势、避免劣势的问题。

(1) 调整优化空间布局,发挥基地优势。全市医药中间体和原料药企业要逐步向国家级化学原料药基地集聚。其中临海川南园区南向南洋涂拓展,北与椒北区块对接,入园项目需以高附加值和低污染的医药中间体和原料药为主。椒江外沙岩头化工区化学合成和发酵项目向椒北区块集聚。仙居城南工业区医药企业逐步向现代集聚区搬迁,现代积聚区原则上只允许轻污染的特色中间体、原料药和成品药的发展。三门海游镇医化企业向三门沿海工业城搬迁。天台坡塘及附近医化集聚区原则上停止新建医化企业。椒江三山医化集聚区、黄岩江口轻化投资区、临海水洋医化集聚区逐步转产或向临海川南医化园区搬迁。搬迁或退出的医药中间体和原料药企业鼓励转产或建设成为总部管理中心、销售中心、研发中心和制剂成药加工基地。可考虑在浙江台州市经济开发区滨海区块建设集成品药、医疗器材、医化装备制造和研发中心为一体的新医化园区。加快大石化产业链下游产品生产基地建设,逐渐形成以国家级化学原料药基地和浙江台州石化园区为主要发展平台的浙江台州医化行业总体布局。

(2) 调整优化产品结构,发挥产业链优势。控制医药中间体发展,坚决关停淘汰能耗高、污染重、效益差的医药中间体企业,保留污染少、效益好、掌握核心技术的医药中间体企业,鼓励医化企业到市外开设分厂或同外地企业联合生产医药中间体,中间体完成生产后再到浙江台州制造原料药和成品药,腾出有限的环境容量和发展空间。做强做优原料药企业,积极发展为成品药提供原料的上游企业或低污染、低消耗、高效益且在国际上有竞争性的原料药生产企业,重点培育发展抗肿瘤药物、甾体激素、头孢类抗生素、普利类和他汀心血管药物等优势原料药。鼓励发展成品药企业,大力开发药品制剂、生物制药、基因药物、现代中药和医疗器材等行业前沿性、科技含量高、经济

效益好的产品。加快发展物流、装备制造、研发、销售、服务等辅助性产业,形成"研发创新－中试孵化－产业化生产－营销物流"的完整医化产业链,推进企业产品结构从以中间体与原料药为主向原料药与成品药并重转变。

(3)调整优化企业结构,发挥品牌优势。培育壮大现有医化龙头骨干企业,重点扶持海正、华海等骨干企业进一步提高技术创新和科学管理水平,充分发挥其行业的示范、带动和整合作用。坚决关停"低、小、散"企业,鼓励中小企业通过联合重组等形式,优化资本结构,推进股份制改造,组成规模的有限责任公司或股份有限公司,促进医化企业上规模、上水平。鼓励、引导少部分的中小医化企业围绕品牌产品发展或为大型企业提供配套服务,在某个科技含量高、环境污染少的小品种、小类别中形成较高的市场占有率。通过培育龙头骨干企业、兼并重组小型企业等方式,将全市医药中间体和原料药企业数量控制在 30－50 家,在全市形成龙头骨干企业带动、中小企业配套完善的企业群结构。

2. 基于优势与危机权衡的对策

浙江台州医化产业的比较优势是基地优势、品牌优势和产业链优势;这些优势使得我们有条件应对好发展空间的威胁、环境容量的威胁和市场销售的威胁。

(1)以总部经济换取发展空间。一是发挥浙江台州医化产业园区产业基础、企业药品注册认证等优势,以现有企业厂区为基础,结合城市总体规划结构调整要求,进行厂区功能调整优化,将化学原料药、中间体等有污染的生产环节转移到浙江台州医化产业园区拓展区块,用于发展化学原料药"精、烘、包"环节、药品制剂加工包装、生物制药等低污染生产,以及研发、销售、展示等功能。二是积极巩固壮大集团总部经济,以总部经济留住龙头骨干企业,合理规划总部经济聚集区,成为企业的战略决策中心、投融资中心、行政管理中心以及销售中心。三是依托中心城市功能,完善总部经济集聚区周边的商务、生活居住、休闲娱乐等配套功能,构建多中心、多层次、功能完善的总部经济空间体系,形成具有特色的医化产业园区企业总部聚集区。

(2)推进流通体系建设。研究制定有效政策、措施和办法,推进医药流通企业发展,构建现代医药物流网络。加大药品流通企业整合力度,鼓励药品批发企业联合重组,引导和鼓励企业做大做强。支持优势企业发展区域性药品物流配送中心、家用医疗器械展销中心,开展第三方物流服务,建立区域性配送中心。大力推进流通领域药品安全信息化建设,建立数字监管系统。

(3)建立环境保护长效机制。继续做好医化企业废水在线监测和废气规范化整治工作;出台特殊季节、气候条件下的环境保护应急措施;树立环境也是资源的理念,在排污总量控制和污染源达标排放的前提下,逐渐推行行政管制下的排污权交易,探索实施污染源排放指标有偿分配和排污权交易制度,运用市场机制降低治污成本,提高治污效率。引导企业承担相应社会责任的同时,通过完善利益导向和约束机制,加快形成企业自觉控制污染物排放的体制机制。

3. 基于避开劣势与把握机会的对策

浙江台州医化存在三个不合理的劣势,怎样避开,必须结合面临的三大重要机遇来考虑对策,即从发展仿制药的机会、医改政策带来的机会和行业洗牌带来的企业重组机会中,进行转型升级。

(1)努力提高自主研发能力。大中型企业药建立研究开发机构。要争取有几家列入跨国公司培育的企业,在现有的基础上,建立具有优良的硬件设施、良好的实验环境、紧跟世界高新技术发展步伐的研究开发机构。鼓励企业到发达国家开办科研机构。鼓励企业从单纯仿制向"仿创"结合转移,进而实现自主创新的突破。在分析解剖国外新上市产品、进口药品和一些销售量大的非专利药品的基础上大胆创新,研制开发拥有专利技术或具有行政保护的各项技术产品,形成特殊主导品种。

(2)加大技术和工艺的引进开发。全面运用信息技术、纳米技术、生物工程光化学反应技术、偶合结晶、分子精馏、超临界萃取等高新技术和先进适用技术,提高医药产品的质量和技术水平,增强在国际市场中竞争力。争取在缓控释制剂的定速、定位、定时释放技术,单克隆抗体技术,超声技术,固体分散技术,球晶技术等方面取得突破。加大绿色产品、绿色工艺的开发,通过原料替代、过程替代等从源头上削减污染物。采用先进的"三废"处理技术,把环境污染降低到最低程度。

(3)加大技术标准战略实施力度。重视将医化产业转型升级过程中形成的共性技术或共性要求转化为产业联盟标准,探索制订覆盖从采购、生产、营销和售后服务等全过程的联盟标准体系,积极将技术、管理、品牌营销、质量诚信等要求纳入联盟标准,发挥标准对延伸产业价值链的作用;研究制定医化行业采用国家标准和国外先进标准实施计划,建立和完善推动医化产业转型升级的技术保障体系,进一步完善以技改推动采标的政策导向,逐步提高医化行业的整体技术水平。对于在全国和国际领域获得医化产品标准话语权的医化企业,市政府给予奖励。注重充分利用标准化手段使企业专利技术的作用发挥最大化。

4. 以强化管理摆脱劣势与危机的对策

(1)提高企业管理意识。鼓励和引导企业树立全新的管理理念,采用先进的管理标准、管理规范,强化知识产权战略和标准化战略结合的理念,树立品牌建设理念;利用现代信息技术等手段,实行科学管理,提高管理现代化水平,逐步与国际接轨。以协会为主体,组织医化企业的经营管理人员参与企业管理培训,提高战略管理、营销管理、精细化管理能力,充分了解工艺管理、环保管理、产品认证等专业性管理流程。

(2)引进产业发展标杆。推进浙江化学原料药基地招商引资工作,要紧紧抓住国外资本转移的契机,努力营造良好的投资环境,加强国际交流,大力引进国际著名制药企业来浙江台州投资建厂、合资合作;强化国际知名企业的本地化,鼓励本地企业学习先进的生产管理、经营管理理念,通过知识、技术、创新的外溢作用提升浙江台州医化产业整体水平。

(3)加强质量提升工作。引导和鼓励企业加强标准化、计量等技术基础工作,严格按标准组织生产;大力推行全面质量管理、卓越绩效质量管理等先进质量管理模式和方法,大力开展质量改进、质量攻关、技术革新、降废减损等 QC 小组活动;强化企业质量诚信意识,开展以严格产品出厂检验、建立售后服务网络、明示质量性能指标等为主要内容的质量保证体系。

5. 以倒逼机制确保转型升级的对策

浙江台州医化产业集群的发展之所以会进入到徘徊状态,主要在于长期难以克服发展过程中种种劣势与风险。现在,我们要用倒逼机制充分利用优势与发展的机遇,化解发展的矛盾,确保转型升级取得成效。

(1)确定倒逼机制的目标。浙江台州市医化产业转型升级的目标主要有三点:一是控制医药中间体和原料药发展,大力培育成品药企业;二是兼并重组中小企业,控制企业数量,培育大企业;三是将合成类产品向川南、大石化基地集聚,逐步淘汰现有合成类产品或企业,为成品药或其他行业腾出发展空间和环境容量。

(2)明确倒逼机制的努力方向。当前及今后一段时期,浙江台州市医化行业的比较优势仍在原料药,但医药产业的产值空间、利润空间主要在成药、在制剂产品。因此,浙江台州医化产业要在继续发挥原料药、中间体生产优势的基础上,通过原料药、中间体生产龙头企业的延伸和转型,实现产品结构从以中间体与原料药为主向原料药与制剂、生物医药并重转变,鼓励发展药物制剂,积极培育生物医药、现代中药、天然药物、高科技医疗器械和医疗诊断技术等新兴产业。现有核心产业持续性发展的同时,发展物流、研发、中介、销售、服务等辅助性产业,形成"研发创新—中试孵化—产业化生产—营销物流"的完整医化产业链,实现技术创新由仿制药为主向仿制药、创新药并举转变,销售渠道从出口为主向出口与内销并重转变。

以"管道化、自动化、密闭化"为方向,鼓励企业更新和采用先进的生产设备和控制手段,提高行业技术装备水平,实现产品与技术升级。同时,合理利用各类废弃物,努力提高各类资源的利用效率,实现单位产品资源最小化、排污最小化、效益最大化。

(3)制定倒逼机制的时间表。转型升级工作实施时间过短会使企业和政府均难以承受,时间过长既会失去转型升级压力、增加成本、导致目标难以实现,又会延长污染危害,故要把握好该项工作实施的力度和进度,既要保证转型升级任务完成,又控制在政府和企业可承受范围,努力实现平稳过渡。我们觉得 2015 年左右,必须实现医化园区外零散分布企业向医化园区整合搬迁,企业整合搬迁数控制在现有医化企业总数的 30% 以上;2020 年以前,完成岩头、外沙等过渡医化园区的产业结构和用地布局调整,企业整合搬迁数控制在现有医化企业总数的 40% 以上;进一步加强新建园区的基础设施配套建设,承接全市医化产业转移。再花 5 年时间,完成仙居、天台、三门等各县市区的医化企业向新建园区集聚,进一步压缩企业数量,全市医化企业数量控制在 30—50 家。

需要说明的是,上述用 SWOT 分析法研究浙江台州医化产业集群的转型升级存在着一定的局限性。因为我们有可能把机会与优势、劣势与威胁的顺序搞混,也有可能对内在优势与劣势和外在机会与威胁之间的认识不够深刻。但是,我们相信,上述研究抓住了浙江台州医化产业集群存在的基本问题,研究的结论对于转型升级确实有一定的针对性。

参考文献

[1]　多纳德·海,德理克·莫瑞斯. 产业经济学与组织[M]. 北京:经济科学出版社,2001.

[2]　聂鸣,刘锦英. 地方产业集群嵌入全球价值链的方式及升级前景研究述评[J]. 研究与发展管理,2006(12).

[3]　刘芹. 产业集群升级研究述评[J]. 科研管理,2007(5).

[4]　姜琳. 产业转型环境研究[D]. 大连理工大学,2002.

[5]　周必健. 加快向现代产业集群转型——2007 年浙江省块状经济发展报告[J]. 浙江经济,2008(17).

[6]　窦尔翔,吴航. 构建我国新的医疗价格运行机制[J]. 中国物价,2003(6)

[7]　台州医药化工产业集群示范区转型升级实施方案(2009—2012 年).

[8]　台州医化产业园区规划.

创业创新

"浙商"应对危机、创新发展

——中日比较和借鉴[①]

吕福新

摘　要:造成危机的根源是"贪"和"伪",以及由贪和伪造成的要素资源短缺、生态环境恶化、经济格局严重失衡和发展方式难以为继等。在后危机时代,这些根源仍然存在,短期应对危机掩盖了一些问题,甚至加剧一些矛盾,需要创新发展。为此,应该是科学的思路和方法与人文的思路和方法相结合。通过中日以及日美和中美等的比较,可以借鉴许多有益的经验教训,更好地创新发展。

关键词:浙商　危机　创新发展　中日比较

全球金融危机对中国的影响不小,尤其是改革开放以来率先兴起的作为中国第一民商的"浙商"更是首当其冲,受了"内伤"。在全球金融危机基本见底和经济逐渐回暖,但不确定性因素和危机的后续影响依然存在,后危机的问题很大,需要进行战略考量和决策的形势下,浙江省哲学社会科学重点研究基地——浙江工商大学浙商研究中心主办,浙江工商大学工商管理学院、《管理世界》和《今日浙江》杂志社合办的"'浙商'应对危机、创新发展——中日比较和借鉴"国际学术研讨会暨浙商研究院成立大会,于 2009 年 10 月 24 日在杭州浙江宾馆成功召开。国务院发展研究中心副主任卢中原、浙江省政协副主席王永昌、中国社会科学院学部委员吕政、全国日本经济学会常务副会长孙新,日本富士大学、一桥大学、法政大学和英国曼彻斯特大学的教授,日中产学官交流机构事务局局长,国家行政学院、浙江大学、东北财经大

① 基金项目:2006 年浙江省哲学社会科学规划"浙商文化与商界名人"项目(06WZS07)"浙商的人文、伦理精神和经营理念——循着超越发展的主体文化属性与机能"。

学等的学者和教授,浙江省有关部门的领导,省内诸多地方高校的专家学者,省内外浙江商会和浙商代表,共一百六十多人与会。国务院发展研究中心副主任卢中原和浙江工商大学校长胡建淼为浙商研究院揭牌和授牌,院长吕福新教授郑重宣布浙商研究院"一元钱诊断"公益活动正式启动。与会者一致认为,研讨会的主题选得好,并围绕主题发表观点和展开讨论。

一、危机和"后危机"的挑战及命运

与会者就怎样看待危机和后危机问题以及面临的挑战发表意见和观点。卢中原说,我们现在研究应对危机,不停留在"应对"两个字上,讲创新发展,我非常赞同。因为在应对危机的时候,往往是短期的,可能有点病急投医,先把短期的问题解决了再说,但那么容易导致原有的问题被掩盖起来,所以需要强调创新发展。这与我最近主张应对危机、跨越危机的想法不谋而合。首先,要看看在后危机时代我们面临着什么样的挑战。世界进入后危机时代的新动向,第一是未来一个时期世界经济将进入低速增长期;第二,经济复苏之后是不是可持续的,这在发达国家广受关注,且在提出应对危机时就作出了跨越危机的先导性战略安排。胡总书记已经承诺,到 2020 年我们单位 GDP 碳排放强度或者密度要下降,这是很大的压力。我们要努力通过发展方式的转变,来为气候问题的解决作出我们力所能及的贡献。现在我们觉得 2009 年保 8% 没有悬念了,大家松了一口气了,但是一些调整没有到位,一些本该淘汰的死灰复燃,这值得我们警惕。丝绸之路集团有限公司董事长凌兰芳说,浙商目前仍然处在危机中,这个危机还在持续,而且深层次的危机即将到来。整个中国的制造业,中国民营企业都面临危机。

有一些与会者认为危机的积极作用不充分,造成危机的文化和体制等深层原因仍然存在。浙江工商大学副校长张仁寿说,2009 年 6 月份就出现一个判断:企稳回升。我觉得这不是一个好现象。我们期望这次危机是呈"U"字型,在低谷拖个两三年,让浙江的整个经济结构真正来一个凤凰涅槃,该死的死了,该升的升了,而不是呈"V"字型,下来以后马上就上去。现在回升这么早,我估计下一步产业结构的调整,从倒逼这个角度来讲,不会是很乐观的。我们广大的中小企业只要有一点点利润可以争取,就会继续开足马力上生产。我们在调查中深刻地感觉到,浙江企业长期投资和联合投资严重缺失,一般都是眼前的判断和投资,基本上都是个人和家族制企业的单打独斗。我们历史传统留下来的最丰富的是家族制资源,底层是家族制,上层是皇权政治,就这么一种架构。怎么样才能够走出家族制的束缚,这是一个长期的挑战和课题。当然,不同地域的文化也存在差异。如永康的传统农耕文化色彩

比较浓,不仅大企业比较少,而且大企业做的事情跟小企业做的事情是一样的,缺乏纵向的分工。而温州是重商主义传统和商业文化影响比较深。温州乐清的柳市,像正泰、德力西这些大企业,更多地搞研发、设计、检测和品牌经营,在全国建立起了自己的品牌销售网络,其他企业为它们配套,形成纵向一体化分工。还有一个市场问题,就是过分地依赖于家门口的有形市场交易。在我看来,有形市场这种交易方式,必然导致低价竞争,没法形成品牌竞争。真要实现转型升级,市场的交易方式和组织方式需要进行革命性的改造。我们的国民经济收入分配结构出了大问题,劳动所得占的比例只有40%左右,而发达国家一般都是65%、70%。地方政府对当地经济活动的影响还是很大、很深,与市场机制相一致的经济区还没有形成。许多问题都是发展阶段问题,背后制约的核心问题是人力资本问题。总的来说,浙江是"高端要素缺乏",特别是人才和技术严重不足。浙江成年人受教育程度是刚刚初中毕业,而美国老早已经超过17年了。

有的与会者从经济与文化的关系尤其是消费文化和消费方式的角度,分析造成危机的深层原因以及解决后危机问题的艰难性和重要意义。《消费日报》理论部主任叶培红说,在这个30年,整个中国制造是在急功近利行为下发展起来的。世界金融危机把我们的先天不足突然放大了,我们存在往何处去的问题。今天,历史到了一个转折点,这个转折点是世界经济的转折点,即面临新一轮的调整和整个人类生存方式的变化。从人类消费文化发展来说,所有世界品牌都在于它改变和影响了人类的消费方式和生活方式。浙商也有不少品牌了,但有没有一个品牌传播一种消费方式和生活方式,影响着人们的消费习惯?我不知道。整个中国,一个历史悠久的具有几千年文明的古国,我们的消费方式和消费文化基本上在全面西化。当我们跟西方品牌竞争的时候,实际上我们是延续着人家的消费方式,模仿西方。我们想用这种方式做得比他们好,这几乎是不可能的。我们什么时候能够创造足以影响中国人乃至世界人的消费方式的世界品牌呢?为什么作为一个消费品制造的大省,作为一个产品遍及世界的制造基地,没有创造出一个引领消费方式或影响生活方式的产品?我们的文化软实力和经济硬实力始终是两张皮,是分裂的,我们的文化理念跟我们的产品是脱节的。而西方的产品和品牌是跟他们的文化融合在一起的。浙江是茶叶大省,中国是产茶大国,但是茶叶作为一种文化是日本人的茶道,茶道成了一个产业。先富起来的一代的消费方式缺乏文化内涵。我们的生产是一种粗放式的,我们的消费也是粗放式的模仿,不停地买更多的房子、更多的车子,是量的叠加而不是质的飞跃。

还有的与会者从产业结构和所有制结构等角度分析危机的根源以及面

临的挑战。日本一桥大学北京事务所所长志波干雄说,中国高速成长背后存在着结构性问题,主要是产业结构问题。中国的第三产业占 39.1%,而日本第三产业占 68.1%。浙江省委政策研究室副主任郭占恒从浙江和江苏的比较来看浙江应对危机和面对的挑战。他认为,江苏在这次危机中没有受什么影响,除了产业结构和地区结构比较合理外,主要是江苏三个1/3的所有制结构,即"国有1/3,民营1/3,外资1/3"。而浙江是以民营经济为主。国家的反危机政策又加强了国有经济,使民营经济受到进一步的挤压,出现"国进民退"。新加坡国立大学东亚研究所所长郑永年在新加坡《联合早报》(2009 年10 月 21 日)上发表题为"中国国有企业的边界在哪里?"的文章指出,自金融危机发生以来呈现出两个大趋势。一是国有企业急剧地扩展到包括房地产业在内的一般性垄断行业;二是出现各种不同形式的国有化,国有企业以其拥有的国家政策和资金优势,用股份等手段渗透到原来非国有部门的企业。目前的发展趋势如果得不到有效的纠正,拯救危机者反而最终会演变成为其他各种危机的根源,如加剧很多产业的产能过剩和房市、股市资产过度膨胀,以及因遏制非国有部门经济而使国家税收基础很快变小等。而在当代,非国有部门在就业、分配、效率和效益、竞争等方面比国有企业扮演的角色更为重要。所以,危机和后危机中国有企业的过度扩张,既是中国的经济挑战,也是中国的政治挑战。

从整个世界格局看,这次全球性经济危机是以美国为代表的发达国家的先发现代化,与以中国为代表的发展中国家的后发现代化之间的矛盾对立关系及其失衡的突出体现。从中国的角度看,这次经济危机是在全球经济环境中处于从以"后发优势"为主转向"后发劣势"凸显的拐点的突出反映。在后危机中,中国面临着两种前途或命运:一是经济总量及其地位和影响力在提高;二是经济结构和性能与发达国家的差距会拉大,而且两者可能同时出现。从浙商的角度看,这次经济危机是在全球和全国的大环境中先发的"后发优势"向先遇的"后发劣势"转变的集中反映和突出体现。体制改革、制度建设、文化变革和人的素质提高以及经济转型升级等落后于经济规模增长的"后发劣势",集中和突出地体现在浙商身上。在后危机中,浙商将面临着两大命运:一是先发的"后发优势"可能进一步加大;二是先遇的"后发劣势"可能进一步加剧。这会使浙商进一步分化。在这一轮的危机中,浙商就已经明显分化,一部分是逆势而下,一部分是逆势而上。

二、应对危机和创新发展的两种思路

应对危机和创新发展的根本思路是针对造成危机的根本原因,即可以归结为"贪"和"伪"两个字。一是对物质和金钱的贪婪;二是以往人为的思想方式、生产方式和消费方式等脱离了客观实际,与变化了的客观环境和条件发生冲突,难以为继。于是,就既要有科学思路,又要有人文思路。与会者从不同的层面提出和论述应对危机和创新发展的这两种不同思路。

关于应对危机和创新发展的科学思路,卢中原和吕政等作了透彻的分析和论述。卢中原说,我们这次经济下滑,首先是中国经济自己在回调,这种回调是客观经济规律使然。中国经济高速增长 30 年以后,我们要素成本都在提升,利润空间在缩小,产能过剩,粗放的增长很难维系,必须调整。吕政说,即使没有这一次美国金融危机,中国的经济也需要进行调整,因为中国的工业发展条件发生了广泛而深刻的变化。第一,是资源性产品供给紧约束和价格上涨;第二,是中国劳动成本大幅度上升;第三,是市场供求关系发生了根本变化,消费品和大多数重化工业产品都出现了相对过剩;第四,是对员工和环保等强制性的社会责任成本在上升;第五,是国际贸易条件的变化,人民币升值,发达国家的非关税壁垒增加,世界经济衰退导致外需的减少。这些变化表明,中国经济进入了一个新的发展阶段,必须调整经营战略,从数量和外向扩张为主转向依靠技术创新和企业经营的深耕细作。

同时,与会者也提出和论述应对危机和创新发展的人文思路。浙江裕兴不动产经纪有限公司董事长张裕兴说,一年前那个冬天,杭州的房产中介死了 220 多家,而我们创造了奇迹。到最艰难的时候,我们很多员工自愿降低工资,还有两个员工自愿拿自家的房子为公司作抵押。这是员工把自己作为公司老板。其原因在于我平时不是一个老板,平等地对待和尊重员工。浙江工业大学经贸管理学院教授施放说,我有一个基本的立意,国民的素质是立国之本。企业能否长期发展,最根本的在于员工的素质。劳动力好找,合格的劳动力难求,管理者众多,优秀的管理者奇缺。杭州菲丝凯化妆品公司总经理郑国贤说,我们公司里有一台韩国进口的机器,韩国工人来操作基本上没有什么次品,但我们中国工人操作的时候次品率就很高。我觉得最重要是人。浙江一石装饰工程有限公司董事长沈立松说,我们公司 2006 年就进行内企业主培养的探索实践,以业务分包的形式让员工投资创业当老板,也就是在经济最好的时候进行了转型。2009 年我们在买矿山和搞加工厂的同时,也采取切块分担的方式,让有一定财力和潜力的人投资当老板,激发了员工和农民的创业激情,短短的 3 个月就建成投产。

应对危机和创新发展的人文思路,除了对人的重视、关怀和培养外,更要进行文化创新,以获得文化的推动与支撑。浙江省委党校社会学和文化学教研室主任陈立旭教授说,我们谈得比较多的是资源瓶颈、环境瓶颈和制度瓶颈。其实,浙商现在这个发展阶段更重要的是文化瓶颈。我们不能制造出像日本和德国那样高精尖的产品,主要不是技术问题,而是文化问题。过去是"闯红灯",现在需要规范。没有一些规范性的东西,没有恪守规章制度的精神,敬业的精神,精益求精的精神,我们是绝对打造不出好的产品的。浙江师范大学工商管理学院院长孙伯良说,浙商转型升级的根本就是要彻底改变草根意识。叶培红说,在后危机时代,文化渗透到产业里面将是一个新的机遇,这个发展空间应该是非常大的。我们大家应该思考的问题是,中国制造应该传递一种什么样的中国文化元素。

应对和创新发展的人文思路,也体现在经营战略和方式上,如从单干到合作。西双版纳浙江商会会长杨君华说,我16岁开始经商,从小企业到公司,再从公司到归零,经历过一次危机,主要是文化不够和用人不妥,没有跟人家合作。现在懂得了合作,实行开放和整合资源,联合商会会员开展以专业化为基础的多元经营,有农业、矿产、房地产和小额贷款公司等。这次金融危机来了,我们没有受到影响,因为我们转变了,产业和产品可以转就转,转不了的改变人。浙商研究中心温商研究所执行所长张苗荧说,温商在危机下采取一些新举措,一是资源整合,包括建立企业集团和战略联盟;二是治理结构和机制的再造。在家庭经营方面没有多大突破的情况下,在资本社会化方面迈出很大的步伐,通过企业上市来解决治理结构和机制的突出问题;三是产业和市场的拓展,进入风能、太阳能等新领域,奥康、红蜻蜓、报喜鸟等在全国建立销售终端。

要真正有效地应对危机和创新发展,就必须是科学与人文的结合,集中体现在发展方式及其转型上。国家行政学院经济管理教研部教授、浙商研究中心首席专家张孝德说,世界经济发展史表明,全球性经济危机往往会成为催生重大科技创新和新兴产业崛起的动力。在后危机时代,应从总量的短期应对转变到结构、拐点与长周期的思考上来。这就需要关注目前正在酝酿着的又一次新的经济革命。它包括四个方面:一是以再生能源为核心的新能源革命;二是以生物技术为主导的生态农业革命;三是以文化创意为核心的新产业革命;四是以最低能耗、最低投入实现生活幸福最大化的人类生活方式革命。为应对新经济革命,中国必须实行双重转型战略。一是工业经济向生态经济转型,二是追求规模经济向提升质量经济转型。这就需要推进经济的低碳化、智能化、人本化、文明化。中国的战略转型面临既得利益的障碍、成功导致惯性思维的障碍、转型动力不足的障碍。

科学与人文的结合集中和突出地体现在创新和企业家精神上。英国曼彻斯特大学 Fang lee Cooke 女士说,创新与企业家精神是国家竞争力的两个最重要的元素。要在世界经济里面站稳脚跟,就必须在微观上有竞争力,但中国却低于印度。中国的微观竞争力从 1998 年的第 42 位降到 2004 年的第 47 位,再降到了 2007 年的第 57 位,而印度的微观竞争力是不断上升的。其中的重要原因是对创新和企业家精神这两个概念的理解有误区。创新,包括为谁创新,由谁去创新,还有为什么创新等。而实际上,一说到创新,首先人们往往就想到技术上的创新,而没有考虑到组织及其运作的创新;其次,人们往往就想到高科技产业和企业的创新,而没有想到普通企业也应该有创新;第三,人们往往就想到管理和科研人员的创新,而没有想到普通工人的创新点子也很多;第四,人们往往就想到为那些有钱阶层和社会精英服务的产品创新,而没有想到为大部分草根阶层服务,使他们的生活更加美好一点;第五,往往只是制定和实行科技政策,而比较少地考虑到社会政策。外国人在谷歌里面评论说,在中国的公共场所里有用女性的身体部位模仿做的洗手池等。

科学与人文的结合根本反映中国处于后发现代化,以及存在的突出矛盾和解决要求。按照自然历史进程和逻辑,我们今天的中国和浙商以个人为本位和以物或资本为中心是合理的,但从当今时代的特性及发展趋势看,应该以社会为本位和以人为中心。这就需要把求真与为善统一起来,并运用中国深厚和博大的文化与智慧,如运用太极的思维和方法,把突破点集聚在一个点、一条线和一个面上,来带动全方位的变革和发展。同时,互以对方为灵魂和眼睛,即在求真时以为善为灵魂和眼睛,为善时以求真为灵魂和眼睛。

三、中日比较的不同视角和有益借鉴

浙商应对危机和创新发展,可以通过中日比较,借鉴日本的经验和教训。与会者就这个话题广泛地发表意见和展开讨论。吕政说,我们今天遇到的问题,日本在 30 年前也遇到过,即国际能源价格大幅度上涨,日元大幅度升值,日美贸易摩擦加剧,但是日本顺利地度过了那一次严重的冲击,推进了日本制造业的升级,所以非常有必要学习和借鉴日本的经验来促进中国制造业的转型升级,并相应地促使企业的资本社会化。日本的大企业并不是严格意义上的私人企业,而是资本社会化的企业。同时,我们的中小企业必须向集约化经营转变,既从不适合中小企业经营的资源密集型行业退出来,又把降低成本的重点放在降低那些占总成本 70% 以上的能源原材料等物化劳动上。还有,力求差别化,把有特色的比较优势转化为竞争优势。中小企业的创新能力主要是掌握一些独特的技术诀窍,培育市场客户对产品的技术依赖。日本许多中小企业有独立的技术和核心的竞争力以及很高的市场份额;深化专

业化分工,在做专的基础上做精、做强;改善劳动组织,把非核心业务外包给其他专业化公司;与产业链的上下游企业结成战略联盟,形成规模效益,共同巩固和扩大市场份额;积极发展知识密集型和生产服务性产业,如工业设计;仍然需要重视对引进技术的消化吸收,开发替代进口的技术密集型产品;积极推进节能减排,中国的能源利用效率是日本的1/4;加强对产业工人的职业培训。全世界制造业发展最好的三个民族,日本、德国和瑞士,都非常讲卫生,有非常良好的生活习惯。日本的劳动力成本是中国的 10—15 倍,但其汽车却比中国便宜得多;发展面向中小企业的地方和股份制银行。

学习和借鉴日本的经验,可以采取合作的方式。全国日本经济学会常务副会长、中国社科院日本所党委书记孙新说,2008 年 5 月份,中国国家主席胡锦涛同志访问日本时,中日双方正式地把新时期的中日关系定位为战略互惠关系。日本作为亚洲第一个现代化的国家,它拥有世界一流的节能和环保技术,是世界上中小企业政策最完备的国家之一,日本中小企业具有一些先进的经营理念和技术优势,有许多是中国可以学习和借鉴的,而中国有丰富的人力资源和巨大的国内市场,中日两国合作的空间非常大。千岛湖啤酒股份有限公司董事长郑晓峰说,中国人骨子里就不太愿意跟人家合作,但也有一些人喜欢合作。我们通过与日本麒麟的合资获得很多感悟,首先是双赢,而且是真正的双赢。中国有句俗话,"你跟什么样的人在一起,你就会变成什么样的人";其次,互信是合作的基础。从开始的文化差异和磨合不好,到理性认识、充分沟通和授权,以及建立机制,真正形成互信;第三,是学习和掌握日本企业细化、量化、简化和不断完善的管理工作真谛,不断减少"好像、大概"等模糊性,不断增加准确和精确,把看不见摸不着的理念转换成可量化的目标;第四,是培养分析问题和刨根问底的习惯,降低投资风险。东北财经大学吕明哲博士根据自己在日本多年学习的体会,提出浙商和中国企业如何通过刨根问底,纠正行为习惯,提高瓶颈效率和优化工艺流程的观点与建议。

与会者普遍认识到,中国与日本比较,在制造业、技术和产品及其管理方面的差距很大。凌兰芳说,是可以学习,可以借鉴,目前还不能比。中国到目前为止还没有形成一支可以跟日本比较的劳动力产业大军。日本企业精神的化身——松下幸之助,是我经商的指导老师。我们很多浙商都非常推崇红顶商人胡雪岩,胡雪岩是非常了不起,但他有贿赂官员,松下幸之助没有,他的一些思想和理念跟松下幸之助比差远了。松下幸之助有两句话至今在我心里头并经常激励着我,即第一句话,做企业家要有宗教般的献身精神;第二句话,企业最大的罪恶是不挣钱。我们正在向日本企业、向丰田学精细化管理,实行转型升级。杭州经济技术开发区管理委员会副主任张学宁说,日资企业的制造技术精良,质量技术标准高,技术开发能力强,管理非常严谨。

但是,日本也有教训或不足,我们可以借鉴和防范,除了日本经历过的资产泡沫和制造业危机外,还有日本文化和现代化等存在的不足甚至是缺陷。张学宁说,日资企业也有许多不足,与欧美企业相比比较保守,与其他国家企业的融合存在障碍。张孝德说,日本实行"跟从增长模式",引进西方技术并通过二次创新而形成一定的技术优势,并利用低成本优势而承接欧美产业转移,获得"二战"后的高增长。这是典型的"跟从增长模式"的成功。但是,这种"跟从增长模式"存在很大的局限性,不仅导致上世纪80年代末经济转型的失败,而且根本上难以建立或转变为"独创增长模式"。

浙商应对危机和创新发展,不仅要通过中日比较和借鉴日本经验,而且也要通过中美、日美等的比较和借鉴美国等的经验。高博技术与战略研究所有限公司董事长李慧女士说,日本和美国的比较,虽然它们都有创新性,但日本的创新性是在一个平台上进行精细化的创造,它的阶梯式做得很好,而美国的创新性是整个行业或整个领域,是更大范畴的创新性。也就是说,"美国人善于开辟新产业,而日本善于在既定的产业中完善新的产品"。日本的约束性和企业内部的纪律性以及执行力比较强,精细化生产做得很好。美国更开放,上下级的身份更加模糊,文化的多元性和融合性,这是中国与美国相通的。浙江的文化又跟日本有许多接近的地方,如不以利小而不为,吃苦耐劳和低调等。中国人特别是浙商应该多吸取美国和日本的经验,大的战略多看美国,精细化生产和优质产品等多看日本。

中国与日本和美国比较,既都有些相通或相近的地方,又都有许多不可比的地方,需要综合创新。例如,日本文化的纵向统一性很强,家庭、企业和国家的理念高度统一,既重道又重术,而中国文化既强调又缺乏纵向统一,既重道轻术又讲实用实惠;美国的文化是多元基础上的统一,而中国文化是统一之下的多元;美国的制度文化和制度建设很健全,而中国却很薄弱、很欠缺;美国的企业可以把简单的东西做到世界最大,中国做不到;美国的经济和金融业是全世界最发达和顶尖水平,中国也达不到,但中国具有悠久的文化传统和深厚的文化底蕴。但是,中国的文化传统又具有两重性,既有巨大的优势和潜力,又是沉重的负担和包袱。中国企业和浙商的发展,关键在于把文化传统与市场经济对接起来,即综合创新发展。

中国与日本和美国的比较借鉴,突出地体现在公司治理模式上。浙江工商大学工商管理学院院长郝云宏说,就公司治理的三种主要模式而言,我们突出日本模式,一是因为中日两国有相似的企业文化土壤,两国的法律体系和国家结构比较接近,在公司治理机制上有一些相似的地方;二是日本公司治理模式有一个演化过程。"二战"以后到 20 世纪 90 年代以前,日本公司治理模式的一个特点是相互持股,法人之间的持股比较高。其另一个特点是主银行制,银行可以介入企业监督。20 世纪 90 年代以后日本公司治理模式的演化,一是交叉持股比例在减少,二是向英美模式学习,比如美国的独立董事制度和执行官制度,三是实行绩效工资和股票期权制,四是弱化主银行制。我们中国和浙商企业应该重视和推进机构投资者介入公司治理,以及利益相关者相机介入公司治理。

通过中国与日本和美国等的比较,浙商应对危机和创新发展可能形成和发挥的最大优势在于商业模式。浙商是中国改革开放以来形成的人数最多、分布最广的民商群体,既老乡带老乡,形成广泛的浙商人际和贸易网络,又融入各个地方,形成广泛的社会和文化网络,还普遍地触网,形成电子和信息网络,即形成文化、社会和信息综合的商业生态网络。在此基础上,反映后危机的时代环境和客观形势以及目标任务的变化进行创新发展。现在已经有不少浙商开始进行商业模式的创新发展。上海百舜信息技术有限公司总经理王俊海说,浙江的产品其实是不错的,基本上达到国外同类产品性能或功能的 95% 到 98%,但是在国外销售往往只能赚取 2%～8% 的利润,最多 15% 的利润,而美国的零售商赚走了 50% 的利润。我们通过互联网,建立一个比北美零售企业更加人性化的技术平台,以及一套诚信的方法和有效的流程,加强质量控制和售后服务,并使客户得到比零售商便宜 20%～30% 左右的终端销售价格,使浙江的产品更好地实现其价值。

转型经济中民营企业制度创业机制：

——吉利集团、横店集团及绿源集团

的多案例研究①

项国鹏　迟考勋　王　璐

摘　要:本文将制度创业理论应用于我国民营企业优化制度环境的行为的研究中,以吉利集团、横店集团及绿源集团为案例,探索性地考察了转型经济中的民营企业打破制度约束、建立新制度的过程。多案例研究发现,民营企业在与利益相关者持续互动中建立起新的制度规则,而作为民营企业领导者的企业家也展现出一系列制度创业者技能。

关键词:转型经济　民营企业　制度创业　多案例研究

一、问题的提出

始于 1978 年的经济体制改革使中国进入了转型经济时期,其关键是计划经济体制向市场经济体制转型,这实质是一种制度变迁。这种制度变迁对民营企业成长具有双重制度性影响:既提供了成长机会,也设置了诸多制度约束。面对这些影响,大量的民营企业不遗余力地致力于优化企业制度环境的行为当中,如吉利集团、横店集团及绿源集团等。它们通过游说公关、舆论压力甚至法律途径与现有的不合理制度进行对抗,打破约束,建立新的制度规则,促进企业成长。面对这些民营企业的创业实践,如下问题值得学术界加以研究:转型经济中的民营企业如何打破制度约束,促进企业成长? 领导这些民营企业创业的企业家又具备何种特质? 然而,现有研究却难以对这些问题进行有效的解答。

① 基金资助:国家自然科学基金资助项目(70702039);浙江省社科规划项目(10CGGL09YB);浙江工商大学研究生科研创新基金重点项目(1010XJ1510002)。

首先,基于企业家能力视角,学者们倾向于根据企业家行为对企业家能力的内涵进行研究(张完定、李垣,1998),未能进一步揭示企业家能力对企业成长的内在作用机理;其次,基于制度壁垒视角,主流是研究企业所面临的制度壁垒及其对企业成长的影响,且多将企业置于被动改变的位置(汪伟、史晋川,2005),因而难以有效解释企业主动打破制度约束的创业行为;最后,基于创业结果视角,现有研究多关注上述创业行为所带来的结果的创新型及适应性,而很少关注这种创业结果的由来(周其仁,1997;孙是炎,陈湘舸,1997)。

近些年在西方理论学界兴起的制度创业理论(institutional entrepreneurship theory)却可为上述问题的解答提供丰富的启迪。本文将通过案例研究的形式,以制度创业理论为依托,对转型经济中的民营企业打破制度约束的创业行为进行详细地描述和分析,并在此基础上总结得到转型经济中的民营企业制度创业机制模型。

二、理论回顾

制度创业理论来源于组织社会学的新制度学派,它致力于解决"新制度从何而来"这一问题(Greenwood,Suddaby 和 Hinings,2002)。Maguire,Hardy and Lawrence(2004)认为,制度创业是指行动者认识到某一制度安排会为自己带来利益,从而通过配置资源以创造新制度或者改变现有制度,从而推广新的组织形式、技术标准(主导设计)、行为模式或者价值观。张玉利、杜国臣(2007)认为,现有制度框架下创业活动与现实合法性之间矛盾的不可调和促使创业者谋求建立新的制度,形成了制度创业。因此,转型经济中的民营企业打破制度约束,促进企业成长的行为属于制度创业。制度创业理论的基本分析单元是场域(field),它由一系列受到相似制度力量影响的组织构成。制度创业是场域内组织互动的过程(Greenwood,Suddaby and Hinings,2002),因此对制度创业的研究需聚焦于多个层次的分析。

从事制度创业活动的行动者即为制度创业者,Misangyi,Weaver 和 Elms(2008)认为,制度创业者可能是个人、组织或者是这些行动者的联盟。由于中国现时期的大多数民营企业仍是"企业家的企业",企业战略体现的往往是企业家的个人意志,而企业行为也基本是企业家行为的人格化体现,因此在本文中民营企业家更适合作为制度创业者。Fligstein(1997)认为制度创业者的独特之处在于他们具备社会技能,即通过提供给其他行动者共同的方法和准则而导致合作的能力。Mair 和 Marti(2009)也认为制度创业者技能是影响制度创业成败的重要因素。制度创业是一个复杂的文化和政治过程(DiMaggio,1988),利益相关者(stakeholders)对这一过程具有重要影响,这种影响在转型经济中的新兴场域情境下尤为明显(Maguire,Hardy and Lawrence,2004)。制度创业者需使其行为符合众多利益相关者的利益,并与他们建立联盟(Fligstein,1997),以保证制度创业过程的顺利进行。

值得一提的是,目前制度创业理论研究对转型经济中的新兴场域情境及民营企业家作为制度创业者的情况关注甚少,因此本文将有利于推进制度创业理论的应用与发展,具有一定的理论意义。

三、研究设计

1. 研究方法与案例选择

1. 多案例研究方法

第一,为什么采用案例研究。殷(2004)和 Eisenhardt(1989)认为,案例研究适合于回答"如何"或者"为什么"类型的问题,本文正是要研究转型经济中的民营企业如何打破制度约束这个问题。Eisenhardt 还指出,案例研究特别适用于新的研究领域或者现有研究不充分的领域,而关于本文的研究主题,国内外研究均尚未充分。第二,为什么采用多案例研究方法。殷认为,采用多案例能够增强说服力,提高外在效度。同时,要根据复制法则,而非抽样原则,选择相似案例。

2. 案例选择

本文选取了浙江吉利集团、横店集团和绿源集团作为案例企业,主要原因是它们在以下方面存在相似性。第一,它们都是民营企业,而且成长情境是中国转型经济;第二,它们都共同面临制度性创业壁垒的约束;第三,它们都具有较为完整的从受到制度约束到打破约束的行为过程,可以保证研究信息的详实性和行为逻辑的完整性;最后,它们的创立者都对企业有着完全的控制权,企业行为基本体现了企业家的意志。因而,对上述三家企业加以多案例研究,既符合殷对多案例研究所要求的复制原则,也与本文制度创业研究主题相吻合。

2. 案例信息获取

本文根据研究主题需要,所收集的资料都为定性资料。对于吉利与横店案例,由于反映这两家企业的公开出版物比较丰富,所以主要运用文献分析法。Eisenhardt 和殷也指出,虽然出版物本身存在偏见,但只要出版物是思考性的,可以作为学术研究的素材。与绿源案例相关的文献资料较少,所以主要以实地调研的形式进行案例信息的收集,同时收集来自新闻报道和公司网站的信息进行补充。具体案例信息来源如表 1 所示。

表1   案例信息来源

信息来源 案例企业	学术文献	新闻报道	公司网站	实地调研
吉利集团	√	√	√	
横店集团		√	√	
绿源集团		√	√	√

3. 案例信息处理

信息的分析是案例研究的核心,本文的信息分析程序和相关操作原则依次为:建立文档,该文档中包括了收集到的同一个案例企业的所有信息;对文档信息进行详细研读,排除信息中的无关事件,对关键事件进行概述;对关键事件进行归类和按照时间序列进行排列;对各类别中的事件用制度创业行为来描述;理清案例中各制度创业行为之间的逻辑关系,建立其作用模型,提出基于案例的理论命题。

四、案例分析

1. 吉利集团的案例分析

在中国的转型经济过程中,由于地方利益的存在,汽车行业的重复建设问题极为严重。为了避免低效率的重复建设与过度竞争,国家对汽车行业实行严格的进入管制。然而,汽车行业这种极高的管制性壁垒实际上也造成了国内汽车企业的低效经营和汽车产业本身的低效率(汪伟、史晋川,2005)。因此,民营企业造车这一行为与政府产业管制政策之间的冲突形成了本案例中制度约束。

1. 制度创业行为

李书福领导的吉利集团在打破制度约束,获取"民营企业造车"的制度认可的过程中采取了以下制度创业行为。

第一,私下实践(Daokui Li,2006),即通过"借牌"生产和以"先上车,后买票"快速建设的形式使得其造车行为成为"既成的事实"。首先,与具有生产许可证的企业进行合作,"借牌"生产两厢汽车;其次,吉利集团先后于1998年和1999年在浙江临海与宁波迅速建设汽车生产基地,使造车行为成为"既成的事实",引起政府重视。

第二,游说沟通官员,争取他们对企业发展的理解和支持。吉利集团的游说对象包括了作为制度制定者的国家管理部门和地方政府官员,典型事例是时任浙江省副省长的叶荣宝为吉利汽车获得合法身份上下奔走。这种游说行为的作用在于获取制度制定者的价值认同(Elsbach and Sutton,1992),并且其着力点是显示行为活动产生的利益一致性(Elsbach,1994)。

第三,利用舆论工具造势,吉利集团将汽车产业制度中禁止民营企业进入的制度条文的不合理性公之于众,一方面为企业家的创业行为获取社会道德认可,另一方面对制度制定者施加压力,加速制度变迁进程的推进。

2.制度创业者技能

在本案例中,李书福作为吉利集团制度创业的领导者展现出一系列独特的制度创业者技能。首先是制度机会洞察力,李书福洞察到了政府对汽车行业的管制在提高了制度性壁垒的同时大大降低了市场性壁垒(汪伟、史晋川,2005)这样的制度创业中的利益和希望,勇于进入民营企业的禁入行业,并与现有制度约束作抗争;其次是政治技能,这集中体现在李书福的游说公关行动中;最后是文化传播技能,这表现为李书福通过媒体向公众揭示汽车行业准入管制制度政策的不合理性。

2.横店集团的案例分析

横店集团案例的研究背景源于乡镇企业的产权制度改革,徐文荣所追求的是产权制度是一种独特的适应横店企业实际并且政企分开的公有制产权制度,但这种产权改革思路并无先例,更不用说有相应的制度支持。因此,本案例中的制度约束可以归纳为我国乡镇企业产权改革过程中,由于改革途径单一,可选的制度安排无法满足企业实际需要而形成的制度约束。

1.制度创业行为

在徐文荣领导的横店集团打破制度约束,确立社团所有制的漫长历程中,其因时制宜地采取了不同的制度创业行为。

第一,游说沟通行为。从1998年开始,横店集团先后游说企业直接主管部门(当时的横店镇政府)与上级政府部门,以争取它们对企业要求政企分开这一行为的支持,作用在于为其后的产权制度创新提供了宽松的政治环境。

第二,进行产权制度创新。横店集团董事长徐文荣认为唯有制度创新,创造适合横店的产权改革途径才是打破制度约束可行方法,并在1994年的八届人大二次会议上,独创性地提出了社团所有制的产权理论,并将其付诸于横店之后的产权改革中。

第三,形成舆论力量。在横店集团的邀请下,众多经济学家及相关单位关注横店集团,如国务院发展研究中心、经济日报社等单位,在钓鱼台和人民大会堂,先后两次召开"横店模式研讨会"。

2. 制度创业者技能

横店集团的案例研究体现出徐文荣一系列的制度创业者技能。首先是制度机会洞察力,这集中表现为徐文荣能深入认识到政府干预对企业发展的危害、"股份制"与横店的不适应性和产权创新的必要性;其次是制度理论化技能,突出表现为徐文荣创造性地提出了社团所有制的产权理论;第三是政治技能,表现为徐文荣对政府部门的游说行为;最后是文化传播技能,这表现为徐文荣通过学术研讨、公众讨论的形式来推广"社团所有制"理论。

3. 绿源集团的案例分析

中国的电动车行业作为转型经济环境下的新兴产业,其迅速发展给城市交通带来了极大的压力,这种压力引出了限制电动车发展的一系列制度约束。这些制度约束可以归结为行业的制度环境尚不完善和制度制定者采取的限制性政策导致的对行业发展的阻碍作用。

1. 制度创业行为

为抵抗政府部门的限制性政策和行业协会即将出台的限制性行业标准,倪捷领导的绿源集团采取了以下这些制度创业行为。

第一,组织集体行动,通过法律途径和书面报告的途径对限制性政策和行业标准进行直接反抗。绿源集团组织众多的电动车与企业共同参与制度建设的过程中,使得相关政府部门和行业协会不得不重视来自企业的制度诉求。

第二,通过学术研讨等形式对不合理制度提出质疑。绿源集团董事长倪捷不仅以一名业内人士的身份在地区性的立法听证会将当地政府的封杀理由悉数批驳,并且亲手撰写多篇文章,从理论上为电动车的发展提供了支持基础。

第三,利用舆论工具,向制度制定者视角压力。绿源集团在《南方周末》、《财经时报》等报刊上公开揭示电动车制度标准中的不合理性,这对行业制度的制定起到了重要的影响作用。

2. 制度创业者技能

绿源集团的案例研究体现出倪捷一系列制度创业者技能。首先是制度机会洞察力,倪捷之所以在电动车禁售事件发生后,迅速作出反应,是因为他意识到一旦这种做法被"广为接受",并逐步形成制度框架后,将对电动车行业带来极大的不利影响;其次是制度理论化技能,这表现为倪捷多次发表文章,声讨不合理的制度标准;第三是建立集体行动的技能,这表现为倪捷在短时间内聚集行业内其他企业的力量,共同抵制不合理的制度标准;第四是文化传播技能,这表现为倪捷在诸多报刊及网站上刊登文章,引发全国范围内关于电动车标准的大讨论。

五、讨论与结论

本文基于中国转型经济所造成的特殊制度环境,分析了民营企业家所领导的民营企业的制度创业过程,我们发现民营企业所打破的制度约束均为Scott(1995)所提及的管制制度约束。通过吉利集团、横店集团及绿源集团的案例分析,可以用图1表示转型经济中的民营企业制度创业机制。

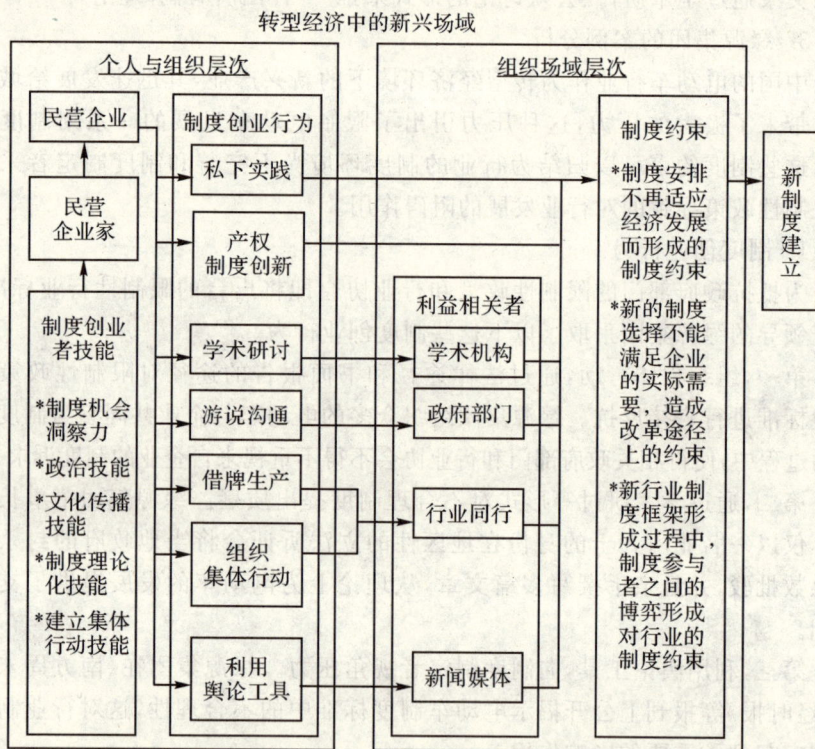

转型经济中的新兴场域

个人与组织层次　　　　　　　　组织场域层次

民营企业 → 制度创业行为 → 私下实践

民营企业家

产权制度创新

制度创业者技能
*制度机会洞察力
*政治技能
*文化传播技能
*制度理论化技能
*建立集体行动技能

学术研讨 → 学术机构
游说沟通 → 政府部门
借牌生产 → 行业同行
组织集体行动
利用舆论工具 → 新闻媒体

利益相关者

制度约束
*制度安排不再适应经济发展而形成的制度约束
*新的制度选择不能满足企业的实际需要,造成改革途径上的约束
*新行业制度框架形成过程中,制度参与者之间的博弈形成对行业的制度约束

新制度建立

图1　转型经济中的民营企业制度创业机制框架

本文的贡献集中表现在,以中国转型经济中的新兴场域为背景,对民营企业的制度创业过程进行剖析。这不仅在理论层面丰富了制度创业理论的研究内容,为该理论融入更多的中国元素,而且在实践层面也可为转型经济中的民营企业创业提供有效的借鉴与参考。

必须指出的是,就制度环境影响而言,本文仅分析了制度约束。然而,制度环境同样可为转型经济中的民营企业提供机会,促进民营企业创业。制度环境对民营企业有哪些机会性影响,以及民营企业如何利用制度环境,对这些问题的回答将进一步丰富转型经济中的民营企业制度创业机制内涵。另外,民营企业在制度创业的过程中不仅会面对管制制度约束,也会面对规范制度约束和认知制度约束。如何突破这两种制度约束,也是对转型经济中的民营企业制度创业机制内涵的补充。

作为一项探索性研究,本文必然会存在不足之处,包括:第一,案例样本的局限性。案例企业数量不多,且同处一省,这在一定程度上影响到案例研究结论的可推广性。第二,一手调查数据缺乏。由于研究能力与资源的限制,对前两家企业的案例研究仅使用了二手资料,这将会不可避免地影响到案例研究的准确性。这些不足也需要后续研究进行弥补。

主要参考文献

[1] 张完定,李垣. 企业家职能、角色及条件探讨[J]. 经济研究,1998,8:29—33.

[2] 汪伟,史晋川. 进入壁垒与民营企业的成长——吉利集体案例研究[J]. 管理世界,2005(4):132—140.

[3] 周其仁. "控制权回报"和"企业家控制的企业"——"公有制经济"中企业家人力资本产权的个案研究[J]. 经济研究,1997(5):31—42.

[4] 孙是炎,陈湘舸. 探索·实践·创新·发展——横店集团的成长线索[J]. 经济研究,1997,5:49—52.

[5] Greenwood R, Suddaby S, Hinings C. R. Theorizing Change:The Role of Professional Associations in The Transformation of Institutionalized Fields[J]. Academy of Management Journal,2002,45(1):58—80.

[6] Maguire S.,Hardy C.,Lawrence T. B. Institutional Entrepreneurship in Emerging Fields:HIV/AIDS Treatment Advocacy in Canada[J]. Academy of Management Journal,2004,47(5):657—679.

[7] 张玉利,杜国臣. 创业的合法性悖论[J]. 中国软科学,2007(10):47—58.

[8] Misangyi V. F.,Weaver G. W.,Elms H. Ending Corruption:The Interplay among Institutional Logics,Resources,and Institutional Entrepreneurs[J]. Academy of Management Review,2008,33(3):750—770.

[9] Fligstein N. Social Skill and Institutional Theory[J]. The American Behavioral Scientist,1997,40(4):397—405.

[10] Mair J.,Marti I. Entrepreneurship in and around institutional void:A case study from Bangladesh[J]. Journal of Business Venturing,2009(24):419—435.

[11] DiMaggio P. Interest and Agency in Institutional Theory[A]. In L. Zucker. Institutional Patterns and Culture[C]. Cambridge,MA:Ballinger,1988:3—22.

[12] R. K. 殷(周海涛主译). 案例研究:设计与方法[M]. 重庆:重庆大学出版社,2004.

[13] Eisenhardt K. M. Building Theories from Case Study Research[J]. Academy of

Management Review, 1989,14(4):532—550.

[14] Daokui L. , Feng J. , Jiang H. Institutional Entrepreneurs[J]. American Economic Review,2006, 96(2):358—362.

[15] Elsbach K. D. , Sutton R. I. Acquiring Organizational Legitimacy through Illegitimate Actions: A Marriage of Institutional and Impression Management Theories[J]. Academy of Management Journal, 1992, 35(4):699—738.

[16] Elsbach K. D. Managing Organizational Legitimacy in the California Cattle Industry: the Construction and Effectiveness of Verbal Accounts[J]. Administrative Science Quarterly, 1994, 39(1):57—88.

[17] Scott W. R. Institutions and organizations [M]. Thousand Oaks, CA: Sage Publication, 1995.

区域技术创新能力影响因素
的实证分析
——基于全国 30 个省市区的面板数据 [①]

张宗和　彭昌奇

摘　要：区域技术创新能力的影响因素是理论界尚未系统深入探讨的问题。本文在阐明技术创新机理的基础上,运用经过改进的格瑞里茨和杰菲知识生产函数模型,对 2005 年至 2007 年我国 30 个省市区三大技术创新主体投入产出面板数据进行技术创新能力影响因素的实证分析,并把市场化因素首次设为虚拟变量引入模型考察其作用。分析结果表明,中国区域技术创新二次产出存在多样化差异,R&D 在技术创新主体之间和内部的配置,以及创新主体内外制度性因素对技术创新的绩效有重要影响。因此,提高区域技术创新能力要优化 R&D 配置和进行技术创新主体的体制机制创新。

关键字：技术创新　知识生产函数模型　市场化　创新绩效

一、问题的提出

自从熊彼特(J. A. Schumpeter,1912)提出创新理论以来,学术界就极为关注技术创新。诺奖得主索洛(S. C. Solo,1951)首次提出技术创新的"两步论",而弗里曼(Freeman C.,1982)关于技术创新的定义和四形态分析模型(1987),[②]进一步概括了技术创新的基本内容和特性。关于技术创新能力的影响因素,国内外学者至今已提出十几种要素。熊彼特(1912)认为企业家是决定技术创新成功与否的关键因素;Frankel N. (1955)强调企业垂直一体化

---

① 本文系浙江省社会科学重点研究基地浙商研究中心重点课题(浙江省 2007 年度哲学社会科学基金重点项目)"全面提升浙商竞争力研究"(批准号 07JDZS05Z)研究项目。

② 中国目前的技术创新主要是根据需求导向产生的以专利形式存在的渐进式创新。

有利于系统性技术创新的实现;Schookler J.(1966)提出市场需求和潜在市场需求是技术创新的影响因素;弗里曼(1972)强调国家创新系统的作用;不少学者用近年技术创新的经验论证大学、工业企业和研究机构(Acs,1992;Anselin,1997;Blind,1999;Bode 2004)是技术创新的主体。国内学者在吸收国外观点的基础上,提出创新文化(张华胜,2006;李金生等,2009)、专利保护程度(白秀君,2007)、FDI(李晓钟、张小蒂,2007)、集群式创新模式(疏礼兵,2007)、企业所有权结构(夏冬,2008)等因素也对技术创新有重要影响。一些学者如张华胜(2006)、郭国峰(2007)、郭新力(2007)等,还运用综例数据随机效应模型或知识生产函数模型分析了一些影响因素的创新作用,试图对技术创新能力的区域性差异做出解释。

以上关于技术创新影响因素的研究文献虽较深刻地揭示了技术创新与某些影响因素之间的相关性,但仅从个别要素进行认识存在局限性,不足以阐明技术创新与影响因素之间的复杂关系,因此,未能对我国区域技术创新能力的差异做出令人信服的说明。本文在阐明技术创新机理的基础上,区分了影响技术创新能力的直接因素和间接因素、技术创新的初始绩效和最终绩效,对格瑞里茨和杰菲的知识生产函数模型进行了合理改进,用改进后的模型对全国 30 个[①]省市 2005—2007 年的三大创新主体的投入产出面板数据进行区域技术创新能力影响因素实证分析,并把市场化因素设为虚拟变量引入模型,分析其对技术创新绩效的影响;最后提出一些对策建议。

二、技术创新的机理考察和若干假说

技术创新的实质,是人类主要运用智力改进产品制作从而更有效和高质地满足自身需求的过程。现有对技术创新能力的测度忽视了这一能力有四种存在形态:潜在形态、流动形态、凝结形态和实现形态[②]。潜在的技术创新能力是指可用于技术创新的主体性资源和客体性资源的总和,主体性资源即人的智力资源,包括专业知识存量和技术创新思维能力;客体性资源是技术创新所必需的材料和工具设备;流动的技术创新能力是指已投入技术创新的所有资源;凝结的技术创新能力是指新知识的形成,表现为专利、论文和专著等形态;实现的技术创新能力是通过技术创新而产生的新产品商业价值。因此,以往文献单纯以专利数来测度区域技术创新能力是不全面的。就一个区

---

① 西藏相关数据不全,本文未采用。

② 弗里曼提出的技术创新的渐进式创新、突变式创新、新技术体系和新技术范式四类型是基于空间角度的横向分类,本文提出的技术创新能力的四形态是基于时间角度的纵向分类。

域而言,区域所拥有的潜在的技术创新能力决定流动的技术创新能力的上限,前者到后者的转换率取决于企业、政府和个人的环境压力及其对技术创新的利益预期;流动的技术创新能力决定凝结的技术创新能力的上限,前者到后者的转换率主要取决于创新者"精神资本"的质量和研究方向;凝结的技术创新能力决定实现的技术创新能力的上限,前者到后者的转换率取决于企业生产、销售新产品的能力和市场需求。每一后者一般都小于前者,由此形成一个四层同心圆。潜在的技术创新能力理论上可以用智力资源、财力资源等测度,但目前缺乏准确的统计数据,流动的技术创新能力可用 R&D 近似测度,凝结的技术创新能力可用专利数近似测度,实现的技术创新能力可用新产品商业价值近似测度。考虑可计量性,本文对潜在的技术创新能力存而不论,以后三者为分析对象。

技术创新是一个多主体参与的系统。纵观技术创新史不难看到,早期的技术创新主体以个人为主,在现代社会,技术创新的个人行为大都被组织行为所取代,企业、研究机构和大学等组织成为现代技术创新的主体,非组织的爱迪生式的个人技术创新成为补充。现代创新主体的形成,产生了技术创新活动的合作与协调问题,一系列组织和制度因素成为影响技术创新的新因素。技术创新资源的投入和使用效率不仅要受个人的能力、利益、偏好和责任心的制约,还要受组织内部制度、组织内外制度的衔接匹配、不同组织之间的关系和组织与政府的关系的影响;技术创新资源不仅有市场配置,还有政府配置、技术创新主体配置和技术创新主体联合体配置[①]。

技术创新是一个多要素互动的过程。对技术创新的各种投入、研发人员的学习能力、研发的基础设施、市场需求、制度、文化等,以及影响这些因素的变量,都会对技术创新发生作用。我们认为,与技术创新能力相关的因素有无限之多,对此要进行划分和取舍。我们把所有因素区分为直接因素和间接因素。划分的根据是,技术创新的基本条件是研发人员和研发资料,凡是直接对技术创新的基本条件发生作用的因素就是直接因素,此外就是间接因素。例如,三大创新主体对技术创新的资金和劳动的投入即 R&D,能迅速使技术创新的研发人员增加和物质条件改善,就是直接因素,而制度性因素就是间接因素,因为后者必须通过技术创新主体发挥作用,对研发人员的创新劳动的质和量产生影响。社会需求是技术创新的前提和实现的条件,也是通

---

① 技术创新主体联合体有两种类型,一种是同类创新主体如企业通过纵向和横向一体化而形成的联合体,另一种是异类创新主体联合形成的联合体,如产学研联合体。前者的形成能节约资源配置的交易成本。

过影响技术创新主体的投入和产出来体现其作用。有些因素之间存在多重间接关系,如制度与竞争,竞争与创新;按其作用程度,还可区分为强、中、弱作用因素;方式因素与强度因素之间存在复杂的重合和组合关系。为了研究的需要,对于那些对技术创新作用小,作用过程过于曲折和主观性强无法计量的因素,在定量分析时就要舍弃,有些因素包含或能反映其他因素的作用,就要避免重复计算。①

市场化程度对技术创新有影响,但其作用方式与创新主体不同。市场化程度并不直接影响技术创新,而是要通过市场竞争等使创新主体调整创新投入和改变激励制度,来影响技术创新的条件和产出。如果创新主体对市场竞争不敏感或关联度不强,对市场化程度就会做出不同反应,市场化对技术创新的影响程度就会不同。因此,不能把市场化因素与三大创新主体并列来比较它们对技术创新影响的程度,在计量分析时要进行特殊处理。至于产权制度、企业所有权结构、激励机制、专利保护和创新文化等因素,都可以归结为制度范畴,它们对技术创新的投入和产出有作用,但显然与创新主体的 R&D 投入的作用方式和作用程度不尽相同。产权制度、企业所有权结构和激励机制属于企业的内部制度,专利保护制度是企业的外部制度,创新文化是非正式制度,内外兼而有之。这些因素对技术创新的影响包含在市场化程度之内②,并且最终要通过影响投入反映出来,在间接因素层次上可以不重复考察。企业规模对技术创新的影响也要通过对技术创新的投入反映出来才有意义,因此可以归入 R&D 一类。

在实际考察各影响因素对技术创新的贡献时,必须进行技术创新投入和产出的定量比较,否则得不到准确的结果。对于技术创新实体要素的投入,可以用创新主体的 R&D 投入来表示,这样虽然不能准确反映技术人员实际的脑力投入,但能近似地反映;对于制度因素的投入,则用市场化程度来表示。考察技术创新的产出要困难得多。根据索洛和弗里曼关于技术创新的思想,我们把技术创新产出分为初始产出和最终产出,初始产出是指新知识的产出,最终产出是指新知识的商业化。对于初始产出的测度,国际上常用的替代计量办法是把专利数作为衡量新知识产出的指标;对于最终产出的测度,我们用大中型工业企业新产品的销售收入来近似表示。

根据上述考察,我们提出如下假说:

---

① 研发的基础设施对技术创新的作用相对较小,研发人员学习能力的可计量程度较低,本文均未选取。

② 本文采用的市场化指数通过下述五个方面的总分指标加权计算得出:政府与市场的关系,非国有经济的发展,产品市场的发育程度,要素市场的发育程度,市场中介组织发育和法律制度环境。

假说 1:R&D 在技术创新主体之间和在技术创新主体内部的配置对区域技术创新的绩效有重要影响。

假说 2:市场化程度对三大技术创新主体技术创新能力的影响因各主体内部制度的不同而不同。

三、 模型设定及其变量选取

1. 基本模型的确定

知识生产函数的基本假设是将创新过程的产出看作是研发资本或研发人员投入的函数,用柯布道格拉斯生产函数表述,可以表述为:

$$R\&D(output)=a(R\&Dinput)^b$$

杰菲(Jaffe A. B,1989)认为技术创新最重要的产出是新经济知识,企业追求新经济知识并将其投入生产过程,而技术创新的投入变量则包括研究经费投入和人力资源投入。杰菲知识生产函数模型的一般形式为:

$$Q_i=AK_i^{\beta_1}L_i^{\beta_2}\varepsilon_i \tag{1}$$

其中 Q 表示知识产出,K 和 L 分别表示研发经费和研发人员的投入;β_1,β_2 分别为研发资本投入和研发人员投入的知识产出弹性,ε 为误差项,i 为观测单元。杰菲的知识生产函数为研究地方化知识流动的特性及其对区域创新能力的影响提供了有效的经验模型框架,这已为不少欧美学者的经验研究所证明(Audrestch, Feldman, 1996;Valdemar Smith etc,2000;Lydia Greunz, 2004)。

本文把各省市市场化程度设为虚拟变量 D,并以乘法形式把该变量引入知识生产函数模型,从而确定不同的市场化程度对投入要素 K 和 L 技术创新绩效的影响,基本模型如下:

$$Q_i=AK_i^{\beta_1+D\alpha_1}L_i^{\beta_2+D\alpha_2}\varepsilon_i \tag{2}$$

(2)式两边取对数得:

$$\log Q_i=\alpha+\beta_1\log K_i+\beta_2\log L_i+\alpha_1 D\log K_i+\alpha_2 D\log L_i \tag{3}$$

其中系数 α_1,α_2 分别表示不同的市场化程度对于研发人员和研发经费技术创新绩效的影响系数。A 表示影响知识生产过程绩效和效果的其他因素。

2. 变量的选取

本文选取的变量为各省市区的三大创新主体的 R&D 投入、产出以及设为虚拟变量的各省市的市场化程度,以计量市场化程度对三大创新主体投入要素创新绩效的影响。虚拟变量的具体设定依据《中国市场化指数——各省区市场化相对进程 2006 年度报告》中各省市区的市场化指数①。根据该指数,我们把市场化程度设为高、中、低三等,市场化指数在 6 至 8 之间的地区设为中等市场化程度,市场化指数小于 6 的地区设为低市场化程度,市场化指数大于 8 的地区设为高市场化程度,引入两个虚拟变量 D1,D2,如表 1。

$$D1 = \begin{cases} 1 & \text{市场化程度高的地区} \\ 0 & \text{其他地区} \end{cases} \qquad D2 = \begin{cases} 1 & \text{市场化程度中等地区} \\ 0 & \text{其他地区} \end{cases}$$

表 1　　　　　　　　　　　各地区虚拟变量的设定

地区	北京	天津	河北	山西	内蒙古	辽宁	吉林	黑龙江	上海	江苏
市场化指数	8.619	8.342	6.405	5.262	5.521	7.835	5.89	5.26	10.407	9.065
D1	1	1	0	0	0	0	0	0	1	1
D2	0	0	0	0	0	1	0	0	0	0
地区	浙江	安徽	福建	江西	山东	河南	湖北	湖南	广东	广西
市场化指数	9.896	6.556	8.624	6.225	8.21	6.198	6.652	6.546	10.057	5.818
D1	1	0	1	0	0	0	0	0	1	0
D2	1	1	0	1	1	1	1	1	0	0
地区	海南	重庆	四川	贵州	云南	陕西	甘肃	青海	宁夏	新疆
市场化指数	5.542	7.234	6.86	4.572	5.153	4.797	4.445	3.838	4.85	5.024
D1	0	0	0	0	0	0	0	0	0	0
D2	0	1	1	0	0	0	0	0	0	0

考虑到数据的可得性,用 R&D 内部经费的投入代表 R&D 资金的投入,并分解为大中型企业(缺乏小型企业数据,故省略)、大学、研究机构三部分;用每年从事 R&D 人员的全时当量代表 R&D 人力资本的投入,也分解为大中型企业、大学、研究机构三部分。

根据(2)式,得到模型如下:

$$P_{it}(N_{it}) = AFE_{it}^{\beta 1 + (\alpha_{11}D1 + \alpha_{12}D2)} FI_{it}^{\beta 2 + (\alpha_{21}D1 + \alpha_{22}D2)} FU_{it}^{\beta 3 + (\alpha_{31}D1 + \alpha_{32}D2)}$$
$$HE_{it}^{\beta 4 + (\alpha_{41}D1 + \alpha_{42}D2)} HI_{it}^{\beta 5 + (\alpha_{51}D1 + \alpha_{52}D2)} HU_{it}^{\beta 6 + (\alpha_{61}D1 + \alpha_{62}D2)} \varepsilon_{it} \tag{4}$$

其中,考察初始绩效时被解释变量采用专利授权数 P(Patent),考察最终绩效时被解释变量采用大中型企业新产品销售收入 N(New product sales revenue),FE、FI、FU 是大中型企业(Enterprises)、研究机构(Institution)、

---

① 该指数(NERI)侧重于反映各省区在市场化方面相对位次的变化,符合本文的要求。

大学（University）每年的 R&D 经费投入，HE、HI、HU 是大中型企业（Enterprises）、研究机构（Institution）、大学（University）每年从事 R&D 人员的全时当量，$D1$，$D2$ 是各地区市场化程度设为虚拟变量的值，A 是常数项，表示影响知识生产过程绩效和效果的其他因素，β_1，β_2，β_3，β_4，β_5，β_6 为相应的投入弹性系数，α_{11}，α_{12}，α_{21}，α_{22}，α_{31}，α_{32}，α_{41}，α_{42}，α_{51}，α_{52}，α_{61}，α_{62} 分别为中、高等市场化程度对三大主体各要素投入绩效的影响大小，ε 为随机误差项，i 为观测单元，t 是时间序列（2005－2007）。

（4）式转换为双对数线性知识生产函数模型：

$$
\begin{aligned}
\log P_{it}(\log N_{it}) =& \alpha + \beta_1 \log FE_{it} + \beta_2 \log FI_{it} + \beta_3 \log FU_{it} + \beta_4 \log HE_{it} + \\
& \beta_5 \log HI_{it} + \beta_6 \log HU_{it} + (\alpha_{11} D1 + \alpha_{12} D2) \log FE_{it} + \\
& (\alpha_{21} D1 + \alpha_{22} D2) \log FI_{it} + (\alpha_{31} D1 + \alpha_{32} D2) \log FU_{it} + \qquad (5) \\
& (\alpha_{41} D1 + \alpha_{42} D2) \log HE_{it} + (\alpha_{51} D1 + \alpha_{52} D2) \log HI_{it} + \\
& (\alpha_{61} D1 + \alpha_{62} D2) \log HU_{it} + \log \varepsilon_{it}
\end{aligned}
$$

四、 数据来源、计量结果及相关分析

1. 数据来源

各省市区 2005－2007 年大中型工业企业、大学和研究机构每年 R&D 人员的全时当量投入、R&D 经费的内部支出、专利授权数和 2006、2007 年大中型企业的新产品销售收入的数据均来自于《中国统计年鉴》、《中国科技统计年鉴》；（市场化程度）虚拟变量值的具体设定依据《中国市场化指数—各省区市场化相对进程 2006 年度报告》中的各省市的市场化指数，为了消除物价因素对 R&D 经费支出的影响，本文以 2005 年为基期，用消费价格指数对 FE、FI、FU、N 的数据进行了处理。

2. 引入市场化程度的拟和优度检验和初始产出回归结果

对引入市场化程度的拟和优度检验，是运用 Eviews 5.1 软件，通过检验后，本文采用随机效应变截距模型进行分析，得出考察技术创新初始产出的三组回归结果，这三组被解释变量均采用专利授权数。结果如表 2 ：(1)市场化程度未引入到模型的回归结果；(2)市场化程度高、中、低的各省投入产出数据以及设为虚拟变量的市场化程度（$D1$，$D2$）均引入模型后的回归结果；(3)仅把市场化程度高、低的各省投入产出数据以及设为虚拟变量的市场化程度（$D1$）引入模型后的回归结果，这组回归结果是为验证第二组中把市场化程度化分为高、中、低的合理性。

表 2 引入市场化程度的拟和优度检验和初始产出回归结果

变量	(1)		(2)		(3)	
	系数	t 值	系数	t 值	系数	t 值
$LogFE$	0.542***	5.597				
$logFI$	−0.259*	−1.963	−0.361***	−2.721	−0.330**	−2.045
$LogFU$			−0.270**	−2.238	−0.500***	−3.065
$logHE$	0.299***	2.899				
$logHI$	0.602***	3.361	0.927***	5.718	1.077***	5.450
$logHU$			0.781***	5.458	0.864***	4.888
$D1*logFE$			0.688**	2.466	0.562*	1.886
$D2*logFE$						
$D1*logFI$			0.428*	1.771		
$D1*logFU$					0.706*	1.987
$D1*logHE$			0.831***	3.519	0.814***	3.215
$D2*logHE$			0.886***	3.782		
$D1*logHU$			−2.315***	−4.099	−2.434***	−4.379
$D2*logHU$			−0.920***	−3.486		
C	−3.622		0.029		−0.068	
$\bar{R}^2$	0.695		0.803		0.833	
F	51.641		37.283		39.535	
DW	1.316		1.412		1.444	

注:表中未列举的变量表示相应模型中的该解释变量与被解释变量的相关性不强,模型回归时对应的参数 t 的检验的显著水平大于 10%,故舍弃了这些解释变量;回归结果中的随即效应变截距项数据与本文主题不相关,故省去;*** 表示通过 1% 水平的检验,** 表示通过 5% 水平的检验,* 表示通过 10% 水平的检验。

通过表 2 中(1)栏与(2)、(3)栏的回归结果比较可知,在市场化程度未引入模型时,调整后的拟合优度 $\bar{R}^2 = 0.695$;将市场化程度引入模型后,(2)、(3)栏调整后的拟合优度分别为 $\bar{R}^2 = 0.803, \bar{R}^2 = 0.833$,显然,将市场化程度设为虚拟变量引入模型后,模型的拟合优度明显提高,模型中所有解释变量对被解释变量的整体解释能力提高,说明了把市场化程度作为技术创新能力重要的间接影响因素的合理性。(2)栏和(3)栏中的回归结果基本一致证明了本文把市场化指数属于 6 到 8 之间的地区设为市场化程度中等地区的合理性，在此基础之上对第(2)组回结果进行分析。

3.初始产出回归结果分析

分析结果一：企业的 R&D 经费投入每增加 1%，对市场化程度低的地区提高技术创新初始产出的作用不显著，市场化程度高的地区技术创新初始产出增长 0.688 个百分点；企业的 R&D 人员的全时当量投入每增加 1%，对市场化程度低的地区提高技术创新初始产出的作用不显著，市场化程度中、高等的地区技术创新初始产出分别增长 0.886 个百分点和 0.831 个百分点，说明企业 R&D 投入的增加对技术创新初始产出的贡献较大。市场化程度的提高对企业提高初始创新产出有重要影响，其原因，在于市场收益是企业技术创新的唯一评价指标，专利的商业化程度很高，对初始产出的反馈激励极强。

分析结果二：大学的 R&D 经费的投入每增加 1%，技术创新初始产出下降 0.270 个百分点；大学的 R&D 人员的全时当量投入每增加 1%，市场化程度低的地区的技术创新初始产出增加 0.781 百分点，市场化程度中、高等的地区技术创新初始产出分别下降 0.139 个百分点和 1.534 个百分点，显然，大学 R&D 投入的增加对提高技术创新初始产出的作用不明显，市场化程度的提高也未能提高大学的技术创新初始产出。

形成这种状况的原因：其一，大学科研的评价指标除了市场价值外，更重视学术价值，存在着系统内封闭性评价，从而使得市场机制难以在大学发挥其应有的效用；其二，缺乏把大学科研成果商业化的企业；其三，大学研发人员与研发资金的配比较难达到最优组合。此外，大学进行的基础性研究，其产出不采取专利形式。

分析结果三：研究机构的 R&D 资金投入每增加 1%，市场化程度低的地区的技术创新初始产出就下降 0.361 个百分点，市场化程度中等的地区，技术创新初始产出的影响不显著，市场化程度高的地区，技术创新初始产出增加了 0.428 个百分点；研究机构 R&D 人员的全时当量投入每增加 1%，技术创新初始产出就增加 0.927 百分点。这一结果说明，市场化程度的提高对科研机构技术创新初始产出的提高有一定的作用，但作用小于企业。

市场化对提高研究机构技术创新初始产出的作用低于企业有多种原因。首先，在于科研人员评价机制的不完善和科技成果难以有效商业化，使得市场机制也难以在研究机构发挥其应有的效用；其次，与企业相比，研究机构的管理体制和管理方法比较落后，限制了人才的流动，人力资源难以达到优化配置；最后，研究机构一般可分为应用开发类研究机构和公益类研究机构，应用开发类研究能够与现实需求紧密联系,纯公益性研究机构承担的大都是基础性研究,其产出也不采取专利形式。

4.从最终产出视角的分析

(1)市场化程度对技术创新最终产出的影响。表3中回归结果的被解释变量采用大中型企业新产品销售收入,解释标量为市场化程度高、中、低的各省R&D投入数据,以及设为虚拟变量的市场化程度($D1$,$D2$)。考虑到从技术创新投入到技术创新产出的商业化存在一定的时滞,故技术创新投入采用2005、2006年数据,技术创新最终产出采用2006、2007年的数据。

表3　　　　　　　　　　技术创新最终产出回归结果

变量	系数	t 值
$LogFU$	0.354 ***	3.326
$logHI$	0.229 *	1.834
$D1 * logFE$	0.802 ***	4.318
$D2 * logFE$	0.473 **	2.339
$D1 * logHU$	− 1.003 ***	− 3.661
$D2 * logHU$	− 0.606 **	− 2.092
C	− 0.127	
$\bar{R}^2$	0.842	
F	53.360	
DW	2.168	

注:表中未列举的变量表示相应模型中的该解释变量与被解释变量的相关性不强,模型回归时对应的参数 t 的检验的显著水平大于10%,故舍弃了这些解释变量;回归结果中的随即效应变截距项数据与本文主题不相关,故省去;*** 表示通过1%水平的检验,** 表示通过5%水平的检验,* 表示通过10%水平的检验。

由表3中回归结果可知,企业的R&D经费投入每增加1%,对市场化程度低的地区提高技术创新最终产出的作用不显著,市场化程度中、高等的地区技术创新最终产出分别增长0.473个百分点和0.802个百分点,说明市场化程度的提高对企业提高技术创新最终产出有较大促进作用;研究机构R&D人员的全时当量投入每增加1%,技术创新最终产出增加0.229个百分点,市场化程度加深对提高研究机构技术创新最终产出作用不显著;大学的R&D经费的投入每增加1%,技术创新最终产出增加0.354个百分点,大学的 R&D 人员的全时当量投入每增加 1%,市场化程度中、高等的地区技术创新最终产出分别下降 0.606 百分点和 1.003 个百分点。显然,市场化不能提高大学的技术创新最终产出效率。

(2)各地区技术创新最终绩效比较。为了进一步寻找造成技术创新能力区域差异的原因,我们运用因子分析法①对 2006 年各省市三大创新主体投入数据(FE、FI、FU、HE、HI、HU)进行归类,通过 SPSS 16.0 软件处理后,三大创新主体的投入要素的六组数据被归并为两个主因子(大学研究机构投入因子:FU、HU、FI、HI;企业投入因子:FE、HE)并得到单个主因子的得分,把各省市单个主因子得分乘以各自的贡献率②并求和,得到综合投入因子得分。然后通过 2006 年三大技术创新主体投入因子得分、综合投入因子得分、2007③ 年技术创新最终产出(企业新产品收入)来比较各省市技术创新最终绩效的差异,最后通过各省市专利数与企业新产品销售收入的比值来比较各省市初始产出向最终产出转化比率的差异,同时,结合市场化程度和上述结论来分析造成这些差异的原因。

表 4　　　　各地区的技术创新投入产出(2006 年投入/2007 年产出)

地　区	UI	E	S	N	R
江　苏	0.551	2.672	1.443	4995	6.360
广　东	−0.597	3.053	0.939	4770	11.835
上　海	1.216	0.786	1.035	4529	5.405
山　东	−0.397	1.727	0.497	4213	5.417
浙　江	−0.219	1.303	0.422	4017	10.473
北　京	4.568	−0.793	2.313	2346	6.374
天　津	−0.073	−0.127	−0.096	2143	2.606
辽　宁	0.345	0.619	0.460	1409	6.824
福　建	−0.580	−0.140	−0.395	1350	5.749
河　南	−0.327	0.121	−0.139	1113	6.288
重　庆	−0.381	−0.307	−0.350	1108	4.507
四　川	0.817	−0.084	0.438	1102	9.015

---

① 因子分析是将相关性较强的几个变量归为一类,以较少的因子反映大量原始信息。

② 为节省篇幅,用因子分析法得出的各因子特征值、贡献率和旋转后因子载荷矩阵均省略。

③ 技术创新投入到技术创新最终产出存在时滞,故技术创新投入采用 2006 年数据,技术创新最终产出采用 2007 年的数据。

续　表

地　区	UI	E	S	N	R
湖　北	0.352	0.036	0.219	1092	6.059
吉　林	−0.040	−0.444	−0.210	862	3.312
湖　南	−0.095	−0.183	−0.132	802	7.091
河　北	−0.264	−0.094	−0.193	797	6.723
安　徽	−0.132	−0.305	−0.205	688	4.961
山　西	−0.381	−0.149	−0.283	520	3.831
广　西	−0.341	−0.555	−0.431	502	3.799
江　西	−0.416	−0.369	−0.396	491	4.214
陕　西	0.976	−0.529	0.343	444	7.773
黑龙江	0.041	0.047	0.044	437	9.847
云　南	−0.304	−0.750	−0.492	335	6.385
内蒙古	−0.589	−0.628	−0.605	252	5.210
甘　肃	−0.462	−0.738	−0.578	226	4.535
贵　州	−0.625	−0.728	−0.668	185	9.335
新　疆	−0.601	−0.811	−0.689	83	18.482
海　南	−0.685	−0.917	−0.782	81	3.654
宁　夏	−0.678	−0.834	−0.744	47	6.298
青　海	−0.682	−0.878	−0.765	39	5.692

注：表中数据按照各省大中型企业新产品销售收入降比排列；UI 表示大学(University)、研究机构(Institution)投入因子得分，E 表示企业(Enterprises)投入因子得分；S 表示综合(sum)投入因子得分，N 表示企业新产品(New product)销售收入，(技术创新最终产出)单位：亿元；R 表示初始产出向最终产出转化的比值(Ration)(专利数/企业新产品销售收入)。

由表 4 综合投入因子得分与终极产出的比较可知：江苏、上海、天津、广东、山东、浙江、重庆、福建的技术创新最终绩效较高，由单个投入因子得分比较可知，江苏、广东、山东、浙江的企业的 R&D 投入较多，这些省份属于市场化程度的高中等地区，企业的技术创新效率较高，从而使省市区域的技术创新最终绩效较高；天津、重庆、福建也属市场化程度较高的地区，但三大主体的 R&D 投入均较低，显然，这三省市的企业和研究机构的创新绩效比其他省份要高，从而使整个省市区域技术创新最终绩效较高。北京、四川、湖北、陕西、黑龙江、新疆、海南、宁夏、青海的技术创新最终绩效偏低,由单个投入因子之间的得分比较可知,北京、四川、湖北、陕西的大学和研究机构的 R&D 投入较多,其中北京、四川、湖北的市场化程度均较高,企业的技术创新最终绩效相应较高,显然是大学技术创新的低效率拉低了整个省市区域的技术创新最终绩效;陕西的市场化程度低,大学和研究机构的 R&D 投入较多,最终产出很低,是因为低市场化程度和现有大学、研究机构的低效科研体制共同阻碍了陕西的技术创新最终绩效的提高。黑龙江的市场化程度低,企业的R&D 投入较多,是企业技术创新的低效率拉低了全省的技术创新最终绩效;新疆、海南、宁夏、青海四省对三大主体的 R&D 投入都偏低,市场化程度也都低,是三大技术创新主体的低效率共同决定了全省的低绩效。

由初始产出和最终产出的比值可知,广东、浙江、黑龙江、新疆的初始产出向最终产出的转化率较高,广东、浙江的市场化程度高,有效提高了技术创新成果的商业化程度;黑龙江、新疆市场化程度虽低,但其初始产量少,相对而言市场对新产品的需求则较大,就使得技术创新初始产品的商业化程度较高。天津、重庆、吉林、山西、广西、江西、甘肃、海南的转化率偏低,市场化程度较高的天津、重庆两市的转化率偏低主要是由于大学、研究机构现有的体制机制不利于技术创新初始产出的有效商业化,吉林、山西、广西、江西、甘肃、海南转化率偏低的原因主要是市场化程度低,企业转化技术创新成果的能力低。其他省份转化率基本处于全国平均水平。

五、 结论与建议

技术创新能力有四种存在形态,技术创新是一个多主体参与和多要素互动的极其复杂的系统,众多间接因素通过直接因素发挥作用,影响技术创新投入的初始产出和最终产出。其中,R&D 在三大技术创新主体之间和在其内部的配置,以及各种制度因素对技术创新的绩效有重要影响。各地区技术创新能力的差异,除了由潜在的技术创新能力决定的 R&D 投入的差异外,主要是由上述两方面差异决定的。据此,提出下述建议:

1. 优化 R&D 的配置

企业的 R&D 投入总体效率是最高的,企业的 R&D 投入每增加 1%,市场化程度高的地区技术创新初始产出增长 0.688 个百分点;企业的 R&D 人员的全时当量投入每增加 1%,市场化程度中、高等的地区技术创新初始产出分别增长 0.886 个百分点和 0.831 个百分点,因此,政府现阶段应激励各投资主体大幅度增加企业的 R&D 投入。市场化程度低的地区的大学和研究机构R&D 人员的全时当量投入每增加 1%,技术创新初始产出分别增加 0.781 百分点和 0.927 百分点,因此市场化程度低的地区的大学和研究机构要增加研发人员,使两要素投入量趋于最优组合,提高技术创新的初始产出能力。

2. 加快技术创新主体的体制机制创新

大学和研究机构要进行科研人员评价制度的创新,研发人员特别是工科类科研人员的职称评定和晋升不仅要依据其发表论文的级别和数量、课题经费的多少,还要依据其研究成果的转化程度。大学和研究机构要加强 R&D 活动的产业化导向,使研究成果与社会需求高度匹配,提高技术创新的最终绩效。企业应实施"反求工程",要通过高效的信息沟通、有效的横向合作和垂直一体化,引入系统性技术创新,提高企业的技术创新的最终产出能力。政府要注重提高产学研政合作的效率,对企业、大学、科研机构和政府进行合理分工,大学、科发机构充分发挥初级产出优势,企业发挥生产和营销优势,政府发挥协调优势,形成优势互补,相互促进的合作机制,提高技术创新的最终绩效。

3. 根据不同地区的特点提高区域技术创新能力

黑龙江等企业技术创新绩效低的地区,应侧重于提高市场化程度;北京、四川、湖北等大学、研究机构技术创新绩效低的地区,应侧重于对大学和研究机构的科研体制机制进行创新;新疆、海南、宁夏、青海等三大技术创新主体技术创新绩效均低的地区,应当提高市场化程度与改革大学、研究机构科研体制应同时进行;云南、内蒙古、甘肃、贵州等技术创新投入和产出双低的省份,除加速市场化和科研体制机制创新外,地方政府还应加大对三大创新主体的 R&D 投入。

参考文献

[1] Freeman C. The Economies of Industrial Innovation[M]. Cambridge, Mass: The MIT Press, 1982.

[2] Leo Sveikauskas. The Contribution of R&D to Productivity Growth[J]. Monthly Labor Review, 1986(3).

[3] Romer Paul M. Endogenous Technological Change [J]. Journal of Political Economy, 1990, 98(5).

[4] Frankel N. Obsolescence and Technological Chang in a Maturing Economy[J]. Americian Economic Review, 1955, 45(3).

[5] Schmookler J. Invention and Economics Growth[M]. Cambridge, Mass: Harvard University Press, 1966.

[6] Acs Z., Audrestch D. B. and Feldman M. Real Effects of Academic Research: Comment[J]. The American Economic Review, 1992, 82(1).

[7] Anselin L., Varga A. and Acs Z. Local Geographic Spillovers between University

research and High Technology Innovations [J]. Journal of Urban Economics，1997，(42).

[8]　Blind K. and Grupp H. Interdependencies between the Science and Technology Infrastructure and Innovation Activities in German regions：Empiricalfindings and policy Consequences[J]. Research Policy,1999,(28).

[9]　Bode E. The Spatial Pattern of Localized R&D Spillovers：An Empirical Investigationfor Germany[J]. Journal of Economic Geography，2004,(4).

[10]　Jaffe A. B. Reale Effects of Academic Research [J]. Amercian Economic Review，1989,79(5).

[11]　David B. ,Audretsch and Maryann P. Feldman. R&D Spillovers and the Geography of Innovation and Production[J]. American Economic Review,1996,86(3).

[12]　Valdemar Smith，Mogens Dilling-Hansen，Tor Eriksson,Erik Strjer Madsen. R&D and Productivity in Danish Firms：Some Empirical Evidence[J]. Danish Institute for Studies in Research and Research Policy，2000,(9).

[13]　Lydia Greunz. Intra-and Inter-Regional Knowledge Spillovers across European Regions[R]. Association de Science Régionale De Langue Francaise. Université Libre debruxelles. 2004.

[14]　熊彼特. 经济发展理论[M]. 何畏，易家祥译. 北京：商务印书馆,1990.

[15]　弗里曼. 技术政策和经济绩效[M]. 张宇轩译. 南京：东南大学出版社,2008.

[16]　科斯,阿尔钦,等. 财产权利与制度变迁——产权学派译文集[M]. 上海：上海三联出版社,1991.

[17]　张华胜. 中国制造业技术创新能力分析[J]. 中国软科学,2006(4).

[18]　李金生,李晏墅,周燕. 基于技术创新演进的高技术企业内生文化模型研究[J]. 中国工业经济,2009(5).

[19]　白秀君. 让制度创新促进技术革命[J]. 时事观察,2007(4).

[20]　李晓钟,张小蒂. 江浙基于 FDI 提高区域技术创新能力的比较[J]. 中国工业经济,2007(12).

[21]　疏礼兵. 浙江民营中小企业集群式技术创新模式选择[J]. 科技管理研究,2007(1).

[22]　夏冬. 我国企业技术创新中所有权结构作用的实证研究[J]. 科技进步与对策,2008(11).

[23]　郭国峰,温军伟,孙保营. 技术创新能力的影响因素分析——基于东部六省面板数据分析[J]. 数量经济技术经济研究,2007(9).

[24]　樊纲,王小鲁,朱恒鹏. 中国市场化指数：各地区市场化相对进程 2006 年度报告[M]. 北京：经济科学出版社,2007.

[25]　中国科技战略研究小组. 中国区域创新能力报告 2008[M]. 北京：知识产权出版社,2009.

网络浙商创新系统的案例研究：

——基于阿里巴巴淘宝网^①

胡永铨　赵书坤

　　摘　要:网络零售行业,蕴含着极富创新特质的企业。本文以中国阿里巴巴公司网络零售业务为案例研究样本,基于网络零售企业创新理论、全球价值链创新理论的多重视角,研究了阿里巴巴公司网络零售业务的创新实践。文章选取了阿里巴巴淘宝网网络零售业务的主要创新事件,基于全球价值链创新理论的视角对其中的主要事件进行了内容分析,从创新目标、流程创新、产品创新、功能创新和链条创新五个方面综合解构和研究了阿里巴巴公司淘宝网的创新系统。

　　关键词:零售创新　网络零售　阿里巴巴　淘宝网　创新系统　企业创新系统

一、引言

　　C2C,全称是 Customer to Customer,是指消费者与消费者之间的电子商务模式,它最早在美国诞生。我国网络零售 C2C 领域近几年发展势头迅猛,已初步形成了"一强独大、四足鼎立"的市场格局。

---

　　① 本文系浙江省社会科学基金(09JDZS001Z)、浙江省高校人文社科重点基地(1010JF250502)和浙江工商大学现代商贸研究中心生产性服务业创新团队(09JDSM06YB)的研究成果。

表 1　　　　　　　　　　　中国 C2C 市场主要服务商

服务商	是否盈利	开店认证	支付工具	信用体系	沟通工具	物流	售后服务	社区	投资方
淘宝	否	需要	支付宝	卖家信用 买家信用 卖家好评 买家好评	旺旺	第三方物流	先行赔付 7 天无理由退还货	有	阿里巴巴集团
eBay易趣	否	需要	安付通	总信用度 总好评度	易趣通	第三方物流	先行赔付 7 天包退 15 天包赔	有	美国 Ebay
拍拍	否	需要	财付通	卖家信用 买家信用	QQ	第三方物流	7 天包退 14 天包赔	有	腾讯
有啊	否	需要	百付通	卖家满意度	百度hi	第三方物流	7 天无条件退换货	有	百度

资料来源：中国 B2B 研究中心网站。

表 2　　　　　　　　我国网络零售(C2C)交易额的发展

年度	2003	2004	2005	2006	2007	2008	2009
C2C 交易额(亿)	11.6	41.6	139.24	231	468	1138.86	2026
社会消费零售总额 SC(亿)	46018	52000	60661	68911	89217	108488	125300
占社会消费零售总额比	0.03%	0.08%	0.23%	0.34%	0.52%	1.05%	1.62%

注：(1)数据出自。(2)SC,是 The social consumer goods retails a total amount 的简称,中文含义为社会消费品零售总额。

我国网络零售(C2C)交易额的发展

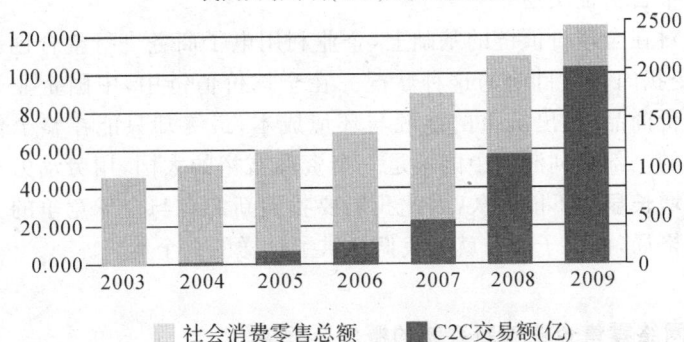

图 1　我国网络零售(C2C)交易额的变化趋势

以淘宝网为典范的我国网络零售企业的快速发展,与这些企业的创新系统有着密切的关联。网络零售企业的创新活动,包含了无边界创新、破坏性创新、系统创新等多种类型的创新行为。这样的背景下,研究我国成功网络零售企业的创新系统,具有重要的理论意义和实践意义。从实践角度来看,创新系统是网络零售企业成长的重要战略因子,有助于企业建构长期竞争力、把握环境挑战和环境机遇。

二、文献综述

1. 全球价值链创新的相关研究

企业创新系统,是指企业的创新者借助于技术上的发明、管理上的发现、市场中的机遇等,通过对生产要素和生产条件以及有关的资源配置方式进行新的变革,并使变革成果取得商业上的成功的一切活动所依赖的条件、规则、流程、方法等的总和(李垣,2005)。

全球价值链创新,是通过价值链上的企业在链接方式、制度安排等方面的创新活动来实现价值增值活动,也是价值链的扩展过程。John A. Mathews 和 Dong-Sung Cho 等多位学者曾对全球价值链创新问题进行过有益的研究,联合国工业发展组织(UNIDO)的工业发展报告《通过创新和学习来参与竞争:2002—2003 年》(Competing Through Innovation and Learning)在众多学者研究的基础上,将全球价值链创新分为四种类型:(1)过程创新;(2)产品创新;(3)功能创新;(4)跨价值链创新。

2. 关于网络零售企业运营战略的相关研究

淘宝何以能在短短两年内异军突起,淘宝的超速发展除了与互联网经济自身发展的特性有关之外,更有赖于其有效的竞争策略的制定(王静一,2006):(1)凭借免费迅速切入市场;(2)针对国人习惯设置赢得用户;(3)第三方支付平台保证交易。

通过对在全球价值链的基础上,企业利用电子商务进行整合创新问题的研究,改变我国企业目前的这种状况。在全球价值链中,中国企业为全球提供大量廉价商品,付出沉重的能源与环境成本,最终却只能在整个价值链中分到极少的一部分利润。中国不是一个资源富裕的大国,用劳动力和投资来带动经济增长显然不能长久,因此我们要找到新的参与全球竞争的方式以改变现在的格局,而电子商务就为我们提供了这样的一个契机。

三、网络零售企业创新系统的概念及框架

从全球价值链的视角看,在全球价值链时代背景下,只有某些特定的价值环节才能创造更高的附加值,而辅助或支撑环节创造低的价值。这些高附加值的价值环节一般就是全球价值链上的战略环节。谁抓住了这些战略环节,谁就抓住了整个价值链,也就控制了该行业。因此,作为新兴零售业态的网络零售业,需要设计以嵌入和控制全球价值链的战略价值环节、提升企业全球价值链地位为企业创新目标的企业创新系统。

网络零售企业的全球价值链创新战略模式包括四个层次:流程升级战略、产品升级战略、功能升级战略和链条升级战略。每一个层次都反映和决定着一定的产业价值链地位和竞争力。所处的层次越高,在全球价值链环节也就越高,地位也就越重要,竞争力也是越强。如图2所示。

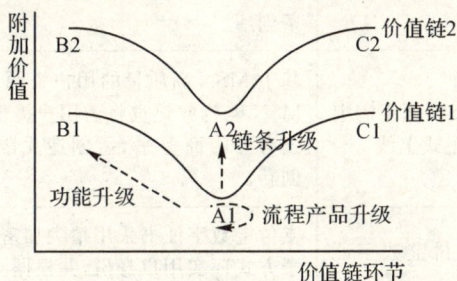

图2 网络零售企业驱动的全球价值链创新战略系统

四、淘宝网创新系统的演进历史

1. 淘宝网简介

淘宝网是亚太地区最大的网络零售商圈,由阿里巴巴集团在2003年5月10日投资创立。它的使命是"没有淘不到的宝贝,没有卖不出的宝贝",目标是"致力打造全球领先网络零售商圈"。目前业务有:C2C(消费者间)、B2C(淘宝商城)。淘宝目前注册用户大约1.8亿,拥有中国绝大多数网购用户,覆盖中国绝大部分网购人群;2009年,淘宝的交易额实现了2000多亿元,比2008年翻了一番。2009年上半年,淘宝成交额就已达到809亿元,逼近2009年全年999.6亿成交额。根据2008年第三方权威机构调查,淘宝网占据中国网购市场56.3%的市场份额,C2C市场占据83.9%的市场份额。

2. 淘宝网关键创新事件识别及分析

表3   淘宝网关键创新事件

编号	主要创新事件	创新事件涵义分析
1	2003 年 10 月淘宝网引入了第三方支付工具"支付宝"	通过第三方支付平台,提供网络交易"简单、安全、快速"的在线支付解决方案。属于流程创新。
2	2004 年 11 月橱窗式销售应广大会员要求开始实行	通过橱窗推荐的方式,产品更容易被消费者搜索到,增加了交易的可能性。属于产品创新。
3	2005 年 1 月香港街新首页火热出炉	属于产品创新。
4	2005 年 4 月淘宝冠名 Moto GP 赛事第一家互联网赞助商	淘宝网将作为其独家指定拍卖网络平台,相对于地面销售,会有相当的优惠和促销。此事件归类为链条创新。
5	2005 年 5 月 MSN 携手淘宝共拓网络频道正式上线	基于 MSN 高质量的用户资源和全球的用户平台,MSN 购物频道也将为用户提供崭新的商业机会和强有力的商务平台,创造无限商机。此类是链条创新。
6	2006 年 3 月支付宝数字证书重磅出击	支付宝数字证书采用精尖加密数字签名技术,用电子方式证实用户身份,并根据支付宝用户身份给予相应的网络资源访问权限。这个属于产品创新。
7	2006 年 6 月虚拟卡自动发货平台全面上线	为虚拟卡产品的卖家提供方便的发货平台,加快了交易的进程。属于产品创新。
8	2006 年 7 月淘宝大学全新上线	服务于买家和卖家,淘宝大学带领所有淘友不断相互交流学习,争取在个人交易业上少走弯路,获取自己的成功甚至交朋结友的平台。属于产品创新。
9	2007 年 2 月淘宝团购、代购功能上线	
10	2007 年 2 月淘宝电子客票在线订购平台正式发布	只要是淘宝用户,就可以在淘宝上轻松享受网上订票带来的乐趣和便捷。属于功能创新。
11	2008 年 4 月淘宝网推出 B2C 业务,淘宝商城	淘宝商城是 B2C 卖家均为企业,有一定的规模,商品来路可靠,质量保证,但价格通常较贵。属于功能创新。
12	2008 年 7 月淘宝网在杭州宣布与李连杰的壹基金达成战略合作关系	

编号	主要创新事件	创新事件涵义分析
13	2008年9月淘宝网正式宣布50亿打造大淘宝,淘宝网继续免费	正式启动"大淘宝战略"第一步——旗下淘宝网和阿里妈妈即日起合并发展,共同打造全球最大电子商务生态体系。属于链条创新。
14	2008年11月淘宝试衣间功能上线	买家可以虚拟试穿宝贝再决定是否购买。属于产品创新。
15	2008年12月余杭组团创新基地挂牌,阿里巴巴淘宝城正式启动	淘宝城公司首期注册资本近一亿美元,项目投资总额13亿元人民币以上,主营业务为计算机软硬件开发、物业管理、计算机系统服务、电脑动画设计等。属于链条创新。
16	2009年2月淘宝网"速淘宝"计划启动	吸纳部分淘宝客站点(如热卖场)成为淘宝网合作伙伴。属于链条创新。
17	2009年2月淘宝发布了订单管理系统和店铺系统	让一个个单个购买商品的方式,变成批量购买商品的方式,让消费者一次性买的更多,让他们更加方便地进行选购下单。属于流程创新。
18	2009年3月淘宝网宣布与国内外十余家物流企业联合推出"网货物流推荐指数"	作为衡量物流公司服务的行业指标,"指数"为物流公司挂上了"信用度",这一信用度将和淘宝网创造的卖家、买家信用度等共同组成交易信用评价体系。属于流程创新。
19	2009年3月淘宝网消费者保障计划再次升级	将"商品如实描述"加入到消费者保护计划条款中,如消费者购买的网货与卖家描述不符合,当即可要求退换。同时,淘宝商城商品将全部列为"正品保障商品"。属于流程创新。
20	2009年4月日本著名服装品牌优衣库淘宝开店	作为大淘宝战略的一部分,淘宝网还将帮助优衣库建立、完善和推广在中国独立域名的官方网站,全方面地帮助优衣库开启在中国的网络销售。属于产品创新。
21	2009年5月微软IE 8浏览器植入淘宝功能	在微软推出的最新版浏览器IE 8中文版中,微软携手亚洲最大的网络零售商圈淘宝网共同推出"即划即搜、闪电搜索、店铺收藏"三项新功能。这些功能为IE用户提供了更方便的互联网消费入口,进一步丰富与提升了IE产品的用户体验。属于链条创新。

编号	主要创新事件	创新事件涵义分析
22	2009 年 6 月 15 日,支付宝与日本老牌零售商丸井百货达成合作	丸井旗下运营的中文购物网站(http://maruione.jp/cn/)正式通过接入支付宝的跨境支付服务,进军中国的终端消费市场。
23	2009 年 4 月,淘宝 SNS 社区——淘江湖上线	拟通过建立基于交易的 SNS 社区,打造社区化电子商务。
24	2009 年 9 月,应"大淘宝"战略而生的国内首份传统媒体与网络融合的时尚生活周刊《淘宝天下》在杭城上线	其作用在于打通淘宝线下平台,让淘宝购物更加百姓化和简单化;让更多的淘宝潜在购物者不需要上网就能达到淘宝购物的目的。
25	2009 年 12 月 1 日,淘宝网与华数数字电视传媒集团签署了战略合作协议	双方约定将在未来合作中充分发挥各自资源优势,在电视淘宝购物、数字产品、手机淘宝、口碑网便民服务等业务领域开展全方位的合作,促进双方的共同发展。
26	2009 年 12 月 15 日,淘宝网也正式对外宣布首次推出 3 款淘宝定制手机	淘宝手机的淘宝定制功能,如手机支付宝的出现,使得用户可以通过移动终端进行购物,大大改善了购物体验。
27	2009 年 12 月 29 日,淘宝网正式与中国最具活力的电视娱乐平台湖南卫视达成战略合作	双方共同出资成立"湖南快乐淘宝文化传播有限公司",集中各自优势资源和运营制作团队,以创新模式开发多终端应用,共同开拓未来电子商务新模式下的广阔市场。
28	2010 年 1 月 14 日,淘宝网宣布进军线下零售,授权副食店、超市、连锁店等社区、校园店成为淘宝网官方指定代购店	为不会或不方便上网消费的消费者提供服务到家的网购、充值缴费等电子商务服务。这意味着网购从线上走入了每个普通人的家门。
29	2010 年 4 月 8 日,淘宝网宣布作为大淘宝战略的重要一步,解决外部网站发展商业模式的"淘宝联盟"正式启动	淘宝方面预计,仅 2010 年全年就有望为合作的各联盟网站带去高达 10 亿元的收入分成。
30	2010 年 3 月 31 日,淘宝正式对外宣布,面向全球首度开放淘宝数据	商家、企业及消费者将在未来分享到来自淘宝全网的海量原始数据。

3. 淘宝创新事件的分布

表 4　　　　　　　　　　淘宝事件分布表

创新系统维度	2003	2004	2005	2006	2007	2008	2009	2010
链条创新				(4)(5)		(13)(15)	(16)(22)	
功能创新					(9)(10)	(11)	(25)(27)	(28)
产品创新		(2)	(3)	(6)(7)	(8)	(14)	(21)(26)	(30)
流程创新	(1)						(17)(18)(19)(23)(24)	(29)

注：22 项创新事件中，有(12)(20)这 2 项不属于全球价值链创新系统。

某一事件在产品创新维度的解读分析(单事件－单维度)

事件编号	创新强度				
	1	0.7	0.5	0.3	0.1
1		√			
2					

事件编号								
1			√	√	√			
2			1	1	1	0	0	
3			1					
4								
	时间维	空间维	关系维度	流程创新	产品创新	功能创新	链条创新	目标创新

五、淘宝网的全球价值链创新系统

1. 淘宝网创新系统的目标

淘宝网打造全球首选网络零售商圈的目标，包含着两个方面的内涵：从数量的方面来说，淘宝网的交易量要全球领先；从性质的方面来说，网络零售要赶超传统的线下零售。从全球价值链创新理论的视角来解读，淘宝网的目标就是追求个人交易平台在全球价值链地位的提升。全球价值链创新系统模型如图 3。

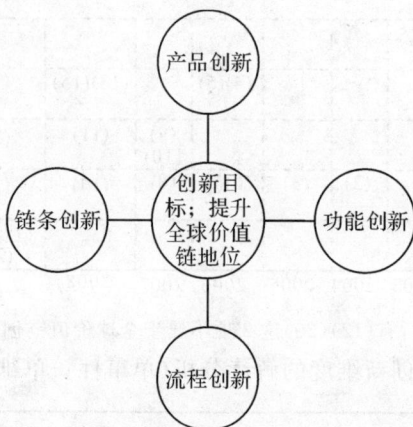

图 3 淘宝网全球价值链创新系统模型

2. 淘宝网流程创新系统

淘宝网的流程创新,是指淘宝通过不断的技术、业务流程的研发和创新以及实施对运营系统的更新改造,建立先进运营能力并逐步掌握关键核心运营技术,实现从低级、辅助环节向较高附加值环节的转化,从而得以改善企业全球价值链地位,分享较大的利润份额。

淘宝网创造性地引入了第三方支付工具"支付宝",解决了网络交易信用问题;发布了订单管理系统和店铺系统,让单个购买商品的方式,变成批量购买,消费者一次性购买更多,选购下单更加方便;宣布与国内外十余家物流企业联合推出"网货物流推荐指数";消费者保障计划再次升级,将"商品如实描述"加入到消费者保护计划条款中。

淘宝网第一个将第三方支付工具引入购物流程,据 CNNIC 调查,截至 2006 年 3 月,在淘宝网、易趣上的用户使用网上支付购物的比例依序为 94% 和 63%,其中,使用支付宝的为 95%。在淘宝网使用支付宝是免费的,而在站外的购物网站若使用支付宝,支付宝则向商家收取平台使用费。

3. 淘宝网产品创新系统

产品创新是指企业随着对关键核心技术的掌握、对较高附加值价值环节的占有,努力推进产品创新,一方面逐步发展自己的产品设计、研发能力,提高产品等级和档次,另一方面也力图培育出具有自主知识产权的产品来,从而获得超过竞争对手的产品优势,稳固自己的较高价值生产环节地位。

淘宝网不断拓展和丰富经营品类,包含范围广。淘宝网现有品类有:虚拟类、数码类、护肤类、服饰类、家居类、文体类、收藏类和其他类。日本著名服装品牌优衣库在淘宝网开店,使淘宝网的产品更趋向品牌化、正品化。橱窗化销售,是淘宝网交易平台的优化创新。试衣间的上线,使得买家更能直观地感受产品,便于买家购买。

淘宝网产品创新最大的特色就是免费开店。淘宝网提供免费的交易平台,给许多卖家节省了很多资金。而且淘宝网提供的经营品类丰富,分类清晰,操作界面人性化,针对国人习惯设置,从而赢得用户。淘宝网通过"阿里旺旺"这一类似 QQ 的聊天工具,使买方和卖方可以在线直接交流,甚至可能通过聊天成为朋友,这很符合中国人做生意的习惯,因此深受买卖双方的欢迎。

4. 淘宝网功能创新系统

功能创新,主要是指企业依托自主品牌重构价值链而确立全球价值链的领导地位。淘宝网打造全球首选零售商圈。2007 年,淘宝网不再是一家简单的拍卖网站,而是亚洲最大的网络零售商圈。

淘宝网通过不停息的功能创新,其运营功能日趋强大。淘宝网全球代购功能和团购功能上线,使打造全球首选零售网圈的步伐更近一步。淘宝电子客票在线订购平台发布,业务范围扩大,形成零售商圈,为消费者带来更大、更便利的购物平台。淘宝商城 B2C 模式的出现,保障了宝贝的来路和质量。

淘宝网随着经营能力的提高,价值链内企业会通过激烈的竞争排挤、取代原有环节,推翻原有价值链治理层级结构的拘束,围绕经营实施对全球价值链环节的重新组合,确立自己的领导地位。凭借这种领导地位,嵌入产业已具备强大的竞争力。

5. 淘宝网链条创新系统

链条创新,是企业嵌入全球价值链升级的最高形式。前面三种全球价值链创新系统都是围绕着原有价值链及其产品而展开,链条创新系统则是建立全新的、价值量更高的产业价值链和产品体系。

2005 年的 Moto GP 的网上销售将在淘宝网上进行,淘宝冠名 Moto GP 赛事第一家互联网赞助商。MSN 携手淘宝共拓网络购物市场,微软公司和淘宝网宣布双方共建的购物频道正式上线,此次合作被业界认为是两个强者的结盟,真正实现了优势互补和资源共享。"大淘宝战略"第一步——旗下淘宝网和阿里妈妈即日起合并发展,共同打造全球最大电子商务生态体系。"速淘宝"计划启动,吸纳部分淘宝客站点(如热卖场)成为淘宝网合作伙伴。微软 IE 8 浏览器植入淘宝功能,在微软推出的最新版浏览器 IE 8 中文版中,微软携手亚洲最大的网络零售商圈淘宝网共同推出"即划即搜、闪电搜索、店铺收藏"三项新功能。

淘宝网的链条创新系统渗透到淘宝的每个环节并且范围广,与阿里妈妈的合并,打造全球最大的电子商务生态系统,建立全新的、价值量更高的产业价值链和产品体系。凭借全球价值链整体竞争能力形成强大的竞争优势,甚至成为市场垄断者。

六、结论

本文基于全球价值链创新理论的视角,剖析和研究了淘宝网创新事件,构建了阿里巴巴淘宝网全球价值链创新系统模型。本文认为,阿里巴巴淘宝网零售业务的创新系统由四部分组成:流程创新系统、产品创新系统、功能创新系统和链条创新系统。四个部分服务于淘宝网成就全球最大的个人交易网站这个目标。

在全球价值链时代背景下,网络零售企业竞争力的提高,能否占据产业价值链主导地位,取决于网络零售企业的全球价值链创新能力、整合全球客户资源和供应链资源的能力。网络零售企业应当努力构建以提升企业全球价值链地位为创新目标的企业创新战略体系,实现网络零售企业从"交易平台建设阶段"、"嵌入全球价值链阶段"向"控制全球价值链阶段"的过渡。

参考文献

[1] 池仁勇,邵小芬,吴宝. 全球价值链治理、驱动力和创新理论探析[J]. 外国经济与管理,2006(3).

[2] 蒋蔚. 电子商务交易模式的创新[J]. 贵阳学院学报(自然科学版),2008(3):39—42.

[3] 鲁瑛. 当前C2C交易市场中淘宝网的竞争策略分析[J]. 北京化工大学学报(社会科学版),2008(4):28—31.

[4] 李玲. 通信信息报,http://www. p5w. net/news/cjxw/200902/t2161979. htm

[5] 李怀政,仲向平,鲍观明. 加入WTO后中国零售业态的合理变迁[J]. 商业经济与管理,2001(10).

[6] 王红红. 我国C2C市场发展实例分析[J]. 商业时代(原名《商业经济研究》),2007(35):92—105.

[7] 方虹. 流通零售业态发展趋势及其调整[J]. 云南民族学院学报,2001(3).

[8] 王静一. 从淘宝网的竞争策略看C2C市场发展[J]. 商业时代,2006(14):70—78.

[9] 张凯云. 探索中国C2C网络的发展道路. 清华大学经济管理学院[J]. 计算机时代,2004:39—40.

[10] 王德章,王艳红. 影响零售业态选择和发展的主要因素[J]. 商业研究,2001(7).

[11]　武文斌. 淘宝网追赶传统零售巨头的脚步[J]. 现代企业文化,2007:40－41.

[12]　王静,杨清莲,董晓娟. 淘宝网与不断创新的电子商务[J]. 商场现代化,2008 (548):151.

[13]　郑方贤,沈晓琛. 上海零售业态的合理变迁和优化预测[J]. 商业时代,2004.

[14]　张亚越,王蓁. 从业态周期的缩短趋势看零售业态创新[J]. 商业时代,2006(6).

[15]　迈克尔·波特. 竞争优势[M]. 华夏出版社,2005.

[16]　托马斯库恩. 科学革命的结构[M]. 北京大学出版社,2003.

[16]　布鲁斯·科格特. 设计全球战略:比较与竞争的增值链(Designing Global Strategies:Comparative and Competitive Value-Added Chains)[M]. 1985.

[17]　杰弗瑞·瑞波特(Jeffrey F. Rayport)和约翰·史维欧克拉(John J. Sviokla). 开发虚拟的价值链[J]. 哈佛商业评论,1995.

[18]　Shankar Ganesan, Morris George, Sandy Jap, etcal. Supply Chain Management and Retailer Performance:Emerging Trends, Issues and Implications for Research and Practice[J]. Journal of Retailing,2009(1):84 - 94.

[19]　Peter G. P., Walters T. Adding value in global B2B supply chains:Strategic directions and the role of the Internet as a driver of competitive advantage[J]. Industrial Marketing Management,2007.

全球价值链视角下企业创新体系的构建[①]

胡永铨　江慧芳

摘　要: 本文将全球价值链理论应用于对企业创新的研究,从全球价值链的视角分析中国企业在经济全球化背景下的"创新困惑"的现象。文章在回顾全球价值链理论的基础上,从企业创新战略的动机与机遇、方式或途径、结果等方面来构建基于全球价值链的企业创新体系。

关键词: 全球价值链　企业创新　创新体系

一、经济全球化背景下中国企业的"创新困惑"

经济全球化是当代经济发展的一大特色,表现为那些分散在全世界各地的经济活动开始整合为一体,共同推动全球经济的发展。任何一个国家或企业,要想谋求发展,就必须要融入全球化经济当中,顺应经济全球化的浪潮,积极参与国际分工和国际交换[1]。而要参与国际竞争,依据波特的观点,企业必须致力于塑造核心竞争力。就如何塑造企业核心竞争力,其中一个主流的学派就是创新学派,他们将熊彼特提出的创新理论应用于企业竞争力研究之中,探讨了创新战略、创新分类、创新动力、创新途径、创新能力、创新绩效等一系列创新问题,为企业增强竞争力提供了有意义的理论指导。

已有的研究普遍将创新的范围聚焦于单个的企业,从企业的各个层面来研究创新,特别强调技术层面的创新的重要性,认为研制出核心技术,提高技术壁垒,就能增强企业的竞争力。然而,由于历史、地理、资源等客观原因和思维、意识等主观原因,与国外企业相比,我国企业在创新能力上明显处于弱

---

① 本文系浙江省社会科学基金(09JDZS001Z)、浙江省高校人文社科重点基地(1010JF250502)和浙江工商大学现代商贸研究中心生产性服务业创新团队(09JDSM06YB)的研究成果。

势地位。在经济全球化的今天,在这个创新至上的经济世界里,中国企业如何通过创新提高竞争力,参与国际竞争已成亟待研究的紧迫课题。国内许多研究者都强调购买或合作引进国外先进技术、管理方式等对于提高中国企业创新能力、增强企业竞争力来说是较好的选择。然而,有关创新绩效、FDI 溢出效应的研究表明这种企业创新并没有取得预期的效果,中国企业陷入了在分工生产上产生低端"锁定效应"和引进技术的"依赖效应",自主创新及国际竞争力的提升被严重束缚的困境[2]。

那么,什么样的创新才是适合中国企业的创新,中国企业该如何构建适合中国国情的创新体系,已经成为我们再也不能回避的问题了。本文认为全球价值链在回答这一问题上具有较好的指导意义,故将该理论应用于企业创新之中,从全球价值链的视角解释提升企业在全球价值链上地位的重要性,并从理论上构建基于全球价值链的中国企业创新体系。

二、对中国企业"创新困惑"的全球价值链角度分析

价值链理论的研究始于哈佛大学商学院教授迈克尔·波特于 1985 年在《竞争优势》一书中首次提出"价值链"的概念[3]。后续关于价值链的研究一般可以分为两个学派:公司价值链学派与产业价值链学派,前者以波特为代表,后者则以库伽特为鼻祖。产业价值链学派由于使用"片段化"来描述生产过程中的分割现象,从企业所在的产业背景来研究价值链,更能反映价值链的垂直分离和全球空间再配置之间的关系,因而对全球价值链理论的形成更为重要[4]。

关于全球价值链的定义,理论界较多赞同联合国工业组织的定义:全球价值链是指为实现商品或服务价值而连接生产、销售、回收处理等过程的全球性跨企业网络组织,涉及从原料采集和运输、半成品和成品的生产和分销,直至最终消费和回收处理的整个过程。它包括所有参与者和生产销售等活动的组织及其价值、利润分配[5]。绝大部分学者都将全球价值链鉴定为经济全球化背景下的跨国、跨企业组织[6][7][8]。

隆国强[9]认为,对于任何一条全球价值链来说,其价值活动均可粗略地划分为技术与资本密集环节(如研发设计、高级原料生产、复杂零部件生产等)、劳动密集环节(简单零部件生产、成品组装等)和信息与管理密集环节(大致归为管理与营销活动、生产性服务活动)。不同国家之间劳动工资水平的巨大差异,而资本等其他生产要素却可以自由流动使得那些劳动生产率低、附加值低的劳动密集型的价值环节分别在发展中国家,而劳动生产率高、附加值高的技术与资本密集环节和信息与管理密集环节分别在发达国家,从而形

式一条深凹的"U"型曲线。台湾企业家施振荣先生在分析 IT 产业价值链时将之称为"微笑曲线。

从某种意义上来说,全球价值链是在经济全球化背景下的产业价值链的延伸,该理论是立足全球化,将企业放置于产业系统之中,来研究企业价值链,通过分析企业各价值创造环节来寻找并构建企业核心竞争力的战略方法。其理论体系包括了动力理论、治理理论与升级理论,目前主要应用于产业分析研究方面。

通过对全球价值链相关理论的研究与分析,我们发现该理论最核心的观点就是:全球价值链已经成为当前世界经济的重要组织形式;随着经济全球化与国际分工的不断深入,参与国际经济生产中的各国企业都依据自身资源能力条件完成商品生产与贸易过程中的某一个或几个环节,而这些不同环节的价值增值能力是不同的;如何实现企业在全球价值链上的价值地位的升级,如何成为价值链的治理者,控制整条全球价值链对于一个企业或一个国家的产业来说至关重要。

将全球价值链理论引入企业创新中,我们不难得出这样的结论:如果一个企业的创新,没有提升其在全球价值链中的地位,不能够成为整条价值链的治理者,或者说,没有增强它在整体价值链中的影响力,那么,从某种意义上来说,这种创新是低效的乃至无效的,更严重地说,是失败的。因此,本文认为,中国企业如何通过创新嵌入全球价值链,这是中国企业首要解决的问题,而如何提高全球价值链上的价值地位,增强对整体价值链的影响力则是中国企业创新的直接目标。即,中国企业以全球化为视角,以提高全球价值链上的价值地位为目标,如此的创新对中国企业来说才是有效的。

三、基于全球价值链的企业创新体系

1. 基于全球价值链的企业创新的目标

全球价值链理论以价值链为载体,以价值为衡量尺度,分析企业竞争力的来源,并探讨如何构建企业竞争力。关于公司价值的学说是波特首先提出的,他将价值定义为:客户对企业提供给他们的产品或服务愿意支付的价格,价值由总收入来度量[3]。后续的研究中,国外学者 Kaplinsky 把企业价值分为股票价值与客户价值两种表现形式[6],国内学者尹美群[10]在其基础上增加了社会价值,并指出企业三种价值的核心在于客户价值,从而构建了公司价值体系。

2. 基于全球价值链的企业创新的三个层面

在全球价值链的背景下,企业如何通过创新来实现企业价值呢?通过对以往创新理论的研究,我们发现,自熊彼特于1942在其著作《经济发展理论》中提出,而在其《经济周期》中系统完成的技术创新理论以来,研究者不断将创新的范围进行了延伸,将创新扩展到企业创新、产业创新、国家创新等层面。因此,本文将全球价值链理论与企业创新理论相结合,从三个层面来探讨企业基于全球价值链的创新方式或途径:技术层面创新、企业层面创新和产业层面创新。

企业在技术层面的创新主要包括技术研发、产品创新和服务创新。发展中国家的企业可以通过OEM、来料加工、代工、合作、合资、并购等方式嵌入跨国公司主导的全球价值链,通过引进-学习-消化-吸收-创新的途径实现技术创新,不断增强技术研发能力、产品创新能力和服务创新能力,从而提升企业在全球价值链中的地位,获取更多的价值链控制力和利润[11]。程新章和胡峰[12]在研究了全球价值链分析方法之后,指出,企业升级需要知识(特别是技术知识)的流动,而知识的流动以全球价值链为载体,全球价值链的领袖企业是知识的源泉。因此,领袖企业要保持其核心主导地位,必须不断地创造出新的知识;全球价值链上的其他企业通过学习与吸收来自领袖企业的知识,创造出新的知识,以实现全球价值链上价值增值更高的环节的升级。

企业的创新不仅仅只是技术创新这一活动,而是一个系统的体系,技术层面的创新离不开企业其他层面创新的支持,包括:管理创新、组织创新、制度创新和市场创新等。孔新川、孔德洋[13]从战略逻辑角度,提出了以避开竞争对手的优势,进入别人未到达的新领域为宗旨的价值创新战略逻辑,构建了通过增、减、消、创四种方式从产品、服务、渠道三个平台来实施创新的创新思路,强调了创新系统化的重要性。无独有偶,章鸿[11]在指出发展中国家企业在吸收技术创新重要性的同时也指出,对于跨国公司的国际经营管理、市场开拓与运营管理、组织架构建设等方面的学习、创新同样重要。

产业层面的创新是对企业层面创新的一种延伸,是基于产业集群、产业中企业合作是新的竞争组织和全球价值链作为新的跨国组织形式的观点而提出来的。关于该层面的创新,多数研究者都强调产业内企业间合作创新的重要性。随着全球知识产权竞争的加剧,技术创新的规模、速度与范围不断扩大,技术的复杂性、不确定性与市场不确定性不断提高,企业技术创新面对技术经济问题越来越复杂,企业很难完全依靠自身力量有效地把握创新的不确定性。因此,合作创新成为欧、美、日应对创新的技术不确定性与市场不确定性的主要措施之一,具体的创新方式如:集成式技术创新、模块化创新、网络化创新等[14]。David Walters 等[15]通过案例研究分析了全球价值链下合作创新的重要性与方式,得出了合作创新在利用资源、实现效益方面具有较高的效率的结论。

浙江大学张小蒂教授等[2]通过论述在全球价值链的经济背景下,企业创新与市场势力构建之间直接存在着螺旋式上升的良性互动关系的基础上,指出我国企业应该从"环节"、"链"、"群"三个层次上实现企业创新与市场势力的良性互动关系,从而增强我国企业的在全球价值链中的竞争能力,实现全球价值链上的升级,并提出了相应的具体措施:在"环"层次以强化企业家对"一揽子要素"经营控制从而矫正利益分配的扭曲现状——企业层面的制度创新;在"链"层次通过渠道控制促进研发(包括设计)从而获得"微笑曲线"的"两翼齐飞"——技术层面的研发创新;在"群"层次以提升组织化程度促进企业集群创新动力与能力提升——产业层面的组织创新。

3. 基于全球价值链的企业创新结果——实现企业在全球价值链上的价值地位升级

根据前人对全球价值链的研究,从某种意义上来说,全球价值链是由不同价值增值能力的环节所组成的一条分布于全球各地的价值链。因此,如何实现往价值增值能力强的环节升级,对一个企业来说十分重要,也就是说,提升企业在全球价值链上的价值地位是企业技术、企业、产业层面创新所要实现的直接目标或结果。

关于升级的界定,竞争理论学派指出:应对竞争最可行的方式就是升级,即生产更好的产品、提高企业效率或进入更有技术性的活动领域[16][6]。Humphrey 等[17]将升级定义为:面对激烈的竞争环境,企业为了维持或增加现有收益水平而采取的一系列增加自身活动技术含量或进入那些有较高进入壁垒的市场领域以减少竞争压力的活动。从他们三者关于升级的论述可以看出,所谓升级就是企业采取一系列行为之后达到的某种改变或增强竞争力的状态。反过来说,企业所要采取的那些行动必须以实现竞争力升级为目标。

关于升级模式方面的研究,理论界普遍认同 Humphrey 等[17]在研究全球价值链下产业聚集企业升级问题中依据实现升级的不同范围与环节而提出的四种升级模式:工艺升级、产品升级、流程升级与跨价值链升级,其中,前面三种实现的是同一条价值链的移动升级,而第四种升级模式却以实现进入另外一条具有更高增加值的价值链为目标。同时,他们还根据 Gerriff 等提出的全球价值链治理理论,分析了各种不同治理模式对升级模式的影响。

而中国学者隆国强[9]依据价值增值能力将全球价值链的不同环节划分为

三类:技术与资本密集型环节、劳动密集型环节、信息与管理密集型环,将产业划分为传统产业、资本密集型产业和技术密集型产业三类。他指出,发展中国家企业实现升级有三个战略方向,即一是实现同一环节不同产业的升级:从劳动密集型产业到资本、技术密集型产业的产业间升级;二是沿着全球价值链从劳动密集型的价值环节向两个方向提升:向技术、资本密集型环节提升和向信息与管理密集型环节提升。并指出,后两个升级方向对于发展中国家实现企业升级更具指导意义,更为重要。

如果说 Humphrey 等与隆国强给企业升级指明了升级的思路或方向的话,那么余向平和黄天梁的研究则给企业带来的是可以借鉴的实践模式。余向平在分析浙江制造业 OEM 现状及存在的隐患的基础上,提出了五种基于 OEM 的升级模式[18]。这五种升级模式对于浙江制造业,乃至中国制造业的发展具有很好的指导意义。而黄天梁[19]的研究则给中国企业树立了可以依样画的"葫芦"。他在研究多个中外企业升级模式的基础上,提出了企业升级的四种基于价值链曲线的战略模式。

前人关于企业全球价值链上的升级模式的研究不仅给企业提供了理论的指导,同时也提供了实践的借鉴。中国企业以应该根据自身的实际资源与竞争能力,选择合理的升级模式,提升企业在全球价值链上的价值地位。但是,鉴于中国改革开放还处于初级阶段,中国的许多企业还没有走出国门,如何加入某一跨国公司主导的全球价值链对中国的许多企业来说是当务之急。OEM、承接国际产业转移、引进外资、并购国外企业、主动实施走出去战略都是中国企业的可选之策。在此基础上,中国企业实施切实可行的升级战略,提升企业竞争力。

4. 构建基于全球价值链的创新体系

通过以上的分析,本文认为,企业行为是价值导向的,实现公司价值是企业创新的终极目标。但是,对中国企业而言,由于中国国情的特殊性,中国企业要实现这一终极目标,必须以实现提升企业在全球价值链上的价值地位为跳板,从而构建了基于全球价值链视角的企业创新体系。该创新体系以实现三大企业价值为终极目标,以提升企业全球价值链的价值地位为次级目标,囊括了企业技术、企业、产业三个层面的所有创新行为。对应于企业价值体系,本文认为企业的创新必须以技术创新为核心,依赖公司层面其他创新环节的支持,如此才能整合产业层面上下游的价值链,实现产业层面的创新。此外,本文还认为次级目标对创新行为具有直接的指导作用,终极目标对于企业的升级模式具有直接的指导作用,并对公司的创新行为具有间接的指导作用。如图1所示。

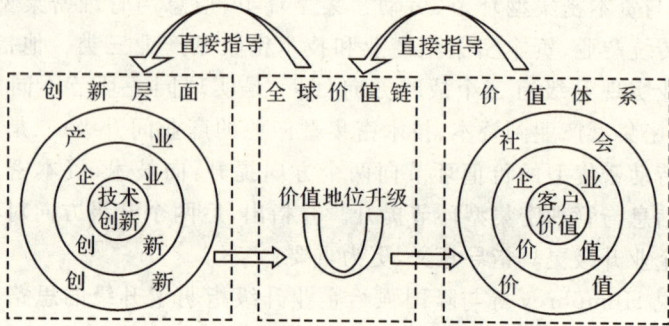

图 1　基于全球价值链的企业创新体系

五、小结

经济全球化及国际分工的不断深入是各国企业必须重新审视与面对的崭新的竞争环境,它给各国企业带来了巨大的创新挑战,也给它们提供了另类的创新机遇。企业实施基于全球价值链的企业创新并非偶尔,而是一种明智的选择、必然的要求。本文基于全球价值链所构建的创新体系是一个囊括了技术层面创新、企业层面创新和产业层面创新的系统体系,企业实施这种创新的结果是以不同路径或模式提升其在全球价值链中的地位,即实现企业在全球价值链上的升级,从而达到实现增强竞争力、分配更多利润的目标。本文将全球价值链理论引入企业创新研究之中,从理论上构建适合中国国情的企业创新体系,但是该创新体系需要开展进一步的检验与论证,在后续的研究中予以梳理、弥补和研究。

参考文献

[1]　冯丽,李海舰. 从竞争范式到垄断范式[J]. 中国工业经济,2003(9):14—22.

[2]　张小蒂,朱勤. 论全球价值链中我国企业创新与市场势力构建的良性互动[J]. 中国工业经济,2005(5):30—38.

[3]　迈克尔·波特. 竞争优势[M]北京:华夏出版社,1997.

[4]　Kogut B. Designing global Strategies:Comparative and Competitive Value-Added Chains[J]. Sloan Management Review,1985(4):15—28.

[5]　United Nations Industrial Organization. Industrial Development Report 2002/2003 Overview[R],2002.

[6]　Raphael Kaplinsky. Globalization and Unequalisation:What Can Be Learned From Value Chain Analysis[J]. Journal of Development Studies,2000(2):117—147.

[7]　张辉. 全球价值链理论与我国产业发展研究[J]. 中国工业经济,2004(5):38—46.

[8] Jennifer Bair. Global Capitalism and Commodity Chains：Looking Back，Going Forward[J]. Competition & Change,2005(2):153 - 180.

[9] 商务部、国务院发展研究中心联合课题组. 跨国产业转移与产业结构升级——基于全球产业价值链的分析. 北京：中国商务出版社,2007.

[10] 尹美群. 价值链的价值剖析及其解构[J]. 科研管理. 2006(1):152－156.

[11] 章鸿. 企业在"全球价值链"中的技术升级[J]. 成人高教学刊,2003(6):37－41.

[12] 程新章,胡峰. 价值链治理模式与企业升级的路径选择[J]. 商业经济与管理,2005(12):24－29.

[13] 孔新川,孔德洋. 价值创新理论及其实证研究[J]. 经济问题探索,2002(20):9－12.

[14] 高怀,金向荣,茅益明. 产业技术创新模式发展分析[J]. 技术与创新管理:2007(2):92－96.

[15] David Walters，Mark Rainbird. Cooperative innovation：a Value Chain Approach[J]. Journal of Enterprise Information Management,2007(5):595－607.

[16] 波特. 国家竞争优势[M]. 北京：华夏出版社,2001.

[17] Humphrey J,Schmitz H. How Does Insertion in Global Value Chain Affect Upgrading in Industrial Clusters[J]. Regional Studies,2002:1017－1027.

[18] 余向平. 基于 OEM 的浙江制造业产业链升级模式初探[J]. 科技进步与对策,2005(4):29－31.

[19] 黄天梁. 价值链曲线：模式与启示——对国产手机营销创新的若干思考[J]. 经济论坛,2006(5):97－100.

转变发展方式与新浙商创业

吕福新

摘　要：中国转变经济发展方式，面临转型升级与适度增长的矛盾。解决这一矛盾的途径和方式是创新创业。转变经济发展方式和"包容性增长"，需要具备相应的主体属性及行为。"新浙商"，就是这样的主体并具有相应的属性。新浙商创业，是国家、社会和个人的需要，可以再创"人口红利"和再造竞争优势，但必须采取一系列有效行为。

关键词：转变发展方式　创业创新　主体属性及行为　"新浙商"创业

中国经济发展面临双重的挑战和压力。一方面，中国经济总量已有很大增长，并带来资源的大量消耗，环境的严重污染，以及社会矛盾的全面加剧，急需调整结构和转变发展方式；另一方面，中国仍属于发展中国家，诸多历史和现实问题需要通过发展来解决，发展仍是中心任务。如何既转型升级又保持适度增长，只有创新创业。作为中国改革开放以来率先兴起的第一民商——浙商及其新生代怎么办，如何转变发展方式和创新创业，已成为一个颇富现实性和前瞻性的话题。2010 年 9 月 25 日，浙江省社会科学重点研究基地——浙江省浙商研究中心（浙江工商大学浙商研究院），与浙江工商大学工商管理学院和《管理世界》联合举办了"转变发展方式和新浙商创业"学术研讨会。与会者纷纷发表自己的意见和观点。

一、转变经济发展方式的含义与困扰

转变经济发展方式是由环境和条件变化而引起的，用中国社会科学院学部委员吕政的话说，是被逼的，是逼出来的。所以，要真正理解转变经济发展方式的含义，必须从认识环境和条件的变化入手。吕政把中国经济发展条件的变化概括为五个方面：第一是资源性产品供给不足的矛盾日益突出；第二是劳动力成本上升；第三是工业品供求关系的变化，普遍出现供过于求；第四是国际贸易条件的变化,贸易保护主义抬头;第五是企业必须承担的社会责任成本上升,特别是强制性社会责任成本的上升。这些变化了的经济发展条件,既是经济的,又是超经济的,是社会的和自然环境的。同时,这些条件的变化,不只是国内的,也包括或反映国外的和世界的。浙江省社联名誉主席、省浙商研究会会长胡祖光说,中国的发展处于一种危机之中,国际上美国、日本等都逼迫人民币升值。浙商研究中心浙商竞争力研究所所长、浙江工商大学经济学院教授张宗和说,现实中存在着社会冲突问题,有两种情绪逐渐在增长,一个是官和民的矛盾——仇官,另一个是贫富之间的矛盾——仇富,其集中点是劳资冲突。因此,必须转变经济发展方式,"穷则变,变则通"。

转变经济发展方式也反映经济规律的要求。生产力在不断发展,其规模的扩大和力量的增强等,既引起环境和条件的变化,又要求发展方式的转变。但是,转变经济发展方式不只是客观的,也是主观的。如社会责任成本上升是社会进步和文明的体现。吕政说,美国为什么成为创造型国家,因为美国永远在寻找敌人,永远有危机感。这意味着说,不同的文化对经济发展方式及其转变有不同的影响。中国天人合一的文化传统,要求提高对转变经济发展方式的认识与觉悟。

转变经济发展方式,既包含经济增长方式转变,又超越经济增长方式转变。就转变经济增长方式而言,主要是从粗放型和外延式经济增长转变为集约型和内涵式经济增长,是数量型增长转变为质量型增长,消耗型增长转变为效益型增长,速度型增长转变为可持续增长,其关键是要素结构的转变。就超越经济增长方式转变而言,经济发展方式转变,是在经济增长方式转变的基础上和过程中,转变经济发展的目的和动力,以及结构和领域等,是单一性发展转变为综合性发展,规模性发展转变为结构性发展,功利型发展转变为福利型发展,关键是需求结构和供给结构的转变。国务院发展研究中心副主任卢中原说,我们过去的经济增长方式,具有高能耗、高排放、低效益、不可循环等特征。我们现在讲经济发展方式的转变,已经包括了经济增长方式转变所要涵盖的那些内容,同时进一步深入到经济结构的优化、经济增长动力的优化、经济增长成果分配的公平性,还有经济增长过程的持久永续性。中国经济发展研究会会长、南开大学教授张仁德认为,新的发展方式就是一种可持续发展的方式。

转变经济发展方式不只是新增经济的发展方式的转变,也包括现存经济的转变或转型,是整个经济和社会的转型升级。就经济转型而言,包括经济动力、产业领域和要素结构等的转型。卢中原认为,中国经济需要有三个转型:第一,是由过去过多地依赖投资出口拉动发展,转向消费、投资、出口三驾马车协调拉动发展;第二,是由过去过度依赖第二产业的拉动发展,转变为一、二、三产业协同拉动发展;第三,是由过去主要依靠资源的消耗拉动经济增长,转变为主要依靠技术进步以及劳动者素质提高和管理创新拉动经济增长。浙商研究中心兼职研究员、浙江大学管理学院王小毅博士认为,转型升级应该包括经济和社会两方面的内容,是社会生产方式和社会生活方式的重大转型。社会生活方式的转型,主要是从过分的个人和物质满足转向更多的社会和精神满足,提高幸福感。张宗和认为,转变经济发展方式的最终目的应该是人民生活水平或幸福感的提高。著名发展经济学家托达罗(Todaro M. P.)认为,发展既是一种物质现实,又是一种精神状态;是通过社会的、经济的和制度过程的某些综合,社会取得了美好生活的手段。

转变经济发展方式不只是国家层面的,也是区域和企业层面的,不根植于和落实到企业就不能成功。与会者基本都持这种观点,而且把转变发展方式与浙商转型升级联系起来。张宗和与王小毅等都强调浙商产业的转型升级,包括产业结构和产业集群的转型升级,进行产业延伸和提升,提高对产业的控制能力,而且已经有不少浙商进行了产业转型,逐渐形成了一些"隐形冠军"。当然,浙商还应继续转型提升。

浙商产业转型升级要立足于企业转型升级。浙商企业的转型升级,一是产权结构和形态的转型,即私人和家族企业转变为资本社会化企业,实现资本社会化和多元化;二是治理结构的转型,即所有权与经营权分离,实行委托代理制度,由家族治理转向公司治理;三是经营理念的转变,即从单纯的利润最大化转向兼顾利益相关者的利益;四是经营领域的调整,一方面是产业结构调整,形成一个高也成低也就的产业结构,特别是正确处理房地产与制造业的关系,另一方面是向省外其他地区转移,甚至向国外转移。吕政系统地提出和阐明上述观点,其他与会者也提出一些类似的意见。

但是,转变经济发展方式存在困扰,即存在转型升级与经济增长的矛盾。经济和社会转型,主要是调结构。这也就是有增有降,因此会限制规模的扩大和数量的增长。但中国仍然是发展中国家,需要扩大经济规模和增加经济总量来解决经济社会问题。何况,金融危机后我国经济的恢复性增长,是大量依靠国家财政投入,后续难以为继。还有,欧盟、美国、日本三大主要经济体的复苏不稳定,纷纷提出制造业振兴计划,或再制造业化,更有高端制造业和现代服务业的对华转移等,实施市场、研发和制造等本土化战略,加大对我国的经济压力。卢中原非常强调这一点。可是,扩大经济规模又会加剧与资源和环境的矛盾,加剧发展的不可持续性。解决转型升级与经济增长的矛盾,实现经济发展方式的转变,必须是创新创业。

二、转变发展方式与主体属性及行为

转变经济发展方式,需要理论的指导。已有的关于经济发展方式转变的理论,可以概括为源泉论、观念论、环境论和本体论等。源泉论认为,市场化改革的制度红利、出口、工业化的传统模式、人口红利、高储蓄等传统源泉,还有土地等自然资源,已经大大减少甚至开始枯竭,要开辟和转向国内消费、城市化、服务化、自主创新和技术进步等新源泉。观念论认为,转变经济发展方式首先和主要是转变思想观念,即以科学发展观为指导或统领。环境论认为,转变经济发展方式必须深化改革,建立相应的制度,采取相应的政策取向和措施。本体论认为,转变经济发展方式必须"以人为本",以人的自由发展和福利改善为出发点,从生存自由、社会自由和精神自由为侧重点来设计发展的思路和实现路径,把提高人的生活福利,拓宽人的发展空间,维护人的发展权利作为经济发展的终极关怀。

已有的转变经济发展方式的各种理论,都有其科学性和合理性,也都有实践的意义和价值,但是都存在局限。转变经济发展方式,尤其是加快经济发展方式转变,必须有主体。经济发展的新源泉要由主体来开发、提供和利用,经济发展的观念应该是主体的内心意愿并体现在其自发或自觉的行为上,经济发展的环境要由主体去改变和利用,"以人为本"不只是观念更是行动或实践,更不是恩赐或施舍,要通过主体的实践去反映、落实和体现。所以,转变经济发展方式必须有主体论作指导。与会者都直接或间接地涉及到转变经济发展方式的主体论问题。杭州市副市长陈小平说,杭州人均GDP已经超过一万美元,杭州经济面临着转型升级。谁来转变,要依靠发展的主体。

转变经济发展方式的主体,既包括宏观的主体,国家和政府,也包括微观的主体,企业和企业家等,还有群体组织,商会和行业协会等。张仁德说,转变发展方式是一个大趋势。谁在这一趋势中占领高地,谁就具有可持续的竞争力。这需要政府、企业和学校等的通力合作。但是,现代化的根基是民众,经济现代化的根基是市场主体,是企业和企业家,所以转变经济发展方式必须立足于微观主体,立足于企业和企业家。

转变经济发展方式必须有相应的主体属性及行为。党的十七届五中全会提出"包容性增长"的概念。要从投资者或资本物质利益最大化的片面或狭隘的经济增长,转变为包含劳动者、供应商和分销商等利益相关者的利益,以及环境利益等在内的全面的综合利益最大化的包容性增长,即从二要素(企业和客户)经济增长转变为三要素(包括环境)甚至四要素经济增长,企业和企业家的主体性内涵就必须丰富和扩展,具有丰富的相关性内涵。

经济发展方式的主体属性,并不是天生的,而是历史地形成和改变的。中国改革开放前 30 年的经济社会环境,决定经济发展方式允许甚至鼓励市场主体片面地追求物质利益,敢闯敢为,甚至可以违背一些规范,只要大把赚钱,把企业做大就会得到肯定甚至推崇。这一时期的浙商大多就是这样。但是,中国经济经过 30 年的快速发展,经济和社会环境发生了根本性的变化,原先的主体属性及行为已不适合新的环境和形势,必须调整和转变人格结构,改变和丰富主体属性。张宗和说,浙江和浙商原来很受欢迎,甚至有点趾高气扬,这种优势现在逐渐成为一种劣势,并形成"低端锁定",沉淀在低端的产品和产业层次上。其实,浙商也往往沉淀在低端的人格结构和主体属性上。当然,这也由于社会的不理性,宏观层面的社会人格不健全或残缺。

转变经济发展方式,要依靠经济发展主体及其属性和行为的转变。政府主体属性和行为的转变非常重要,其偏私性、功利化、特权化和官僚化,脱离民众和社会,与一些商人和利益集团形成特殊的利益关系等,在整体上严重地阻碍着经济发展方式的转变,甚至是维护和强化落后的经济发展方式,但是其转变缺乏体制和机制,缺乏有效的制度安排。而市场主体特别是民营企业和企业家,其主体属性及行为的转变,虽然受国家行政体制或政治体制的制约,但是大的竞争性市场体制和环境的存在,使其有了一定的空间和条件。尤其是竞争性的高端市场不仅容许而且要求甚至驱使市场主体属性和行为的转变。传化科技城战略运营总监黎恒说,企业转型提升,最大的瓶颈是企业家素质的提升,这是第一个天花板。浙江大学经济系主任李建琴说,浙江省把民营企业家的培养成长与整个民营经济的转型升级联系起来。转型升级要求民营企业家有适应市场经济快速变化的能力,有创新的精神和能力,有良好的领导和管理能力,有塑造优秀企业文化的能力等。

新的经济发展方式,要求浙商具有相应的主体属性。这主要是应具有宽广的视野,丰富的知识或良好的知识结构,有对新事物的敏感,有理想和激情,有社会责任感和人文关怀心,有战略的眼光和意识,有合作的精神和胸怀,有创新的思维和能力等。当然,还要有务实和肯干的精神,有诚信和坚韧的品质等。这种主体属性,老一代浙商有欠缺,新一代浙商也有欠缺。杭州高博咨询有限公司董事长李慧认为,老一辈浙商的特点主要是实践性、敏锐性、务实性,而新一代浙商具备知识性、技术性、国际性的特点。团省委宣传部长、青年时报社长兼总编章丰说,老一辈的浙商最令人敬佩的是执著创业精神,特别能吃苦,这是新一代浙商最欠缺的。新一代浙商也有自己的优点,一是较强的学习能力,二是新的视野,三是新的思维,这都是老一代浙商所欠缺的。与会者普遍认为,浙商转型升级需要老一代浙商的自我超越和自我革新,新一代浙商的脱颖而出和健康成长。两代浙商之间既要相互学习,取长补短，又要相互合作，传承发展，草根性与精英性相结合。

新的经济发展方式，要求浙商采取相应的主体行为。这首先和主要是从机会导向转变为战略导向。中国改革开放以来传统的经济发展方式，也可以理解和表述为利用"后发优势"的"机会型增长"的发展方式。现在中国转变经济发展方式，就必须从机会型发展转变为战略型发展。只有战略型发展，才能既突破机会型增长造成的障碍，又克服创造型发展存在的困难，真正实现可持续发展。黎恒说，过去我们是机会导向，现在我们企业内部已经由机会导向向战略导向转型。战略导向转型意味着对整个发展大势做一个科学的研判，对自己的发展做一个取舍。舍，意味着做一个艰难的抉择。浙商企业很多是多元化，需要战略导向和取舍。

其次，也是非常重要的，与新的经济发展方式相适应的浙商主体行为，是创新创业。机会型的发展方式，其主体行为主要是模仿创业。尽管与计划经济转变为市场经济相适应的市场主体行为是新的，甚至是敢为人先，第一代浙商大多是这样，但从历史上尤其是世界上来说，那不是新的，是模仿的。同样，我们搞工业化，浙商从事工业活动，进行投资和创办企业，基本也是模仿的，当然也包含一些创新，即模仿创新。在先前的经济和社会环境中，模仿和模仿创新是必要和有效的。现在要转变经济发展方式，浙商就必须更多地从模仿转变为创新，从模仿创业转变为创新创业，从模仿创新转变为自主创新。浙商研究中心创业和创新研究所所长、浙江工商大学工商管理学院教授金扬华说，创新是基于实体经济，要有一个积累，在把实体经济做深做专业的基础上和过程中创新。浙江工商大学工商管理学院副院长盛亚说，创新创业首先要有创意，然后把创意变成创造，再后是创新创业。创新创业是要把创造的科研成果应用到企业创办或产品开发上，再推到市场上去，实现商业化和产业化。

三、新浙商创业的期望与实践

具有新的主体属性，采取新的主体行为，换句话说，用新的视野、思路、方法和手段从事经济活动的浙商，不管是老一代浙商，还是新一代浙商，都是我们说的"新浙商"。新浙商创业，是转型升级和创造增长，使经济有质量和效益地适度持续发展的最佳出路，而且已经普遍开展。卢中原说，浙商确实在进入一个新的创业时代。

新浙商创业，是国家和社会的需要。中国经济保持健康的适度增长，既是中国解决自身经济和社会问题，尤其是就业问题所需要的，也是中国对解决世界经济问题的负责任的体现。浙江盘石信息技术有限公司董事长田宁说，世界经济走出金融危机，主要归功于亚洲经济的快速增长，而亚洲主要不是靠日本不是靠四小龙,而是靠中国大陆经济的快速回升,这是全世界专家的共识。世界经济要持续复苏和增长,还需要中国经济增长的贡献。但是,中国经济增长不仅不能落入陷阱,而且要创造新的竞争优势。卢中原说,通过新浙商创业再为全国创造新的竞争优势,带来新的人口红利。过去是吃低成本的年轻劳动力的红利,这个红利还能吃5—6年。现在离这个拐点已经没几年了,我们必须创造新的人口红利。这就是新浙商创业的人口红利。

新浙商创业更多的是指新一代浙商创业,尤其是大学生创业。大学生创业,不仅可以部分地解决大学生就业问题,为解决国家就业问题创造和提供一条有效的途径,而且可以真正实现大学生的理想和价值,是一条使个人成才和国家富强的双赢之路。田宁说,"青年创业中国强",而且创业还会产生或造就英雄。青年强则祖国强。《市场导报》总编辑崔砺金说,这是"赢在二代"。

新浙商创业,主要依靠新的和综合的素质,可谓是素质创业。老浙商创业虽然也是基于一种素质,主要是勇气和胆量,但更多的是一种行动,是敢做敢为。但新浙商是具有新的健全的主体属性,新浙商创业是新的综合的素质创业。与会者从不同的角度对新浙商创业的素质提出自己的观点与意见。田宁认为,对于创业,学什么专业并不重要,重要的是素质。60后小时候是玩泥巴,70后是玩塑料玩具,80后玩计算机了,我们敬畏80后和90后,他们比我们聪明,掌握更丰富的知识。杭州下沙开发区管委会副主任张学宁引用聚光科技姚纳新的话说,创业,一个是理想一个是心态。新浙商创业,一定要牢固树立理想,有坚韧不拔的心态,要达到生命、生态、生活、生产"四生"的和谐发展。张宗和认为,在创业过程中,勇气和毅力非常重要的。此外,还要有独特见解或创意,要特别重视智力和知识运用能力的提升。所谓融资难实际上是投资难,而投资难实际上跟智力有关。李建琴认为,新浙商在创业过程中应该剑走偏锋,发挥高素质和知识优势。

新浙商创业,必须依靠团队、网络或平台等,可谓是团队创业。在新的形势和环境下创新创业,个人或家族的力量是不够的,尤其是知识和能力的不够,必须依靠团队、互联网和产业链,以及创业园等。黎恒认为,在创业过程中,企业家要特别注重团队力量,善于放权。同时,需要一些新的产业创新平台,使传统的制造业向知识型、服务型、战略型新兴产业转型升级有一个比较好的平台支撑。把资本、人才、信息等要素汇集在充满创新氛围的园区里面,会有力地推动创新创业,杭州传化科技城就是这样的创新创业园区。金杨华强调公司创业,他认为一个公司的创业能力是分布在每一个部门当中,每个管理者都是内创业人,都应该把自己管的领域当成事业去开拓。

新浙商创业,需要人才与资金的结合,可谓是联姻创业。第一代浙商积累了大量的货币财富,传统产业的发展受技术和市场等的障碍,进入新兴产业又缺乏技术和人才等,从而溢出了大量的闲置资金,甚至变成了热钱。可是,新一代浙商,除了富二代外,却缺乏资金。这就需要使创业人才与闲置资金结合起来。与会者指出和强调这一点,王小毅更是强调指出,老浙商已经有了雄厚的资金,可以炒作可以投资,但没有权利去剥夺下一代争取成功的机会。这也就是说,有资金尤其是有闲置资金的老浙商有义务和责任支持年轻人创业。新浙商创业的人才与资金的结合,也包括由投资公司或基金公司将社会闲置资金组织起来,投入有知识和技术、有人才和团队、有战略和前景的创业或再创业企业。这在浙江已经大量地存在。盈开投资公司董事长项建标说,投资公司是依据资金的不同来源和性质,选择不同类型的企业家和企业进行投资。这实际上也就推动和促使不同类型的创新创业与转型升级。新浙商创业的人才与资本的结合,还有其他多种方法。胡祖光说,设在义乌工商职业技术学院的义乌创业园,鼓励学生设计各种各样小商品,当地厂商看中了就马上把学生的产品设计买去进行生产,即学生创意与浙商资本的结合。

　　新浙商创业,对技术、行业和区域的选择。新浙商创业必须选择、掌握和运用新技术。技术,是创业和获益的工具,是转型和升级的手段。新技术,可以是各个行业基于以往的积累和经过创新的技术,也可以是各个行业之外的新发明或新创造的技术。王小毅认为,各个行业都有新技术,有生物技术和新能源技术等,但能作为各个行业的依托,与现在的生产方式和生活方式密切相关的是信息技术,而且信息技术已经远远不是过去的信息管理、ERP、互联网、电子商务等,它已经形成物联网和下一代网络,会支撑和创新大量的业态,为创新创业带来极大的空间。新浙商创业的行业或产业选择,重点是转型升级的制造业、新兴的高科技产业和现代服务业。对于处在转型升级中的制造业,可以采取嫁接的办法来创新创业。杭州凤凰山创意公司楼慧峰说,他的行业一半是制造业,一半是文化创意产业,即用创意来赋予制造业以文化力和生命力,提高其附加值。这样,工人的高工资也就完全可承担了,而且还是品牌经营。现代服务业,包括制造服务业和农业服务业,以及医疗、卫生、健康、教育等服务业,既是新的经济增长点,又可以帮助或促使传统生产方式和生活方式的转型提升,给新浙商创业提供巨大的空间,给转型升级提供巨大的推动。田宁、金杨华都强调新浙商创业的现代服务业选择。浙江工商大学工商管理学院谢宏博士认为,金融业是当前整个中国包括企业界各方投资主体关注的一个核心的价值区域。同时,新浙商创业还必须进行区域选择。浙江缺乏土地等资源要素,加上劳动力成本高,浙商到广大的中西部地区去创业是一种选择。与会的陕西澄城县领导说,澄城具有土地、电力、劳动力等丰富和廉价资源,以及能源和农业等优势,是浙商投资可选择的有利地区。崔砺金说,中西部地区的硬件不软,软件也要硬才行。

新浙商创业,需要有新思路和新模式。新浙商创业的技术、行业和区域选择,要体现新思路,落实到新模式上。浙商研究中心企业家和企业发展研究所所长项国鹏非常强调这一点。他认为,隐形冠军式浙商与新浙商紧密地结合在一起,在整个价值链上找准一个独特的点做有深度的拓展,并形成独特的商业模式,这个潜力是无穷的。浙江商达环保有限公司董事长郑展望把自己成功的创业概括为专业化创业模式,即"专注＋创新＝专业"。他们专注于污水处理运营环节,并通过与江南大学和英国曼彻斯特大学合作或合资来创新,开发出一个系列的新产品,其中包括产品创新和管理创新。这些创新可以成就企业的专业程度和高度。浙商大学生创业园总经理裘宁敏说,我们是一家新创办的民营的企业化创业园地,是一种"(浙商资源＋大学生创业)×规模化"的创业模式,并致力于成为一种多功能体,以支持和促使创业企业健康地快速成长,扩展发展领域和空间。创业园管委会是一个年轻的团队,每个人都是创业园这个开放平台上的创业者。

新浙商创业,需要政策支持和制度、管理创新。创新创业是有很大风险的,需要有利的政策环境。与会者普遍认为,杭州的创新创业环境比较好,特别是非常重视、鼓励和支持大学生创业。杭州市的措施之一,是人脑＋电脑。杭州所有城区都有大学生创业园,下沙开发区管委会与高校合作建设了10个大学生创业平台。进入大学生创业区可以免租金,注册资本零首付和无息贷款等,还为大学生创业者配备导师。李慧说,刚创业时特别需要一些社会关注,但没钱买广告,政府能提供免费广告吗?支持政策不应都是"老三篇",应该创新和更加到位。转变经济发展方式和转型升级,不是一时之举,而是长期任务,要使创新创业常规化或常态化,就必须有制度创新。一些与会者指出,我们的制度和社会环境非常不利于创新创业。这需要新浙商主动地促使和参与制度创新。同时,新浙商创业要加强和改善自身管理,特别是知识产权的管理。只有加强创业管理,才能提高创业的成功率,并有效地形成核心优势和竞争力。

参考文献

[1] 刘伟,魏杰. 发展经济学[M]. 北京:中国发展出版社,2002,22－23.

[2] 中国人民大学宏观经济分析与预测课题组. 促进经济增长源泉的转换[J]. 宏观经济管理,2009(11).

[3] 齐建国. 用科学发展观统领经济发展方式转变[J]. 财贸经济,2010(4).

[4] 张平. 发展方式转变:政策取向与主要措施[J]. 宏观经济管理,2010(4).

[5] 任保平. 从"以物为本"向"以人为本"经济发展的转型及其创新支持[J]. 改革与战略,2009(8).

[6] 吕福新,等. 浙商论——当今世界之中国第一民商[M]. 北京:中国发展出版社,2009.

第三篇 DI SAN PIAN

经营管理

浙江民营企业研发项目风险管理研究

施 放 王 崧 周丽霞 郑才林

摘 要:本文从界定研发项目风险及其管理出发,通过抽样调研,认为民营企业研发项目面临的主要风险包括政策风险、社会风险、经济风险、市场风险和投资风险、技术风险、管理风险、资源风险。根据浙江民营企业研发项目风险特征构建了由研发项目风险管理支撑理论与方法、管理对象和内容、管理机制和流程三部分和研发项目风险识别评价、风险防范控制两步骤组成的风险管理体系。

关键词:民营企业 研发项目 风险管理

我国民营企业平均寿命是 2.7 年,而浙江民营企业平均寿命长至 7 年;全国民营企业生存 10 年以上的占 15%,浙江民营企业生存 15 年以上的则占 45%[1]。浙江经济之所以能取得骄人成绩,迅速成为经济大省,民营经济的发展功不可没。在后金融危机时期,浙江民营企业面临着更加激烈的竞争环境,唯有不断提升自主创新能力才能保证长期生存和持续发展,而研发项目的风险管理自然成为浙江民营企业的管理关键。

一、研发项目风险及研发项目风险管理

1. 研发项目风险

PMI(2000)认为:"项目风险是一种不确定的事件或条件,一旦发生,会对项目目标产生某种正面或负面的影响,即项目风险既包括对项目目标的威胁,也包括促进项目目标的机会。"研发项目风险包括对项目的威胁与机遇两个方面,研发项目的结局虽然也正是项目正面风险与负面风险综合作用的结果,但是,研发项目管理者关注的重心无疑应该放在项目的负面风险上,使项目的经济效益最大化,这也是项目风险管理的最终目标所在(周小桥,2003)。据此本文将研发项目风险限定为项目管理活动或事件中消极的、研发项目管

理人员不希望的后果发生的潜在可能性。

为了深入全面地认识研发项目风险,并对其进行有针对性的、有效的管理,从不同的角度,根据不同的标准对研发项目风险进行分类,是研发项目风险管理过程中有效识别项目风险的必要手段。一般地,(1)按研发项目风险后果可分为纯粹风险和投机风险;(2)按研发项目风险来源可分为自然风险和人为风险;(3)按研发项目风险产生的原因可分为静态风险和动态风险;(4)按研发项目风险的影响范围可划分为局部风险和总体风险;(5)按研发项目风险的可预测性可划分为已知风险、可预测风险和不可预测风险。

研发项目是一系列独特的、复杂的并相互关联的活动,这些活动具有一个明确目标并且必须在特定的时间、预算内依据规范完成。研发项目风险具有以下特点:(1)风险存在的客观性和普遍性;(2)某一具体风险发生的偶然性和大量风险发生的必然性;(3)风险的可变性;(4)风险的多样性和多层次性;(5)风险的相对性。

2. 研发项目风险管理

研发项目风险管理(project risk management)是风险管理不可缺少的组成部分,作为近 20 年才发展起来的新兴科学,它是在经济学、管理学、行为科学、运筹学、概率统计学、计算机学、系统论、控制论、信息论等学科基础上,结合研发项目的实际,逐渐形成的一门经济管理边缘科学。认为项目风险管理是对项目风险进行识别、分析和应对的系统过程(PMI,2000)。因此本文认为,研发项目风险管理是在研发项目风险的识别、估计和评价的基础上,综合运用系统管理科学方法、技术和手段,通过对研发项目风险的应对、监督和控制,尽量扩大风险事件的有利结果,缩小风险事件的不利后果,以最小的成本保证安全、可靠地实现研发项目的总目标。

研发项目风险管理过程是一个持续不断的循环过程。它要求企业决策者注意某种措施或政策可能引起的风险或危机性的后果;提出需要进行监视的风险范围;研究某些关键性因素对未来运营的影响;提醒研发人员注意某种技术的发展会给企业带来哪些风险(Fehlef,2005)。研发项目风险管理的目标可以被认为是使企业潜在机会或回报最大化、潜在风险最小化。研发项目风险管理的主要目的是系统识别与研发项目有关的风险,评价和管理改善研发项目的执行效果(Canthory,1999)。

风险识别、风险估计和风险评价是研发项目风险管理的重要内容。但是,仅完成这部分工作还不能做到以最少的成本保证安全、可靠地实现研发项目总目标。还必须在此基础上对风险实行有效的控制,妥善地处理风险事件造成的不利后果。就是要随时监视项目的进展,注视风险的动态,一旦有新情况,马上对新出现的风险进行识别、估计和评价,并采取必要的行动。这就是研发项目风险管理的全过程。在实践中,这个全过程可以划分为风险分析(包括风险识别、风险估计和风险评价)和风险管理两个阶段,按事先制定好的计划对风险进行控制,并对控制机制本身进行监督以确保其成功就是风险管理。第二个阶段可以称为狭义的研发项目风险管理(卢有杰、卢家仪,2000)。

根据研发项目的持续特性,需要对研发项目进行全生命周期风险管理。全生命周期风险管理的最重要特征就是持续的风险管理,它是一种基于过程、方法、工具的研发项目管理实践,它通过规范标准及可文档化的方法来对研发项目全生命周期的风险进行管理。持续的风险管理是研发项目生命周期中不断循环和重复的过程:作为研发项目风险管理的一个新的研究方向和管理实践,全生命周期风险同项目管理本身一样是一复杂的系统工程(刘继峰,2006)。全生命周期风险管理是建立在目前研发项目风险管理的各种成熟理论、方法基础上,其中包括定性的方法、基于树的方法、动态系统的方法等。同时它对研发项目管理、组织形式、知识管理、沟通协调、全过程的综合评价等诸多方面提出了更高的要求。持续的风险管理,是全生命周期风险管理的核心,在对风险系统认识的不断深入基础上,借助于理论方法和信息技术来完成从识别、分析、计划、跟踪及控制的反复循环的动态过程(徐阳,2005)。

3. 研发项目风险管理三维体系

在全生命周期风险管理基础上,美国系统工程学家霍尔(A. D. Hall)在1969年提出了系统工程应用中具有普遍意义的方法,即"霍尔三维结构"(张亚莉、杨乃定、杨朝君,2005)。借鉴它在研发项目风险管理中也可建立一个时间维、知识维和逻辑维的三维结构,见图1。

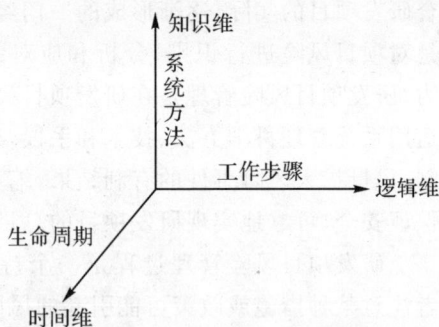

图1 研发项目风险管理三维体系

知识维——研发项目风险管理的工具与方法。知识维是为完成各阶段、各步骤所需的各种知识和专门技术的总和。具体风险管理方法如:专家调查法、故障树分析法、人工神经网络法、灰色系统理论等。

逻辑维——研发项目风险管理的工作步骤。逻辑维是分析问题解决问题的逻辑思维过程。对于研发项目风险管理则指对项目进行风险管理时一般采用的工作步骤:风险识别、风险分析、风险应对、风险跟踪和风险控制。

时间维——研发项目全生命周期风险管理。时间维是企业研发系统从规划到更新的工作步骤。结合研发项目风险管理,可以建立研发项目全生命周期风险管理。由于不同类型研发项目具有不同特点,因此其生命周期阶段的划分也不尽相同。一般研发项目的生命周期分为概念阶段、实施阶段与结束阶段。

二、浙江民营企业研发项目面临的主要风险

近年来浙江省民营企业开始重视自主创新,加大了研发力度,但研发的成功率并不高。据抽样调查,浙江民营企业研发项目中,按期按预算成功实现预期

图2　浙江民营企业研发项目风险评价模型

目标的只占 15.4%,部分完成研发任务的占 36.7%,完全失败的占 47.9%。根据浙江民营企业研发项目风险评价模型见图2,通过抽样调查分析,得出研发项目面临的主要风险结果。

1. 浙江民营企业研发项目外部风险影响度

外部风险是浙江民营企业面临的宏观性风险,是单靠企业自身行为无法消除、减缓和避免其不利影响的风险,包括政策风险(政策变迁、政策配套欠缺、区域政策差异)、社会风险(突发性事件、利益关系者变迁、文化风俗差异)、经济风险(经济增长减缓、产业结构调整、通货膨胀上升)和市场风险(需求转移、竞争无序、要素稀缺)。诸外部风险对民营企业研发项目成功率的影响度见表1。

表1　　　　　　外部风险对民营企业研发项目成功率的影响度

风险类别	政策风险	社会风险	经济风险	市场风险
影响度	0.24	0.13	0.26	0.37

2. 浙江民营企业研发项目内部风险影响度

内部风险是民营企业面临的是微观性风险,是企业通过自身策略可以规避、消减和降低其不利影响的风险,包括投资风险(项目领域偏差、项目时机错失、项目资金不足)、技术风险(技术成熟度不够、技术配套性欠缺、技术领先性不足)、管理风险(研发组织不健全、研发制度不完善、研发激励不到位)和资源风险(研发人员欠缺、研发装备不足、研发合作单薄)。诸内部风险对民营企业研发项目成功率的影响度见表2。

表2　　　　　　内部风险对民营企业研发项目成功率的影响度

风险类别	投资风险	技术风险	管理风险	资源风险
影响度	0.34	0.21	0.19	0.26

三、浙江民营企业研发项目风险管理体系构建

基于浙江民营企业研发项目风险特征,结合上述研发项目风险管理阐述,引入研发项目风险管理平台,运用系统方法对民营企业研发项目风险进行结构化集成分析,建立民营企业研发项目风险管理目标,构建研发项目风险管理体系,见图3。

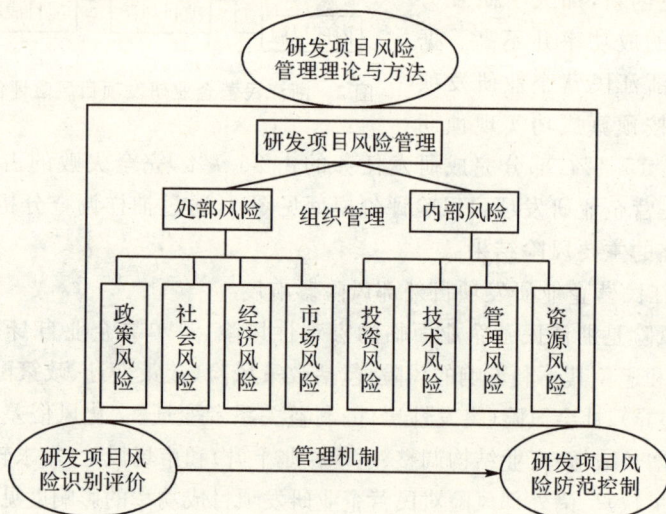

图3   民营企业研发项目风险管理体系结构

研发项目风险识别评价是项目风险管理的第一步,也是项目风险管理的基础。企业只有在正确识别出自身所面临的风险基础上,才能主动选择适当有效的方法进行研发项目风险防范控制。对企业而言,各类别风险对研发项目的影响是非均等的。因此需给各风险类别设定影响权重,以科学评价研发项目综合风险。通过对浙江民营科技企业典型调查,运用 AHP 方法得到研发项目风险类别影响权重,见表3。

表3   浙江民营科技企业研发项目风险类别权重

风险类别	政策	社会	经济	市场	投资	技术	管理	资源
影响权重	0.109	0.063	0.184	0.232	0.167	0.089	0.031	0.125

提升民营企业研发项目风险管理水平的关键要素是强化企业研发项目风险的组织管理。有研究表明,对于同一研发项目,与低效的组织管理相比,良好的组织管理可提高其成功率 10%—30%,可缩短研发周期 20%—60%,

可降低研发额外成本8％－15％(熊坚、马志强，2004)。组织管理在研发项目风险管理中起着决定性的作用，这也是目前浙江民营企业研发项目风险管理中的薄弱环节，在研发项目风险管理中组织管理渗透到各研发运行要素和环节，如研发人员和管理者素质、研发项目计划、研发项目组织、研发项目控制等等。

四、浙江民营企业研发项目风险管理对策

1. 分析世界经济演化趋势，把握战略性新兴产业发展动态，充分运用国家发展民营经济的支持政策，选择市场成长性好、资源配置度高、业务关联度强、持续带动性长的研发项目作为发展重点。

2. 分析社会结构变化方向，把握需求偏好和消费倾向转移轨迹，充分利用产学研协同机制和区域创新平台，有目标、有计划、有措施地针对市场供求结构性矛盾，把握市场机会，提升企业核心竞争力。

3. 完善企业研发项目风险管理体系，畅通研发项目风险信息系统，设置研发项目风险评价指标和衡量标准，建立研发项目风险对策库，前馈预警，科学评价，实现企业研发项目风险管理常态化。

4. 完善企业研发项目风险管理制度，运用现代风险管理理论和技术，强化全面风险管理机制，通过整合社会人力资源、技术资源、资本资源、信息资源，提高企业自主创新和持续研发能力。

参考文献

[1] Project Management Institute. A Guide to the Project Management Body of Knowledge[M]. Newtown Square,Pennsylvania USA,2000:137－138.

[2] Canthory D. B. Identify the Key Success Factors in New Product Launch[J]. The Journal of Product Innovation Management,1999(16):530－544.

[3] Fehlef T. Dynamic Risk Management:Theory and Evidence[J]. Journal of Financial Economics,2005(78):33－47.

[4] 刘继峰. 风险管理在项目生命周期过程中的应用研究[J]. 科技经济市场,2006(3):153－158.

[5] 卢有杰,卢家仪. 项目风险管理[M]. 北京:清华大学出版社,2000:186－201.

[6] 熊坚,马志强. 项目组织风险管理分析[J]. 企业经济,2004(4):16－19.

[7] 徐阳. 对项目风险管理一般过程的探讨[J]. 国际经济合作,2005(4):51－52.

[8] 张亚莉,杨乃定,杨朝君. 一种项目风险问题的集成化研究框架[J]. 预测,2005(5):26－31.

[9] 周小桥. 项目管理四步法[M]. 北京:团结出版社,2003:89－102.

组织健康影响因素模型研究[①]

王永跃　孙　弘

摘　要:从四个方面对影响组织健康水平的因素进行分类分层研究,并提出了组织健康影响因素的四层模型。从多角度、全方位的对影响组织健康水平的因素进行了分析,根据各因素在影响组织健康水平中的作用,提出了提高组织健康水平的应对策略。

关键词:组织健康　环境　员工

一、组织健康概念的研究

组织健康研究源于人们对工作压力对员工健康产生的影响的研究,进而扩展到具有广泛意义的组织健康研究。

与每一个新兴的研究领域一样,研究者基于不同的理论视角提出了多种关于组织健康的概念。以研究者提出概念的关注点不同,我们可以将组织健康概念研究分为三种基本范式:"过程说"、"状态说"及"过程-状态说"。"过程说"强调组织健康是组织为了维持生存、提高竞争力而采取的一系列的行为,组织健康是"过程变量"。此类范式的代表学者有:Clark(1982)、Miles 和 Fairman(1992)与时勘、郭蕊(2007)等。Clark 认为,组织健康是指组织成员自觉按照组织中未明确规定却非常一致的行为方式工作,组织成员将这些视为正常的事情来做,因为这些行为方式允许组织的所有层级按照两个基本但不相同的要求即维持现状和促进发展来行动。主张"状态说"的学者认为,组织健康是组织生存的一种状态,是组织运作所要实现的目标。Cooper 和 Cartwright(1994)、Nadkarni(2003)等均属此类,他们选取标准的不同最能体现组织健康研究的阶段性特征。王兴琼(2008)、王以华(2006)等是"过程-

① 本文受到浙江工商大学浙商研究院资助,特此感谢。

状态说"的主要代表。王兴琼等认为,一个组织能正常有效地开展经营管理并具有持续成长和发展能力的状态,它既注重内部发展能力提升,又能有效适应外部环境变化,从而有助于实现组织可持续发展、员工主观满意与客观健康以及良好的社会效益。杨震宁等认为,组织健康是组织免疫系统捍卫的目标,组织健康是组织寿命周期内一种持续的、理想的生命状态。

二、组织健康影响因素模型的构建

根据前人研究成果来看,目前已提出的关于"组织健康的维度"大致有:沟通交流、忠诚与承诺、士气、绩效认知、目标一致性、领导能力、资源利用程度、权力均衡性、创新能力、适应能力等等。虽然似乎有很多因素在影响着组织健康,但是这些因素从其对组织健康的影响方式可分为四种水平,基于这样的考虑,本文在前人研究的基础上,提出了组织健康影响因素模型(见图1)。

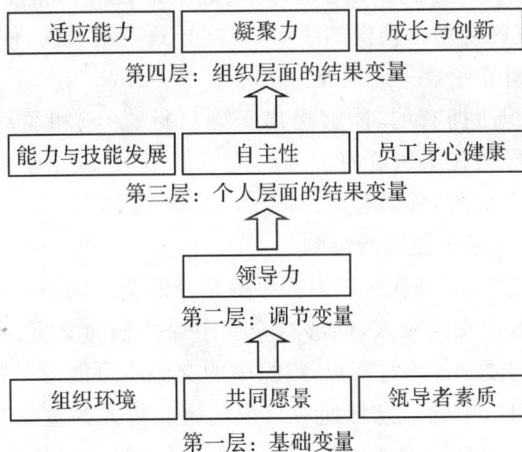

图1 组织健康影响因素模型

1. 第一层:基础变量

这一层是影响组织健康的基础性变量,也是根本的变量,包括环境、共同愿景、领导者素质。

1. 组织环境对组织健康的影响

根据权变管理理论的基本思想,组织作为一种开放的系统,必须寻找适应环境变化的途径,以求组织长期的生存发展。就组织外部环境来说,它是存在于组织外部的不可控因素,组织只能适应。外部环境既是组织生存和发展的条件,同时又对组织生存与发展起到制约作用。因此,组织需与外部环境充分协调,才能达到组织健康。组织的内部环境是指组织内部各组成资源的客观状况。作为组织成长发展的内生变量，由于它是组织的可控因素，组织可以改变和调整，所以内部环境因素是组织发展的决定性、根本性因素。

2. 共同愿景对组织健康的影响

共同愿景是组织中多个个人愿景相互交融，叠加后所展现的为大家所共同期望的景象。清晰明确的共同愿景为组织发展提供方向，引领着组织员工朝着既定目标共同努力，从而为提升组织健康水平提供基础。反之，如果组织中愿景模糊或缺乏愿景，组织则难以协调成员，将会给组织健康带来消极影响。如海尔的愿景是"创中国的世界名牌，为民族争光"，这一愿景体现了海尔希望自身产品能够代表中国，与世界先进水平接轨。凭借着这一清晰的愿景，张瑞敏带领企业员工共同奋斗，提供最优质的产品和服务，使组织健康蓬勃地发展。

3. 领导者素质对组织健康的影响

领导者只有具备卓越的领导者素质，才能带领组织成员正确决策，协同作战，使组织在竞争中立于不败之地，高效健康地发展。相反，如果组织领导者的素质低，就很容易做出错误的决断，最终导致决策失误，使组织蒙受损失。

2. 第二层：调节变量——领导力

领导力是组织所拥有的，能够提出正确目标、影响和驱动员工有效实现目标的能力。领导力在组织健康中起到调节作用，是联结组织健康基础变量与组织健康结果变量的"桥梁"。

1. 交流沟通对组织健康的影响

要促进组织健康，必须在组织内部保持充分的交流沟通。充分的交流沟通是指一种开放的双向交流模式，能够在企业中保持横向交流、纵向交流的有效性。组织由于结构复杂等多种特点，组织中的交流不可能像一些小团体中那样简单易行，因此，组织中的信息传递对组织健康显得尤为重要与关键。在组织中必须采取全方位的交流方式，使上级、下级、同事等之间信息交流畅通无阻，从而消除因误解、怀疑、信息不通畅等原因给组织健康造成的负面影响。

2. 权力分配方式对组织健康的影响

要实现组织健康，必须具备优化的权力分配方式，即在组织中处理好集权与分权的平衡关系。优化的权力分配方式能使组织在统一指挥、分工协作的同时，给予下层管理者充分的权力，发挥其主动性、积极性，并增强组织应变能力，达到组织健康的目的。相反，过分的集权会使组织中高层管理人员负担过重，经常陷于日常事务之中，无暇考虑大政方针及组织战略，且事事请示汇报限制了各级人员的积极性，不利于管理人员的培养，组织也将难以适应迅速变化的环境；过分的分权可能会造成组织中各自为政、各行其是的现象，增加各部门之间协调的复杂性。这些都将对组织健康产生极其不利的影响。

3. 激励方式对组织健康的影响

根据双因素理论,对于激励而言,存在两类不同的因素。一类是保健因素,亦称外部激励。另一类为激励因素,亦称内在激励。保健因素和激励因素均对组织健康有着重要意义。如果保健因素得不到保证,会导致员工的不满,甚至严重挫伤工作积极性,妨碍组织健康。而如果激励因素被有效满足,则能给员工很大程度上的激励,产生工作满意感,有助于充分、有效、持久地调动员工的积极性,从而促进工作的开展以及组织健康。

3. 第三层:个人层面的结果变量

个人层面的结果变量是指组织中各成员的健康水平、发展程度对组织健康的影响,主要包括员工的能力与技能发展、自主性、员工身心健康。

1. 能力与技能发展对组织健康的影响

员工的能力与技能的发展使员工在工作中不受压力或较少地承受压力。组织中的工作任务不可能是一成不变的,组织的工作任务会随着组织内外部环境、组织结构等多重因素的改变而变化,如果员工的能力与技能停滞不前,则无法满足组织中已变化的工作任务的需求。此时,员工会承受巨大的压力,无法开展工作。反之,如果员工能根据变化了的工作任务调整、发展能力与技能,则能够因较少承受工作压力,更有效地开展工作,从而促进组织健康。

2. 自主性对组织健康的影响

首先,员工拥有充分的自主性、创造性,在工作中善于自我学习、自我提高、自我管理,则能够促进组织高效率的运作,从而促进组织绩效。大量的研究证实高工作动机和高工作效率是能够直接提升组织绩效的因素。其次,员工拥有充分的自主性能够提高管理者的工作效率,使管理者不须事无巨细地管理,从而促进组织绩效的提升。如果员工缺乏必要的自主性,每项工作都需要管理者督促、指导、管理,则将降低组织工作效率,影响工作的开展。

3. 员工身心健康对组织健康的影响

组织关注、重视员工身心健康可以说是一种组织经营上的双赢战略。促进员工身心健康有助于提高生产效率,保持生产持续性。对组织而言,身心健康的个人是保持和提高劳动生产率的重要前提。身体、心理健康的员工才能专注于工作和学习,更好地与他人合作,最大限度地发挥个人在组织中的积极作用,从而带来生产效率的提高和劳动力的持续性投入。促进员工身心健康,提高员工满意度,能够激发员工的参与理念和主人翁意识,增强员工对组织的认同感和忠诚度,从而更好地促进组织健康。促进员工身心健康可以降低成本支出,保证组织财务正常运作,从而提高经济效益,提升组织健康水平。

4. 第四层:组织层面的结果变量

组织层面的结果变量是指组织作为一个整体，组织自身的条件或特征对组织健康的影响，主要包括适应能力、凝聚力、成长与创新。

1. 适应能力对组织健康的影响

适应能力主要通过两个方面来促进组织健康：一是通过及时满足顾客等市场环境中利益相关者变化的需求而与他们构建长久的关系；二是通过快速对社会公众需求、政府政策等非市场环境的变化做出反应从而避免损失的风险。

大量的研究表明适应能力能够促进组织良性健康发展以及组织绩效的提高。适应环境变化的能力成为组织成功的关键要素之一。研究指出，组织需要动态地适应外界环境的变化，这里所指的环境包括企业的供应商、顾客、竞争对手、其他相关行业和企业、政府机构、社区和公众等。因此，组织的适应能力不仅表现为其对市场环境的适应能力，即组织识别并利用市场机会的能力，而且也表现为其对非市场环境的适应能力，即组织准确感知、解释政府政策、社会团体的导向、公众意见等非市场事项，并做出恰当反应的能力。

2. 凝聚力对组织健康的影响

一般来说，高凝聚力的组织的绩效要好于低凝聚力的组织。凝聚力会增强组织成员的团队精神和效率，从而促进组织健康。这是由于高凝聚力群体成员会有更高的工作承诺，更愿意为组织努力工作，因而会产生高绩效。美国学者 Britf 等通过对服务组织的实验研究发现，群体凝聚力能够促进移情、互助等组织公民行为以及责任意识、主动精神、利他互助等行为的产生。高凝聚力的组织团体更容易形成高度的组织认同感。此外，凝聚力能促进组织内部沟通，形成更有利的人际关系，从而进一步促进组织健康。

3. 成长与创新对组织健康的影响

组织创新有助于提高组织绩效，从而提高组织的健康水平，为组织健康提供持续动力。组织必须不断创造新的核心竞争能力，以维持持续的竞争优势。组织创新对提升组织核心竞争力有着重要的影响，创新是组织保持竞争优势和核心竞争力的来源。激烈的市场竞争会促使企业进行技术创新以建立竞争优势，而这种竞争驱动的创新能够使组织的竞争能力得到提升，对组织健康产生积极作用。

三、总结与展望

通过对组织健康影响因素模型的分析，可以看出诸多因素都影响着组织的健康水平。本文认为可以从以下四个方面来促进组织健康。

首先，通过改善组织内部经营条件，培养良好的组织文化，提高组织对外部环境的适应能力；整个组织应构筑清晰明确且切实可行的共同愿景，从而促进组织健康;重视领导者素质对组织健康的指导作用,促进组织中领导者各方面素质的提升。其次,构建高效的信息交流渠道,保证组织内外部信息交流畅通无阻;平衡组织中集权和分权的关系;探寻员工真正的需求,制订能够满足员工多元化需求的激励体制和措施。再次,通过组织培训、鼓励员工自学等多种方式,使员工的能力与技能得到提升,使之适应不断变化的工作要求;组织应给予员工必要的自主性,以此来增强员工工作的主动性,从而提高组织健康水平;通过实施 EAP 等方式,对员工的心理和行为问题进行指导和帮助,从而达到员工健康和组织健康。最后,不断提高组织对市场环境与非市场环境的适应能力,提高组织的应变能力;其次,组织应注重培养员工的归属感和组织荣誉感,增强组织的凝聚力;再次,在组织中培养创新的氛围,鼓励创新,促进组织健康。

　　本文在归纳、总结组织健康的各影响因素的基础上,提出了组织健康影响因素模型。该模型将组织健康的各种影响因素按照类别与层次进行整合。通过该组织健康影响因素模型的构建,可以看出影响组织健康的因素是多方面的,且各因素之间相互影响、相互渗透。该组织健康影响因素模型可以为进一步研究和测量组织的健康发展程度提供基础和依据。该因素模型不足之处在于模型主要是定性分析,缺乏实证研究与数据支持。因此,下一步工作是对该组织健康影响因素模型进行实证调查,收集有效数据,并进行信度分析。

参考文献

[1]　陈国权. 组织与环境的关系及组织学习[J]. 管理科学学报,2001,4(5):39—49.

[2]　冯雅男. 自主对员工和组织影响的分析、评价与建议[J]. 现代管理科学,2006(4):37—38.

[3]　贺远琼,田志龙. 组织学习与企业绩效的关系 [J]. 研究与发展管理,2008(1):92—94.

[4]　时勘,郭蕊. 健康型组织建设的思考[J]. 首都经济贸易大学学报. 2007(1):12—19/

[5]　王兴琼,陈维政. 组织健康:概念、特征及维度[J]. 心理科学进展,2008,16(2):321—32.

[6]　王以华,吕萍,徐波,杨震宁. 组织免疫研究初探[J]. 科学与科学技术管理 2006(6):135—140.

[7]　Nadkarni M. S. , Lovey I. The joyful organization: understanding organizational health, diseases [M]. India Pvt. Ltd. , 2003.

[8]　Clark. A healthy organization [J],California Management Review,1982,62(1):1—14.

[9]　Cooper C. L. ,Cartwright,S. Healthy mind; Healthy organization[J]. New York Human relations:1994,47(4):455—472.

[10]　Zwetsloot G. , POT. F. The business value of health management[J]. Journal of Business Ethics,2004,(55):115—124.

基于全球价值链视角的
浙江万向集团国际化战略模式研究①

胡洪力

摘　要:本文梳理了浙江万向集团从 1986 年获得自营进出口权开始到 2009 年 3 月成功收购了美国 DS 汽车转向轴业务为止的国际化成长历程,使用 SWOT 框架分析了浙江万向集团国际化战略,并从全球价值链视角分析了万向集团国际化战略模式特点,最后指出浙江万向国际化成功经验对我国大型民营企业国际化成长的借鉴意义。

关键词:万向集团　国际化　SWOT　全球价值链

一、引言

进入 21 世纪,经济全球化趋势愈加明显,跨国公司作为产业的开拓者和领导者、技术创新的主要垄断者,其地位和作用及对全球经济的影响力日益扩大。在过去的 30 多年里,浙江企业在从小到大、由弱到强的转变中逐渐放眼全球,从占领国内市场上升到拓展海外市场,从利用国内资源升级到利用国内外两种资源,形成了一批国际化程度较高的大型民营企业。

更深入地"走出去"已经现实地摆在了浙江企业的面前,自浙江省商务厅外经处的统计,截至 2010 年 6 月底,浙江经审批和核准的境外企业和机构共计 4178 家,覆盖了 130 个国家和地区,累计投资总额 53.2 亿美元,累计中方

① 本文系教育部人文社科课题(09YJC630204)"、浙江省社科规划课题(浙江省社会科学重点研究基地浙江工商大学"浙商研究院")(07JDZS10Z)、浙商研究院资助课题:基于 IESA 分析框架的浙江万向、华立集团国际化成长案例研究、浙江省属高校人文社会科学重点研究基地(浙江工商大学企业管理学)研究项目《R&D、知识溢出城市创新能力贡献的空间计量分析》、浙江省重点创新团队(生产性服务业与区域经济发展研究团队)、教育部省部共建人文社科重点研究基地"浙江工商大学现代商贸研究中心"课题(09JDSM11YB)的阶段性研究成果。

投资 44.64 亿美元。浙江企业对外投资最多的前五位国家和地区分别是香港、美国、越南、德国和俄罗斯。向来敏感而活跃的民营企业，是浙江对外直接投资的中坚力量。在 2007 年已"走出去"的 2800 多家企业中，有 1910 家是民营企业，占总企业数的 68%，投资额 9.12 亿美元，占所有中方投资额的 70%。

2007 浙江省第十二次党代会提出"创新强省，创业富民"战略，在引进外资的背景下，也鼓励企业走出，建立海外办事处、销售公司、研发中心、生产基地等。"十二五"期间，面对复杂动荡的国际环境，浙江企业倾力应对来自国际出口市场的挑战固然是当前的主要工作，但关键还是要抓紧将自己做大做强，争取做成一批具有国际知名品牌和国际竞争力的跨国公司。而万向集团是浙江较早实施"走出去"战略的一家大型民营企业，国际化战略效果较好，深入研究其国际化过程、国际化战略、国际化模式等，分析其成功的经验，总结其国际化失误和不足的地方，对于其他大型民营企业"走出去"具有较强的借鉴意义。

二、万向集团国际化成长历程

1. 万向集团简介

万向集团公司初创于 1969 年，前身是萧山宁围人民公社农机修理厂，从 4000 元资金、7 个人的铁匠铺起家，现已成为一家拥有员工数万名现代企业集团。目前是国务院 120 家试点企业集团和国家 520 户重点企业中唯一的汽车零部件企业。2009 年实现营业收入 475 亿元，利税 30.68 亿元，出口 15.21 亿美元，荣列中国企业 500 强第 128 位。万向集团一直致力于新型工业的可持续发展，以"管理信息化、服务网络化、发展品牌化、合作全球化、资本市场化"为目标，拥有国家级技术中心、国家级实验室、10 个国家级高新技术企业，现运营万向电动汽车、万向钱潮、万向美国、万向资源、万向财务、万向德农、承德露露、远洋渔业、德华木业等 15 家主营公司；为全国创新型企业，荣获"中国世界名牌"、首届"中国工业大奖"。

40 年来，万向紧紧围绕汽车零部件制造与销售的主业，产品从零件发展到部件，再到系统，已形成的 8 大系列产品荣获国优称号，先后通过 ISO9000 和 QS9000、TS16949 质量体系认证，从 1984 年开始出口，远销到五十多个国家和地区，进入了美国通用、福特汽车等国际一流主机厂配套生产线。万向已在全球市场建立了服务网络，为全球主机及大众客户提供仓储、配送等服务。万向目前的发展方向是发展汽车零部件主业，接轨国际主流市场、接轨国际先进技术、接轨跨国公司运作，建设先进制造业基地，逐步建成按国际惯例经营的跨国集团。

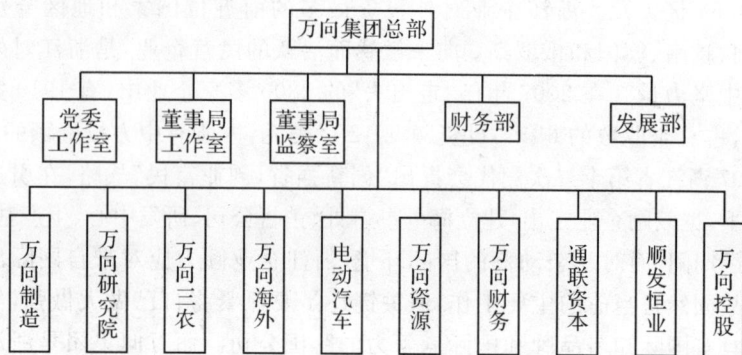

图 1 浙江万向集团公司的组织结构图

（组织结构图：万向集团总部下设党委工作室、董事局工作室、董事局监察室、财务部、发展部；下属有万向制造、万向研究院、万向三农、万向海外、电动汽车、万向资源、万向财务、通联资本、顺发恒业、万向控股）

2. 万向集团国际化成长阶段

早在 20 世纪 80 年代初，万向还是一家乡镇企业，产品进不了国家计划，无法在国内销售，为了企业的生存与发展，万向果断地决定走出国门，进入国际市场寻求出路。目前，万向跨国经营网络遍布了汽车工作发达的欧洲和北美地区。在万向的实力比较弱小的时候，通过出口实现海外销售，熟悉国际市场竞争环境和规则，并通过出口逐步建立自己的品牌，促进产品在国内市场的发展。在企业进一步发展壮大之后，万向开始进入第二个阶段：通过设立海外分公司，直接在海外销售。进入 20 世纪 90 年代末期，万向迈向了跨国经营的高级阶段：利用金融资本整合产业资本，以并购为手段全面介入汽车产业链的上下游。万向的跨国并购始终围绕着自己的主业，绝大部分并购都是以促进主业——汽车零部件为直接目标，而没有盲目地进行多元化扩张。

1. 初级阶段：出口

1984 年，万向实现了第一批产品出口——为美商舍勒公司贴牌生产 3 万套万向节，开始了万向的国际化之旅。1986 年万向获国务院批准，拥有了自营进出口权，并被确定为万向节出口基地。1992 年，万向派员到美国开拓市场，实现了人员走出去。

2. 万向开始进入第二个阶段：通过设立海外分公司

1994 年成立的万向美国公司总部位于芝加哥，是万向集团跨国经营业务的"桥头堡"，负责万向国际市场体系的建设与相关品牌的创立和管理，致力于构建涵盖欧美两大洲的万向零部件市场网络，树立"QC"产品的国际品牌地位，先后在美、英、加拿大等国设立了销售公司，从而大大提高了万向汽车零部件产品在国际市场的占有份额。

短短几年的运作，万向美国公司通过实施"市场营销本土化、管理体系本土化、资本本土化"战略，已成功打入美国主流社会，成长为美国中西部最大的中资企业。正是通过与跨国企业在国际市场上不断地竞争与合作,万向逐渐学到了国际化经营的真经。

1997 年 8 月,美国通用公司正式与万向集团签订供货合同,万向成为中国汽车零部件第 1 个进入美国主机配套市场的企业,并相继成为福特、克莱斯勒、大众公司等直接或间接的供应商。

3. 海外并购阶段

万向集团从 1997 年收购英国 AS 公司开始,先后进行了多次外海并购。截止到 2009 年 4 月,万向集团通过实施"股权换市场"、"设备换市场"、"让利换市场"等资本经营与发展实业相结合的运作技巧,先后在美国、英国、德国及、加拿大等 7 个发达国家,兼并、收购或直接投资建立 24 家公司。通过在各国、各地区市场的本土化和规范化经营,万向集团初步实现了成为一个跨国公司的梦想。

(1) 1997 年收购英国 AS 公司。为开发欧洲轴承市场,1997 年 7 月,万向收购了 AS 公司的 60%的股份,成立了万向欧洲轴承公司,成为万向拓展欧洲市场的一个据点。AS 公司是一家在欧洲市场上以销售各类轴承为主的营销公司(1997 年以前,万向在欧洲市场上主要销售的是十字轴万向节。)万向利用其较为成熟的市场网络,较快地建立起自己的品牌形象,实现了扩大销售轴承的目标。

(2) 2000 年整体收购舍勒公司。始建于 1923 年的舍勒公司,是美国汽车市场上的三大万向节零部件生产供应商之一,正是通过这家公司,万向的产品首次出现在美国的货架上。舍勒公司 1987 年提出独家代理万向的产品,目的是控制产品市场,限制万向的发展规模。万向不同意舍勒公司的意见,他们便大幅削减订货合同。然而,接下去的十多年,舍勒公司经营状况不断下滑,由于严重亏损,经过多轮谈判,舍勒公司同意万向提出的以根据需要挑选的有用设备在国内同类评估价值的 2/3 的价格收购。2000 年 4 月,万向整体收购了舍勒公司,并获得该公司的设备、品牌、技术专利及全球市场网络。万向也成为该产品世界上拥有最多专利的企业。

(3) 2000 年收购 LT 公司。LT 公司是供应美国汽车轮毂单元的最大制造装配商之一,与万向有多年的业务关系。为确保市场稳定和利润,万向于 2000 年 10 月收购了 LT 公司的 35%的股权,成为第一大股东,在北美有了加工装配基地。

(4) 2001 年成功收购美国 UAI 公司。1981 年创立的美国 UAI 公司,以生产、制造与销售制动器零件等系列产品为主,是美国汽车制动器零件的主要供应商之一,其客户涵盖美国各大汽车零部件连锁店及采购集团。该公司于1994年12月在美国纳斯达克股票交易所上市。2001年初,UAI公司经营陷入困境,而万向新上的制动器项目,正希望在海外找到有技术、业务对接的平台,同时万向在国内已上市的基础上,一直筹划进入海外的资本市场,这样UAI公司成为万向的收购目标。

2001年8月28日,成功收购美国UAI公司(全称Universal Automotive Industries INC.)21%的股份,加上期权、担保、契约和有关经营合同要求,成为第一大股东和共同董事长,并被授权在必要时以实际拥有58.8%的投票权,确保对上市公司的绝对控制能力。并带来每年7 000万美元的汽车零部件订单,同时为国内相关企业增加每年2000万美元的订单,此举也开创了中国民营企业收购海外上市公司的先河,实现了跨国界的市场融通、技术共享和优势互补。

(5)2003年收购了美国洛克福特公司。创立于1890年的洛克福特公司是汽车零部件翼形万向节传动轴的发明者和全球最大的一级供应商,占全美主机配套市场70%左右的供货量。除重型传动轴外,洛克福特公司同时生产用于重型非高速公路车辆的机械及液压离合器,动力转向装置等。多年来,洛克福特公司以雄厚的技术开发能力与测试手段,不断将该领域产品推向新的层次。2003年9月30日,万向再次出手,成功收购美国的"百年老店"、翼形万向节传动轴的发明者和全球一级供应商——洛克福特公司(Rockford Powertrain Inc.),以33.5%的股权成为洛克福特公司的第一大股东。这不仅是对"万向制造"技术、品牌、市场的有效提升,而且进一步成功推进了万向的国际化战略。

(6)2005年收购美国PS公司。美国PS公司成立于1932年,是福特核心供应商,也是克莱斯勒、通用等公司的一级供应商。2005年,万向收购了美国PS公司60%的股权,不仅开拓了国际市场,贯通了万向国内外的资源,同时成为在北美制造并直接供货美国三大汽车厂的一级供应商。此前,万向还通过收购美国最悠久的轴承生产企业GBC公司获得了完整的市场网络,并与最大的汽配供应商TRW、DANA等形成战略合作关系。

(7)2007年收购美国AI公司。美国AI公司是一家从事模块装配及物流管理的公司,在美国拥有12个装配厂,分布于7个州,总部位于底特律,在规模、技术上都处于行业中领导地位。其"零级供应商"模式代表了汽车行业的最新趋势和未来的主导方向,主要客户为美国三大汽车厂,业务呈高速增长态势。AI的主要业务包括含发动机在内的动力传动模块、驾驶仪表台模块、底盘模块、前后悬架模块、前后车轴总成、冷却散热系统模块、ABS模块、制动模块以及车门和轮胎等的装配和排序,还有为主机厂直接组装特种车辆的工厂。其提供装配业务的车辆每年达300万辆,相当于美国每5辆车就有一辆车用其装配的模块。2007 年 7 月 6 日,万向完成了对美国 AI 公司的投资收购。万向取得该公司的全部优先股,从而获得该公司 30% 的股权,成为其第一大股东。

万向收购 AI 公司后,可利用其现有业务平台,整合万向在中国的零部件制造及本地化采购优势,使得 AI 的业务模式进一步增加纵向低成本制造组合的内涵,从而达到通过"经营制造"而形成全球最优资源的有机结合。

(8) 2008 年收购美国 ACH 公司。2008 年 1 月 23 日,万向美国公司控股的尼亚布科有限公司(以下简称尼亚布科)收购从福特旗下汽车零部件控股公司(Automotive Components Holdings,以下简称 ACH)在美国密执安州蒙洛(Monroe)的传动轴工厂转移过来的包括设备在内的全部生产业务。该厂业务将转移至尼亚布科在底特律郊区的新工厂,ACH 母公司福特汽车公司也将成为尼亚布科的客户之一。

(9) 2009 年收购美国 DS 公司。2009 年 3 月 30 日,经各方协商后,万向成功收购了美国 DS 汽车转向轴业务的所有有效资产,包括全部专利及知识产权。

表 1 万向海外并购活动

时间	收购对象	收购股份
1997 年 7 月	英国 AS 公司	60%
1997 年 11 月	美国一高尔夫球场	75%
2000 年 4 月	美国舍勒公司	100%
2000 年 8 月	美国 ID 公司	51%
2000 年 9 月	美国麦科公司	持有 50 万股
2000 年 10 月	美国 LT 公司	35%
2001 年 1 月	美国 QAI 公司	10%
2001 年 8 月	美国 UAI 公司	21%
2002 年	美国 GBC 公司	不详
2003 年 9 月	美国洛克福特公司	33.5%
2005 年 6 月	美国 PS 公司	60%
2007 年 7 月	美国 AI 公司	30%
2008 年 1 月	美国福特零部件业务	ACH 在美国密执安州蒙洛(Monroe)的传动轴工厂
2009 年 3 月	美国 DriveSolWorldwide	汽车转向轴业务的所有有效资产

资料来源:根据媒体和万向集团网站整理。

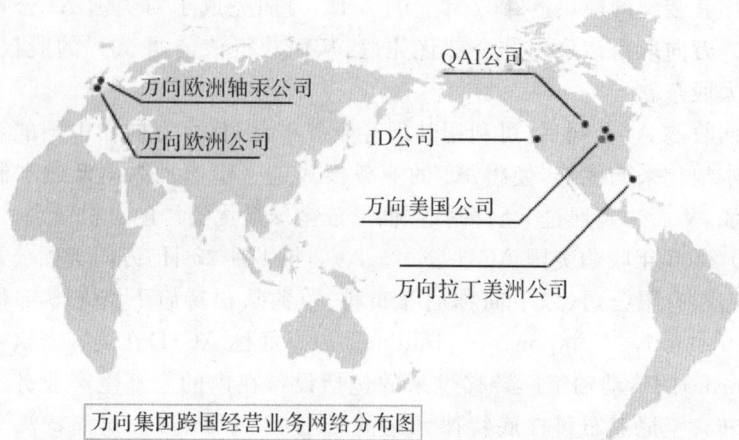

万向集团跨国经营业务网络分布图

图2 万向跨国经营网络分布图

三、浙江万向集团国际化优劣势和国际化动因分析

1. 浙江万向集团国际化优劣势分析

目前,万向1/3以上的产品已经走向海外,融入全球经济之中。四十多年来,万向一步步从产品走出去到人员走出去再到企业走出去,从汽车零部件出口发展到综合业务出口,从单一产品销售发展到全球资源配置,国际化程度不断加深。

表2 企业成长战略SWOT分析

内部能力 环境分析	组织内部优势(S)	组织内部劣势(W)
	低成本优势、经营机制优势(私营企业)	规模经济优势不足(专注汽车零部件)、企业资产规模、品牌知名度不高、企业治理结构不完善、国际化经营人才缺乏
机会(O) 国家政策支持力度加大、获取更大市场份额、扩大、获取先进技术和市场信息	SO:遵循渐进式国际化战略、积累足够的国际化经验,先出口——OEM——收购—整合	WO:专精,万向节起家,一个细小的市场做大;稳步扩大在海外销售网络,进入世界大的汽车厂商的供应商网络;优质子公司上市,完善治理结构;引进国际化经营人才
威胁(T) 市场竞争日益剧烈、国际市场环境的不熟悉、国内市场融资能力有限、并购后整合失败、竞争对手的反击	ST:利用低成本优势,在细小行业内做大做强,收购自己的客户(如收购舍勒公司),减少对并购后公司的过多经营干预	WT:收购小的公司,但是行业内领先者;控制收购的分险,收购资金不超过自有资金的20%;成立自己财务公司、入主浙商银行等多家金融机构,为国际化融资服务

2001年中国加入WTO,使我国在更广的范围内享有最惠国待遇和国民

待遇,有利于我国企业扩大出口和开展跨国投资。另一方面,加入 WTO 后,国家积极鼓励中国企业对外直接投资。在这样极其有利的大环境下,万向抓住机遇。万向正是在全球化带来的机遇和挑战的双重驱动下,选择了走出国门,到海外寻求更广阔的空间,提升企业的竞争力和价值。

回顾万向集团的国际化过程,我们应用 SWOT 分析框架分析万向国际化的优劣势。经过 SWOT 分析,对比万向集团现实条件,发现万向集团充分利用自身优势和巨大的国际市场机遇,采取稳健的国际化战略,适时出击,达到了较好的效果。

2. 浙江万向集团国际化动因分析

1. 生存压力下的选择

早在 80 年代初,万向就选择了外向型发展的道路,当时它还是一家乡镇企业,产品进不了国家计划,为了企业的生存与发展,万向果断地决定走出国门,进入国际市场寻求出路。

2. 获取更大的国际市场份额

1994 年成立的万向美国公司总部位于芝加哥,是万向集团跨国经营业务的"桥头堡",负责万向国际市场体系的建设与相关品牌的创立和管理,致力于构建涵盖欧美两大洲的万向零部件市场网络,树立"QC"产品的国际品牌地位。万向先后在美、英、加拿大等国设立了销售公司,从而大大提高了万向汽车零部件产品在国际市场的占有份额。例如,万向收购 UAI 公司后,UAI 公司在中国每年的采购量 7000 万美元,这将成为新公司的国际市场份额,同时等于增加了万向的出口,而且还为国内生产企业提供了约 2000 万美元的年订单。

3. 可获得先进技术和信息

万向集团之所以选择欧美汽车工业发达国家作为其跨国经营的目标地区,很大程度上是由于欧美的企业拥有世界上最先进的制造汽车零部件的技术,通过在当地市场的销售和对相关公司的收购,万向集团可以学习和消化其技术,从而提高自身的生产技术能力。另外,接近当地市场,可以根据当地市场的特点,生产适合当地市场需求的产品。

4. 获得国际知名的品牌

万向集团通过海外并购,可以充分利用被并购企业的品牌价值。例如,万向集团并购美国 UAI 公司,UAI 公司的"UBP"品牌在美国美誉度较高。因此,一方面,有利于快速和低成本地扩展美国市场,另一方面也可以使该品牌拓展对其他国家和地区的市场。

5. 可利用国外的融资渠道

收购国外著名公司,并在当地市场建立声誉可以帮助拓展在当地的融资渠道。万向美国公司的国际化并购行为和良好的企业绩效,引起了美国银行的注意。例如,美国花旗银行几次提高万向美国公司的信用额度,而美林公司也主动上门提出愿意为万向美国公司提供资金支持。

五、从全球价值链视角看万向集团国际化战略模式特点

万向集团的国际化战略模式有人总结为"反 OEM"模式,也有人称之为"高端增长模式"。主要特点是:抓住了技术研发优势和品牌服务优势这两个高附加值环节,而在产品制造这个低附加值环节上则充分利用了中国国内的低成本劳动力优势,我们可以用微笑曲线进行分析(见图3)。

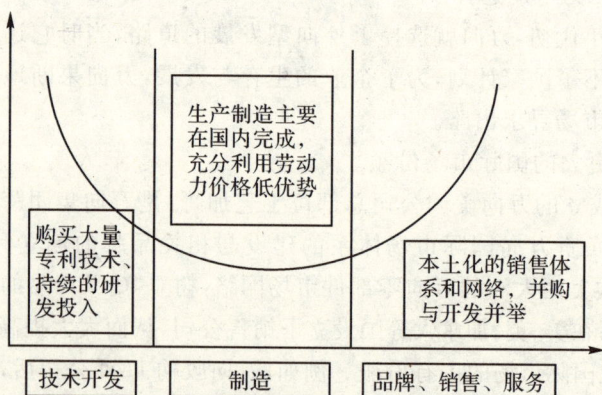

图 3 基于全球价值链视角的万向集团国际化战略模式

1. 技术研发战略

技术革新上,鲁冠球从 1980 年 3 万套万向节报废入手,最先提出了"先生产后生活"的技术路线,规定每年税后利润的 80% 必须用于技术投入,改十五年折旧为七年折旧,集中资金进行技术改造。后来更是提出了技术战略的"四高"政策,即"高起点投入、高精尖设备、高层次人才、高档次产品"。在追求技术进步的过程中,鲁冠球成立了自己的技术中心,该中心现已成为国家级的企业技术中心。万向还通过积极并购国外企业,购买和引进先进的专利和技术,巩固自己的技术实力。通过一系列成功的收购与整合,万向集团如今已成为全球万向节专利数量最多的企业。

从表1我们可以清楚地看出万向集团国际化战略的一大特色,就是并购战略,而且并购的公司大多是美国公司。

2. 本土化营销

市场优势的取得则主要依靠企业所采取的本土化营销方式。万向在世界很多地方利用当地资源,建立自己的市场体系。例如,在美国借用洛克威

尔公司的力量销售万向节；合并使用日本 NTN 公司与美国通用轴承公司的销售系统销售万向节；在南美则使用舍勒公司的整个销售网；在欧洲则起用原 GKN 系统的人员。为配合市场的有效运作，万向还加强了硬件的配置，在美国、英国、墨西哥、巴西等地均设有保税仓库，满足客户对时间的要求，确保提供最好的服务。通过在高附加值阶段确立优势，在低附加值阶段降低成本，万向集团闯出了一条极具发展中国家企业特色的"高端增值模式"，树立了一个企业国际化成长的很好的榜样。

3. 加工基地国内化

万向对先进技术的消化或自己开发后，能够快捷在国内工厂实现商品化生产。因此，生产制造主要在国内完成，充分利用劳动力价格低优势，加工制造在出口到海外市场。

六、万向集团国际化成长战略评价

1. 万向国际化成长战略模式

1. 万向的国际化进程遵循渐进的发展模式

由于企业实力的限制，加上不了解国际市场，万向首先选择最简单易行、风险也最小的间接出口模式。随着国际化经验地不断增加，企业技术水平的提高，万向开展对外直接出口，增强其出口市场的控制力。经过多年的出口积累了一定的经验，且产品在国外也有一定的市场后，万向派出人员在海外设立销售分支机构，直接开展国际营销。随着对国际市场的了解、企业实力的增强，万向正式确立了国际化并购战略目标，先后在海外控股 20 多个子公司，正式实施并购战略。

由此，我看到万向企业成长路径：纯国内经营——通过中间商间接出口——直接出口——设立海外销售分部——海外生产（并购国外公司）。目前，万向在美国、欧洲和南美都已经设立了业务部，在接连并购多家国外老牌企业后，万向的国际化成长已经大大超出了产品出口阶段，具备了比较成熟的海外生产基地和配套机构。万向的国际化符合 Uppsala 模型，走的是一条渐进式的国际化道路。

2. 万向国际化成长战略模式特点

根据邓宁（John Dunning,1976）的国际生产折中理论，从万向自身优势来看，其具有强大的生产能力，以低技术熟练工人为主要劳动力，这些禀赋使得其生产成本低廉，具有加工环节的优势，随着企业规模的扩大、资本积累和对研发的投入加大，万向的资本优势技术优势也开始增强。

万向在国际化扩张中形成了独特的"反向 OEM 模式"，即收购国外知名品牌汽配供应商,把产品转移到国内生产,再打上原来的品牌返销国际市场。这种模式的成功前提是具有低成本和大规模生产能力、对制造技术快速消化吸收能力,加上并购获得的主流市场稳定的客户关系和销售渠道,就可以占尽低成本制造、高价格销售带来的高额利润空间。

2. 万向国际化成长战略的启示与借鉴

从企业成长的角度看,大型企业国际化是企业成长到一定阶段后的必然选择,经济全球的背景下,大型民营企业的国际化是保持竞争力和获取更大市场空间的战略选择。目前,万向在美国、欧洲和南美都已经设立了业务部,在接连并购多家国外老牌企业后,万向的国际化成长已经大大超出了产品出口阶段,具备了比较成熟的海外生产基地和配套机构,已经初步形成一个跨国公司的雏形。万向已逐步习惯用国际化思维来治理企业,组织管理文化日益丰富,逐步与国际接轨。当然,由于国际化成长历史尚短,万向的国际化成长还有很长的路要走。

万向在制造上的长板得以和国外合作伙伴的短板互补,不仅进一步扩大了制造规模,控制了销售渠道和品牌以及一定程度的定价权,得以分享市场利润的大蛋糕。从全球价值链视角看,中国制造型中国跨国企业面对的最紧迫任务是从低附加值的制造环节,向高附加值的营销和研发环节攀升,这个过程不可能一蹴而就,万向从产业链下游为他人做 OEM,逐渐向产业上游渗透,通过获取技术和营销渠道建立国际竞争力,创造出了一个值得借鉴的中国企业国际化新模式。当然,对于有志于成为国际企业的中小企业而言,这一模式不一定适用,可借鉴"天生的国际企业"理论。

参考文献

[1] 赵优珍. 中小企业国际化:理论探讨与经营实践[M]. 上海:复旦大学出版社,2005.

[2] 胡洪力. 提高自主创新能力,加快浙江制造企业国际化进程[J]. 江苏商论,2007(12):144-146.

[3] 胡洪力. 从组织学习的视角看浙江制造企业国际化的战略选择[J]. 商场现代化,2007(24):25-26.

[4] 陈曦、胡左浩、赵平. 我国的天生国际化企业特征与驱动力探寻——基于对江浙地区的四家中小型企业的跨案例比较研究[J]. 中国软科学 2009(4):125-139.

[5] 袁晖. 浙商"走出去"的国际化困境[J]. 浙江统计,2009(12):19-21.

[6] 郑克斌. 中国民营企业国际化的动机——基于万向集团的案例研究[J]. 中国民营科技与经济 2003(8):9-11.

[7] 刘文纲,汪林生,孙永波. 跨国并购中的无形资源优势转移分析——以 TCL 集团和万向集团跨国并购实践为例[J]. 中国工业经济,2007(3):120-128.

复合目标下家族型企业
的绩效来源与评价方法研究①

谢　宏　肖　亮

摘　要:家族企业研究的诸多领域都涉及企业绩效问题,但企业活动和制度设计的多重目标使绩效研究成为一个难点,传统的绩效分析方法需要调整。家族企业的绩效是个复合体,绩效的产生有家族因素的贡献,绩效衡量需要经济型和非经济型指标的结合使用,绩效评价也体现了家族愿景。通过这种复合型绩效的深入分析,家族企业的"异质性"可以得到更大的体现。

关键词:家族企业　企业绩效　关系契约　资源基础观　能力理论

企业理论的主体内容如企业资源特征、制度设计与变革、要素投入的路径和效果等,通常都需要描述其简化后的特征和作用效果,而最终结果都会跟企业绩效相关。企业绩效有一种倒溯效果,即:可以反映企业制度设计和战略机制的目的。对于大量存在的家族控制型企业而言,绩效指标如何设定、绩效结果如何衡量实际上反映了家族和企业之间的矛盾关系与协同效果。

由于学科发展缓慢,在所谓"家族企业理论"中仍然充满了 Kets(1993)所指出的"好坏之争"[1],家族企业地位合理性等类型的价值判断分析是主要议题。因此,涉及企业绩效的微观机制和实证分析较少。在理论和实践领域都会出现这样的疑问:家族是否能成为企业资源的后续依靠? 业绩主要归功于家族参与还是企业组织? 企业的战略目标和家族的财富愿景能否协调一致? 这些问题在家族企业绩效分析中将得到体现,但前提是要真正结合家族企业的

① 本文系国家教育部人文社会科学研究课题"控制性家族关系契约治理及其对企业成长的影响机制:浙江民营企业的实证研究"(编号:),浙江省社会科学基金课题"适应浙商转型知识经营的分布异构知识管理支撑系统研究"(编号:07CGGL015YBQ)阶段性成果。

本质特征,即:家族参与对企业活动的复合影响。因此,本文将从家族企业的契约特征与核心能力入手,分析企业绩效如何反映家族控制与企业发展之间的协调和矛盾,希望为家族企业制度设计的理论分歧找到更具建设性的方向。

一、家族企业绩效研究的难点及原因

在企业理论中,战略和公司治理的效率差异一般都通过企业绩效来体现。对于家族企业而言,企业和家族这两者之间的联系和冲突已经受到广泛重视,而绩效问题则是最能把这些联系与冲突表现出来的环节。但是,企业绩效研究在家族企业领域是一个薄弱环节和难点问题。这主要出于三个原因:

(1)跟企业理论对绩效问题的涉及程度有关。杨瑞龙和杨其静认为,以契约理论为核心的现代企业理论一直较少分析企业的绩效差异及其原因[2],直到战略研究中的能力理论等受到经济学和管理学两方面的重视,企业的生产性和财富创造问题才得到深入研究。

(2)跟理论发展进程相关。Sharma(2004)指出,家族企业理论还处在"前范式(pre-paradigm)阶段",连最基本的家族企业定义及企业存在目的都没有统一认识,研究主题范围也没有确认[3]。战略学者 Habbershon(2003)指出,家族企业研究还没有广泛涉及公司治理和战略[4]。由于学科进程处在发展初期,涉及企业绩效的分析自然不多。

(3)与企业性质有关。家族企业对于企业经营成就的理解和目的通常都是模糊和复杂的,Olson 等(2003)认为控制性家族对企业绩效的追求通常来自经济和非经济两方面[5],Chua 等(2003)指出,这种模糊使得很难为家族企业找到明确的绩效衡量方法[6]。

基于上述原因,本文先分析企业绩效研究的基本进程,然后,分析家族企业的特殊性及其对企业绩效的影响。

二、战略理论对企业绩效问题的基本解释

以交易费用理论为代表的新制度理论关注交易成本及其导致的企业边界问题,这打开了新古典理论的企业"黑匣子"。但是,该理论对企业异质性同样很少涉及。对不同企业的绩效差异进行广泛分析的主要是战略研究。总体上看,战略理论可以看作是绩效的本源分析,即企业绩效差异的产生原因。差异原因的归纳主要有两种视角——产业组织理论先从外部环境中寻找绩效差异原因,后来的能力理论则从企业内部寻找竞争力来源。

强调外部分析的理论主要针对的是企业的外部影响因素,以及这些因素

跟企业的关系。主要成果包括:SSP 模型(战略—结构—绩效)、SCP 模型(结构—行为—绩效)、SWOT 分析以及五力模型理论等,这些模型的基本逻辑都跟 Teece 等(1997)提出的假设相似,即:战略集团或产业内的企业是同质的[7]。在这种假设前提下,单个企业的绩效分析通常都用行业平均利润水平和成本水平变化来解释。但是,这类理论遇到了很重要的困难,Barney(1991)对此的质疑是:同样战略定位下,为何行业内不同企业的绩效和成长性会有巨大差异?[9]针对这种疑问,后续各种研究更加注重对企业内部资源的差异分析,以及资源差异所导致的外部定位,从而找出导致企业绩效差异的原因。

1. 资源基础观(RBV)下的企业绩效

从资源基础观来看,绩效同时来自企业外部和内部,即企业层面的内部因素和市场层面的外部因素。Barney(1991)认为,企业内部资源基础的特异性是企业持续竞争优势和成长的根源,企业价值由市场环境决定[9]。资源基础观关于企业绩效的分析集中于竞争优势上,主要用理查德租金所代表。资源基础观的绩效研究在分析路线上带有倒溯形式,即:企业要获得较好绩效并形成竞争优势就必须采取独特的战略,实施这个战略又需要一系列资源条件。Williamson(1999)在总结战略理论时指出,这种研究方式较为抽象,操作性不强[10]。

2. 核心能力理论中的企业绩效

契约理论刚兴起就面临一种质疑:仅仅依靠(交易)成本节约能带来企业的发展吗?在国内早期的企业制度研究中,产权问题上就产生过类似争论,狭义上的经济学派突出产权制度和改革的作用,而侧重管理学背景的学者则认为"言必称产权"不利于解释企业竞争力差异这个最终结果①。因此,在契约属性之外,应该还有分析绩效差异的入口。

能力理论通过对经济学的一般分析框架和管理学的实证研究导向相结合,对战略和治理理论都是一种重要补充和推进。杜玛和斯赖德(2006)指出,战略研究在经济学和管理学的融合问题上起到了重要推动作用,主要原因在于企业绩效研究得到重视,这使得企业研究更加贴近实践并具有可操作性[11]。实际上,企业研究不仅仅要看交易费用及其导致的企业与市场功能划分问题,还要分析企业如何创造财富、有些企业能成功而有些则会倒闭的原因。

总体上看,关于企业绩效的研究体现出两个广泛性。一方面是企业绩效

---

① 现实中确有大量案例,即:很多企业并没有体现出契约理论所强调的制度特征(比如产权明晰),却拥有良好的经营业绩。

和竞争优势的来源被归结为越来越广泛的要素,这使得企业可以从各种不同途径来获取和发展自己的竞争力;另一方面,企业绩效的表现和衡量也体现为更广泛的形式。相对而言,资源基础观和能力理论都把分析重点放在了绩效来源方面。

三、家族控制影响下的企业绩效来源和衡量

目前的家族企业研究中,企业绩效还只是企业性质和资源特征研究的一个附带物。主要研究都在重点分析企业资源和企业目的等方面的复杂性,特别是社会资本和关系契约在企业生存和发展中的作用,奥森 Olson(2003)指出,企业绩效主要被当作一种印证来说明这些契约和资本的复合型目的[5],而绩效的内部特征,以及如何提升绩效则是模糊问题。

传统战略研究把企业绩效归结为经济性要素,然后把重点都放在技术性分析上。这里就存在两个不明确问题:一个是企业绩效在经济性要素外还有哪些组成内容;另一个是战略决策到底如何影响绩效。比如 Dean 和 Sharfman(1996)针对当前的家族企业研究指出,战略与绩效之间联系很模糊[12]。因此,很难说是表面上的企业组织因素带来了企业绩效。

重视家族控制的综合影响有助于分析绩效难题,Hienerth 和 Kessler (2006)认为,这类研究将成为一种趋势[13]。本文要强调的是,对于绩效来源的分析更多还停留在企业家和文化层面,企业特有组织行为及能力如何影响企业绩效的机制研究还很缺乏。因此,绩效问题应该具体到两个方面:一是绩效来源于何种资源和力量,二是如何衡量与评价绩效结果。

1. 家族化的特殊资源和能力对企业绩效的贡献

当前涉及绩效的家族企业研究多以资源基础观为基础,但其主要讨论企业的特殊性质。比如,Sirmon 和 Hitt(2002)分析了家族企业的资源独特性,及其对企业成功的重要作用。他们认为家族企业的绩效来自两个主要进程,首先是要获取必要和特殊的资源,然后是对这些资源进行有效管理[14]。归纳起来,家族企业具备四种特殊资源。

(1)人力资本:能满足家族企业特殊关系和复杂性要求的人力资本,这种人力资本有正面和负面两种影响,构成与非家族企业的显著区别;

(2)社会资本:人力资本提高了个体上的特殊资源和绩效来源,而社会资本则提高了个体间及个体与组织间关系所带来的特殊资源;

(3)财务资本的耐性:家庭和企业之间的模糊财务边界具有正负两面效应,也构成了家族企业的资源特性。Hoffman 等(2006)也指出,家族企业可以顺利度过经济低迷时期而具有更高的战略持续性[15]。

(4) 生存资本：各种特殊资源为家族企业带来更强的生存能力。它通过家族成员凝聚起来，为企业提高财务支持和利益共享。

由于上述资源特性，家族企业在绩效获取中比非家族企业更具多元性和开放性。Habbershon 等(2003)的绩效模型可以体现这种多元性，作为一个社会性系统，家族、企业、家族成员共同构成企业绩效的影响要素，然后通过"家族性"(Familiness)产生作用，这种资源机制可以转化为家族企业特殊的组织能力[4]。

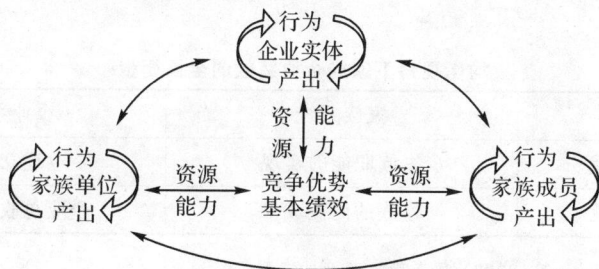

图1　家族控制型企业的复合型绩效模型

注：资料来源于 Habbershon *et al.*，2003。

家族企业中特殊的"企业化家族"现象可以显示家族企业领导人的复杂身份，他需要对家族和企业两个组织的交互作用进行管理。Habbershon 等(2003)特别强调：如果把家族的系统影响剔除，将难以分析真实的企业绩效[4]。因此，在分析家族企业绩效的来源时，必须要结合家族社会资本和企业正式资源的交互影响才更具操作性，它体现了资源－能力－绩效的战略研究框架，其核心就是家族影响。因此，提高家族企业绩效的一个必要条件是：对基于家族的资源和能力进行确认和挖掘。实践中的家族企业经营状况反映了这一点，即：那些较好地利用和管理家族资源的企业能取得更好的绩效①。

2. 家族企业绩效衡量的指标结构和战略目的

家族制背景下的企业绩效衡量是个难点，与企业绩效来源问题一样，也体现出复合性和复杂性，也是由家族企业性质和目的的多重性所决定的。简单地说，如果排除家族影响、社会资本等因素，家族企业就简化为一般企业，绩效衡量就不成为一个特殊问题。Chrisman 等(2003)指出，尽管 78％的文献都以经济指标为主来研究家族企业绩效，但非经济性要素的地位已经受到一致认同[17]。

从过程角度来看，实力较弱的中小家族企业肯定是以经济目标为主的。

---

① 李(Lee)对标准普尔(S&P500)公司 1992 年至 2002 年的数据分析反映了这种情况：占总数 1/3 的家族企业比其他 2/3 非家族企业有更好的绩效和成长性[16]。

企业不但对社会因素考虑甚少,甚至对家庭的财富支持可能都为负。但企业度过较为困难的发展初期后,家族企业会更加重视非经济性的绩效和战略目标。家族企业通常具有高成长性,初创期的绩效管理模式不是研究重点。因此,同时结合经济与非经济指标的均衡观正在成为趋势,这在解释企业可持续发展问题时更有建设性。Olson 等(2003)认为企业和家族有各自的绩效概念,不但对绩效和成就的认知形式不同,绩效衡量也存在主观和客观的形式[5]。

表1　　　　　　　　　均衡视角下家族企业绩效的全面衡量

	家族系统	企业系统
主观成就	家族职能的实现	企业理念的成功
客观成就	家族的商业成果	企业总收入增加

注:根据 Olson 等(2003)的模型整理而成。

总结起来,家族和企业在绩效衡量上存在主观和客观两对矛盾:

(1)客观成就方面,家族和企业的绩效衡量都通过经济性指标实现。但是,关于经济利益的归属会存在不同意见。家族上市公司的控制性家族股东可能会通过一些财务指标的变化实现隐性的财富转移,非上市家族企业虽然存在家族和企业最大可能的利益一致性,但家族内的社会化利益需求和机制与企业发展的要求也会有冲突。

(2)主观成就方面,企业与家族之间,甚至家族内部会出现较大分歧。家族希望通过企业的财富创造过程实现家族职能,这种职能实现指家庭关系和价值观的维系,但很多家族拥有企业和财富后逐渐出现家庭关系紧张①。因此,家族在绩效衡量问题上会加入更多非企业性质的因素,但这些因素在正式的企业绩效衡量形式中未必具有合理性或者合法性。作为一种均衡或折中,家族企业绩效衡量应该同时考虑家族和企业的利益和愿景。从战略理论的逻辑来说,企业绩效是战略体系的收获,Chandler& Hanks(1993)就指出过,企业绩效的分析应该从企业目的出发[18]。所以,家族企业的绩效来源和衡量都考虑到家族意图和家族影响是合理的。

一个较特殊的视角是,肯定绩效目的有复杂性的前提下,绩效衡量仍采用经济性指标。Mustakallio(2002)把家族要素放入企业绩效的来源,但只采用财务指标来衡量绩效[19],李新春和陈灿(2005)从关系契约角度分析了家族

---

① 奥森(Olson)具体指出,家族紧张度每降低 4% 可以为美国家族企业带来 3.89 亿美元的收入[5]。

企业的绩效,但也只将销售增长率作为家族企业绩效的衡量指标[20]。不过,绩效来源多元而衡量单一的方法可能只是权宜之计,用更具社会资本性质的要素来衡量家族控制的目的及其作用将是未来的研究重点和难点。

四、结论

当前的中国民营企业和家族企业正面临内外部两方面的转型压力和机遇,外部因素是产业升级和经济发展环境的变革,特别是中国经济改革和工业化进程正走出数量型粗放发展阶段,企业成功所需要的竞争力正在全面升级;内部因素则是公司治理和企业资源方面的调整,二次创业的任务非常艰巨。在这种战略环境和目标下,家族控制型的民营企业将会采取更加开放和多元的方法,来获取战略绩效和评价绩效指标。因此,当前研究需要采取内外结合、资源和能力结合以及社会资本和经济价值相结合的综合视角。

对于经济性指标而言,后续研究不会与非家族企业绩效分析有太多区别。如果是上市公司还可以通过更深的指标展开,比如 Tobin's Q 和 ROA 曾用来家族控制型上市公司的绩效衡量指标。家族企业的“异质性”最容易通过社会资本因素来体现,因此,非经济性因素分析将推动家族企业研究的突破性发展,特别是在企业绩效中明确家族因素的贡献度,及其特殊的绩效形式。相比普通的经济性指标,非经济性指标更有助于体现家族企业在地域、文化、生命周期和企业家精神等环节上的差异,从而说明各地企业的不同特色。

参考文献

[1] Kets de Vries M.. The Dynamics of Family Controlled Firms: The good news and the bad news[J]. Organizational Dynamics, 1993, 21(3): 59—71.

[2] 杨瑞龙,杨其静. 企业理论:现代观点[M]. 北京:中国人民大学出版社,2005:100—146.

[3] Sharma P.. An Overview of the Field of Family Business Studies: Current Status and Directions for the Future[J]. Family Business Review, 2004, 17(1): 1—36.

[4] Habbershon T., Williams M. & MacMillan I.. A Unified Systems Perspective of Family Firm Performance[J]. Journal of Business Venturing, 2003, 18(5): 451—465.

[5] Olson P., Zuiker V., Danes S. & et al.. The Impact of the Family and the Business on Family Business Sustainability[J]. Journal of Business Venturing, 2003, 18(5): 639—666.

[6] Chua J., Chrisman J. & Steier L.. Extending the Theoretical Horizons of Family Business Research[J]. Entrepreneurship Theory & Practice 2003, 27(4): 331—338.

[7] Teece D., Pisano G. & Shuen A.. Dynamic Capabilities and Strategic Management [J]. Strategic Management Journal, 1997, 18(7): 509-533.

[8] Barney J.. Firm Resources and Sustained Competitive Advantage[J]. Journal of Management, 1991, 17(1): 99-120.

[9] Williamson O.. Stragegy Research: Governance and Competence Perspectives[J]. Strategic Management Journal, 1999, 20(2): 1087-1108.

[10] 塞特斯·杜玛,海因·斯赖德. 组织经济学——经济学分析方法在组织管理上的应用[M]. 北京:华夏出版社,2006: 183-194.

[11] Dean J. & Sharfman M.. Does Decision Process Matter? A study of strategic decision-making effectiveness[J]. Academy of Management Journal, 1996, 39(2): 368-396.

[12] Hienerth C. & Kessler, A.. Measuring Success in Family Businesses: The concept of configurational fir[J]. Family Business Review, 2006, 45(2): 115-134.

[13] Sirmon D. & Hitt M.. Managing Resources: Linking unique resources, management, and wealth creation in Family Firms[J]. Entrepreneurship Theory and Practice, 2003, 27(4): 339-358.

[14] Hoffman J., Hoelscher M. & Sorenson R.. Achieving Sustained Competitive Advantage: A Family Capital Theory[J]. Family Business Review, 2006, 19(2): 135-145.

[15] Lee J.. Family Firm Performance: Further evidence[J]. Family Business Review, 2006, 19(2): 103-114.

[16] Chrisman J., Chua J. & Steier L.. An Introduction to Theories of Family Business [J]. Journal of Business Venturing, 2003, 18(4): 441-448.

[17] Chandler G. & Hanks S.. Measuring the Performance of Emerging Businesses: A validation study[J]. Journal of Business Venturing, 1993, 8(2): 391-408.

[18] Mustakallio M.. Contractual and Relational Governance in Family Firms: Effects on strategic decision-making quality and firm performance[D]. Doctoral Dissertations, Helsinki University of Technology, 2002: 123-124.

[19] 李新春,陈灿. 家族控制型企业关系治理:一个探索性研究[J]. 中山大学学报, 2005, 45(6): 107-115.

企业高管团队战略决策机制权变整合模型构建

——基于战略决策速度的视角

古家军

摘　要: 围绕高管团队战略决策速度这一目标,以战略决策机制为出发点。首先分析了企业高管团队战略决策机制的权变因素,然后综合这些因素的特点构建了企业高管团队战略决策机制的权变模型。研究结论显示:不同的团队领导风格、有无决策顾问的参与、冲突解决的好与坏、团队成员决策权的大小以及战略决策情境是否有利等因素对战略决策速度有重要影响。该模型为企业的战略决策提供了一个可资借鉴的分析框架,有效地保证了战略决策的速度和正确性辩证统一。

关键词: 高管团队　战略决策机制　整合模型

一、引言

郑杭生(1998)认为,"机制"一词,在汉语中,原指"机器的构造和工作原理",后用来"借指有机体各部分的构造、功能、特性及其相互联系和相互作用。"英文表述为"mechanism"。社会科学引入这个词之后,意义更为广泛,主要有三种:"一是指事物各组成要素的相互联系,即结构;二是指事物在有规律的运动中发挥作用、效应即功能;三是指发挥功能的作用过程和作用原理。"把三者综合起来,更概括地说,机制就是"带规律性的模式。"[1]

沈荣华(2003)认为,机制是指事物之间的"有机联系"和"相互作用"。机制的内在逻辑关系是:机制构成主体之间的相互联系可看作是机制的静态关系结构,各主体之间的相互作用可看作是机制的动态表现形式,这种相互联系和相互作用具有稳定性和规律性,并将会产生相应的功能作用[2]。

根据国内外专家学者对战略决策机制的考察与分析,本文对战略决策机制的含义做出如下界定：战略决策机制是指企业高管团队内部决策主体之间，以规范高管团队决策权力、提高战略决策质量与实现企业既定利益为目标，通过多种多样的相互联系和相互作用，从而形成的关于企业高管团队决策权力的分配以及决策运作的程序、规则与方式等一系列制度性安排的总和。国内外经验表明，好的战略决策来自于好的战略决策机制。因此，企业高管团队的战略决策机制具有明确的目的性，体现战略决策主体间相互联系相互作用的一种功能运作模式和规范性的制度安排。沃尔沃集团总裁雷夫·约翰松认为一家管理良好的跨国企业，需要同时做到两点：一是有着明确的战略目标；二是拥有良好的结构性决策机制。

二、企业高管团队战略决策机制的权变因素

企业的战略决策机制与决策事件存在一定的对应关系，但这种对应关系也并非是绝对的对应关系，它还必须与战略决策的情境相结合。比如，2008年全球金融风暴，致使一些金融企业生存状态受到极大的挑战，那么企业高层领导必须采取紧急决策，但由于决策的难度大、涉及的信息比较分散、技术要求比较高，领导者就不能简单地"一拍"了之，而应当采取专家即时献策和领导者即时"拍板"相结合的决策机制。总而言之，战略决策机制、决策事件和决策情境的对应关系是相对的。实践中最关键的是要领悟战略决策中的权变精神，高瞻远瞩、具体问题具体分析，善于根据不同的战略决策事件和决策情境采取相适应的战略决策机制。

1. 团队领导风格与战略决策情境

高效的团队领导者需要知道如何根据外部环境的变化改变战略决策的风格。比如在简单、复合、复杂和混乱这四种情境下，要分别采取不同的领导方式。高层管理者如果能够正确识别主要情景，警惕危险信号，避免不合适的反应，就能够在各种情境下快速做出有效的战略决策，多种情境下的战略决策特征见表1。

从表1可以看出，不同的领导风格以及不同的战略决策情境，都会直接影响高管团队的战略决策过程，从而影响战略决策的效果。

2. 信息的数量与质量

通过分析战略决策过程的时间分布得知，高管团队战略决策时间占用较多的决策环节是情报活动，而情报活动主要是收集信息、筛选信息、信息加工的过程。因此信息的数量和质量直接影响战略决策的速度。Eisenhardt（1989a）提出了即时信息的概念，即为与企业当前的经营和环境有关的、信息出现和报告之间很少或没有时间滞后的信息。她通过案例研究证明了"及时

表 1　　　　　　　　　　　多种情境下的战略决策

	情境特点	领导者的职责	危险信号	对危险信号的反应
简单	重复的模式与连贯一致的事件；人人都能看出明确的因果关系；存在一种正确的解决办法；属于"已知的已知"领域；根据事实进行管理。	感知、分类、做出反应；确保正确的流程到位；委派任务；运用最佳实践；以明确、直接的方式进行沟通；可能没有必要进行广泛的交互式沟通。	自满与舒服；希望把复杂问题简单化；习惯思维；无人对公认的信条提出质疑；如果情境发生变化，过于依赖最佳实践。	建立沟通渠道，挑战正统观念；对情况给予关注，而不要进行事无巨细的管理；不要认为事情很简单；认识到最佳实践的价值与局限性。
复合	需要专家进行诊断；能够发现因果关系，但并非人人都能一眼看出，正确的解决办法可能不止一个；属于"已知的未知"领域；根据事实进行管理。	感知、分析并做出反应；建立专家小组；倾听相互冲突的建议。	专家对自己的解决方案过于自信，或者相信过去一些解决方案的功效；"分析瘫痪症"；专家小组；排斥专家人员的观点。	鼓励外部和内部的利益相关者对专家意见提出质疑，以克服习惯思维；利用试验和游戏迫使人们跳出常规。
复杂	多变与不可预测性；没有正确的答案，但具有启发性的模式会显现出来；属于"未知的未知"领域；许多相互冲突的观点；需要采用富有创造性和创新性的方法；根据模式进行领导。	探寻、感知，并做出反应；营造环境并进行试验，促使模式显现出来；加强互动与沟通；采用有助于激发创意的方法，开展讨论（集思广益法），设定界限、激发吸引点，鼓励表达不同意见和多种观点、管理好初始条件并监控模式的出现。	倾向于退回到惯常的命令与控制模式；倾向于寻找事实，而不是让模式显现出来；希望尽快解决问题或者利用机遇。	要有耐心，留出时间进行反思；采用鼓励互动的方法，使模式能显现出来。
混乱	动荡不安；没有明显的因果关系，因此寻找正确的答案毫无意义；属于不可知领域；需要做出许多决策，没有时间思考；非常紧张；根据模式进行领导。	采取行动、感知，并做出反应；寻找奏效的办法，而非正确的答案；立即采取行动重新建立秩序（命令与控制）；提供明确而直接的沟通渠道。	运用命令与控制方法的时间过长；对领导者狂热崇拜；错失了创新机遇；混乱程度没有减轻。	建立机制（比如平行小组），以便抓住混乱环境所提供的机会；一旦危机减弱，鼓励咨询顾问质疑你的观点；努力使混乱情境转变为复杂情境。

资料来源：根据 David J. Snowden，Mary E. Boone(2007)整理[3]。

信息使用的越多,战略决策过程的速度就越快"[4]。Jackson & Dutton(1988)[5]
和 Eisenhardt(1990)[6]认为及时信息之所以能加快战略决策的速度是因为它能
加快问题的识别,从而使高层管理者能及时发现问题和机会。因此,关注及时
信息实际上是在培养高管团队成员的直觉,他们凭借这类直觉,能够对环境做
出快速而准确的反应。如何抓住这些及时信息呢?Eisenhardt(1989a)[4]认为执
行官们(高管团队)应该习惯于注意大量的诸如每日或每周的计划、图片、目录
册、现金流、竞争者的动向等,而且应该通过面对面的即时沟通、分享这些及时
信息,而不是通过备忘录等中介形式去延迟时间。因此,在不确定的环境下,及
时信息的获取主要靠决策者本身的直觉和现代信息管理系统技术。高管团队
在战略决策时所占有的信息数量和质量对战略决策速度和风险都会带来直接
的影响,可以用下面的图来说明它们的关系,如图 1 所示。

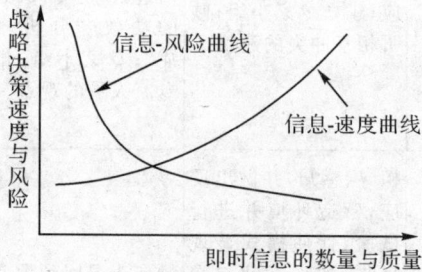

图 1　即时信息与战略决策速度

3. 同时考虑多个被选方案

Eisenhardt(1989a)[4],张建林(2006)[7],胡蓓,古家军等(2008)[8]都认为,
同时考虑备选方案的数量越多,战略决策过程的速度就会加快。Staw 等
(1981)[9]也认为同时考虑多个备选方案减少了对任何单一选择的过分依赖。
同时考虑多个备选方案能加快决策的速度是因为以下原因:同时考虑多个备
选方案使高管团队成员的信心得以建立,因为有多个备选方案使得他们感觉
到没有错失其他更优越方案。考虑多个备选方案可以为决策者们提供方案
比较的可能性,在进行比较时,某个备选方案的优势就表现出来了,便于方案
的选择。同步考虑多个备选方案为决策者提供了决策失败的补救措施,即当
一个方案失败时能迅速转向另一个方案。

4. 建立决策咨询顾问团队

Eisenhardt(1990)[6]认为快速决策最大的障碍就是在不确定性环境下决
策者的焦虑和压力,这很容易造成反应的迟滞。她提出了通过引进有经验的
顾问来解决这一问题。经验丰富的顾问之所以能加速决策原因之一在于,他

们能够提供高质量的建议和信息,加快了备选方案的制定的速度,为各种主义提供快速咨询。另一原因是,经验丰富的顾问能在高速不确定环境下应对高风险,这增强了决策者做出决策的信心。

5. 尽可能解决决策中的冲突

胡蓓、古家军等(2008)认为,冲突使决策过程的速度减慢[8]。但是,Eisenhardt(1990)[6]等也认为,聪明的决策者知道怎样去利用冲突的优势加快决策速度。快速战略决策者往往利用"少数服从多数"去解决决策过程中的个人障碍,或者是使大多数部门的领导逐渐趋向于一致去解决决策过程中的冲突。"少数服从多数"的方法能使决策速度加快是因为冲突本身是自然的、不可避免的和有价值的,快速决策者不必要取得每一个人的同意,符合"大多数"原则就可以了。而慢速决策者总是希望把不确定的变成确定的和取得全体一致的意见。

6. 提高决策整合的效率

Eisenhardt(1990)[6],张建林(2006)[7]等认为,决策整合就是将单个的相似的决策综合在一起形成连锁式的决策。决策整合往往不需要形成成熟的书面计划,只需要决策者在脑海里形成容易快速描述或勾画的认知图像即可。决策整合的过程是对备选方案,可能涉及的情境,以及潜在的冲突、风险提供更好的理解,是决策类型和方法更好的匹配。决策整合的效率越高,越能保证决策的科学性,同时也是提升决策速度的有效途径。

Jennings 和 Haughton(1990)提出了快速公司的战略决策模型,认为一个快速公司必须做到四点,即快速思考、快速决策、快速反应顾客和速度的持续。并且针对每一方面提出了具体措施,如通过预报和路线图、预测、头脑风暴、推敲每一个想法、让最好的想法凸显并取胜等技术或措施实现快速思考。通过确立指导原则、摆脱官僚主义、重新组合、分散决策、持续评估等手段实现快速决策。通过确立顾客导向理念、赢得竞争优势、敏捷供应链、与顾客建立直接沟通渠道、制度化变革等手段实现快速反应顾客。通过简化、团队精神、合作分享文化、自信和成长态度、快速的商业模式、创造力管理等手段实现快速的持续[10]。因此,我们可以构建一个快速公司的战略决策模式,见图2。

三、企业高管团队战略决策机制的权变模型的构建与分析

根据以上分析,企业高管团队的战略决策,不仅是一个高度复杂的过程,而且也是一个权变的过程,不同的团队领导风格、有无决策顾问的参与、冲突解决的好与坏、团队成员决策权的大小以及战略决策情境是否有利等都直接影响着战略决策的速度。如果将战略决策速度的量表在这些情境下进行评

快速思考	快速决策	快速反应顾客	速度的持续
● 预报和路线图 ● 预测 ● 发展趋势分析 ● 头脑风暴 ● 反复推敲每一个想法 ● 让最好的想法凸显	● 确立指导原则 ● 摆脱官僚主义 ● 重新组合 ● 分散决策 ● 持续评估	● 确立顾客导向理念 ● 赢行竞争优势 ● 敏捷供应链 ● 与顾客建立直接沟通渠道 ● 制度化变革	● 简化 ● 团队精神 ● 合作分享文化 ● 自售和成长态度 ● 快速的商定模式 ● 创造力管理

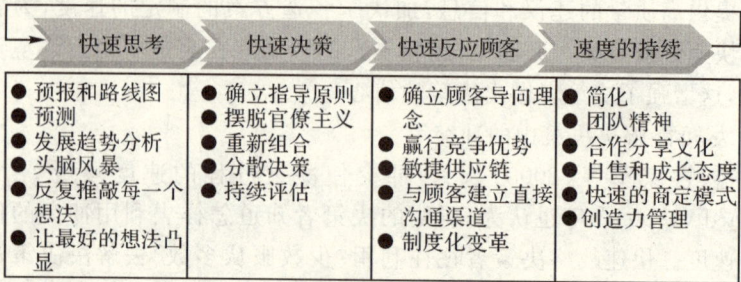

图 2 快速公司的战略决策模式

资料来源:J. Jennings & Hanughton(1990)。

分,就可以得到在某一因素下的战略决策速度得分,将各个不同的得分刻画在坐标上就会形成一条战略决策速度的曲线,如图 3 所示。

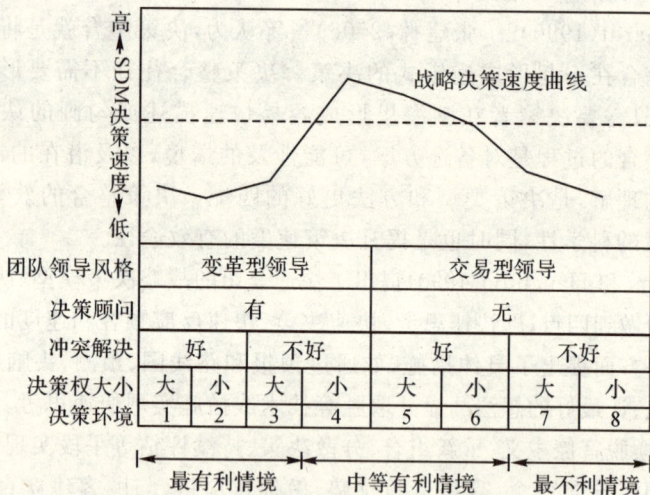

团队领导风格	变革型领导				交易型领导			
决策顾问	有				无			
冲突解决	好		不好		好		不好	
决策权大小	大	小	大	小	大	小	大	小
决策环境	1	2	3	4	5	6	7	8

最有利情境　　　中等有利情境　　　最不利情境

图 3 企业高管团队战略决策机制的权变模型

在图 3 中,可以看出变革型领导风格相对于交易型领导风格更能提升高管团队的战略决策速度。这是因为,从领导理论的变迁来看,变革型领导更注重领导哲学的提升和领导理念的创新,而不再只是局限于将领导看成是控制、协调等管理的过程与技巧的使用。变革型领导是通过领导者个人的人格魅力来影响下属,通过提升下属的需要层次和内在动机水平,激励下属不断地挑战与超越自我,为追求更高的目标而努力的过程。变革型领导通过领导魅力或理想化的影响(Charisma or Idealized Influence)、动机鼓舞(Inspirational Motivation)、智能激发(Intellectual Stimulation)、个性化关怀(Individualized

Consideration)四个维度去领导下属,使下属更有积极性和主动性参与到战略决策中来,从而提升战略决策的速度。Yammarino 等(1994)认为交易型领导重视领导者与下属间的交换关系,这种交换的性质可分为明确的或低品质的,以及较不明确的或高品质的。较低品质的交易主要是有形物质交换,例如员工达成一定目标后,则增加其薪酬,较高层次的交易则是领导者和员工间无形物质的交换,例如忠诚、情感、信任、委以重任等。交易型领导风格在一定的情境下可以激发下属的积极性,但这种激励力是有限的,难以长期持续。因此,在高管团队战略决策时,团队领导风格不同会对战略决策速度产生重要的影响[11]。

　　一个企业的战略决策顾问团队能够为高管团队提供高质量的建议和信息,加快备选方案的制定速度,为高管人员的各种意见提供快速咨询。同时,经验丰富的顾问能在高速不确定环境下增强高管团队人员做出决策的信心。因此,有无决策顾问团队直接影响战略决策的速度。

　　团队冲突可能会增加抵触与不满,但同样也可能增强理解与创造力。Amason(1996)认为,认知冲突起因于人们对任务的目标及完成方法的认识不一致,情绪冲突起因于个体与个体之间的怀疑或不适应。由于认知冲突有助于集思广益和协调一致,因此与高层管理团队决策的质量、理解程度和接受程度成正相关。而情绪冲突不仅削弱决策质量和成员间的理解,而且降低了成员的满意感,伤害了成员间的感情,导致团队效能下降[12]。一般来说,无论是认知冲突还是情感冲突,都是由于其价值观的差异导致的。对于企业高管而言,价值观能影响企业的目标选择和实现目标所经历的途径。TMT 成员必须在关键的价值取向上取得一致,否则容易在企业最重要问题上意见相左而导致关系紧张甚至领导团队分裂。一个聪明的团队领导者,不是他的业务技能有多强,而是在其概念技能的超群,冲突的协调化解之快。所以,高管团队冲突的解决首先要塑造一种价值观共享的团队文化,其次要营造一种鼓励认知冲突,抵制情绪冲突的团队氛围,最后要建立坦率、公开讨论的团队规范,从而提高了团队内部分歧的透明度。

　　传统决策观点认为,集权有利于快速决策。但在高度不确定的环境下,高度集权可能因为对具体信息了解的不够全面而造成整体决策效率比较低,决策不准确,甚至决策失误。分权是解决这类问题的一个比较有效途径,可以提高整体决策的效率,节省高层领导者的时间。但分权也有不足和负面影响,主要是增加代理成本和协调成本。如何控制代理人的决策行为,并按照公司整体利益最大化行使决策权利,保证对公司的忠诚度,需要建立有效的控制和监督体系。

四、研究结论

企业高管团队的战略决策,不仅是一个高度复杂的过程,而且也是一个权变的过程,本文分析了不同的团队领导风格、有无决策顾问的参与、冲突解决的好与坏、团队成员决策权的大小以及战略决策情境是否有利等因素等对战略决策速度的影响,从而构建了高管团队战略决策机制的权变整合模型。该模型为企业的战略决策提供了一个可资借鉴的分析框架,有效地保证了战略决策的速度和正确性辩证统一。

参考文献

[1] 郑杭生.社会学概论新编[M].北京:中国人民大学出版社,1998.

[2] 沈荣华.政府机制[M].北京:国家行政学院出版社,2003.

[3] Snowden D. J., Boone M. E.. A Leader's Framework for Decision Making[J]. Harvard Business Review, 2007(11)15—31.

[4] Eisenhardt K. M.. Making fast strategic decisions in high-velocity environments[J]. Academy of Management Journal, 1989a, 32:543—576.

[5] Jackson S. E., Dutton J. E. Discerning Threats and Opportunities [J]. Administrative Science Quarterly, 1988, 33(3):370—387.

[6] Eisenhardt K. M.. Speed and strategic choice:How managers accelerate decision making[J]. California Management Review, 1990, 32(3):39—54.

[7] 张建林.快速战略决策的理论与方法研究[D].华中科技大学博士学位论文,2006.

[8] 胡蓓,古家军,陈荣秋.战略决策时间压缩研究[J].科学学与科学技术管理,2008(3):120—124.

[9] Staw B. M., Sandelands L. E., Dutton J. E. Threat rigidity effects in organizational behavior:a multilevel analysis [J]. Administrative Science Quarterly,1981,26(4):501—524.

[10] Jason Jennings, Laurence Haughton. It's not the big that eat the small—it's the fast that eat the slow : how to use speed as a competitive tool in business[M]. New York : Harper Business, 2000,p262.

[11] Yammarino F. J., Dubinsky A. J.. Transformational leadership theory:Using levels of analysis to determine boundary conditions[J]. Personnel Psychology, 1994, 47(4):787—811.

[12] Amason A. C.. Distinguishing the effects of functional and dysfunctional conflict on strategic decision making:resolving a paradox for top management teams[J]. Academy of Management Journal, 1996, 39(1):123—148.

模块化"设计规则"的经济效率研究

娄朝晖

摘要:模块化首要前提是"设计规则",即模块化分解合理与否决定性地关系到整个模块化的经济效率,首先必须考虑这一模块分割方案的总和成本——收益是否合理。"设计规则"的本质是复杂系统的功能分解方式,可视为一种专业化分工的具体实现形式,因此,本文运用新兴专业化分工理论,对模块化设计规则的收益(专业化分工经济效应)和成本(模块分割带来的各种交易费用)进行分析。

关键词:模块化 设计规则 分工 专业化 经济效率

一、问题的感悟

模块化(Modularity)是当今实施新产业模式、提高供应链响应性的基础工作。这一概念最早由 H. Simon(1962)提出,Simon 把模块化理解为一种在进化环境中促使复杂系统均衡动态演进的特别结构。其后,池田、国领、藤本等日本学者对网络产业和汽车工业的研究也表明,模块化在这两个领域受到了普遍重视。美国学者约瑟夫·派恩二世(Pine Ⅱ,1992)的研究显示,组织构件的模块化在重型设备、手表、自行车、快餐、以及法律服务和金融、信息服务等行业得到广泛应用。Bald win & Clark(1997)认为,模块化是一种有效组织复杂产品和过程的战略;M. Aoki(2002)也认为,在过去二十多年中,模块化作为一种新的组织模式以及产业结构的新本质,正日益受到人们的青睐;Alexander(1964)认为,模块化作为一个规则被用于建筑设计,目的在于使建筑物的外形和环境更好地协调,并克服设计者认知上的不足;Starr(1965)则把模块化看作是解决市场所寻求的更高的多样性的最好解决办法。[1]

模块化即"将事物分解为模块",彻底改变传统产品概念,把产品重新理解、定义为一套复合功能组合,一套用户"问题"(需求)解决方案。也就是按照功能——结构对产品进行分解,最终进行组合以完成全部业务,这涉及"设计的分工"、

"生产过程的分工"、"产品结构的划分"、"产品零部件的通用化"、"（企业内外的）组织形式"、"组织间信息传递方式"、"技术体系的创新个发展"等，从而使产品变成"可定制的"，主要包括两个阶段：模块化设计和模块化制造。[2]

模块化实际上是在成组技术（Group Technology, GT）基础上发展起来的更高水平的功能－结构分解方式。产品模块化首先按照需求所要求的功能规划出总体结构，即制订合理的"产品结构划分"；然后，按照各部分功能把产品划分为不同模块，相近或紧密相关的功能划为一个模块，分别交由相应的专业企业细化设计，同样其制造也交由相应专业厂商大规模批量生产；最后，根据不同客户需求进行差异化组装，实现把规模效应和速度效益与个性化定制、多样化需求满足结合起来。[3]

模块化把产品结构标准化为各主要"功能块"，分别进行集中化生产，其关键环节首先是设计规则，这关系到一开始的结构设计是否合理，从而功能分解是否合理，还要规划好各"功能块"之间的接口设计和兼容性，以为后续组装做好准备；要使用"延迟策略"，尽量延迟产品差异化的分离点，尽可能使产品相似部分的比重大些、个性化定制的部分少些，以最大限度地利用规模化生产的成本效益和速度效益。在整个模块化系统中，负责设计规则及关键模块制造的厂商往往占据主导地位。[4]因此，本文选择"分工专业化"这一视角，借助杨小凯、黄有光（1998, 1999, 2000）专业化分工理论，着重对"设计规则"中功能分解即模块分割的合理性进行经济效率分析。

二、模块化"设计规则"的经济效率

对于模块化的经济效率问题，Pine Ⅱ（1992）曾指出"构件模块化是将制造业美国模式中的可互换零件发展到更高水平，其规模经济是通过模块化构件而不是产品获得的；范围经济是通过在不同的产品中反复使用模块化构件获得的"。[5]但能否取得这样的经济效率，正如前面所述，首要关键是模块化的"设计规则"是否合理。"设计规则"就是按一定规则把复杂系统（产品或过程）分解给各个模块主体，一旦分解完成，后者作为半自律的下层组织，在同一的标准界面平台下，相互独立地对各模块进行细化设计和生产制造。因此，设计规则是决定模块化效率的首要关键问题。[6]

尽管离散制造行业、连续流程行业、服务行业分别采取的是产品实体分解、技术参数分解、操作工艺分解三种基本的模块分割方式，但有一点共同特征：一个由许多独立单元（或功能模块）组成的模块化系统，其能否高效运行的关键在于标准化（"可见"）的规则和非标准化（"隐含"）的设计参数的分离。只要这一分离是精确的、清晰的和完整的，模块化就是有益的（Baldwin &

Clark,1997)。[7]既然模块化分解的首要前提是功能分工即模块分割,模块的精确、清晰及合理与否决定性地关系到整个模块化的经济效率,那么我们首先必须考虑分割方案的成本-收益是否合理,但作为一个复杂系统,我们不应只是静态、孤立地分别考虑各模块的经济效率。实际上,这种系统功能分解或称模块分割,可以很好地被视为一种专业化分工的具体实现形式[8],因此模块化的收益可视为杨小凯、黄有光(X-K. Yang & Y-K. Ng,1999)的专业化分工经济效应,其成本则是分工(模块分割)带来的交易费用,包括模块化之前寻求合理的"设计规则"(模块分割的分工方案)导致的事前外生交易费用,和分割之后模块主体之间的协调成本及利益冲突导致的合作剩余损失即事后内生交易费用。专业化(specialization)是指一个经济主体"专务一业",实现了内部的静态规模经济和动态规模经济(经验曲线或称学习效应)及内生性技术创新;分工(division of labor)则是对产品或流程进行技术分解,形成专业种类的多样化,导致了分工经济或称分工网络效应,即一加一大于二的效果(superadditivity)。综合起来,专业化分工就是对生产流程进行合理的技术分解,在一定协调机制下把各分解部分交由各个专业化的主体。[9]

我们首先作些必要的设定:

假设1:一个复杂性系统 Ω 在技术约束下可以分割为 N 个模块。每个模块可视为一个独立的功能分工单元 $j(j = x, y \cdots\cdots)$,相互之间通过某种协调方式共同完成系统 Ω 任务(即满足市场需求);

假设2:模块化导致复杂性系统价值分解为若干模块化构件的功能集成,引致的交易费用包括事前外生交易费用 T_i(寻找标准化信息规则、进行模块化分割等"规则设计"成本)和内生交易费用 T'(分解之后形成的模块化系统在运作中模块主体之间的协调成本和利益冲突造成的合作剩余损失);

假设3:经过模块化过程,形成了标准化的模块化构件,可以获得专业化经济效应 $V_j(j = 1,2,3\cdots\cdots)$,整个复杂系统 Ω 获得分工网络效应 V_0;一个复杂系统模块化后分为两类构件:标准部分和特征部分,这构成异质对称结构,各取其代表性的两个构件 X、Y,其相应的模块主体是 i_1、i_2,如下表1所示。

表1　　　"完全专业化和完全分工"的 2×2 简单(对称) 模型[10]

模块构件 ＼ 单元主体	i_1	i_2
X	+	－
Y	－	+

1. 交易费用为0时

设有两个模块 X 和 Y,二者构成的复杂系统 Ω 设定为生产系统 $X^aY^b = L$。在事前相同(无任何外生禀赋差异)的模块单元主体中任选其一设定为 i,i 在模块化之前混同生产模块 X、Y,令 $X_i \equiv (X_i + X_i^s)/L_{Xi}$ 表示 i 生产 x 的劳动生产率;$Y_i \equiv (Y_i + Y_i^s)/L_{Yi}$ 表示 i 生产 y 的劳动生产率;令 $L_{ji} \equiv L_{ji}/L$ 表示则 i 生产 j 的专业化水平,则 j 的劳动生产率可表示为主体 i 专业化水平的函数:

$$X_i \equiv L^{a-1}L_{Xi}^{a-1}, Y_i \equiv L^{a-1}L_{Yi}^{a-1}, L_{ji} \equiv L_{ji}/L \tag{1}$$

式中 X_i 是 i 生产 X 的劳动生产率,Y_i 是生产 Y 的劳动生产率;L_{Xi} 是 i 生产 j 的专业化水平。参数 $a-1$ 标志着专业化经济程度。

(1) 若 $a > 1$,则 X_i 与 L_{Xi} 一同增长,意味着模块化导致主体 i 专业化生产标准化构件 j(生产 X 或 Y,相应放弃 Y 或 X),整个系统显示出专业化经济。

(2) 若 $a < 1$,则 X_i 与 L_{Xi} 一同减小,意味着模块化导致主体 i 专业化生产标准化构件 j(生产 X 或 Y,相应放弃 Y 或 X),整个系统显示出专业化不经济。

(3) 若 $a = 1$,则该生产系统显示出专业化报酬不变。

命题1:模块化之后,至少有一个模块成为标准化构件,能够由其"专务一业"的进行专业化生产,当 $a > 1$ 时产生专业化经济 $V_j(j = 1,2,3\cdots\cdots)$。

一个模块化系统按照组成最终产品的功能-结构分解为若干分工单元,各个分工单元之间存在专业化种类的差异(多样化水平 n^*),其模块主体也存在专业化水平的差异($L_{ji} \equiv L_{ji}/L$)。专业化和各种专业种类多样化是分工的两个侧面,各个主体的专业化经济如上命题1。由于模块化既有完全专业化(一个主体只"专务一业"生产 j),也还有完全分工(按功能分割的各部分构件,即多样化专业的产品种类数目 n^*),这就比仅仅专业化而都从事同一专业得到的总量转换曲线的效率更高。严格地,分工经济就是当边际转换率(X_i^p 与 Y_i^p)呈递增时,分工的两种效果(专业化和多样化)导致整个模块化系统呈现报酬递增。其条件是:

$$Y + Y^s = [(X = tX^d)L_y]^a, a \in (0,1) \tag{2·1}$$
$$X + X^s = L_X^b \tag{2·2}$$
$$L_X + L_Y = 1, L_i \in [0,1]$$

如果分工(模块化)之后交易费用为 0 时,最终产品的最大产出水平有所提高的话,就称整个模块化系统呈现分工经济,也即命题2。

命题2:构件模块化形成标准化的独立功能单元,在无任一模块专业化不经济的前提下,只要至少有一个模块有专业化经济,复杂系统就能在交易费用为 0 时显示分工经济 $V_0 \cdot \sum V_j$。

2. 交易费用为正时

下面我们继续讨论交易费用为正的情况下模块化得到分工经济的条件。模块化过程的关键之点是寻找标准化信息(规则),即影响后续设计的"设计规则",它通常在模块化之前就被确定下来了,又在之后的整个系统中占据主导地位。这类信息或规则主要由三部分组成:(1) 体系结构。明确说明系统各部分的模块及其功能;(2) 接口。详细描述模块怎样相互作用的,包括模块是怎样装配在一起,怎样连接和怎样联系的。它是各模块组织"互动"、"交流"(Langlois,1999)的平台;(3) 标准。用于测试模块是否与设计规则一致(即模块 A 是否在系统中起作用),以及衡量一个模块相对于另一模块的性能,标准就成为系统的一种"语言"(Calcagno,2002)。以上构成了模块化的事前外生交易费用,有助于减少事后内生交易费用。剩余的是非标准化信息,即那些不会影响模块本身之外的设计规则,它可以在后期做出选择,并可以经常改动,不必和本模块之外的人交流,对于本模块之外的人而言是"隐含"的[11],不会构成模块间协调的内生交易费用成本,因此设置"设计规则"时也不必付出事前外生交易费用。

直观地看,只要整个模块化系统的专业化分工总收益(专业化经济加上分工经济)大于总和交易费用(事前外生交易费用加上事后内生交易成本),则模块化系统就是有经济效率的。用 k 代表交易效率系数,k 取在半开区间$[0,1)$,代表扣除外生的 T_i 和内生的 T' 后的净余额占 Ω 总量产出的比重;$1-k$ 则可称为交易费用系数。由上所述,整个系统 Ω(模块化系统 $X^a Y^b = L$)的分工专业化经济由专业化经济 $V_j (j = 1,2,3\cdots\cdots)$ 和分工网络效应 V_Ω 合成。当且仅当

$$V_0 \cdot \sum V_j \geqslant T_i \cdot \sum T' \qquad (3)$$

(3) 式成立时,模块化交易效率足够大($K > 0$),用下式($4 \cdot 1 - 4 \cdot 3$)具体表示:

Ω 真实收益函数:$U = (X + KX^d)(Y + KY^d)$ $\qquad (4 \cdot 1)$

每个主体的生产函数和时间约束:

$$X + X^S = L_X^a, Y + Y^S = L_Y^a \qquad (4 \cdot 2a)$$

$$L_X + L_Y = 1, L_i \in [0,1] \qquad (4 \cdot 2b)$$

预算约束条件:

$$P_X X^S P_Y Y^S = P_X X^d P_Y Y^d \qquad (4 \cdot 3)$$

命题 3:只要交易效率系数 k 足够大时($K > 0$),模块化就是有经济效率的。

这意味着,只要整个模块化复杂系统 Ω 的总量产出(分工专业化经济)

$V_0 \cdot \sum V_j$ 超过系统被模块化(分工专业化)后导致的总和交易费用 $T_i \cdot \sum T'$，Ω 的真实收益(real returns)就为正，模块化就是"有利"的。[12]

三、关于模块化"设计规则"的引申思考

M. Aoki(2002)认为,是因为以下因素使现今的模块化超越其古典分工意义:(1)分解复杂的系统后所得到的模块本身就是复杂的系统;(2)模块联系规则的进化发展;(3)模块之间的联系规则("可见"设计规则)一旦确定,每个模块的设计和改进都会独立于其他模块的设计和改进。[13]更为重要的是,在应对需求和技术导致的不确定性持续增强的动态市场环境时,模块化通过提供一种定制化手段使企业获得了适应性效率,[14]但这意味着专用性资产种类、数量的不断增加和资产专用性程度的不断提高,也即专业化分工演进导致的专门化实物投资、专业化人力资本积累等"特质"投资不断增加,从而迂回生产链条和中间产品数目相应复杂化。这些不同的资产专用性程度可以看成不同的专业化分工水平,需要相应的规制结构对应于相应的分工结构,"市场、企业以及企业内部管理层系的各个层次正是分工分层结构的各个层次。"(X−K. Yang & Y−K. Ng,1999)。只有当交易规则与交易特征相匹配、适应时,才会节省交易费用,获得分工专业化的净效应,初始"设计规则"实际上就是一个协调模块主体间分工合作的交易规制结构。[15]综上,实施模块化策略、进而实现产业模式创新,应同时从三方面配套着手:

1. 产品概念:模块化设计和制造

模块化(Modularity)是企业实施新产业模式"大规模定制"、提高客户需求响应性的基础工作,其核心就是使产品供给变灵活。模块化即"将事物分解为模块",彻底改变传统的产品概念,把产品重新理解、定义为一套复合功能组合,一整套给用户的"问题"(即需求)解决方案。模块化即按照功能—结构对产品进行分解,最终进行组合以完成全部业务,这涉及"设计的分工"、"生产过程的分工"、"产品结构的划分"、"产品零部件的通用化"、"(企业内外的)组织形式"、"组织间信息传递方式"、"技术体系的创新个发展"等,从而使产品变成"可定制的",主要包括两个阶段:产品模块化设计和模块化制造[16]。

模块化实际上是成组技术(Group Technology,GT)发展的高级形态,是一种更高水平的功能—结构分解方式。产品模块化首先按照需求所要求的功能规划出总体结构,即制订合理的"产品结构划分";然后,按照各部分功能把产品划分为不同模块,相近或紧密相关的功能划为一个模块,分别交由相应的专业企业细化设计,同样其制造也交由相应专业厂商大规模批量生产;

最后,根据不同客户的特定需求进行差异化组合,实现把规模效应和速度效益与个性化定制、多样化需求满足结合起来。

模块化是产品标准化技术发展的新阶段,即把产品结构标准化为各主要"功能块",分别进行集中化生产,其关键环节首先是设计规则,这涉及一开始的结构设计是否合理,从而功能分解是否合理。特别要注意的是,要规划好各"功能块"之间的接口设计和兼容性,以为后续组装做好准备;还要使用"延迟策略",尽量延迟产品差异化的分离点,尽可能使产品相似部分的比重大些、个性化定制的部分少些,以最大限度地利用规模化生产的成本效益和速度效益。在整个供应链上,负责设计规则及关键模块制造的厂商往往占据主导地位[17]。

2. 流程再造:通用性流程

建立通用性流程是应用新产业模式的另一项基本工作[18]。在传统模式下,企业根据市场预测研发设计产品,再根据产品功能—结构要求,定购相应配套的专用性设备流程,而生产出来的却是单一品种的通用性大众化产品。一种流程生产一种产品,产品改变就必须相应改变工艺流程。这样的流程只适合于市场需求稳定、从而产品生命周期较长的产品,若随需求变更产品乃至相应专用性工艺设备,成本及转换时间会很高,从而丧失规模化批量生产的成本效益和速度效益[19]。

而用一个通用流程生产多样产品,每种产品生命周期虽短,但流程生命周期却可以延长。链上企业都进行通用性流程再造,可为保证整个供应链的快速响应性提供坚实的微观技术基础。通用性流程就是把原先刚性生产过程变为弹性生产过程,能及时变化以用来生产不同品种,用延长"流程生命周期"代替以往延长"产品生命周期"的策略。而要使工艺设备通用化,就要综合应运精益生产(Lean Product,LP)、柔性制造系统 FMS,以及计算机辅助设计 CAD、计算机辅助制造 CAM、计算机辅助订货 CAO、数控机床等智能数控化技术,综合利用电子数据交换系统 EDI、销售点实时数据 POS、电子订货系统 EOS、客户关系管理系统 CRM、制造资源计划 MRP Ⅱ、企业资源计划 ERP、先进计划系统 APS 等信息管理技术。

3. 组织变革:网络化、扁平化

适应模块化设计和制造以及通用柔性流程的要求,企业组织及其外部关系结构也应相应改变。近来,不仅展销企业间加强结网,组织企业网络;而且"大而全"的大企业也纷纷推行业务归核,纵向分离,横向分立,分拆为许多外部小企业。通过战略联盟(SA)、动态虚拟一体化、企业集群(cluster)等网络化组织方式而不再是一体化控制方式,既利于企业引进市场竞争,提高资源外取(out-sourcing)和资源互补的实现效率,改进业务水平,也利于内部精简层级、下放权利,实现扁平化,降低组织成本。

通过发挥外包(sub-contracting)网络的作用,模块化系统中各节点企业实现自身扁平化,以工作单元、项目小组的分权化形式运作,则灵活性可进一步提高。由掌握模块设计规则和关键模块制造的企业主导、协调整个链网运作,采用牵引式(pull)运作方式,把最终需求作为动力机制,整个链网以客户需求为核心运转,使"为顾客服务"从营销理念变为实际的需求敏捷响应[20]。

四、结论和启示

模块化首要前提是"设计规则",即模块化分解合理与否决定性地关系到整个模块化的经济效率,首先必须考虑这一模块分割方案的成本－收益是否合理。"设计规则"的本质是复杂系统的功能分解方式,可视为一种专业化分工的具体实现形式。综上,"设计规则"要有效率,必须同时在产品设计和制造、流程再造、组织方式三方面进行配套创新,都采取模块化策略运作。

本文的启示是:运用模块化策略时,"设计规则"合理与否,不仅要考虑兼容性等技术层面的问题,还要考虑提供各个模块的运营主体之间的交易费用大小;模块化的最优分解程度和分割边界,应通过综合考虑这两个方面的代价,并与模块化策略带来的总收益进行对比来确定。

参考文献

[1] 盛世豪,杨海军.模块化:一种新的组织模式[J].科研管理,2004(2):12－19.

[2][11][17] 青木昌彦,安藤晴彦(周国荣译).模块时代:新产业结构的本质[C].上海:上海远东出版社,2003.

[3] 娄朝晖.新产业模式:效率型供应链的响应性问题解决之道[J].财经论丛,2008(6):95－102.

[4] Carliss Y. Baldwin, Kim B. Clark. Design Rules: The Power of Modularity [M]. MIT Press, 2000.

[5] B.约瑟夫·派恩二世(操云甫等译).大规模定制:企业竞争的新前沿[M].北京:中国人民大学出版社,2000.14－49.

[6] 陈劲,桂彬旺.模块化创新:复杂产品系统创新机理与路径研究[M].北京:知识产权出版社,2007.

[7] Carliss Y. Baldwin, Kim B. Clark. Managing in an Age of Modularity [J]. Harvard Business Review,1997,75(5):84－93.

[8] 张其仔等.模块化、产业内分工与经济增长方式转变[M].北京:社会科学文献出版社,2008.

[9] 杨小凯,张永生.新兴古典经济学和超边际分析[M].北京:中国人民出版社,2000.

[10] 杨小凯,黄有光(张玉刚译).专业化与经济组织———种新兴古典经济学框架[M].北京:经济科学出版社,1999.

[12] 杨小凯.经济学原理[M].北京:中国社会科学出版社,1998.

[13] [16] 卡利斯·Y.鲍德温,金·B.克拉克等(北京新华信商业风险管理有限公司译).价值链管理[C].北京:中国人民大学出版社、哈佛商学院出版社,2001.

[14] 大卫 M.安德森,B. Joseph Pine Ⅱ(冯涓等译).21世纪企业竞争前沿:大规模定制模式下的敏捷产品开发[M].北京:机械工业出版社,1999.

[15] 青木昌彦(周黎安译).比较制度分析[M].上海:上海远东出版社,2001.

[18] B.约瑟夫·派恩二世(操云甫等译).大规模定制:企业竞争的新前沿[M].北京:中国人民大学出版社,2000.242—244.

[19] Maha Muzumdar,Narayan Balachandran.昨天、今天、明天:供应链管理的演变[J].中国计算机用户,2002(5).

[20] Cooper M. C., Ellram L. M., Gargner J. T., Hanks A. M.. Meshing multiple alliances[J]. Journal of Business Logistics. 1997,18(1):67—89.

金华民营企业发展路径创新研究

陈云娟

我市民营企业发展迅猛,民营企业的工业产值占全市工业总产值的 90％左右,全市规模以上的企业中,民营企业占 99.0％,工业总产值占 88.9％,从业人员占 98.0％。民营经济不仅成为金华市国民经济的重要支柱,而且成为推进城乡一体化建设,扩大就业、繁荣市场的主体力量。但现如今我市的民营企业发展到了一个转折点,受金融危机和种种生产要素成本增加的影响,民营企业的市场和利润空间正不断萎缩。如何引导民营企业更好的发展,已成为一个急需解决的问题。本文拟通过分析我市民营企业的特点,为未来发展路径提出一些建议。

一、金华市民营企业发展的特点

我市民营企业经营范围、管理模式和经营策略等方面各有千秋,总体来说,有以下几个特点:

1. 企业结构以中小型企业为主,规模化程度日益提升

截至 2008 年底,全市共有民营(私营)企业 43220 户(其中个人独资企业 13043 户、合伙企业 1123 户、特殊的普通合伙企业 1 户、有限责任公司 29012 户、股份有限公司 41 户)、投资者人数 79124 人、雇工人数 803761 人、注册资本(金)9984170 万元,注册资本 1000 万元以上的企业有 1400 多家。总体来看,我市大约 80％的民营企业都以中小型为主,近几年也涌现了一批如浪莎袜业、新光集团、铁牛集团、广厦集团、横店集团、东阳三建、歌山建设、立马控股、青年汽车集团等大型的规模企业集团,在建筑、汽车制造、汽摩配、水泥、饰品等方面引领全国。还有一些企业正在筹划兼并、扩大经营等途径正在发展壮大。

2. 产业领域以劳动密集型为主,科技化趋势明显

从产业领域看,通过收购兼并、联合联手和外合作等投资方式,我市民营

企业已经遍布一、二、三产业。但从比重分析结果表明民营企业主要集中在第二产业，占68.28%，第三产业其次，占26.96%，而第一产业只有4.76%。第二产业又主要集中在制造业和建筑业，制造业中又集中在传统的加工和轻纺行业。在第三产业中则主要从事批发零售贸易和餐饮业、租赁商业服务业、房地产业等几大行业中。上述统计数据表明，我市民营企业主要从事于传统加工、轻纺、批发零售和餐饮业等劳动密集型产业。从业人员素质也反映了民营企业劳动密集型的特点，目前我市民营企业主及其雇员的学历大多数是高中及高中以下，根据工商局在企业年检中对近500家民营企业的调查显示，企业从业人员大专以上文化程度的人数只占9.3%，民企总经理大学本科以上学历的仅占20%，民营企业主大学以上学历的不到5%。但近年来，民营企业主学习气氛越来越浓，自身综合素质得到较大的提高，尤其经历了2008年的金融危机，部分企业开始重视技术的创新，投入巨资开发新产品，设立科研机构。全市有40个左右循环经济项目列入省"911"计划，涉及清洁生产、节能、资源综合利用等八个方面。

3. 以"块状经济"为依托，集聚化发展能力增强

专业市场为依托，以民营企业为主体，专业乡（镇）、村（街道）为基础，形成了被喻为"块状经济"的区域特色产业。较为典型的义乌中国小商品城，实施"以商促工、贸工联动"战略，向工业企业发展，带动了义乌三千多家小商品生产企业；再如前店后厂，家家办厂的五金之乡永康市，为了能产生集聚效应，打造了五金产业总部。以"块状经济"为依托的民营经济，以专业分工为基础，互相合作逐渐集聚成一个"无形大工厂凭着低成本的优势，借助及时的市场信息和丰富的销售网络，大量的民营企业得以迅速崛起并发展壮大。

4. 发展战略着眼于世界，国际化程度不断提升

随着民营企业发展层次的提升和经济全球化的推进，纷纷把目光瞄准国际市场，拓展能力得到提升，逐步走向国际市场。在我市有众多的民营企业与国外的大企业联合，参与他们某些零部件的加工生产，产品主要销往国外；还有的企业原材料和产品销售市场"两头在外"。据统计，全市从事外向型生产经营的民营企业达五千多户。由此可见，我市民营企业对国外市场依赖性比较高。通过几年的发展，有些实力较强、生产水平较高的企业，利用外资嫁接改造等途径到境外建立营销机构、研发中心、生产和原材料基地。

5. 企业管理以家族制管理模式为主，资本开放度有所提高

从2008年对我市民营企业的调查分析得知，企业形式57%为有限责任公司，31%为股份有限公司，还有25%为个人独资公司。管理决策由企业领袖作出的占25%，重要决策经高管讨论后，再由领袖作出的占63%，实现民主

决策只占 12%,90% 以上的民营企业决策非经企业领袖认可不能执行。由此可见,我市民营企业决策民主化程度不高。这些数据说明现阶段的民营企业家族制管理思想十分浓厚,规模较小、产业比较集中、产品较为单一的一般采用传统的家族制管理模式。而企业规模较大的,涉足于多元化经营的、发展较成熟的企业,正有序地推进资本社会化,我市境内外上市企业共有 8 家,境内 6 家,境外 2 家;境内买壳上市的 5 家,另有在美国纳斯达克市场交易 2 家。重点培育上市企业 22 家,其中 5 家列入辅导。

二、金华市民营企业发展的主要障碍

根据以上分析,我市民营企业发展较快,但是要把企业做强、做大,保持基业长青,企业内部和政府部门存在一些障碍。

1. 企业层面存在的主要障碍

1. 民营企业公司治理结构家族化严重

2008 年对金华的民营企业作了一项问卷调查,调查显示民营企业的所有权高度集中,在非上市民营企业中,企业主和家族成员之和占总股份的 90% 左右,而且这几个人的关系大多为直系亲属,如夫妻或父子或兄弟等,其他家族成员控制了小部分,而高管和核心技术人员占有的股份很少,一般低于 3%,而且股权极为分散,对公司的经营决策基本没什么影响。这些股东在公司成立前就有较亲密的关系,其中是亲属的 70%,商业伙伴的占 25%。这正证实了金华民营企业在创业期间主要依靠亲情、友情来筹集资本,并至今未被打破。几个上市企业股权等到了稀释,但家族仍掌握着对企业的绝对控股权。高层决策权特别是在有关财务政策、资源分配和高层管理人员的选拔方面仍然掌握在家族成员手中。这种家族化的治理结构,在艰难的创业条件下,确实发挥了极大的作用,但随着企业进一步成长,这种资源内源型为主的治理结构,导致的人员、资本等方面社会化程度低,使得那些已经成长到一定规模的企业很难突破发展"瓶颈"。

2. 民营企业创新能力普遍不强

我市民营企业所有权主要集中在企业主及其家族成员手中,企业的财富即是家庭财富,在这种所有权模式和治理结构下,企业主在决策中,坚持稳定重于发展,经验重于知识,模仿重于革新,关注短期利润重于无形资产,创新精神缺乏。另外,家族制管理模式下,对外来人才信任度低,导致难以吸引和留住人才,再加上人才的薪酬较高,许多企业都不舍得花钱引进,造成企业自主创新技术人才、管理人才和技能人才的稀缺。金华民营企业的资本以内源性为主,资金有限。而创新资金投入大,风险高,虽然现在有的企业主已经意

识到创新的重要性,但还是愿意把有限的资金投向资金回报率高、周期短的行业。调查显示,我市民营企业80%没有进行研发活动,用于研发新技术、新产品的费用占销售收入的比重不到2%,明显低于5%—15%国际水平。在经济发展以创新为主导的今天,企业创新能力较弱日益成为企业持续发展的障碍。

2.外部环境层面存在的主要障碍

1.主导产业缺乏

"轻、小、民、加、特"是我市产业结构特点,这些特点在民营经济发展之初,在当时重工业基础差,消费品市场短缺的经济背景下,选择以轻工业为主。大多企业主原来都是农民上岸,用自己和家族成员仅有的积蓄,置办了企业,所以进入的行业都是成本低、技术要求不高的加工业。但发展到现在,随着各种生产要素价格不断攀升,融资困难,用地紧张,劳动力工资上涨等问题打破了原来的均衡。从市场要素来看,消费品现在已成为买方市场,还经常遭受国际"二反一保"的打击。小企业、小资本的发展模式使得民营企业在竞争中显得势单力薄。因此,要靠原来"灵活经营加一点冒险精神"实现企业市场空间的拓展,已经越来越难了。相反以主导产业为龙头,专业分工为基础,加强协作为纽带的发展模式却能有较强的竞争优势。但从我市民营企业来看,虽然有些企业已发展到一定规模,但他们的带动力、辐射力不强。这样的结构,将会使我市的经济发展后劲不足。

2.专业市场结构松散

我市的专业市场通过"一乡一品",发展特色经济,自愿选择的方式建立起来的。依靠小企业集中"扎堆",信息共享,降低交易成本等优势,促进了民营企业的发展。但是,近年来这种松散、无序的组织形式制约了企业进一步发展。比如由于同质企业太多,造成同行竞争严重,价格战使大家元气大伤,人才互相挖墙脚,造成人才诚信度低。同类企业的仿制,极大地挫伤了民营企业自主创新的积极性,同时也使部分企业对仿制产生了依赖,减弱了整个产业创新精神。从产业链来看,产业链短、附加值低。

三、金华市民营企业发展路径创新思路

我市民营企业要保持强劲的发展势头,主要在于民营企业自身的内功修炼,但外部环境的支持也是不可缺少的。

1.民营企业发展的内部路径创新

1.建立现代化企业治理结构

从金华的文化来看,"家"文化的观念虽然比较浓厚,但也不闭塞。这就

有了建立现代化企业治理结构的文化基础。但在现在"家"文化背景和职业经理人社会信任度低的社会环境下,虽然家族治理在企业发展到一定阶段和规模后已不能适应现实的需要,但不能完全否认其存在的合理性和积极的成分,尤其对中小企业而言可以说优势还是比较明显。在这种情形下,要求我市民营企业完全建立两权分离的公司治理结构,是很难让他们接受的。因此,金华民营企业在企业治理结构改革时,最主要的是突破家族企业在资源配置方面的封闭性,包括物质资本和人力资本等。可以从控制性大股东——家族这个要素着手,家族控制权开放并且对自身进行职业化塑造为主要改革路径。对一些规模以上的企业可以建立一种坚持所有权与控制权合一,职位、股权、财务相对开放的企业管理制度——现代家族企业制度,这种制度下,在保证家族对企业控制权的基础上实现股权开放,建立比较完善的公司治理结构。我市的青年汽车集团、新光集团等已基本建立了这种企业治理结构。通过向家族企业外壳内注入现代企业制度的新理念,实现家族企业制度与现代企业制度有机结合,为民营企业发展壮大创造制度条件。

2. 提升企业的技术创新能力

正如前面所说,我市民营企业主要依靠资源要素投入、低成本扩张来实现企业的发展。随着资源、环境约束的趋势,土地、能源、原材料和劳动力成本的上升,这种盈利模式难以继续。未来的经济发展创新肯定是主题,技术创新是核心部分。近几年在科技投入上有所增加,但总体来说还是非常弱的。因此需要加强对民营企业创新的引导。首先应加强对心智模式的引导,创新并不是高不可攀,创新可以原始创新,也可以消化吸收的二次创新,还可以模仿创新。创新的领域可以是产品的创新,也可以生产工艺的创新,甚至是某个小问题的突破等,改变自主创新是大企业和政府的事,中小企业无能为力的错误观念。日本的中小型企业,企业主打产品定位明确,往专、细、精纵深方向发展,以极强的领会力和创新能力,融入大企业的产业链中探求发展路径。然后,政府切实落实创新扶持政策,如税收优惠、资金支持等。最后要营造良好的创新环境,比如尊重创新人才的人文环境,为企业引进人才创造条件;加强知识产权的保护,一方面增强了企业创新的积极性,另一方面从源头消除仿制的依赖性。

2. 民营企业发展外部环境路径创新

1. 科学规划产业结构

民营企业的成立主要是自发的,靠创业者灵敏的反应力加上一点冒险精神成立并发展,缺乏产业规划。虽然我市以工业园区为依托,建立一些产业集聚点,但联动作用微弱。因此,政府部门应该对产业结构作出科学规划,加强主导产业的培育。所谓主导产业是指一定的经济发展阶段,在经济中占有较大的比重,具有中长期发展潜力和广阔的市场前景,对工业结构、产业结构和经济发展起到承上启下的作用,并拥有区域优势与技术进步能力的产业。根据日本经济学家筱原三代平提出主导产业选择二标准,应该选择需求收入弹性基准和生产率基准。他认为,随着人们收入水平的提高,应选择需求收入弹性高和生产率上升快的产业作为主导产业。根据这两个标准,轻工业的特点是需求收入弹性低、劳动生产率上升率比较低,因此,主导产业一般应为工业企业。在主导产业中培育一批骨干企业,主要集中精力进行技术攻关、产品研发和品牌创建,至多从事极少数核心部件生产,同时发展一批小而精、小而专、小而特的优势企业。发挥这些企业的带动、辐射作用,将上、下游的中小企业纳入整体发展规划,利用骨干企业技术、品牌、管理等优势,联合一大批具有专注于某一制造环节的中小企业,实现专业化分工协作的产业集群,竞争优势将明显增强。

2. 加速专业市场向现代产业集群转变

专业市场是以最终产品为龙头,以专业化分工为基础,以社会化协作为纽带形成的专业信息集散地,是区域经济发展的主要支撑力量。我市已经形成几个义乌、永康等几个较大的专业市场,并初步形成了以专业市场为依托的物流信息中心,在我市的经济发展中起到一定的作用。但要充分发挥专业市场的作用,关键是要推动专业市场向现代产业集群升级,把一批生产最终产品的中小企业纳入到以专业市场为中心的产业集群中。以最终产品为主,改变目前企业主要集中在中间制造环节的加工生产结构,尽可能向两边延伸,向前道机械制造、原材料开发和生产环节推进,向后建立现代物流和信息化销售平台等商贸服务业延伸,减少同业之间过度竞争。加强专业市场和企业的联系和合作,使市场信息得到充分共享,降低以专业市场为依托的中小企业产品的交易成本。并通过现代化物流中心和销售网络等商贸服务业,让企业实现零库存,减少储存成本,加快资金周转,从而提高整个系统的利润率。

主要参考文献

[1] 陈广胜.关于创新民营经济发展模式的思考[J].宏观经济研究,2007(3).

[2] 周顺卿.杭州民营制造业产业结构优化升级的目标选择[J].中共浙江省委党校学报,2007(3).

[3] 徐炎章.论家族企业治理优化现实性演进路径——以浙商为例[J].商业经济与管理,2007(4).

[4] 蔡文彬.论浙江民营企业的竞争情报环境[J].现代情报,2007(1).

历史演进

龙游商帮崛起原因的再认识与当代借鉴

韩永学

摘　要：龙游商帮乃明清时期的十大商帮之一，与徽商、江右商几乎同时崛起于江南丘陵地区，可谓浙商之祖。龙游商帮崛起的原因主要有：一是江南丘陵孕育了龙游商帮；二是山地性格造就了龙游商帮；三是重商传统生成了龙游商帮；四是浙东学派塑造了龙游商帮；五是恤商政策成就了龙游商帮。对于今日浙商而言，最值得继承与借鉴的龙游商帮思想主要有：一是家书家谱中的"宗规"；二是历史著作中的"商规"；三是老字号中的"儒术"。

关键词：龙游商帮　江南丘陵　山地性格　重商传统　浙东学派　恤商政策　万历新政　为商十要

龙游者，游龙也。"龙游"一名在历史上曾有多个名称，或姑蔑，或太末，或龙邱，或盈川，最应感谢的是吴越王钱镠，正是钱王觉得"邱"如坟丘之丘不详，故改为"龙游"，其寓意不言自明。龙游人不负先人所望，在诸多商帮中率先崛起，成就了一番伟业，创造了龙游商帮的商业文明，真正成为中国商业史中的一条"游龙"。在明清十大商帮中，首先兴起的是五大商帮，即徽商、晋商、江右商、龙游商、洞庭商，稍后才是另外五大商帮，即闽商、粤商、山东商、陕西商、宁波商。

在探讨龙游商帮崛起的原因时，专家学者总结归纳了很多龙游商帮成功的原因。陈学文认为，龙游商帮兴起的原因有四点：一是明清时期商品经济的迅速发展；二是优越的地理位置；三是强烈的致富思想；四是高度重视文化教育。[①] 陶水木认为，近代浙江商人兴起是经济社会多方面原因促成的。浙江的地理区位优势及浙江人多地少的矛盾是近代浙商兴起的重要因素；自明末以后浙江相对发达的商品经济是近代浙商兴起的经济基础；鸦片战争后东

---

① 陈学文：《龙游商帮研究——近世中国著名商帮之一》，杭州出版社，2004 年版，第 131—132 页。

南五口通商特别是上海、宁波的开埠则是近代浙商兴起的历史契机。[①]

笔者通过对龙游商帮的大量史料研究发现,龙游商人骨子里有一种昂扬向上、勇于开拓的精神,他们不由天,不宿命,不知足,突出主体的独立性、商人的自主性,这种精神或许是龙游商帮驰骋天下、兴盛至极的原动力。概括而言,龙游商帮崛起的原因主要有五个方面:一是江南丘陵孕育了龙游商帮;二是山地性格造就了龙游商帮;三是重商传统生成了龙游商帮;四是浙东学派塑造了龙游商帮;五是恤商政策成就了龙游商帮。

一、江南丘陵孕育了龙游商帮

法国的孟德斯鸠(Montesguien,1689—1755)在其所著的《论法的精神》(1748)一书中就强调说:"气候的王国才是一切王国的第一位。……异常炎热的气候有损于人的力量和勇气,居住在炎热天气下的民族秉性懦怯,必然导致他们落在奴隶地位……"。英国学者 H. T. 巴克尔(Henry Thomes Buckle,1821—1862)在其《英国文明的历史》(1857)一书中提出:"高大的山脉和广阔的平原(如在印度),使人产生一种过度的幻想和迷信"。"当自然形态较小而变化较多(如在希腊)时,就会使人早期就发展了理智"。

龙游地处江南丘陵的浙西地区,既有中低山,又有丘陵盆地,既有衢江水系,又有河谷平原。橘生淮南则为橘,生于淮北则为枳。一方水土养一方人。金衢盆地既属于山地文化,又属于平原文化。但从龙游商帮三府八县的构成来看,总体上属于山地文化,如衢州府的西安、常山、开化、江山、龙游五县和金华府的兰溪县等以及绍兴府会稽县、山阴县等,均以山地为主。人多地少的矛盾越发突出,"靠山吃山"的思想只能维持温饱,甚至忍饥挨饿,因此,为了摆脱贫困,哪怕做"贱民"(商人自古以来被称为"贱民")也在所不辞。[②]

历史上影响较大的商帮主要来自山陕、安徽徽州地区、洞庭东西山、江西、山东、宁波、广东、浙江龙游等。从中,我们很难发现传统的经济发达区如江南苏杭平原、四川成都平原等处出现大的商帮,反之在一些土地贫瘠,社会经济落后地区,如山陕、徽州及江西山区、福建沿海一带,由于人多地少的矛盾高度紧张,剩余劳动力唯有四处移民或外出营商以求谋生。如果这些地区再有交通便利,土产丰富,民风机巧俭啬等特点,那么势力雄厚的商帮诞生就大有可能。山陕商人、徽州商人、江右商人和龙游商人就是最好的例证。[③]

---

① 陶水木:《浙商与中国近代工业化》,中国社会科学出版社,2009 年版,第 9—10 页。

② 杜正贞:《浙商与晋商的比较》,中国社会科学出版社,2008 年版,第 66—70 页。

③ 邹逸麟主编:《中国人文地理》,科学出版社,2001 年版,第 368 页。

龙游商帮崛起于山岭蟠结、经济不甚发达的山区,有其深刻的地理、历史、文化背景。多山少田、地狭民稠的自然环境和生存环境迫使民众行贾四方以维持生计。另外"东南孔道"、"水陆辐辏"的交通区位优势,境内土特产丰盛的物质基础以及敦厚的民风民俗等,均为民众经商提供了种种的可能性。正是这些要素的因缘聚会,孕育了龙游商帮的崛起并创造了历史的辉煌。

二、山地性格造就了龙游商帮

德国地理学家拉采尔(Friedrich Ratzel,1844—1904)深受当时 C. R. 达尔文(Charles Robert Darwin,1809—1882)的进化论的影响,他认为"人和生物一样,他的活动、发展和分布受环境的严格限制,环境以盲目的残酷性统治着人类的命运"。环境塑造了不同地区人的不同性格。正如《礼记·王制》所云:"广谷大川异制,民生其间者异俗。"浙江有 11 个地区,自然环境相差很大。金华、衢州、丽水地区主要为山地,杭州、嘉兴、湖州主要为平原,宁波、舟山、温州主要靠海。台州、绍兴属于混合地形。自然环境的不同造就了四种类型的浙江人性格。分别为山地文化性格、平原文化性格、海洋文化性格和混合文化性格。而山地文化、海洋文化不同于平原文化,山地文化、海洋文化孕育出来的人敢闯敢干、敢冒风险。龙游商人就是这样,当年他们"无远弗届"、"遍地龙游"就是最真实的写照。

其实,中国传统文化中强调"百善孝为先","尽孝"的一个重要方式就是,父母在,不远游。而商人恰恰违背了这一几千年奉行的道德守则,游走四方是商人的本质特征,龙游商人亦不例外。"汇通天下"、"钻天洞庭遍地龙游"、"无徽不成镇"、"无宁不成市"这些谚语都说明商人游历广泛,无孔不入,通都大邑、交通干线沿线和经济繁盛之区都是每个商帮必争之地。但在行商地域上,每个商帮还是有自己的特点。如山陕商遍布全国,主要活跃在长江以北各省份及两淮盐区,西南、西北各内陆边远省份的大中城镇为其独占。清代的山陕旅蒙商更是深入蒙俄,发展对外贸易。徽商、洞庭商及龙游商多活动在江南各大城镇和沿长江、运河沿线,清后期向南方沿海地区拓展。东南沿海的宁波商人、福建商人和广东商人则利用海道便利,舟楫娴熟,多沿海贸易或远赴东南亚、南亚、日本及美洲一带开拓海外市场。

龙游商帮以"无远弗届"闻名于世,龙游商人大多从事长途贩销活动,"龙游之民多向天涯海角,远行商贾"。不仅活跃在江南、北京、湖南、湖北和闽粤诸地,而且还一直深入到西北、西南等偏远省份。据有关文献记载:明成化年间,仅云南姚安府(即今云南楚雄南彝族自治州西部)就聚集了浙江龙游商人和江西安福商人三、五万人。他们足迹不仅遍及全国各地,直至海外日本、吕宋等地都有龙游商人的足迹。在明嘉靖年间,就发现海外通商者中就有龙游商人。

据史书记载:龙游商人"挟资以出守为恒业,即秦、晋、滇、蜀,万里视若比舍",有"遍地龙游"之说。如龙游商人童巨川在嘉靖年间至宣府大同做边贸生意,"一往返旬月,获利必倍,岁得数万金,自是兄弟更相往来,垂二十余年,遂成大贾。"至清乾隆年间童氏家族:"多行贾四方,其居家土著者,不过十之三四耳。"

三、重商传统生成了龙游商帮

早在西汉初期实行贱商政策之时,司马迁却将农工商虞并称,并曰:"待农而食之,虞而出之,工而成之,商而通之"。南宋叶适针对汉初贱商之策,公开宣称:"四民交致其用,而后治化兴。抑末厚本,非正论也。"到明清之际,黄宗羲又提出了"工商皆本"的主张。还有如东汉王符、唐代韩愈、宋代范仲淹、苏轼、欧阳修、陈亮等等。其中,范仲淹在《四民诗·商》中站在商人的立场,公开替商人申辩——

"尝闻商者云,转货赖斯民。远近日中合,有无天下均。上以利吾国,下以藩吾身。周官有常籍,岂云逐末人。天意亦何事,狼虎生贪秦。经界变阡陌,吾商苦悲辛。四民无常籍,茫茫伪与真。游者窃吾利,堕者乱吾伦。淳源一以荡,颓波浩无津。可堪贵与富,侈态日日新。万里奉绮罗,九陌资埃尘。穷山无遗宝,竭海无遗珍。鬼神为之劳,天地为之贫。此弊已千载,千载犹因循。桑柘不成林,荆棘有余春。吾商则何罪,君子耻为邻。"

明代中叶以降,江南经济迅猛发展,并领先全国。在这种商品经济的大背景下,重商之风日盛,对传统的"重农抑商"之"四民论"有了新的认识。"重农抑商"思想如果在唐宋以前尚有一定市场的话,到宋明以后则渐渐地被人们所淡漠。尤其是张居正"利农资商"政策的推行,不仅在理论上,而且也在实践层面上对农商关系作了总结,并成为自司马迁以来中国商业经济思想史上的一个里程碑。万历时明朝首辅张居正认为:"古之为国,使商通有无,农本力穑,商不得通有无以利农则农病,农不得力穑以资商则商病,故商农之势若权衡。……故余以为欲物力不屈,则莫若省征发以厚农而资商;欲民用不困,则莫若轻关市以厚商而利农。"张居正论证了农商之间的关系,并提出了商业的重要性。

万历时胡宥在《崇邑蔡侯去思碑记》中指出:"然民有四民,以商为末业,而最次商。周官治商之政无不备矣。四民固最次商,此在古代鲜而用简则然,世日隆而民日众,风日开而用日繁,必有无相通,而民用有所资,匪商能致乎？守令固可加意于民，商其可不加之意耶。廛法不兼行，使商悦而愿藏其市，此恤商之道可见矣。"

何良俊在《四友丛说摘抄》卷三云："昔日逐末之人尚少，今去农而改业为工商者三倍于前矣。"耿橘在《平洋策》中云："农之获利倍而劳最，愚懦之人为之；工之获利二而劳多，雕巧之民为之；商贾之获利三而劳轻，心计之民为之；贩盐之获利五而无劳，豪猾之民为之。"正是有了这种工商皆本，甚至轻农重商的政策和舆论导向，龙游的世风大有改观，经商观念成为一种流行的观念，因此，从商人数大增。

万历时龙游知县万廷谦在《申明乡约保甲条规》中云："龙丘之民，往往半糊口于四方，诵读之外，农贾相半。"全县有一半的人都外出经商。[1] 至晚明，弃农经商的人数有增无减。明人叶敬君在《禁米论》中云："龙游之民为商贾几半，耕者少，则禾稼亦少。"直至清康熙年间此种从商景象依旧。《龙游县志》卷四《田赋》载："龙邑土宜，……惟南乡稍有竹木纸笋之利，可以贸易他郡。……若北乡则只有柏油一项，余无可恃者。故北乡之民，率多行贾四方，其居家土著者，不过十之三四耳。"陈学文认为，从龙游县资料来看，自明万历至清康熙年间从商人数有增无减，这点是完全可以肯定的，从农贾相半到农三四贾六七的比例，当确有一定的根据。这说明，在龙游县人口职业结构上，从明中叶起商贾比例逐渐扩大，这一趋势在全国也是少见的。[2]

四、浙东学派塑造了龙游商帮

龙游商帮亦贾亦儒，一般认为龙游商帮受儒学影响比较大。北宋末年，金兵入关，宋高宗赵构率旧臣南渡，至临安（今杭州）建都。山东曲阜第四十八世孙衍圣公端友迫于形势紧急，亦跟随南下，赐居衢州，遂成孔氏南宗系。孔氏南宗家庙立于衢州，孔子后裔大建书院，坐馆授学，使儒学在浙江大地得以广为传播和弘扬。[3] 的确孔子及其儒家思想对衢州、龙游等地具有很大的影响，人们尊孔重儒，为人讲仁义，经商讲诚信，世风淳厚，民风朴实。这种北方淳朴的文化与当地的南方山地文化相互补充、相得益彰。虽然北方文化对龙游商帮产生很大的影响，但笔者认为作为儒学的一个分支——浙东学派对龙游商帮的观念与行为影响更大。

浙东学派（或称浙东学术）是中国传统学术的一个派别，其源起于北宋，

① 陈学文：《历史上的龙游商帮》，今日浙江. 2004 年第 5 期。
② 陈学文：《龙游商帮研究——近世中国著名商帮之一》，杭州出版社，2004 年版，第 63—64 页。
③ 杨涌泉：《中国十大商帮探秘》（第一版），北京管理出版社，2005 年版，第 48—60 页。

形成于南宋,发达于明清时期。浙东学派是儒学的一个重要分支,即儒学之"实学"。浙东学派的学术思想体系庞杂,著作繁多,其重要学术取向是"经世致用",为宋时与程朱理学学派对立的学派。

在中国学术史上,浙东学派独树一帜,其形成与演化有三个时期:第一期是南宋的浙东学派,主要有三个分支,即以吕祖谦为代表的博洽经史的文献之学,称金华学派;以陈亮为代表的崇尚事功和王霸的永康学派;以叶适为代表的考订经制并挑战道统的永嘉学派。第二期是明代以阳明心学的兴起为主要内容的学派,该学派创立了完整的心学体系,主要哲学命题有:"心外无物"、"心外无理"、"知行合一"、"致良知"、"圣凡平等"等。阳明心学破除了程朱理学的教条统制,创造性地继承发展了儒学,在当时起到了活跃学术、解放思想的作用。其思想流传极广,影响直至近代,远达日本,故黄宗羲言道:"无姚江,则古来之学脉绝矣。"第三期是清代的浙东学派,该学派以研究史学为主,又称"浙东史学",主张先穷经而后求证于史,由黄宗羲开山,章学诚殿后,其中包括万斯同、全祖望等人,学术精神前后相承,自成体系。

浙东学派区别于同时期其他流派的要旨清晰可循:即"事功本于仁义,仁义达于事功"——强调道德伦理和经济实用的统一。可以说浙东思想是对儒学,尤其是程朱理学的扬弃,其中有因有革,是儒学的一个重要分支。浙东学派与程朱理学针锋相对。宋代以降,程朱理学大兴,"宋代的孔子"朱熹更以"存天理、灭人欲"之说把这种观点发挥到极致。而浙东学派对义与利的关系也有着自己的看法。陈亮的学说就被朱熹在书信——《与陈同甫四》中称为:"王霸并用,义利双行"。叶适认为:"古人以利和义,不以义抑利。"[①]黄宗羲则强调:"有生之初,人各自私也,人各自利也。"[②]这些观点都有一个共同点,即肯定利、欲存在的合理性,重义却不轻利。浙东史学学派反对空谈义理,主张义利统一。

浙东学派主张"以儒术饰贾事"。龙游商帮当时之所以能在与实力雄厚的徽商、晋商等竞争中独树一帜,在珠宝业、造纸业和印书业中立于不败之地,除了开拓进取、不怕艰苦的精神和善于经营管理之外,大多具有较高文化素养和诚实守信也是重要的原因。龙游商人在营商活动中,历来看重"财自道生,利缘义取"、"以儒术饰贾事"。主张诚信为本,坚守以义取利,是龙游商帮一以贯之的儒商品格,使其获得了良好的市场信誉。

龙游商人李汝衡,世代经商,他从小就耳闻目睹商业上的事。成年后靠

---

① 叶适:《习学记言序目》,(第一版)中华书局,1997年版,第386页。
② 黄宗羲:《黄宗羲全集》(第一版),浙江古籍出版社,1985年版,第2页。

长途贩销丝绸及"四方之珍异"等致富,几乎垄断了湖北一省的丝绸市场,拥有舟车百余辆、艘。他经商有术,拥资巨万,又慷慨乐施。凡人有困难向他告借的,他从来不计较利息之多寡,都尽心帮助。对于个别有困难的,即使借贷未还他也不责还。他还按时向官府缴纳赋税,从不避税。因而,日久天长,他的声誉日渐增长,楚地士人皆视之为知己,乐与交游。正因为他品行高尚,少有铜钱臭,堪称儒商,所以得到了明朝高官李维桢的青睐,为他作传。龙游商人童佩、胡贸也与一代名士王世贞、归有光等成莫逆土交。龙游商人"善贾而好儒"之风可见一斑。

五、恤商政策成就了龙游商帮

在中国历史上,商业始终被视为"末",中小商人地位卑微、处境悲苦,翻看历代王朝发布的"贱商令"就可见一斑。如西汉时规定商人不得穿丝制衣服,本人及子孙不得做官;唐初规定商人不许跟读书人和士兵为伍,只准穿白衣,不得乘马;西晋更是荒诞乖张,曾规定商人卖货,要一脚着白鞋,一脚穿黑鞋等等……可见商人在漫长的年代中被限制、被轻贱、被恣意丑化这样恶劣的生存状态。

明朝初年,由于长期战乱,社会经济一度凋敝,统治者也曾宣布过一些抑商或贱商法令。但从总体上看,这两朝重农有加,抑商却只停留在表面现象上,基本上可以说是抑商为表,恤商为实。如明初朱元璋在颁布贱商令的同时,又说:"商贾之士皆人民也。"并有鉴于商贾多不读书之弊,特命儒士编书教之,开中国历史上商业教科书之端。明成祖又进一步扩大免税范围,"凡嫁娶丧祭时节礼物、自织布帛、农器、食品及买既税之物、车船运己货物、鱼蔬杂果非市贩者,俱免税。"在明代,商人及其子孙可以堂而皇之地应试科第,可以入仕为吏。

明中叶以后,又推行两项政策,对商人十分有利。一是嘉靖八年(1530)轮班匠制度的取消;一是万历九年(1581)"一条鞭法"的推行。前者使相沿二千多年的工匠徭役制度得以废除,工商业者人身依附关系大大减轻。后者则使那些"操资无算"的富商大贾"亦以无田而免差"。所以,明末资本主义萌芽在江南各地出现,无疑与这些恤商政策有着密切地关系。

清朝初年,因反清势力很大,曾宣布过限织、禁矿、迁海的政策,但对商业仍然采取了一系列鼓励措施。顺治初定各省关税,京师免征一年,豁免明季税课亏欠和加增税额,及各州县零星落地税。康熙进一步提出:"利商便民"口号,严禁滥收商税。雍正时在全国大规模推广"摊丁入亩"法,将全部劳役负担归入土地之中,使无地和少地的工商业者负担更进一步减轻。乾隆加大

"恤商"力度,不仅取消了原来的禁矿、限织、迁海的禁令,还下令整顿关税、减免商税,给一些富商以召对、赐宴、赏赐的恩宠和"加价"、"加耗"、"减收盐税"等特权。尤其是粮食免税和海禁开放以后,"每年造船出海贸易者,多至千余"。正如清代学者沈垚所言:"古者四民分,后世四民不分。古者士之子恒为士,后世商之子方能为士,此宋、元、明以来变迁之大概也。"

对商帮而言,正是政府"恤商"政策,才使得某些特定区域的商帮如晋商、徽商以及龙游商帮、陕西商帮等独擅其利,抢先起步。如明代初年北方九边的"开中入盐",使山西、陕西商人迅速兴起并发展为庞大的商业集团,其他商帮望尘莫及。明代中叶政府实行"开中折色"制度使行盐商可免赴边之苦,由此,紧邻两淮大盐场的徽商迅速崛起,山陕商甘居其下。① 龙游商帮正是在这样商品经济迅猛发展的大背景下,以自身的能力与财力跻身明清十大商帮行列,并与各商帮角逐而称雄一方。

六、当代借鉴

龙游商帮虽然已经衰亡了,但龙游商帮留给后人一笔宝贵的精神财富,值得龙游人继承与借鉴,值得专家学者深入总结与提炼。龙游商帮的精神遗产有很多,正如上文所论述的,如敢为人先的创新精神、工商皆本的重商传统、亦贾亦儒的商人哲学、义利并重的经商观念等等,但笔者认为,这些思想应该从龙游商中的一些家书家谱、文章著作、老字号等等之中挖掘、继承与借鉴更为直接,更加有效。在笔者看来,当代龙游人最值得继承与借鉴的龙游商帮思想有三点:一是家书家谱中的"宗规";二是历史著作中的"商规";三是老字号中的"儒术"。

1. 家书家谱中的"宗规"

保存在明代日用类书中的一些家书透漏了重商的信息,如余文台《新刻天下四民便览三台万用正宗》(万历三十七年刻本)卷一五《文翰门》中的一封家书——父寄子为商书:

客路风尘,吾子良苦,但陶朱计然转输贸利,白圭居积,致富敌国,吾子当商时俗之好,尚计货物之丰约,觅什一之利,如陶白二子则为良贾矣。若翠馆胭花秦楼,风月宜禁戒之。家室平安,毋萦远虑,便风附报,以慰吾心。②

在龙游商帮的家谱中保存着很多《宗规》,如《瀫水毛氏宗谱》卷一《宗规》对从事工商者就有明确的道德守则:

① 邹逸麟:《中国人文地理》,科学出版社,2001年版,第368页。

② 陈学文:《龙游商帮研究——近世中国著名商帮之一》,杭州出版社,2004年版,第144页。

工商技艺各宜量才量力为之,切勿图高射利,务要勤谨经营,至如极小生涯亦可度日,唯在有恒,兼而忍耐,则业精而家道成矣。平生须要诚实,交易务在公平,与肩挑贸贩,毋占便宜,不可弄计过取他物。

《桐冈童氏宗谱》卷一《宗规》要求子弟人人遵守:

为商贾者,修其职业,朝秦暮楚,不畏风霜,早晚拮据,不辞劳苦,自然倍获利息,囊橐充盈,陶顿之富可身致矣。

古代宗族大户的家法宗规是极为严格的,为人处世、从商置业必须按照规矩规则行事,否则将会受到家法宗规的惩罚。

2. 历史著作中的"商规"

龙游商帮经商,注重商业道德,遵守商业规范。他们尤其注重商人自身的修养,在长期的经商过程中,形成了龙游商帮独有的商业道德规范。有关明清商业道德和规鉴在明人程春宇《士商类要》中收有《为商十要》如下:

"凡出外,先告路引为凭,关津不敢阻滞,投税不可隐瞒,诸人难以协制,此系守法,一也。

凡行船,宜早湾泊口岸,切不可图快夜行,陆路宜早投宿睡卧,勿脱里衣,此为防避不测,二也。

凡店房,门窗常要关锁,不得出入无忌,铺设不可华丽,诚恐动人眼目,此为谨慎小心,三也。

凡在外,弦楼歌馆之家,不可月底潜行,遇人适兴,酌杯不可夜饮过度,此为少年老实,四也。

凡待人,必须和颜悦色,不得暴怒骄奢,年老务宜尊敬,幼辈不可欺凌,此为良善忠厚,五也。

凡取账,全要脚勤口紧,不可蹉跎怠慢,收支随手入账,不致失记差讹,此为勤紧用心,六也。

凡与人交接,便宜察言观色,务要背恶向善,处事最宜斟酌,不得欺软畏强,此为刚柔相济,七也。

凡有事,决要与人商议,不可妄作妄为,买卖见景生情,不得胶柱鼓瑟,此为活动乖巧,八也。

凡入席,乡里务宜逊让,不可酒后喧哗,出言要关前后,不得胡说乱谈,此为笃实至诚,九也。

凡见人博弈赌戏,宜远而不宜近,有人携妓作乐,不得随时打哄,此为老成君子,十也。

以上十事,虽系俗言鄙语,欲使少年初出江湖之士,闲中一览,方知商贾之事,经营之不易也。①"

"为商十要"成了龙游商人经商的法宝,使得龙游商帮称雄天下。这是一笔宝贵的商业文化遗产,对今人从商依然具有重大的参考价值。

3. 老字号中的"儒术"

龙游商人在营商活动中,历来看重"财自道生,利缘义取""以儒术饰贾事"。他们坚守诚信为本,坚守以义取利的儒商品格。如傅立宗纸号,纸优价实,为保证质量,纸品统加印"西山傅立宗"字样,以示信用。姜益大棉布号,特聘了三位有经验的验银工,凡经流通该店的通货,均加盖印记,以示负责。滋福堂是著名中药店,以重金延请名医监制丸药,配制成药准确无误,分工细密,层层检验,要求药工对顾客的健康负责。将诚信作为经商从贾的道德规范,正是龙游商帮获得成功的要诀。②

龙游商人之所以能在明清激烈的市场竞争中崭露头角,继而发家致富,与他们良好的商业道德和诚实守信的经营作风有着很大的关系。龙游商人傅家来,开设有一间"傅立宗纸号",他非常注重产品的质量,精益求精,所造之纸,坚韧白净,均匀整齐,比其他家的纸在同一件纸号中重十几斤。造纸是多工序的生产流程,他为了保证质量,层层把关,严格检验,次品决不出售。产品畅销大江南北,经久不衰。为了表示对用户负责和维持良好的信誉,他的产品都统一加印"西山傅立宗"印记。各种商标的使用在杜绝了假冒伪劣现象的同时,对各商家自身也起了自我监督的作用,促使大家诚信经营,以质取胜。

龙游"姜益大"棉布店,以信誉著称,冠以金华、衢州、严州三府第一家。③自从胡筱渔接管以来,非常重视信誉,以诚实守信教育每一位伙计,多次提出要薄利多销,童叟无欺,决不二价。为了防止流通中有银圆掺假损害客户利益,胡筱渔特聘请了三位有经验的验银工,严格检验,经过检验的银币加以"姜益大"印记,让顾客放心。在以银圆为货币的时代,人们饱受假银圆之苦,但当时的龙游人就没有这方面的烦恼,因为他们有"姜益大"为大家保驾。大凡是打上"姜益大"印记的银圆,人们便可以放心大胆的使用,在市场上决不会遭遇麻烦。小小的一颗"姜益大"印记,能够有如此大的威信和影响力,除了验收银圆的伙计过硬外,更重要的是"姜益大"的信用度得到人们的认同。④

总之,拉采尔曾说:"环境以盲目地残酷性统治着人类的命运。"包括龙游

---

① 陈学文:《龙游商帮研究——近世中国著名商帮之一》,杭州出版社,2004 年版,第 171—172 页
② 陈学文:《历史上的龙游商帮》,今日浙江. 2004 年第 5 期。
③ 陈学文:《诚信是明清时期龙游商帮的经商之本》,浙江方志. 2002 年第 3 期。
④ 韩永学:《浙商史料研究》,哈尔滨地图出版社,2008 年版,第 139—142 页。

商帮在内的中国十大商帮的崛起,不是偶然的,而是一种历史的必然。此种历史的必然一定有其必然的诸多环境因素。从地理环境看,江南丘陵的多变地形孕育了近在咫尺、几乎同时崛起的三大商帮——徽商、江右商帮与龙游商帮。从交通环境看,金衢盆地、浙西地区自古就是古商道,正如衢州之寓意——八省通衢、东南孔道。从人口环境看,由于中国历史上西晋末年与北宋末年的两次人口大迁移,导致浙江、安徽、江西等江南地区人口急剧增长,人多地少的矛盾愈发突出,"四海为商"也就成了人们求生存的首选之策。从社会环境看,人们尊崇儒学中的浙东学派的事功之学,而反对"存天理,灭人欲"的程朱理学,普遍具有一种"疾虚妄,务实诚"的务实精神。从政策环境看,恰逢具有"中国三大改革家"、"宰相之杰"之称的张居正推行的万历新政,可以说没有张居正的改革,就不会有明清十大商帮的崛起。

萌发于南宋、鼎盛于明清、衰落于清光绪后的龙游商帮,可以说书写了历史的辉煌,给后人留下了宝贵的精神财富。对于今日龙游而言,理应从浙商之祖——龙游商帮的历史中汲取经商营养,继承商业精神,从而实现龙游的新飞跃。正如明隆庆万历年间(1567—1620)龙游知县涂杰曾在《建龙游城记》所云:"龙游,衢之要邑也,其民庶饶,喜商贾,士则缉学缀文取仕进。"

略谈传统商帮文化对现代社会的启示

陈立立

传统商帮在长期的经营活动中逐渐形成了自己的文化,这些文化在明清十大商帮身上表现得特别明显。尽管时过境迁,现代社会与传统社会有本质的不同,但市场经济是一样的,从商之人所遵行的道应该是一样的。分析传统商帮文化,从中汲取营养,也接受教训,既是传承文化,也是建设和谐社会的需要。下面谈几点个人对传承商帮文化的看法。

一、讲究儒雅经商

传统社会以儒教伦理作为行为规范,商人在这个规范基础上更强调商人的忠孝。从商学徒之人,必取之于良孝之家,在师傅老板严格指教下,言行必须符合商家忠孝的要求。从小孝顺父母、忠于老板,长大就能够忠于商道,贡献天下。其实这是很有道理的,一个在家不孝顺之人,是不可能忠于老板的;一个不忠于家乡、事业之人,是不可能愿意为国家作贡献的。这其中有着必然的逻辑关系。

二、讲究诚实守信

讲究信用是古代商人通行的准则。一般而言,老商号、大商号比较讲信用,偶尔也会出现小商号、新商号有欺诈行为。有影响的大商帮都是讲信用的,如有不讲信用商号,调查确实属实的话,商帮会采取措施,小则责其改正,大则孤立和惩罚它。对于十大商帮而言,明清以来一直是讲究信用的典范。今天也是这样,要想作为一个成功的商人,必须有信用;要想使本地区商品行销世界,必然信誉先行。

三、讲究和气生财

传统商帮在长期经商过程中逐渐形成的"商道",是很值得我们去挖掘和学习的。"和气生财",在计划经济时代总是被斥之为八面玲珑的奸商行为,遭到百般地批判,现在看来"和气生财"是很有道理的一条"商道"。在今天和谐社会中,我们提倡贸易双方都应该依法、守信、双赢,这其实是"和气生财"在今天的运用。

四、讲究抱团经营

放眼天下,抱团经营,这是十大商帮成功的共同特色。有难同当,在个体商贩的临时性结合体中,商贩们各有自己的资金、货物,在经营上是完全独立的,如果同伴中有人亏损或发生意外,则众人共同扶持。在合资贸易的商人小团体中,其特点是合资商人共同经营,双方或数方相互承担经济上和道义上的责任。按照资金的多少分担相应的权利和责任,这与我们今天的股份公司很类似。传统大商帮还非常重视伦理责任,如有合资的一方生病、去世,另一方则自然承担无限责任,否则将会遭到帮内唾弃。在垄断性行业中,其特点是,"一个或几个以同乡或同宗为纽带的地域性商人集团垄断某一地区一定行业的商品市场或原料市场"。在这种情况下,按照有福同享,分片经营的原则进行。避免了相互杀价、两败俱伤的局面出现。这条商道在今天也具有积极意义,可以从两个层次来认识它,在国内应该依法经营,抱团双赢,在世界上应该是抱团竞争,为国争光。

五、讲究民主协商

明清十大商帮帮内实行的都是民主协商机制,行帮会首由选举产生,有规定的任期,任职期间大多是义务工作,没有薪水。遇有紧急筹款事项,多是协商进行,而不是硬性摊派,一般是按照资产多少出资。关于商帮内部民主协商意识和机制,长期以来被学术界忽略,其实这是中国明清十大商帮成功的共同经验,由于时间关系在此就不展开,仅供大家思考。

六、讲究子承父业

这是中国传统商帮走不出窠臼,也是他们最失败的一个重要原因。不论后代贤与不肖,家产都给后代继承,产业由后代掌管,不知道把产业所有权与使用权分离,致使一代创业,二代守业,三代败业,这样的重复现象一个又一个的循环。

在改革开放的今天,我们既要继承传统商帮文化的优秀部分,又要接受他们的教训;既要引先进的商业意识,又要创新出具有民族特点的有强大生命力的现代商业文化。

从互视的角度看龙商、徽商
与社会公益事业

张小坡

　　龙游商帮与徽商是明清时期中国著名的商帮。龙游所在的衢州和徽州在地理环境和社会经济结构方面存在较大的同质性,衢州是浙江中西部的一个州府,经济相对滞后,龙游"地瘠硗,罕蓄聚,必贾游乃资生",徽州"多山少田,民逐末利",这也就决定了两支商帮在某些方面存在较大的一致性,譬如在兴起的背景、经营的行业、经营的理念等方面都有很多相似性。尤为突出的是,龙游商帮和徽商在本质上都是儒商,贾而好儒,儒贾兼济,乐善好施,热心社会公益事业,对家乡充满了深厚感情,热衷于举办各种社会事业,在修桥筑路、赈济灾荒等领域不惜巨资,致力于造福于当地居民。龙游商人,聚积了财富之后,慷慨解囊,从事社会慈善事业,如清代人傅珍从商后,"饶于资……悯地方野而无文,设设塾于家,时劳承奖有文名,乃延之为师,凡十四年,所造就者甚众,风气为之丕变。"纸商傅元龙,"生平于地方事业颇能尽力,建凤梧书院,修通驷桥,明伦堂,鸡鸣塔,诸役咸与焉。"林巨伦"性好行善,尤喜筑造石桥,其大者如石虹、塘寺、马戍、西凉亭、竹溪诸桥,皆其独力建者也。……其他善举亦乐输将,一县称善人焉。"此四桥耗资巨万,林巨伦乐而建之,以利乡人通行。

　　由于笔者以徽学为主要研究方向,下面主要介绍一下徽商在社会公益事业方面所作的种种努力。希望借此能够对探讨龙游商帮在社会公益事业方面所作的贡献有所助益。徽商贾而好儒,在致富之后,无一例外的回报社会,积极支持和捐资兴办社会公益事业和救灾活动。

　　1. 捐资兴办教育和文化事业。捐资兴办书院、书屋、私塾和文会,徽商的支持成为很多学校赖以维持和发展的一个重要资金来源。如早在明代,祁门商人马禄就出资 300 两修缮家乡的学宫。绩溪商人章必泰鼎力资助东山书院,还亲自捐白银 200 两用于修缮绩溪县考棚。该考棚至今犹存。除徽商直接捐资助学外,徽州宗族的助学资金很大一部分也是来源于徽商的捐助。如休宁茗洲吴氏在其家规中即规定资助族中器宇不凡者读书之膏火银,不少就是来源于族中商人的捐输。

2. 对修桥筑路等公益事业的支持。乾隆三年,歙县富商汪士嘉独立捐资创建磅山、杨村两座石桥。祁门通往安庆的历口历济桥,就是由包括祁门商人在内的诸多徽商及商号集体捐资、协力建造的徽州著名桥梁的典范。在道路建设上,特别是市镇乡村之间的山路,徽商进行捐助修建的比比皆是,明代歙县义成徽商朱永通捐资开凿浦口至鱼梁码头的道路,以利行人。明清时期,徽商以义为利,致富不忘回报社会,不惜斥巨资支持和捐助桥梁道路的兴建,反映了徽商的儒商本质。

3. 对灾荒和社会慈善事业的支持和帮助。徽商在创建义仓、灾荒赈济、建立医院和捐助鳏寡孤独的社会弱势群体,都一改重利轻义的传统商人形象,不惜倾囊而出,翻阅明清徽州各种和文献,很容易查到徽商支持和捐助灾荒与社会慈善事业的纪录。明代歙县稠墅商人汪泰护在灾荒之年,一次性为里中捐粟 600 石,使饥民得以度过饥荒。徽商不仅赈济灾荒,还十分重视灾后疫病防治和生产重建活动。为防止灾后疫情的出现,徽商在直接捐钱捐钱赈济灾民的同时,还不惜捐资为广大灾民采集购置药品,悉心加以救治。

试举一例,光绪三十四年农历五月二十四日,徽州开始暴发特大水灾,休宁、婺源、黟县数十万灾民无家可归,水灾过后,徽州地方官绅迅即展开赈济工作。水灾过后,徽州地方官绅迅即展开赈济工作。屯溪公济局绅董洪廷俊、程恩浚、江福桢等人不忍坐视水灾惨状,邀集街上的士绅出面筹集赈款,因屯溪盐、货各店遭灾甚巨,仅能向钱庄、茶行、典当铺及茶栈、各善局筹募到英洋 2700 余元,就近散给最重灾户每人英洋 2 元,米 1 斗,赈济之后的数百元余款用来雇佣石匠修造黎阳桥,因工程浩大,余款不足以供给需费,便由洪廷俊等人筹垫。

赈灾初期,屯溪公济局绅董只是将注意力放在挖掘徽州本土财力上,还没有充分发现旅外徽商的作用,或者说尚无暇顾及向旅外徽商求助。在旅沪徽商将第一笔赈款 5000 英洋和各报馆筹垫的 3000 元汇到屯溪公济局,委托其散发后,洪廷俊等人才意识到从家乡走出的商人群体是一笔多么宝贵的财富,旋即致函旅沪徽商,称"今捧诸大善士华翰,急公好义之诚溢于楮墨。洪廷俊等展读未终,不觉为灾黎额手称庆,先即代其泥首致谢。"接着汇报了婺源、休宁等处遭灾情形,认为以工代赈非巨款不能成事,"希诸大善士于筹赈之余,借箸更筹,不拘定数,集腋成裘,如能得有常款,源源接济,则造福于瘠土,功何可纪"！从整个赈济过程来看,此次水灾之所以能够安然度过,也多半程度上仰赖于旅外徽商的募捐。

旅外徽商以上海徽商为主体,通过在《申报》、《中外日报》、《神州日报》等发行量较大的报刊上发布募赈公告,把分散于杭州、无锡、汉口、九江等国内各主要城市的徽籍人士团结到了一起。在故土乡谊纽带的联结下,旅外徽商不分所在之县是否受灾,慨输资财。随着外来赈款源源不断的输入,徽州受灾各县的赈济工作在地方官绅的主持下开始有条不紊地进行,最终取得了一定成效,对徽州受灾民众生活的安定、道路交通的修建乃至社会经济的恢复起到了至关重要的推动作用。

光绪三十四年六月十四日午后一时,旅居上海的徽州绅商集会于徽宁会馆,商讨募捐事宜。斯时参加议事的徽商还未接到徽州绅董的灾情报告,只能从《中外日报》、《申报》等媒体的报道中了解灾地最近消息,"知徽河两岸被水冲毁受灾之地,其长达于三百,现在灾地米价每石需洋二十元尚不易得,故道馑相望,饥民遍野,非办急振不可"。故土的灾情迫在眉睫,便决定先设立旅沪徽州水灾劝赈所,由公众委托法租界永安街长源泰栈为赈款总汇之处,推举长源泰主人谢筠亭为收支员,以万昌典执事余鲁卿辅助之。同时还议定了办事程序,一面发急电请求安徽巡抚拨官款赈济,一面由徽商分处投报进行募捐,商定于即日内先行向屯溪茶业公所汇款作为最先之急赈。由于灾区需款甚殷,而时间又至为紧急,此次集议,除到会商人量力捐款外,还决定先行借款,然后再分头筹款,由上海茶业公所垫解2000元,神州日报馆垫解500元,中外日报馆亦允诺垫解1500元,徽宁会馆更是责无旁贷,垫款2000余元,此外还同沪上保安堂、果育堂等善堂相商,请先行垫拨款项。集会当天,上海徽商便募集到首批赈款5000元英洋,各报馆垫款3000元。六月十五日,5000元英洋由益和、通裕、万康、致祥、德记五庄每庄各汇1000元到屯溪公济局,并致电公济局绅董派员切实调查受灾情况,保证赈款发放落到实处。

屯溪公济局绅董洪廷俊、程恩浚接到赈款后,便派人分路前往灾区查勘,与各县商议共同办理。旅外徽商汇寄的赈款极大地缓解了公济局的燃眉之急。时值六月中旬,距山洪暴发已将近一个月,各处灾情陆续上报,亟待赈济之民望眼欲穿,但是徽州本土所能筹集到的赈灾款显然满足不了如此巨大的需求,前述屯溪公济局募集的2700元英洋和安徽巡抚拨发的2000元赈款仅能就屯溪附近受灾之地发放,其余各乡则无款赈济。在此情势下,旅外徽商的努力受到徽州绅董的高度重视,地方官员也对他们寄予厚望,六月十八日,安徽巡抚冯煦致电汪嘉棠,在赞赏旅沪徽州水灾劝赈所情关桑梓的同时,希望广大徽商能继续筹款赈济:"惟念灾区较广,需款孔殷,全仗在事诸公合力广筹,苦口劝集,源源接济"。在接下来的数月时间里,屯溪公济局绅董和旅沪徽商保持着紧密联系,他们广派调查人员,深入受灾区域,通过电报和书信把家乡受灾情况尽快地报告旅沪徽州水灾劝赈所,让上海徽商及时知晓家乡的灾情发展状况,以便调整募捐程序。事实证明,徽州本土和旅外徽商适时有效的沟通极大地提高了赈济效率,旅外徽商的捐款源源不断地输送回来。就这一点,我们从旅沪徽州水灾劝赈所在《中外日报》刊登的解往屯溪公济局赈款的第一次报告中便能看出:"六月十五日,第一次汇寄屯溪公济局英洋五千元;六月二十、七月初二、七月初九、七月十四,每次汇寄屯溪公济局规元五千两;七月十七日,第六次汇寄屯溪公济局规元七千五百两"。以上共计洋五千元,规元二万七千五百两。此项赈款由驻沪万康、益和、致祥、德记等五家屯庄汇寄助赈。六月十八日,旅沪徽州水灾劝赈所电至杭州,委托郑凤台购屯溪赈米495石。朱研涛、朱幼鸿两位观察助捐运往屯溪面粉1000包。由此不难发现,从六月十五日第一批赈款解往屯溪起,在一个月的时间里,旅沪徽州水灾劝赈所便筹集出六笔款项,而且每笔数目都比较可观,这既反映出旅沪徽商对故土灾情的关注程度,也从另一个侧面映衬出旅沪徽商的规模与财力。数额不菲的赈款之所以能够在如此短的时间里筹募起来,与旅沪徽州水灾劝赈所的调停处置有着莫大的关系。

为了筹款,旅沪徽州水灾劝赈所绅董借用刚刚兴起的公共传媒,连续不断地在报纸上发布募赈告白,将徽州遭受水灾的情状报道出来,并刊登收款处所和经收之人,呼吁各界捐款。旅沪徽州水灾劝赈所发布的首份劝赈声明于六月十九日开始刊登,六月二十六日才截止,每日都登在第一张第一版,从广告传播的利用效率来说,刊登在如此醒目的位置显然有助于提高布告的关注度。为规范赈款经收,防止有人借机欺诈,劝赈所在报纸上发布"皖南徽州水灾交收赈款之处"声明,除增加上海埠内祥泰布号、福泰衣庄两个收款处外,还特别强调除上述收款处外,其他并无经手赈捐点:"所有公启、简明捐册系托至好亲信之人劝募。如蒙捐助,乞寄至以上各处,挈取收条为凭。除报馆、善堂外,其收条均系祥泰经手刊刷,并无二式,亦未派人带捐册出外到各省募捐"。

随着募款启事的连续刊布,旅沪徽籍人士纷纷将数目不等的捐款交送或汇寄到各收款处,其中既有个人性的捐款,也有典当、茶栈、布业、药房等行业性的捐资,数额从一元、十元到数十元、数百元不等。永安街长源泰、中外日报馆等收款处每隔一段时间就将所收赈款交至劝赈所,劝赈所绅董负责汇集款项解往屯溪公济局,并将捐款名单和数目刊登在报纸上,此举一方面可以取信于社会,及时地让社会人士了解筹款的具体过程并进行监督,另一方面也起到了广而告之的作用,有助于宣传善举,激励更多的人捐款、捐物。从

《申报》于六月二十三日首次刊布水灾赈捐报告,至十一月二十八日发布"皖南徽州水灾劝捐公所截止劝赈声明",旅沪徽州水灾劝赈所共登了十次赈捐报告,虽然有时仅是两三笔款目或者捐款数额很少,也照样登报声明,如七月初五日的报告所示:"(六月)二十七日收余鲁卿经募洋一千五百元,福康美记洋一千元,汪安山经募乾昌典众友洋七元,元昌典众友三十一元,益昌典众友三十四元,晋昌典众友十一元,震昌典众友六元,益昌代步众友十六元,共一百零六元"。同日还刊登了永源泰洪伟臣经收徽州水灾捐款清单。账目不分涓滴,能做到如此公开,在一定程度上减少了有意捐款者的疑虑,推动了赈捐行动的持续开展。募捐过程中,徽商移筵助赈的事例屡屡出现,如谢筠亭为庆祝寿辰,本欲设席酬谢诸亲友,但念及徽州水灾,便将 100 两谢客筵资捐助赈济。徽宁会馆每年都援乡饮之例,与徽宁旅沪茶业、丝业两帮一年一叙,藉樽酒以联乡谊,因家乡遭受水灾,特从公项下酌提英洋 300 元筵资赈捐。

借用演戏筹款是旅沪徽州水灾劝赈所采取的另一个主要募捐途径。义演筹资是晚清义赈的重要机制之一,朱浒的研究表明,演戏在义赈活动中的最初出现,极有可能是对西方义演形式的一种仿效,虽然早在光绪二年就开始出现,但真正成为义赈募捐机制中的一种重要手法,则是在光绪三十一年(1905)崇明、宝山一带发生严重水灾时丹桂茶园开演的助赈专场。作为角逐于上海商界的一股重要力量,徽州商人经常将茶园、戏院这样的公共空间作为联系私人情谊的重要场合,在义演助赈渐成潮流的时局下,演戏成为徽商的首选,并增加了新的内容。六月二十七日,《申报》和《中外日报》同时发布丹桂茶园排练新戏捐助安徽水灾的普告。[①] 园主夏月珊身为安徽人,"谊关桑梓,更难坐定",便上演新戏《黑籍冤魂》头本及后本,中间加入了关涉安徽水灾的情节,呼吁"几吾安徽人不可不看,即非安徽人,人之欲善,谁不如我?"所收看资悉数移交新闻报馆以寄往安徽灾区。丹桂茶园演戏的时间持续了将近一个月。七月二十日,《申报》登出两则演戏助赈启事,一则是《皖南徽州水灾开演影戏助赈》,邀请美国技师在大马路五云日升楼后面演西洋影戏,启事称:"蒙美国技师扶贫,不取分文,并减半取影片租价,除正项开销,其余全数助赈,交由余鲁卿经收,其影戏片有声有色,上海从未演过,绅商闺秀惠临方知斯言不谬也。戏院凉爽,并有电扇,有马路可停车马"。票价是头等八角,

---

① 夏月珊系安徽怀宁人,京剧老生,在上海梨园名声多著。光绪三十年(1904)左右,接办丹桂瑞记茶园,其后,与潘月樵等合办丹桂胜记茶园。光绪三十四年夏月珊、夏月润昆仲和潘月樵创办了中国第一座近代剧场"上海新舞台",夏月珊兼任后台经理,由其主导的丹桂茶园在演戏助赈方面非常踊跃,被视为义演活动的正式手法。李太成:《上海文化艺术志》第十篇《人物》第一章《传略·夏月珊》,上海社会科学院出版社 2001 年版。

二等五角，三等三角，在徽商经营的大马路万昌当，二白大桥晋元当，永安街长源泰三处售票。另一则是《丹凤茶园捐助安徽水灾普告》，因"徽州灾情最重，哀鸿遍野，伤心惨目"，丹凤茶园主人特邀集本园名角恩晓峰等一起登台，并外请著名校书客串合演"特别好戏"，所收看资尽数移交新闻报馆，由其转解徽州水灾劝赈所汇往灾区。八月初一日，《群仙戏院演剧助赈》登出，该则启事直接以旅沪绅商的名义发出，是针对旅沪商人的专场募捐，"凡旅沪绅商各大善士既可藉以消暑，又得惠及灾黎"，这起赈戏"请群仙戏园诸女伶排演好戏，除所列客串外，另聘著名校书数人登台以博诸君子青赏"，所售戏资，登楼者每客八角，正厅六角，交新闻、神州两报馆发解徽州灾区。八月二十三日晚，号为"皖南野鹤"的上海梨园名角鲍鹤龄在宝善街大观茶园演剧助赈，因桑梓受灾，鲍鹤龄特编《诉哀鸿》一戏，专门摹写水灾情状，绘影绘声，被称为"诚郑侠《流民图》之活动写真也"。这场戏连续上演了三天，还邀请了旅沪绅商著名者客串《浮海客》及《蓬莱居士》，大观茶园诸出色名角也登台献艺，各尽其能，轰动一时。

当旅沪徽州水灾劝赈所诸绅董为募款而奔走呼号之时，流寓其他城市的徽州商人也积极行动，呼吁各埠徽籍人士慨捐助赈，以解乡土父老的灾荒之难。七月初十日，《大公报》刊登了由窦延鑫、洪恩广、张云达等19人领衔的皖省筹济善会所发布的《募安徽水灾急赈告白》，称"徽属蛟水突发，淹没人口，财受灾尤重。近复继以瘟疫，死者暴露，生者饿殍，惨目伤心莫此为甚，哀鸿嗷嗷不可终日"。筹济善会刊发捐册分投劝募，由启新洋灰公司和直隶工艺总局代为收款。杭州协德堂皖浙筹赈所首先垫银3000元，致电邀请在衢州经商的休宁人项华仰就近由开化县登岭进入婺源境内查勘灾情轻重，分别散赈。筹赈所绅董潘炳南同时委托旅杭徽州人金仲琴、吴心如携资前往休宁、歙县分头襄助办理赈济事宜。苏州徽商成立了新安义赈公会负责筹款，主其事的何子豪前后向屯溪公济局汇寄了5000元赈款。无锡徽商成立了新安义赈所，分行业筹款，先后交到新安义赈所八次清单，赈款分三次汇寄，汇费及龙洋、次洋贴水垫息由同和庄一家承担，募捐费用也均自备，不占用赈款分毫。九江徽商虽没有直接成立劝赈机构，但平素运转的徽州笃谊堂则承担起赈济职责。对于旅外徽商为解乡梓之难所付出的诸种艰辛，徽州知府刘汝骥颇有感触："沪、汉诸君子奔走呼号于炎天烈日之中，高义凤麟固堪景跂"。下表是笔者根据屯溪公济局刊印的《徽属义赈征信录》及《申报》中的相关资料整理而成的旅外徽商筹募赈款的数量及其所分布的城市。表反映出比较丰富的信息，首先可以看到旅外徽商分布的地点主要集中在上海、苏州、无锡等长江三角洲这一区域，这既从一个角度证明了学界此前得出的长三角成为徽商主要集聚地的结论,也说明晚清时期贸迁于此的徽商人数依然较多。此外,从向屯溪公济局汇款的时间先后上,我们也不难看出上海徽商的行动要早于其他地方的徽商。徽州接到的第一笔外来赈款是旅沪徽州水灾劝赈所于六月十五汇出的,虽然我们不排除有些城市因距离徽州较远、路途不便而导致屯溪公济局统计接到汇款的时间滞后这个因素,但是就我们所能掌握到的资料可以看到,旅沪徽商在整个募捐过程中始终起着主导作用,他们率先设立了专门负责筹款的劝赈所,推举主事的绅董,并采取相应的举措,来统筹协调募捐行动的开展。筹募赈捐从一开始就没有局限于上海一地,汪嘉棠、谢筠亭、余鲁卿等劝赈所绅董连续在《申报》、《中外日报》、《时报》等报纸上发布劝募徽州水灾急赈启事,其用意就非常明显,即力图借助报纸的力量来广泛发动旅外徽籍人士,六月十二日,《中外日报》刊登《哀告徽州人》的公告,提出设立赈捐所广为劝募,并分别致电汉口、苏州、杭州及各省同乡会馆各在该地量力捐助,"俾集腋成裘,聚沙成塔,庶数万之父老不致尽填沟壑也"。六月二十日,安徽旅沪绅商致电京外同乡为官者,请求他们设法协助募捐。同日,汉口新安书院致上海劝赈所,电文称"徽宁会馆转徽郡义赈董事鉴电,敬悉徽灾重,同人筹垫二万洋赴饶办米平糶,并派人回徽查办"。这就很清楚地表明,旅沪徽州水灾劝赈所在这之前曾就徽州水灾筹赈事宜向汉口新安书院同乡发电,汉口新安书院复电汇报他们所安排的赈灾行动。而镇江徽州会馆将其劝募的 1000 元英洋交给旅沪徽州水灾劝赈所也可以说明上海徽商所起的主导作用。

此次赈捐所募物资钱款共有:皖路股元 10 两,粤路股洋 10 元,析旧洋 5.3 元,废铜元 600 个,铜小洋 386 角,半铜洋 305 元,规元 14738.38 两,洋 63221.168 元,龙次洋 2859 元,小洋 3349 角半,钱 12 千 259 文,粤汉票 30 股,苏路股洋 55 元,废钞票洋 10 元,面粉 1120 包,痧药水 1000 瓶,痧药 400 瓶,药茶 9000 小包,次玉印 1 个,小瓷瓶 1 支。具体经收款项如下表 2 所示。

我们从此次赈捐可以看到,无论徽州商人到何地求财摄利,他们与故土之间的脐带是斩不断的,流寓异地的徽商在地缘与血缘关系的双重网络中,进一步强化了对桑梓情关的认同感,举凡在徽州本土发生的各种动荡,都会牵引他们的目光。除却徽商热衷社会公益事业主要受"儒行"观念影响这种学理上的归纳,仅从徽商个人情感的依处层面来讲,他们都不会对乡关家园的水旱灾害坐视不问,旅外徽商对光绪三十四徽州暴发的特大水灾不遗余力地赈捐也正可以说明这个问题。旅沪徽州水灾劝赈所在报刊上发布劝赈启事,频频使用"谊关桑梓"、"哀吾同胞"之类的词语来激发旅外徽州人的乡土意识。

表2　　　　　　　　　旅沪徽州水灾劝赈所经收款

新闻报馆经收款	新闻报馆洋 2527 元,小洋 784 角,钱 3480 文,规银 1000 两;收神州报馆洋 500 元;收中外日报馆洋 7100 元;收申报馆洋 2000 元。
个人经募款	孙镜湖垫洋 1000 元;北洋杨莲帅规银 6576 两;黄公续洋 3500 元;汪颉荀观察洋 200 元;余朗溪洋 300 元;张子谦经募洋 267 元;李季皋廉访洋 1000 元;电局来徐观察洋 200 元;山东方鹤人观察经募规银 855.2 两;朱砚广幼鸿观察次面粉 1000 包;方观察洋 15 元;海门汪汉槎经募洋 1304 元,小洋 88.6 元,钱 2760 文;苏州何乡经募洋 391 元;余鲁卿经募洋 8074.5 元,小洋 1259 角,规银 70 两,铜小洋 356 角,半铜洋 56 元,钱 6019 文,粤路股洋 10 元,皖路彩票股规元 10 两,废铜元 600 个,废钞票洋 10 元次玉印 1 个,小瓷瓶 1 支,面粉 120 包;洪伟臣经募洋 9250 元,小洋 144 角,苏路股洋 20 元,铜洋 7 元;郑维善经募洋 948 元;黄广滔、汤隽人经募洋 166 元,铜小洋 20 角;金菊蕃洋 40 元,又经募洋 34 元,铜洋 1 元;金焕堂经募洋 191.6 元;潘实之、潘光甫经募洋 38 元,铜小洋 4 角,小洋 68 角。
行业公所、善堂、会馆等公共机构捐款	茶业公所 2000 元;五省振捐局洋 10000 元;仁济善堂规银 3000 两,药茶 9000 小包;镇江徽州会馆洋 1000 元;巡警总局经募洋 705 元,小洋 72.5 角,规元 5 两,洋 110 元;五洲药房痧药水 1000 瓶;思恭堂司总、新泰祥、泰裕昌经募洋 11399 元,小洋 136 角,铜洋 196 元,规元 2300.987 两,息元 4.56 两,苏路股洋 35 元,粤汉票 30 股;庶康庄息元 106.939 两;裕源长庄息元 86.7 两。

我们由此也不难看出,对于徽州和龙游这样因人地关系高度紧张而走出众多商人的地域来说,旅外商人是一笔非常宝贵的财富,他们商海沉浮,求财摄利,把在外所获钱财源源不断地输送回家乡,建祠堂、修家谱、助书院、办文会,从事宗族建设和文化建设,一方面延续了家族命脉,另一方面也传承了文明。可以说,徽州因徽商而名,徽州如果没有徽商的资金支持,就不可能有如此多的古建筑和如此发达的科举文化,更遑论丰富多彩的民俗文化。一定程度上,徽商决定了徽州社会的走向。

回顾历史不是要沉迷在过去的辉煌之中,而是要从中汲取宝贵的历史经验,以为当下所用。在我们大力弘扬龙商精神,鼓励全民创业的时代背景下,重视旅外龙游商人,加强同他们的联系,鼓励他们回乡反哺,对提升龙游地方经济实力,推动龙游县域经济发展,改善人民生活水平将起到积极的作用。

"浙商"群落生态演化的社会资本逻辑①

俞荣建

摘　要:"浙商"群落生态的演化具有社会资本逻辑。浙商群落的兴起,是浙商群落社会资本积累与浙商群落繁衍互动推进的过程。在浙商这一宏观过程在社会资本与创业活动、社会资本与企业成长两大领域,分别通过"社会资本积累与创业者网络脱生"、"创业者网络脱生——社会资本创造"、"社会资本——企业成长"、"企业成长——社会资本积累"四个微观的社会机理得以实现。"浙商"群落的社会资本对创业者而言,具有创业精神植入与激励功能、创业信息与知识的传播功能、创业能力的教育功能,因此,"浙商"的商业精神、经商能力,是后天在群落社会资本中的社会学习结果,而非天生。浙商群落的成熟阶段,社会资本负债凸显,浙商群落的生态繁衍必须突破"缘约"束缚。

关键词:"浙商"群落　社会资本

一、"浙商"群落的社会资本

　　商人群落作为具有地域范畴或种族关系的商人群体,其具有密切广泛的联系、典型的共享属性和动态地繁衍演化的历史过程等特征,这些特征使得商人群体以群落性的生态方式存在并发展,通常通俗化地称之为"商帮"。其中,"浙商"群落则是指浙江区域或祖籍浙江的商人共生群体与商人生态群落。"浙商"群落数目庞大,达到千万之多,既具有典型的共享特征如草根性、国民性、个私性、和合性等特征(吕福新,2006),又具有丰富的多样性与种群属性,其具有自我强化、自我再生,优胜劣汰、螺旋上升的繁衍机理。既有的大量社会资本文献,对社会资本进行了广泛而深入地探讨。虽然到目前为止

---

　　① 本文系国家自然科学基金项目(批准号 71003084)、教育部人文社会科学基金项目(批准号087JC630080)、浙江省自然科学基金项目(批准号 Y6090142)。

仍然存在着各种争议,但社会资本的内涵总体上包括网络结构、关系特征、认知要素以及所蕴含的各种网络资源,是最受认可的一种界定。据此,我们认为"浙商"群落的社会资本是指在地理环境与自然资源禀赋条件下,通过一定的历史过程,动态地积累起来的,"浙商"群落所共享的社会网络与结构,伦理准则、行为方式以及交易制度等社会规范,以及群体精神、商帮声誉等认知要素,共同构成具有价值增值功能的资本形态。"浙商"社会资本是一般"商帮社会资本"概念范式的具体化。不同商帮群体的社会资本,其各内涵要素的比重、结构以及由此决定的功能存在巨大差异,这种社会资本的差异可以解释区域经济社会发展的不同路径和水平特征。"浙商"社会资本独特的内涵与结构等系统特征,使得其具有自我积累、自我再生、自我繁衍、扩散漂移等功能,其核心功能则在于强大的"企业家再生产"功能。"浙商"社会资本的系统特性和功能,正是浙江这一区域能够滋生数以千万计的商人和企业家群体的原始驱动力。

1. "浙商"群落社会资本的网络结构维度

浙商群落的社会网络关系与社会结构,构成"浙商"社会资本的基础载体。基于"家"文化(家庭、家族、家乡)的"缘约"社会网络和结构;作为社会资本主体的商人之间,"群众性"、"强连接"的社会网络和结构,集中体现中国特别是浙江区域的社会文化传统;其他商帮则不具备"群众性"特点(吕福新,2006),在缘约文化上的强度,也不及"浙商"(陈立旭,2005)。

2. "浙商"群落社会资本的关系维度

(1)"浙商"社会资本的行为方式。由"缘约"文化、"逐利"传统与市场经济机制三者内在融合而成的,极具扩张力的"人格化"交易方式。浙江区域文化传统中的逐利因子与逐利方式,以及缘约文化传统,在与市场经济结合之后,产生具有"缘约"文化特色的人格化交易方式。由于浙江区域文化传统中的缘约特性,信任机制产生在"家"的网络中,为了规避交易风险,交易最有可能发生的就是家庭、家族或者家乡等社会网络中,从而交易也具备了人格化的特质(史晋川,2004)。在政府面对这种结合采取"无为而治"的态度下,人格化的交易方式不会被外在的政府干预遭到压迫。人格化的交易方式会顺着"家庭、家族、乡"的"缘约"网络迅速扩张,从而形成浙江"人人当老板"的空前盛况。

(2)"由民到官"的制度生成方式。"浙商"崛起过程所发生的另一个故事,就是独特的"由民到官"的制度创造方式,并产生了一系列基于商业精神的区域经济制度(史晋川,2004),形成浙江区域、"浙商"群体宝贵的社会资本。可以说,从区域层面来看,浙江的经验,根本上在于制度的经验。经验是值得其他借鉴和学习的,而且是可以实现的。温州早期个体工商户、私营企业逐渐兴起的时期,政府的态度是观望和沉默,基本上持默许态度。暂且不探究这种默许,与家庭或者家族内部也存在这种经商行为有无关系,结果却是大面积的民众性创业经商行为得到保护并成长。群众性的经商行为,在过程中一方面依赖非正式的文化作为契约保障,另一方面在经商过程中产生一系列制度需求。政府的角色由两个,一个是默许非正式制度的存在,另一个是在收到成规模的制度需求信号之后,顺应民意创造制度,完成制度供给行为。典型的例子是台州商人李书福。李书福早期从事摩托车制造,积累了第一桶金。之后凭借其个人的独特眼光和过人胆识,转而挺进汽车产业,是中国民营企业第一家从事汽车生产的企业。但是,由上到下的国家产业政策中,明文规定名营企业不能制造轿车,只能生产客车,轿车与客车的差别在于,轿车有“屁股”,而客车没有“屁股”。这种情况下的吉利,最初只能生产客车。但是,领军人物李书福却不认这个邪,偏偏咬定青山不放松,甚至胆大包天、私自生产轿车。这在中国的其他地域环境,基本上是匪夷所思。但是在台州,台州市政府在李书福“祥林嫂”式的关于汽车产业愿景的游说下,认同了李书福的包袱,并持默许态度。浙江省政府也是如此,最终,李书福如愿以偿,影响了国务院决策机构,颁发了中国第一家民营企业生产轿车的许可证。产业政策作为一种重要的制度类型,其创造是民间与政府互动的结果,这是发生在浙江的典型故事。

3. 浙商群落社会资本的认知维度

由创新、创业等“群落性”的企业家精神所构成,体现“义利并举”等伦理特质的商帮文化和伦理精神,以及“浙商”群落在国内外的良好声誉,构成“浙商”群落社会资本的社会认知要素,是“浙商”群落社会资本的核心和主导。人格化交易方式的快速扩张,诞生了一大批群众性的创业者和创业家、企业主和企业家,也诞生了大量成功的创业故事、神奇的财富神话,造就“浙商”群体中极其丰富、强力的企业家精神,完成由个体到群体的传导过程,成为浙江区域社会主流文化的一个重要因子。同时,这些企业家精神又通过脍炙人口的大量创业故事、财富神话在社会群体中传播扩散,各种新闻媒体、大学课堂上的案例讲授、群众的口头传播等丰富多样的社会传播途径,又完成了社会价值观的群众化过程,在更加广泛的区域人口中生根。个体和群体的互动,使得具有“平民英雄”特性的创业和创新精神,成为浙江区域“群落性”的企业家精神,并逐步上升为整个浙江区域主流文化中的主导元素,浙江的创业与经商氛围、“人人当老板”的地域文化特征得以以炫目的姿态彰显于世人。因此可以说,浙江人的创业与经商热情,既具有浙江区域工商文化传统的继承性,更是改革开放30年来的大创造、大升华。与"徽商"、"晋商"等传统商帮不同的是,"浙商"群体所蕴含的丰富的企业家精神,每个人都可以在身边甚至亲戚朋友中找到鲜活的生动故事,而"徽商"、"晋商"等所具有的财富神话,在数量上远不及浙商,更重要的是,只属于极少数商业精英的特点,使得这些传统商帮的企业家精神特质只能在上流社会中小范围的传播,其对社会的激励功能十分有限。

4. 浙商群落社会资本的资源维度

从最早的一批走商脱离土地外出闯荡、跑供销开始,浙商已经经历了数代变迁。物去人非,时空变换,但不变的是那些商人精神,停留永驻,且从最初的几点星星之火,早已经燎原。在经商精神在这个区域社会中传播、成长、积累成为如今令人津津乐道的"浙商精神"的时候,在浙商崛起的30年中同时获得大量积累的是经商的知识、能力、经验和信息等存量丰富的隐形创业资源。经商创业,所需要的直接资源包括第一笔资金、第一个商业信息、第一笔订单的来源(边燕杰、丘海雄,2000),在强有力的"家"文化背景下,这三个"第一"大多数来自家庭、家族或家乡等"缘约"性质的社会网络,从而得以快速地完成一个新生职业选择者向商人的转变。

经商创业的知识既包括文本知识,同时更重要的是非文本知识。文本知识即能够用文字形式传播、转移并能够在较短的时间之内掌握的知识符号,非文本知识却难以准确地用文字等载体准确描述和表达,也难以在不同个体之间快速转移、在短时间之内就掌握的知识内容。毫无疑问,要从创业之初开始就有一个长远的谋划和愿景,以财务、行业知识等为主体的文本知识占据重要位置,但是,创业经商活动的成功开展,没有一点"本事"是万万不成的。所谓本事,就是指个体在经商活动中,对于商业机会的敏锐性、对不确定情景的判断能力、对复杂商业场合人际关系的把握能力等,特别是对于所从事行业的一些"潜规则"的了解程度,对经商各环节的关键点的把握能力。浙商的能力方面最大的特点也恰恰在于此。例如,杭州娃哈哈集团总裁宗庆后在接受记者关于接班人的采访时说,我所要选择的接班人,最重要的一点,就是要有我对市场的这种"感觉"。宗庆后所言的"市场"感觉,就是其在中国饮料行业多年摸爬滚打,所积累起来的丰富的、综合性的隐形知识复合体,难以尽述唯有实践。在浙商兴起的早期,这些知识是靠摸索、钻研、动脑精,通过自省与"家"网络内部的知识交换完成的。对于一个新生的商人而言,一方面是网络中这一类知识和信息的接收者,同时也是新的知识的创造者和传播者。浙商群落的扩大与繁衍,也是一个知识大创造的过程。

二、"浙商"群落兴起的社会资本逻辑

1. "浙商"群落社会资本积累与"浙商"群落繁衍互动推进的宏观逻辑

"浙商"群落社会资本积累与"浙商"群落繁衍的互动推进,构成浙商兴起的社会资本逻辑。浙商群落作为浙江区域经济发展的典型代表,其短暂的兴起历程,回答了三个非常重要的问题,第一个问题是劳动力是怎么转移出来的,第二问题是市场是怎么兴起和扩张的,第三个问题是企业是怎么产生和成长的(史晋川,2004)。逻辑上来看,与其他商帮相比,大规模、群众性的"浙商现象",其兴起的基本逻辑必须满足如下三个条件中的至少一个:浙江区域择业人口中的创业人口比例更高;创业成功比率更高;企业成长性更高。事实上,"浙商"兴起是三个条件综合作用的结果。"浙商"社会资本与"浙商"个体的互动作用,从而推进"浙商"群落的兴起,是三个条件背后的共同逻辑。

"浙商"兴起总体上符合一个宏观逻辑,即"浙商"社会资本与"浙商"群落的互动推进;两个互动领域,即社会资本与创业者互动领域、社会资本与企业成长互动领域;四个微观机理,即"社会资本——创业者网络脱生"、"创业者网络脱生——社会资本扩张"、"社会资本——企业成长"、"企业的社会资本创造行为——社会资本扩张"。"浙商"兴起宏观逻辑建立在微观机理的基础上,由微观到宏观的升华与转换,是"浙商"个体与社会资本在两个领域的演化结果。

"浙商"兴起,是一个"商人群落"现象。"浙商"社会资本与"浙商"群落的互动推进,是"浙商"兴起的基本规律。"浙商"主体的创业活动、企业成长,创造企业家精神、创业知识和能力、经济制度、社会结构与网络以及商誉等社会资本,这种"工商型"的社会资本具有创业者和创业家、企业主和企业家再生产的强大功能,"浙商"社会资本的积累推动"浙商"群落的高速繁衍。"浙商"群落的高速繁衍,同时创造内容更加丰富的"浙商"社会资本,在更大的规模上实现"浙商"社会资本的存量积累。"浙商"社会资本与浙商群落互动推进的强大力量中,物质财富得以迅速积累和创造,大批商人得以生成,从而物质资本与人力资本这两大经济资本得以高速的积累,并成为"浙商"社会资本与"浙商"群落新一轮互动推进,构筑了经济资本上的更高平台和基础。"浙商"社会资本与"浙商"群落的互动推进、"浙商"社会资本与经济资本的互动推进,完成浙江区域经济发展、"浙商"群落的迅速崛起。

2. 浙商群落社会资本与浙商群落繁衍互动推进的微观机理

"浙商"群落兴起的宏观逻辑,有其坚实的微观个体心理和行为基础。社会心理学认为,个体心理与行为选择,通过与社会结构的互动,实现个体心理

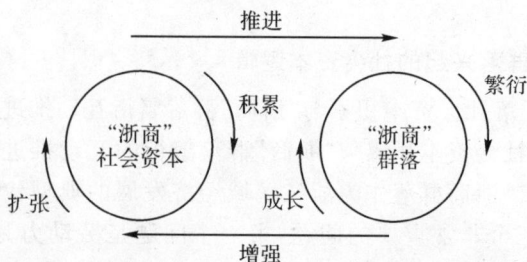

图 1 "浙商"社会资本与"浙商"群落的互相推进

到社会主导文化的转化和上升。"浙商"兴起的宏观现象,是无数个"浙商"个体的心理和行为,通过与"浙商"社会资本的互动结果,从而实现"浙商"个体到"浙商"群落兴起的升华和显化。"浙商"个体与"浙商"的互动,在"社会资本与创业者"、"社会资本与企业成长"两大互动领域,分别存在四大微观机理。社会资本与创业互动,在创业资源的支持下,使得创业人口比率大大提高,创业成功概率大大提高,从而导致群落周边更宽泛网络范围内的潜在的新生商人,会将创业经商,作为职业生涯的首选,从而使得商人群落得以繁衍。社会资本与企业成长的互动,使得企业规避了风险,获取了资源,社会资本成为滋养企业成长的沃土。企业的成长进一步创造了新的社会资本,实现了社会资本的积累。社会资本与创业、企业成长的互动,构成了浙商群落社会资本与浙商群落繁衍互动推进的微观机理。

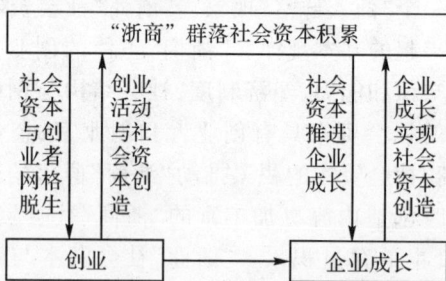

图 2 社会资本积累与群落繁衍互动推进的微观机理

具体来说,浙商群落社会资本与浙商群落繁衍的互动推进,基于如下四个微观机理:

(1)"社会资本——创业者网络脱生"。①信任与网络的机制:基于"缘约"的信任关系与社会网络结构,是新商人加入群落、浙商群落繁衍的根本纽带。由于家庭、家族、家乡的网络关系和信任模式,使得潜在人口群体加入商人群落成为可能,并规模甚众;使得商人群落得以繁衍;②教育与激励机制:

浙商群落的社会资本演进中,所积累起来的"群落性的企业家精神,与经营知识、能力、经验等",对潜在的新生商人来说,具有"创业精神植入与激励功能、创业信息与知识的传播功能、创业能力的教育功能。"③人格化交易扩张机制:人格化交易方式在中国特定的经济发展阶段和文化背景下,既避免了特殊信任的狭隘性,又节约了交易成本,具有扩张性;这种特殊的制度性社会资本迅速在社会内扩张,席卷了更多的潜在商人加入群落,使得商人群落得以繁衍。④群落商誉、品牌,使得新生商人加入群落,获得创业成功的概率提高。使得商人群落得以繁衍。

(2)"创业者网络脱生——社会资本积累"。个体选择了创业经商,加入了商人群落,改变了群落的网络结构,带入了网络资源,创造了网络中的认知、规范等,从而创造了社会资本,商人群落的社会资本因为创业者的加入而更加丰富多样,在存量上实现了积累。

(3)"社会资本——企业成长"。群落社会资本给成长中的企业提供便利,使得企业得以规避风险、获取信息和资源。例如,可以利用网络中的隐性知识和经验,通过企业间学习,获得经营性人力资本水平的提升与积累。在资金方面,通过网络中企业之间的相互调配,即规避了资金链断裂的风险,也规避了银行贷款具有的高交易费用。

(4)"企业成长——社会资本积累"。创业成功依赖既有的网络与社会资本,但是企业成长过程中,不仅要对原有关系和网络资源进行挖掘和利用,更重要的是构建和编制新的关系网,以满足企业成长和发展的需要(边燕杰,2000)。转轨经济中的我国市场经济体系,具有不确定性强、契约稀缺的特点,企业成长必须擅长搞关系,包括供应链等业务关系、政府关系以及与社会各界的关系网络。企业成长的过程,是经济资源创造的过程。关系网络编制的过程,也是知识、信息和精神扩散的过程。企业成长也在不断地改变这既有的网络结构。这就从社会资本的四个维度,创造了新的社会资本,增加了群落社会资本的存量,实现了群落社会资本的积累。

三、浙商群落社会资本的创业教育与激励机制的进一步阐述

浙商群落社会资本的创业教育与激励的功能机制,建构于个体行动者与社会结构互动的社会心理基础。作为创业者的个体行动者,在创业型社会资本中,天生地受到创业精神的植入、创业资源的提供以及创业能力的教育,这有效地解释了浙商之所以形成,并不是因为浙江人天生爱做生意、天生就具有创新创业的遗传。浙江区域创业文化在社会文化中的主导地位,是改革开放以来后天创造的结果,浙商具有的独特经商品质和能力,也是后天经商实

践中,通过社会资本获取的经营性人力资本。

第一,创业精神植入功能。一个面临职业选择的年轻人,会因为激动人心的浙商创业传奇、身边其他人的创业选择、对创业成功者物质财富等等表现为社会规范的社会资本的激励、鞭策作用,从而驱使其更倾向于选择创业经商作为职业,而非公务员、或者专业人员。在职业道路选择的时候,会受到群落中企业家故事的强烈激励,潜在的新生商人,也时刻生活在创业经商的环境中,无论是从财富的比较,还是事业心的驱动,都受到莫大的鞭策,从而加入经商群落,使得商人群落得以繁衍。

第二,创业资源提供功能。家庭、家族、或者家乡等网络关系中的各种信息、资源、资金、技术、订单等社会资本,使得创业门槛与风险大大降低,创业成功概率大大提高,主观上也影响了个体对创业活动的预期和认知,从而更倾向于创业。

第三,创业能力教育功能。个体所处于的社会网络中,存在着大量的经商信息、诀窍和经验等非文本化的知识。处于网络中的个体分享这些知识,从而比网络外的个体更容易掌握这些非文本知识,这种教育功能使得网络中的个体从无显著差别的自然人,早早地就具备了创业者的某些能力特征。根据格兰诺维特的研究,非文本的信息传播,主要是依靠社会网络关系,而非市场经济机制。对于我国特殊主义文化背景下的人际关系网络来说,这种非文本知识和信息的传导,毫无疑问,也是依赖于网络关系的。因此,具备更多网络关系(也即社会资本)的个体,更加容易获得这些创业知识和信息要素。

参考文献

[1] 吕福新. 企业的主体性分析范式——基于"浙商"和中国企业的视角[J]. 中国工业经济,2006(6).

[2] 陈立旭. 计划经济边缘与当代浙江文化精神[J]. 中共杭州市委党校学报,2005(4).

[3] 史晋川. 温州模式的历史制度分析——从人格化交易与非人格化交易视角的观察[J]. 浙江社会科学,2004(2).

[4] 边燕杰、丘海雄. 企业的社会资本及其功效[J]. 中国社会科学,2000(2).

商业零售企业服务文化与品牌塑造协同演进研究

——以杭州大厦购物中心为例

沈 青

内容提要：商业零售企业经营的商品日益同质化，企业仅靠降价促销等手段已经很难吸引消费者。商业零售企业应构建以顾客满意为核心的服务文化，塑造为顾客创造价值的企业品牌，企业服务文化与品牌塑造协同互动，是商业零售企业的制胜法宝。

关键词：服务文化　企业品牌　协同演进

商业零售企业经营的商品日益同质化，企业仅靠频繁的降价促销等手段已经很难吸引消费者。商业零售企业如何应对激烈的多种商业零售业态的市场竞争并在竞争中取胜？笔者认为：为顾客创造价值，精心培育企业以顾客满意为核心的服务文化，把握消费需求的变化趋势，构筑以经营的商品品牌和企业服务品牌为基础的企业品牌，是商业零售企业的制胜法宝。

一、构建以顾客满意为核心的服务文化

随着商业零售业多种业态的发展，商业零售业的市场竞争日益激烈。商业零售企业要快速发展，必须把锁定目标顾客群，准确市场定位、实现顾客满意作为企业提高市场份额、提升企业品牌知名度的抓手，必须以目标市场和顾客的有效需求来合理组织商品的品牌组合经营，必须要有清晰的以顾客满意为核心的企业服务文化。这就要求商业零售企业应由以往关注商品本身的价格转向增加商品以外的附加价值，尤其是要在企业文化、服务特色、品牌经营、购物环境等方面增加附加价值，使消费者在购物过程中获得良好的心理感受和价值实现。

商业零售企业经营商品的同质化使企业本身让渡价值的空间较为有限，

顾客需要的不仅仅是购买商品,而是实现某种消费意愿的满足。商业零售企业经营的各类商品只有通过完备的售前、售中和售后服务,才能顺利地达到顾客手中。谁能提供优质服务,谁就拥有稳定和不断扩大的顾客群。所以,商业零售企业服务好,顾客满意,企业就留得住顾客;否则,即使你卖的商品再好,品牌再知名,如果没有满意的服务,顾客也会离你而去。以顾客满意为核心,提供规范化的服务,构建以顾客满意为核心的企业服务文化,也就成了商业零售企业抢占市场份额、争夺顾客、快速发展的关键。商业零售企业要构建服务文化,创服务品牌,必须要以顾客满意为导向。如果说硬件设施、品牌配备构筑了一个品牌商场的基本框架,那么人性化、人情化的服务文化则是商业零售企业塑造企业品牌的内涵。零售企业好的服务文化对吸引顾客的作用要远大于促销活动带来的利益,以顾客满意为核心的服务文化必须从顾客需求出发,真正建立起以顾客满意为导向的优质服务体系,提高员工的顾客满意意识和优质服务素质,规范员工的服务行为及操作程序,通过标准化、规范化、人性化、情感化的服务达到使顾客满意的目的。建立以顾客满意为中心的企业组织,完善售前、售中、售后服务的整个服务流程,建立灵敏的顾客基本信息系统和顾客意见反馈系统,把顾客的每次意见作为改进服务文化,提升服务品牌价值的机会。

杭州大厦购物中心的目标市场锁定高端消费群体,面向中高收入阶层的成功人士,引进国内外名牌商品,构筑名牌企业,坚持用高起点的企业服务文化打造企业品牌和服务品牌。杭州大厦购物中心遵循"宾客至上,服务第一,热情礼貌,勤勉高效"的原则,精心培育为顾客创造价值的服务文化,以顾客满意为核心的服务文化鲜明地突出消费者的喜悦,紧紧围绕顾客需求,顾客满意购物,创造完整的顾客服务流程。目前,杭州大厦购物中心已形成包括售前、售中、售后比较完整的服务体系,能快速地处理顾客的各种要求,使顾客能够享受到无障碍的服务,从咨询到购买以及售后都能得到满意的服务。服务就是一把开启销售大门的金钥匙,商场只有用好的服务才能打动顾客。杭州大厦在经营规模不断扩大的同时,精心设计和打造5星级服务链,针对不同顾客的需求,设计更多个性化的服务项目。只要顾客愿意,从走进杭州大厦的大门开始,就会有一位耐心的宾客助理一路跟随,帮你拎包提货,为你购物提供参考。如果顾客有任何需求,只要打客服电话,预订车位、预定餐饮、预定客房、预定美容和其他休闲项目等,在杭州大厦想得到的服务都能搞定。顾客在完成购物后,只要给宾客服务中心打一个电话,泊车员就会把顾客的车停在商场门口。如果顾客购买的商品出了问题,只要拨打顾客投诉处理中心电话,就可以得到满意的处理结果。

要建立企业服务文化品牌,让顾客满意,必须要建立起让员工满意的工作氛围、激励机制和服务质量考核制度,调动全体员工的工作积极性。顾客的购买行为是一个在消费中寻求尊重并获得价值实现的过程,而企业员工在服务中的行为、语言、表情、礼貌及对顾客的尊重,很大程度上影响着顾客满意度,也体现企业的服务文化水平。无法想像一个连员工自己都不满意的企业,能够提供满意的服务给顾客。所以,构建以顾客满意为核心的服务文化,既是商业零售企业塑造企业品牌的重要基础,也是提升核心竞争力的重要途径。

二、塑造为顾客创造价值的企业品牌

现代商业零售企业的竞争已经进入了以顾客满意为核心的服务文化和塑造企业品牌的竞争。商业零售企业品牌塑造至少应包含五个层面:一是为顾客提供舒适、安全、便捷的购物环境,购物环境是塑造企业品牌的基础;二是以经营国内外的名、优、特、新为主的商品品牌,这是零售企业塑造品牌的要素;三是培育一大批具有丰富商品知识和较高服务水准的品牌服务员,这是企业构建以顾客满意为核心的服务文化进而塑造企业品牌成败的关键;四是构建以顾客满意为核心的附加在商品品牌之上的服务品牌,这是塑造企业品牌的保障;五是在经营的商品品牌和构建的服务品牌基础上塑造的企业品牌,这是塑造企业品牌的结果。企业经营的名、优、特、新的品牌商品只是企业取得较好效益和扩大企业知名度的基础条件,因为商业零售企业不是商品品牌的持有者,只是生产者和消费者之间的桥梁,商品终端销售的完成者和商品价值实现过程的承担者。只有与企业经营的知名商品品牌相匹配的能为顾客创造价值的满意服务,也就是企业建立起有别于竞争对手的富有企业文化内涵的独特的服务品牌,才能不断地改善购物环境和服务质量,提升附加在商品品牌上的服务价值含量,为顾客创造价值。正是有形的商品品牌和无形的服务品牌相结合,才能成就提升企业核心竞争优势的企业品牌。

商业零售企业已经由传统的商品售卖服务发展到为顾客提供品牌商品、培育服务品牌、延伸服务领域等一揽子解决方案的品牌和服务运营商。商业零售企业品牌是经营理念、价值观念和服务文化的集中体现,它所传递的是商业零售企业对顾客在商品质量、服务和价值的承诺,是顾客判断并决定购买的重要依据。现在顾客的消费观念发生了很大变化,已经由数量和质量消费型发展到品牌和文化消费型。顾客不再单纯地关注商品价格的高低和质量的好坏,而对商品品牌、购物环境、服务项目、服务水平、心理感受等十分关注,顾客因而更加关注商品核心功能以外的富有文化内涵的附加功能。可以说谁能培育以顾客满意为核心的服务文化,塑造为顾客创造价值的企业品牌,谁就能吸引更多的国内国际知名品牌商品入驻和更多的顾客前来购物,进而扩大市场份额并在竞争中取胜。

商业零售企业必须根据消费需求的变化不断地进行创新经营,体现新的生活时尚,推引新的消费趋向,增加新的服务项目,传递新的文化价值。商业零售企业应当努力塑造为顾客创造价值的服务品牌和企业品牌,因为为顾客创造价值的服务可以超越顾客购买的商品本身,百货商场不仅是经营各类品牌商品以满足顾客需求,也要培育和引领一种时尚理念以刺激顾客追求高品位的潜在需求、同时更要构建富有自身特色的服务文化和舒适安全便捷的购物环境。在商业零售企业经营的商品日益同质化的今天,大多数商品不可能只为某家商场独有,企业也不可能靠频繁的降价来促销,因为这样既可能使顾客产生降价促销疲劳,无法进一步激发顾客的购买欲望,同时也使顾客对商场的商品定价机制产生不信任,对所购商品的真正价值产生怀疑。但是,商业零售企业精心培育和构建的以顾客满意为核心服务文化,凝聚着为顾客创造价值的服务个性的品牌效应却是商场独有的,这是扩大市场销售份额、吸引和激发顾客消费、提升核心竞争力的真正魅力所在。

杭州大厦购物中心的以顾客满意为核心的服务文化鲜明地突出消费者的喜悦,为目标顾客提供舒适的购物环境和品牌商品,营造"生活、购物、享受"的经营理念,精心塑造为顾客创造价值的企业品牌。在杭州商界首先提出了"星级商场概念"和"星级商场标准",把塑造企业品牌与培养品牌服务员密切联系起来,实行明星服务员或品牌服务员制度,把员工的工资收入与服务质量、经营业绩和顾客满意度直接挂钩。品牌服务员在原有微笑服务的基础上,精通商品性能,懂得消费心理学,并能熟练地进行哑语、英语和普通话交流。可以说不少消费者是冲着这些品牌服务员来的,其优质服务是企业以顾客满意为核心的服务文化的充分反映。杭州大厦购物中心通过各种细节强调服务,让顾客享受到贴心、细致、优质服务。顾客在杭州大厦内碰到突发状况时,商管部的督导员就会在第一时间出线在现场,帮助处理各种问题,这是杭州大厦的全方位的服务快速反应体系,20余名督导员随时会出现在商场各处。杭州大厦全力为顾客提供舒适、便捷的购物环境,对商场布局进行人性化的调整,在各商场腾出1%的场地供顾客休息,设立母乳喂养室、更衣室、休息室等人性化的服务项目,增添茶水、书报、手机充电器等方便设施,收银台、服务台、公用电话等都有低位装置。商场打通与四邻的共用通道,方便开车购物。对VIP顾客享受生日鲜花、送货上门、免费泊车、珠宝钟表免费维修保养等。

三、企业服务文化与品牌塑造协同互动

商业零售企业塑造为顾客创造价值的企业品牌,应凭借自身的企业市场定位和服务特色,创新商业零售经营模式,设计和经营在品牌、质量、价格、形象、服务等不同于市场同类,在目标顾客群中树立不同凡响的良好形象,为目标顾客创造独特的超出预期的价值和服务,从而吸引和留住顾客并使之成为企业的长期忠诚顾客。为顾客创造独特的超预期的价值和服务可以使商业零售企业在经营的商品、为顾客提供的服务等产生差异化,针对各自的目标市场和目标顾客群推出各具特色的商品和服务,更好地满足消费者个性化需要,从而形成自己的经营特色,培养相对稳定的顾客群体。在市场竞争日益激烈的情况下,没有一个商业零售企业可以在各个方面都占有优势,必须要从为全部的消费者提供普通服务向为特定的目标消费者提供超预期的价值和服务转变,形成独特的为顾客创造价值的服务文化和企业品牌。

现代商业零售企业的市场竞争已经从质量和价格竞争阶段进入到品牌和文化竞争阶段,商场不仅要卖商品、卖服务,更要卖理念、卖文化。企业经营能引领时尚和实现顾客成就感的国内外品牌商品,构建以顾客满意为核心服务文化,为顾客提供规范化的服务,是塑造企业品牌的关键所在。在顾客消费需求趋于个性化的条件下,商业零售企业更应构建为顾客创造价值的服务文化,为顾客提供针对性、特殊性、人性化、感情化的各种服务,从而培养顾客认店购买、认牌购买、认人购买的习惯。培养其独特的卖点并在某一个或某些领域形成压倒性的优势,商品的多样性也为创造差别优势提供了空间。商业零售企业应有选择有重点地经营符合自身企业品牌特色的商品品牌,重点经营目标顾客需求量大,代表消费时尚、具有前瞻性的品牌商品,在商品品牌的组合上要以知名商品品牌为主,形成经营商品的品牌梯队,动态的商品品牌结构,营造商品品牌的错位和差异化经营。

杭州大厦购物中心拥有 ABCD 四座大楼,营业面积达 18 万平方米经营的商品达到 6 万种,进入中国国内的全球引进的化妆品类和服饰类奢侈品牌,90％能在购物中心买到。A 座是女性顾客最爱逛的商场,集中 Lamer、La. Prairie、Giorgio、Armani、Bally、Chanel 等诸多化妆品大牌,B 座以高端精品为主,集中了 Lv、Hermes、Dior、Gucci、Loewe、Fendi 等顶级奢侈品牌,C 座定位为精致家居生活馆,D 座以城市新富人群为主要目标,打造年轻个性潮流。杭州大厦购物中心在引进品牌的同时,商品品牌结构也不断调整,更加强调专业化和差异化。如化妆品商场不断引进专业品牌,不再像原来一样仅仅追求业绩。女装商场的层次也日益清晰,根据不同顾客需求设置不同的主题性商

场,按照设计师品牌、职业装和流行装不同层次的设计,品牌结构发生很大变化,杭州大厦女装商场的独有品牌已经占全部女装品牌的75%。经过不断调整,品牌结构发生很大变化,截至目前,国际大牌和独有品牌在整个品牌阵营中各占25%,时尚类品牌占50%,其女装商场的品牌结构由原来的金字塔结构逐渐转变成两头小中间大的橄榄型结构。

杭州大厦根据市场的变化不断地进行经营、管理、服务、文化创新,时时体现新的生活方式,推引新的消费时尚,传递新的商业文化价值,通过构建以顾客满意为核心的服务文化,走品牌精品化定位的商业零售模式,塑造了为顾客创造价值的企业品牌,2009年取得了营业收入超30亿元,利润超3亿元的销售业绩,成为杭州市乃至浙江省的著名购物场所。

主要参考文献

[1] 沈 青. 商业零售企业竞争战略思考[J]. 商贸经济,中国人民大学书报资料中心,2002(9).

[2] 陈建明. 中国超级购物中心投资开发指南[M]. 北京:经济管理出版社 2003(4).

[3] 杭州市贸易局. 中国零售业现状及发展趋势[M]. 2001(11).

[4] 菲利普·科特勒. 营销管理—分析、计划和控制[M]. 上海:上海人民出版社 2001(10).

[5] 莫利萍. 杭州大厦"城"了[N]. 钱江晚报 2009 年 9 月 26 日.

[6] 莫利萍. 杭州大厦十年造城[N]. 钱江晚报 2009 年 9 月 18 日.

第五篇 /DI WU PIAN

政策建议

危机、复苏与制度失灵

朱海就

摘 要:产生经济危机的原因是政府干预传统的法律原则和产权制度,使之失去了应有的协调功能。经济复苏不仅要求政府停止对市场的干预,更要纠正被政府扭曲了的制度,使制度回归到自发演进的路径上去。经济危机的出现证明自发演进的制度具有超出我们理解能力的重大经济意义,经济危机也是哈耶克自发秩序论正确性的有力证明。文章探讨了作为一种自发演进制度的前提条件,并指出制度失灵现象不局限于金融领域。

关键词:经济危机 经济复苏 制度失灵 自发秩序

经济危机通常被认为是货币现象,但是经济学家往往是从利率、投资和储蓄等来分析经济危机,而忽视了对货币本身的考察。门格尔早就指出,货币和语言一样,是一种在历史中自发形成的制度。[①] 本文试图说明对这种自发演进制度的破坏如何导致危机的发生。我们将指出,经济危机源于政府对传统法律原则和产权制度的破坏,导致货币制度和银行制度失去应有的协调功能,因此,经济危机问题的实质是个制度问题。因此,文章将超越对危机本身的考察,而深入到对制度问题的探讨,我们将指出现代社会的货币和银行制度已经不再是自发演进的制度,而是被"俘获的制度",文章进而探讨经济危机提出的一个重要问题:为什么自发演进的制度具有重要的经济意义,以及作为一种自发演进制度的前提条件是什么。

---

① J. Huerta. de Soto 认为货币制度是"最抽象,因此也是最难理解的制度"。见 Jesús Huerta de Soto. ,1992, *Socialism*, *Economic Calculation and Entrepreneurship*, Compuesto y Maquetado por JPU GRAPHIC, S. L. p42。

一、为什么会产生危机

1. 货币制度的失灵①

凯恩斯主义和奥地利经济学对危机产生的原因的解释,可以归结到对"货币制度"的认识中去。在凯恩斯看来,"三大心理规律"导致货币制度不能灵活地调整市场,使得市场利率低于自然率,从而导致有效需求不足和失业。而奥地利经济学认为,在政府的干预之下,货币制度失灵了,这才是危机产生的原因。

那么货币制度和经济危机之间存在什么联系呢? 米塞斯认为,"信用媒介"(Fiduciary Media)是一种没有黄金储备为后盾的货币,在商品流通中,这种信用媒介与货币具有相同的功能,与货币一样,这种信用媒介的扩张会导致使市场利率系统性地低于自然利率,或者说信用媒介没有扩张时的利率,这个低利率将刺激企业家扩大生产,投资在被人为地压低了的利率下看起来具有"盈利性"的项目,生产规模的扩大意味着对生产资料和劳动力需求的增加,但是生产资料和劳动力的数量没有增加,增加的是信用媒介。投入到新企业中去的生产资料和劳动力,必然要以其他企业中生产资料和劳动力的减少为代价,这就意味着生产资料价格和工资的上涨,并进而导致消费品价格的上涨,这就造成了一个繁荣的现象,但是这个繁荣的势头不可能一直维持下去。米塞斯认为这种上涨的趋势只有当公众认为这种价格的上涨在未来的某个时刻会停止时才会继续下去,而当公众认为价格会一直上涨,通货膨胀会一直延续下去时,恐惧将会降临,没有人愿意持有货币,因为持有货币意味着每天都遭受损失,每个人都不顾一切地去把货币换成商品,导致商品价格飞涨,货币价值体系的崩溃,德国1923年发生的情况就是这样。假如相反,银行为防止货币体系的崩溃而采取措施终止信用的扩张,那么,那些在信用扩张(低利率)的情况下看上去具有盈利能力的项目就不再是盈利的项目而是投资失误了。一些企业不得不减少生产规模,而另一些企业关门或破产,投资在这些项目中的资本不能另做他用,丧失了价值,危机和衰退来临了。②在《人的行为》一书中,米塞斯是这么说的:"把全部企业家看作一个营造师,他的任务是要用有限的建材供给量造出一座建筑物。如果这个人高估了这

_____

① 和教科书中对"市场失灵"的定义不同,在本文中,我们把"制度失灵"定义为"一种制度的演进由于外力的干预而偏离了它自发演进的轨道,从而失去它应有的功能"。

② Mises,L. V(1936), *The Austrian Theory of the Trade Cycle*, in Littlechild,S., Austrian Economics,Edward Elgar. 293—294.

个有效供给量,则他所拟的计划就是一个没有足够资料来实现的计划。他把这个基础打得太大,直到后来,在建造过程中才发现,他完成这个建筑所必要的材料不够。"①

与维克赛尔为代表的瑞典学派和货币学派对危机的解释的一个最大不同,同时也是米塞斯对周期理论所做的最大贡献是他把门格尔和庞巴维克的"资本理论"引入到了对危机的解释当中,使人们认识到导致危机的是"错误的投资",而非"过度的投资",即资本从消费品生产部门"错误"地引向了"资本品生产部门",②因而,生产消费品的资本就减少了,而资本品的生产是需要消费品去配合的,假如没有相应的消费品,资本品的过度扩张必然中止。资本的结构思想也构成了后来哈耶克批驳凯恩斯的基本立足点。米塞斯对经济周期的上述解释已经成为奥地利学派的经典解释。米塞斯之后的奥地利经济学家在米塞斯理论的基础上做了进一步的发展,比如在对"繁荣为什么会突然停止"这个问题的解释上,哈勃勒(Haberler·G)引入了"时间因素",极有说服力地指出"要完成那些由于人为的利率而被延长了的生产过程需要花费时间,而发现这一点往往太迟",他进一步解释道"除非增加的信用货币在变成人们的收入之前,生产过程就已经完成,那么这时额外的货币就会有额外的商品与之对应,商品价格不会上涨,当实际上如罗斯巴德指出的,生产过程总是比货币的流通过程更长,在生产过程完成之前,物价就已经上涨了",③从而解释了为什么被人为地压低的利率又会回到自然率的水平,甚至会比自然率还要高,当然,由于利率的提高,那些在虚假的低利率下看起来具有盈利性的项目将不得不终止。哈勃勒是用"时间"因素来解释利率为什么必然提高的,解释利率为什么必然会提高的另外一种途径更为直接:消费增加,意味人们偏好现在的消费,从时间偏好的变化上看,这就意味着利率的上升,这与储蓄增加,利率下降是同样的道理。

假如仅仅只强调信用扩张的利率效应而不强调其结构效应,那么奥地利学派的周期理论就与货币学派没有大的区别了,如奥德利斯库和舍诺伊指出的"奥地利学派或哈耶克分析的突出特点是,注重商业周期过程中出现的比

---

① 米塞斯:夏道平,人的行为,远流出版事业股份有限公司,1991年版,第690页。

② Joseph T. Salerno., *Comment on Tullock's 'Why Austrians Are Wrong About Depressions'*, in The Review of Austrian Economics, vol. 3, p143.

③ Haberler G., *Money and the Business Cycle*, in *The Austrian Theory of the Trade Cycle and Other Essays*, Washington D. C.; Ludwig von Mises Institute for Austrian Economics Inc., 1983, p305—307.

例失调,并强调这些失调的价格信号"。①

对于以上的分析,我们可以概括为,由于货币制度的失灵,导致市场不能实现跨时期(生产和消费)和跨部门(资本品生产部门和消费品生产部门)之间的协调,这种失调表现为生产结构扭曲,而生产结构扭曲的后果就是经济危机。

2. 银行制度的失灵

既然危机是政府干预自发的货币制度,造成信用扩张的结果,那么政府对货币制度的干预又是如何实现的呢?这与另外一种重要的制度——银行制度——的失灵有直接的关系。我们知道银行的出现不是谁设计的产物,或者说银行是自发演进的产物。但是,与货币一样,银行制度的演进受到了政府极大的干扰,其中最典型地是出现了"中央银行"这个怪胎。政府知道,通过对货币发行的控制,可以获得巨大的利益,因而政府授予银行特权,允许银行采取"部分储备的银行制度"(Fractional-reserve free banking),就是说银行的贷款并没有黄金和储户自愿的储蓄为后盾,②或者说银行把储户的活期存款都贷出去了,储户(尤其是指活期存款的储户)把资金放在银行里是为了获得安全和随时提取的便利,储户有随时把资金提取出来的权利,银行把储户的这部分资金或投放没有自愿的储蓄为基础的货币显然是侵害了储户的财产权,也违背了货币本质上是黄金的原则,"部分储备的银行制度"实际上是违背私法的行为。假如储户都向银行提取存款,银行必然破产,但是在没有信用危机的情况下,这种情况一般不会发生,这种银行制度的存在,还有更为重要的一个原因是中央银行为它的存在提供了保障,更准确地说,商业银行从中央银行那里获得了以部分的储备就可以实施信贷扩张的"特权"。那么为什么政府要给银行特权呢?答案在于政府和银行之间存在互利关系,政府可以利用银行发债,或通过其他方式进行信用扩张,解决自己的财政困难而不必求助于税收,而银行在信贷扩张中多"销售"了本不存在的货币,获得了巨大的利益,而且还不用承担信用扩张的风险——因为所有的风险都可以让中央银行承当。③ 正是政府背后的怂恿,银行堂而皇之地践踏私法,破坏市场

---

① 奥德利斯库,舍诺伊:《通货膨胀、衰退和滞胀》//埃德温·多兰主编 伊斯雷尔·科兹纳穆雷·罗斯巴德. 王文玉译,《现代奥地利学派经济学的基础》,浙江大学出版社,2008年版,第178页。

② 储蓄有自愿的和强制的储蓄两种,只有前者才代表结余的商品或购买力。

③ 银行的利润来自信贷扩张,只要它们可以,它们就会尽可能扩大信贷,直到它们被阻止。罗斯巴德:谢华育译,《美国大萧条》,上海世纪出版集团,2003年版,第75页。

经济正常运转必不可少的财产权。①

对于政府破坏银行制度的演进,使银行受特权保护而滥发信用货币的问题,米塞斯在《人的行为》中早已论述,他讲到"只因为政府已给一个或数个银行特权,因而阻止了银行业务的自由演进。如果政府从未为某些特殊银行的利益而采干涉行动,如果政府从未解除某些银行遵照契约清偿债务的义务(在市场经济里面,这是所有的个人和所有的商号所应履行的义务),则不会有什么银行问题发生。对于信用扩张所定的限制自会有效。每个银行,对于自己的偿付能力之考虑,就可使它不得不小心谨慎而不敢过分发行信用媒介。否则就会破产。"②哈耶克在《货币的非国家化》中进一步阐述了米塞斯这里的思想。

对于以上的论述,我们可以用图1简单地表示。

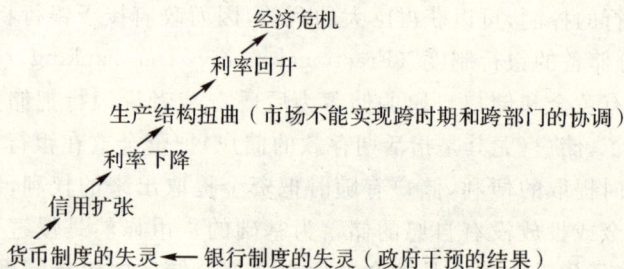

经济危机
　　利率回升
　　　生产结构扭曲(市场不能实现跨时期和跨部门的协调)
　　利率下降
　　信用扩张
货币制度的失灵 ← 银行制度的失灵(政府干预的结果)

图1　制度失灵如何导致经济危机

3. 假如政府不干预市场,是否会发生危机

奥地利经济学令人信服地说明,在政府干预,制度失灵的情况下,将不可避免地出现经济危机。但是,假如政府不干预自发形成的制度,是否会有经济危机发生呢? 显然,凯恩斯对这个问题是持肯定态度的,而米塞斯与哈耶克坚持,只要市场利率能够反映消费者自然的时间偏好率,那么就不会有"系统性的"商业周期。③ 对于这一论点,米塞斯做了进一步的解释,他说道,假如没有信用扩张,资本家和企业家扩大生产规模是难以为续的,因为扩大规模会导致利率会上升,从而限制规模的扩大,他说道"这样拼命地增加投资,提高了那些辅助的生产要素的价格和借贷市场的利率。这些后果,如果没有信

---

① J. Huerta. de Soto, *Money, Bank Credit and Economic Cycle*, Ludwig von Mises Institute, Alburn, Alabama, 2006, p 809.

② 米塞斯:夏道平译,《人的行为》,远流出版事业股份有限公司,1991年版,第553页。

③ Skousen: The Great Depression, in Boettke, P. J. (ed), *The Elgar Companion to Austrian Economics*, Edward Elgar, 1994, p432.

用扩张,就会马上限制了扩张的趋势"。① 另外,奥地利经济学家相信市场价格的协调作用,如哈耶克强调价格具有"通信功能"、"信号功能"和"节约信息的功能"就体现了他对价格在协调市场方面所具有的能力的认同。

还有重要的一点是,奥地利经济学家认为,假如消费需求下降,那么并不会导致需求的普遍下降,相反,会使投资从生产消费品的部门流向生产资本品的部门,也就是说投资需求会增加。顺便要指出的是,假如我们把门格尔和庞巴维克的"资本"理论和哈耶克的"知识"理论引入到周期理论中,我们就会发现,凯恩斯的导致有效需求不足的"三大心理规律"就是一个事实。首先来看其中资本的边际收益递减规律。在凯恩斯看来,利率取决于资本的边际生产率,当资本增加时,资本的边际收益递减,这是导致投资需求不足的原因,但是,如哈耶克所指出的,"资本的边际效率"这个概念只有在资本不短缺,且在这种不短缺的情况下,以某个固定的价格供应资本时才是成立的,而在现实中,资本并非不短缺,因此,资本的供应价格是变化的(这一点很重要,资本品的购买价格会随着企业家对资本品的利润预期或生产能力的预期的变化而变化),这样"资本的边际效率"就无法成立。② 我们可以从主观主义的角度对哈耶克的这个观点再略作补充,"资本边际效率"递减隐含着这么一个前提假定,即资本是客观的存量,而且是一个连续变化的存量,但是我们知道资本存在于企业家的预期中,预期绝不是连续的,即使是同一个企业家,他的预期也是会变化的,或者说是预期是跳跃的,因此,这种连续性存量假设是不成立的。

凯恩斯的边际消费倾向递减和流动性偏好理论都和"偏好"有关,奥地利经济学认为人的时间偏好是相对稳定的,正是这个稳定的时间偏好产生了维克塞尔提出的自然率,稳定的时间偏好意味着储蓄、消费和投资之间存在相对"稳定的比例"关系,而不是"递减"的关系。当然,人的偏好也有可能会变,假如更倾向在未来消费,那么储蓄增加,在凯恩斯看来,"储蓄的行为,除了会减少目前对消费品的需求以外,还会减少目前对投资品的需求。"③但是,这在奥地利经济学看来是不成立的:储蓄增加的结果是利率下降,利率下降会增加投资需求。

---

① 米塞斯:夏道平,《人的行为》,远流出版事业股份有限公司,1991 年版,第 720 页。

② J. Huerta. de Soto, *Money*, *Bank Credit and Economic Cycle*, Ludwig von Mises Institute, Alburn, Alabama, 2006, p556.

③ 凯恩斯:高鸿业译,《就业、利息货币通论》,商务印书馆,1999 年版,第 217 页。

二、如何从危机中复苏

对于如何从危机中复苏这个问题,凯恩斯主义的立场很明确,就是通过政府干预,纠正市场自发形成的制度,而奥地利经济学恰相反,认为复苏的关键是让自发形成的制度发挥作用,使扭曲的制度回到自发演进的轨道上来,因此,第一步要做的就是政府必须停止干预自发形成的制度。下面我们首先说明要实现复苏,凯恩斯提出的政策手段为什么是站不住脚的,其次具体说明经济复苏的正确对策是什么。

1. 为什么凯恩斯的政策手段站不住脚

凯恩斯主义的政策主要是财政支出政策,而非货币政策,但是在我们看来,财政政策与货币政策只是手段不同,结果是相同的,都是使流通中的货币数量增加,也就是信用扩张。现在我们要回答的问题是,为什么信贷扩张解决不了危机。要说明这一点,关键在于理解作为一种自发演进的"货币"。假如是自发演进形成的货币,那么显然,这种货币代表的是一种现实的购买力,把货币储存起来,也就是储蓄,是现实购买力(代表部分现实的商品)的储存。而政府利用银行,通过财政或货币手段创造出来的信用却并没有现实商品的支撑。投资需要工人,工人需要消费,这部分消费品只能来自事先消费的节约,也就储蓄所代表的购买力,而政府人为创造出来的货币与储蓄有着根本的区别,它完全不代表可消费商品的节约。假如政府干预下创造的信用货币被用于投资,其结果就是物价上涨,并导致危机的产生,其传导机制我们在上面已做了详细的分析。对于"自发储蓄"的增加与经济复苏之间的关系,J. Huerta. de Soto 做了解释,他说道,自发储蓄的增加,意味着消费需求下降,紧接着的是消费品价格下降,消费品价格下降,意味着真实工资的提高,这时产生的李嘉图效应是资本代替劳动,更多的个人转移到资本品的生产中去,生产结构的延长,这是其一,其二是自发储蓄的增加、消费品价格的下降等都意味着利率的下降,利率下降的结果是投资的增加和生产结构的延长。J. Huerta. de Soto 认为由于自发储蓄的增加而导致的生产结构的延长是"永久性的",不可逆的,而信用扩张导致的生产结构的延长是暂时的,是要回到原来的生产结构中去的,甚至比原来的结构还要短(这个生产结构退化的过程就是危机爆发的过程),这是因为这时自发储蓄所代表的现实的消费品为生产结构的延长提供了可靠的支持。[1] 因此,按照奥地利经济学的周期理论,

---

① J. Huerta. de Soto, *Money, Bank Credit and Economic Cycle*, Ludwig von Mises Institute, Alburn, Alabama, 2006, p 506.

投资小于或等于储蓄才是健康的,相应地,在具体的政策手段上,与凯恩斯主义的政策相反,奥地利经济学强调要增加储蓄,而不是刺激消费。

作为投资之源的货币,只能来自于储蓄,而不是人为创造的信用,这一点米塞斯早已有详细的论述,"不管情形怎样,银行的任何操作决不能为经济制度提供资本财,这是确定的。健全的生产扩张所需要的,是增加资本财,而不是增加货币或信用媒介。虚假的繁荣是建立在银行钞票和存款的沙滩上。那一定是要崩溃的。"①而在凯恩斯看来,资本是可以经济复苏仅仅意味着消费原来错误投资而显得过剩的商品吗?凯恩斯的有效需求不足理论隐含的结论就是刺激需求,消费过剩的商品,但是,在奥地利经济学家看来,这是饮鸩止渴,重要的是纠正扭曲的生产结构,增加消费品的生产,使生产结构恢复到与自然率相对应的水平。但是,增加消费品的生产绝不应该是简单地复制原来的消费品,而是生产在既定的收入水平下有新需求的商品,就是说,要有新财富的创造。但是,储蓄所代表的资本财本身并不带来财富,从资本财到新财富,中间离不开一个关键的角色——企业家。在凯恩斯的理论中,是没有企业家概念的,他假设"S=I",也即储蓄会自发地转化为投资,银行信用扩张产生的信用媒介也会自发地转化为投资,这与现实显然不符。凯恩斯忽视企业家与他不关心资本的"生产率"是一致的,在他看来,只要能刺激需求,造金字塔也是可以接受的,所以凯恩斯只关心投资的支出,而不考虑投资的生产率。当然,这在奥地利经济学家看来是荒谬的,复苏要以企业家创造的利润为标志,人为刺激出来的需求绝不代表复苏。复苏的标志是企业家创造的利润,复苏的保证是企业家创造利润的动力,而无论是财政支出政策还是信贷扩张政策,毫无例外地都跳过了企业家。奥地利经济学家不是不重视需求,而是认为需求不能人为地刺激出来,而是要通过企业家去"发现",这种被企业家发现的需求才是可持续的,发现需求的过程也是生产结构调整的过程。

在企业家和经济危机这个问题上,经典的奥地利经济学的周期理论认为是人为的低利率"误导"了企业家,从而扭曲了生产结构,而我们认为这一解释还不足以体现奥地利经济学周期理论中企业家具有的重要地位,没有把企业家的真正意义揭示出来,在我们看来,它的严重后果是极大地弱化了奥地利经济学周期理论本该被人认识到的独创性。货币对市场的协调作用是通过企业家实现的,只有通过企业家之手,货币才能变为资本。② 具有复苏意义

---

① 米塞斯:夏道平译,《人的行为》,远流出版事业股份有限公司,1991年版,第691-692页。

② 因此,在某种意义上,与其说凯恩斯的周期理论缺乏一个资本理论(这是哈耶克所言),不如说他的周期理论没有企业家理论。

的"投资"不可能通过人为的刺激产生,而必然是企业家"发现"的结果。"利润",作为企业家投资的目的,指引投资流向最能满足消费者需求的活动中去,从而实现社会资源配置效率的提高,利用信用扩张手段产生的投资不会产生具有这一功能的利润,不仅如此,一旦货币制度由于信用的扩张失灵了,那么市场利润也就失真了,引导企业家投资的将是错误的信号。我们注意到,经典的奥地利经济学的周期理论和货币学派的理论以及凯恩斯主义的理论一样,强调的都是"利率"因素,而我们认为把"企业家利润"这个因素凸显出来,才更能体现奥地利经济学周期理论的独特魅力。

在上面,我们把经济周期理论中的企业家因素作了重新认识,这样,我们就把一个静态的、以结构论为基础的周期理论转变为一个动态的、以企业家为基础的周期理论,本文提出的"制度失灵"分析方法是以后一种周期理论为基础的。

我们可以用图 2 简单地表示包含了企业家因素的复苏过程:

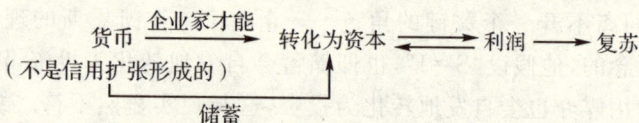

图 2 不受信用扩张影响的货币如何导致复苏

我们也可以用图 3 表示货币制度失灵如何导致危机的产生:

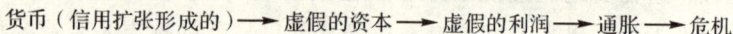

图 3 受信用扩张影响的货币如何导致危机的产生

传统的奥地利经济学反对使用扩张的办法治疗危机的主要理论依据是它的资本理论以及与之对应的生产结构理论。假如危机仅仅是货币现象,那么信贷扩张的政策是有效的,但是假如危机不是货币现象,而是结构的失衡和扭曲,那么用信用扩张的办法治疗危机是不可行的,财政政策同样如此,这些政策都会使原本已经扭曲的生产结构更加扭曲。如米塞斯所明确指出的,用信贷扩张的办法治疗危机,只会使危机变得更加严重。除非这些干预价格、工资和利率的手段被永远废止,否则经济不会和谐发展。[①] 在《人的行为》中,米塞斯也讲到"至于想用新的信贷扩张来重新调整,那是没有用的,这是对萧条的矫枉过程加以干扰,使它中断,使它延缓。"[②]与"生产结构"理论对应

---

① MisesL. V. (1936), *The Austrian Theory of the Trade Cycle*, in Littlechild, S., Austrian Economics, Edward Elgar, p296.

② 米塞斯:夏道平译,《人的行为》,远流出版事业股份有限公司,1991 年版,第 711 页。

的是"货币的非中性"理论,即信用货币注入市场中去之后,有的部门先得到货币,而有的部门后得到货币,其结果是凯恩斯的信用扩张政策试图实现的稳定价格目标不能实现,并且也导致生产结构的进一步扭曲。

信贷扩张政策的结果是虚假的复苏,表现为 GDP 的增长,[①]而错误的投资,扭曲的生产结构并没有得到纠正,宽松的信贷政策促使人们更多的是进行投机活动,而不是审慎的投资决策。它(信贷扩张)使一个国(就全部看)更穷,而非更富。[②] 日本等国出现滞胀,是信贷扩张政策失败的一个典型例子。从收入分配效应上讲,信贷扩张使有资产的人的资产价格上涨,而劳动工资的购买力下降,换句话说就是掠夺普通大众,接济富人。

2. 复苏之策:停止政府干预,纠正制度失灵

与凯恩斯主义扭曲货币制度的信贷扩张政策相反,奥地利经济学认为经济复苏之策的核心是纠正被扭曲的货币制度,使货币和银行回归到本来的面目。基于这一思路,奥地利经济学的复苏之策实际上是"两步曲":第一步是政府立刻停止任何导致信贷扩张的政策。罗斯巴德指出在萧条时期,"政府唯一可以做的就是:它应该大幅度降低它对经济的影响力,削减其开支和税收……总之,萧条时期正确的政府政策就是严守自由放任的信条。"[③]奥地利经济学把萧条视为治疗由于信贷扩张而产生的疾病的有益的、也是必不可少的过程,"萧条的恢复时期,这是一个必要的调整过程……(在萧条时期)由于大量的破产,重大失误被揭露出来,失业问题会加剧,但是它只是暂时的。调整的速度越快,解决失业问题的速度也越快。"奥地利经济学让萧条来治疗危机的观点有一个重要的理论依据是"货币变化的自可逆性":"虽然货币扩张有实际的扭曲效应,这些'纯粹'货币的变化是自逆转的"。[④] 因此,要防备和警惕的不是萧条,而是导致萧条的信用扩张。

第二步是彻底根除政府干预货币制度的可能性。主要是银行与货币制度的重构,使之回归到自发演进的轨道,这就是要求我们在货币制度和银行制度方面做以下几个方面的变革。

(1)实行自由竞争的银行制度,米塞认为自由竞争可以确保银行不滥发货币,"我们绝不可忘记:凡是发行信用媒介的银行总是处在一个不稳定的地位。它所最珍贵的资产是它自己的信誉。一旦对它的诚实和偿付能力发生

---

① 经济复苏不能用 GDP 增长来衡量,而只能用居民实际收入水平(可购买商品量)的提高来衡量。

② 米塞斯:夏道平译,《人的行为》,远流出版事业股份有限公司,1991 年版,第 586 页。

③ 罗斯巴德:谢华育译,《美国大萧条》,上海世纪出版集团,2003 年版,第 63—64 页。

④ 奥德利斯库和舍诺伊:《通货膨胀、衰退和滞胀》//埃德温·多兰主编,伊斯雷尔·科兹纳,穆雷·罗斯巴德等著 王文玉译:《现代奥地利学派经济学的基础》,浙江大学出版社,2008 年版,第 178 页。

怀疑,它就要走上破产的境界。"①米塞斯的这句话也说明了国家信用与个人信用的根本不同,以及个人信用的根本性意义。米塞斯进而认为"在自由银行制下,信用扩张连同它的一切必然后果,不会发展到成为将军制度的常态。只有自由的银行制才会使市场经济安全,免于恐慌和萧条"。②

(2)百分之百的储备制度。自由竞争还不足以阻止银行滥发货币,还需要百分之百的储备制度为保障,所谓百分之百的储备制度就是银行的信贷规模不超过自发的储蓄的规模,通俗地说,就是有多少存款,放多少信贷,"一个银行所发行的货币替代品,绝不能多于它的顾客们在他们的现金握存中的可保存的数量",③即不能无中生有地放贷,也不能以侵害储户的财产权为代价进行放贷。百分之百的储备制度要求在任何时刻都能够归还储户的所有存款。④罗斯巴德指出,传统的法律原则,在银行领域中就是要应用百分之百的储备制度。⑤

(3)货币的非国家化,取消中央银行,恢复金本位。上面两个对策是针对银行信用扩张而采取的限制措施,而这第三个对策是针对政府而采取的限制措施。哈耶克在《货币的非国家化》一书中指出"应以彼此竞争的私人货币取代国家货币"⑥。中央银行是"部分储备的银行制度"的必然产物,也是政府据以发行货币,实施信贷扩张政策,干预货币制度以实现自己特定目标的载体。中央银行的存在恶化了危机和萧条。⑦要特别指出的是,中央银行并非自发的、演进的自由市场过程的产物,相反是政府有意识地干预银行业的结果。⑧货币本来就是黄金,金本位制度只是使货币恢复到其正常的状态中去。金本位制使货币的发行量不超过黄金的数量,是限制信用扩张的重要手段。有一个普遍存在的担心是,金本位制会导致萧条,这其实是一个流行的谬见。J. Huerta. de Soto 指出,没有一定的信用扩张或通胀,经济就不可能发展,这种观点是不可能成立的,他进而指出,在过去的 100 年中,世界黄金的增长率是每年 1%-3%,因此,假如劳动生产率增长 3%,那么消费品和服务的价格将持续的下降,这对所有的人——尤其是收入相对固定的劳动力所有者——

---

① 米塞斯:夏道平译,《人的行为》,远流出版事业股份有限公司 1991 年版,第 560-561 页。

② 同①,p 556。

③ 同①,p 550。

④ J. Huerta. de Soto, *Money, Bank Credit and Economic Cycle*, Ludwig von Mises Institute, Alburn, Alabama, 2006, p 707.

⑤ 同④,p720。

⑥ 哈耶克著 姚中秋译:《货币的非国家化》,新星出版社,2007 年版,第 213 页。

⑦ 同④,p 637。

⑧ 同④,p647。

都有好处,因为他们手中的货币的购买力提高了,也就意味着他们的收入提高了。① 一般人把萧条理解为物价下跌,其实物价下跌有可能是信贷扩张所导致的危机的产物,但也有可能是劳动生产率的提高,产品更加丰富的结果,这种物价下跌显然是有益的,因此我们不能把追求物价稳定作为目标。

上述手段似乎极端,但却是根除危机所必需的。无论是凯恩斯主义者还是弗里德曼等货币学派的经济学家,都没有提出要从“货币制度”和“银行制度”是角度讨论危机问题,他们提出的只是一些技术性的应急之策,治标不治本,这些政策只是暂时地解决了眼前的危机,却为下一次更为严重的危机埋下了伏笔。由于没有从根本制度上解决危机问题,所以我们看到在过去几百年来,在西方国家,危机一次又一次地重复发生。

我们顺便要指出的是,凯恩斯与奥地利经济学在方法论上的分歧也是导致两大理论流派在具体政策上截然不同的原因。凯恩斯把一个完美的世界拿来和现实世界做对照,或者说他追求的是一个想像中的理想世界,而奥地利经济学是现实主义的,承认市场存在一定程度的波动是不可避免的,与之对应的是,凯恩斯采取的是均衡的总量的分析方法,而后者采取的是过程的个体主义的分析方法。

三、“被俘获的制度”：论作为一种自发演进制度的前提条件

既然制度失灵是危机的根本原因,那么我们就有必要对导致危机的制度所具备的特征进行分析。经济危机的产生实际上告诉我们一种新的制度形式,在完全自发演进的制度和完全人为设计的制度之外的第三种类型的制度,我们把这种制度称为“被俘获的制度”。

我们把“被俘获的制度”定义为一种既非自发的也非组织的制度。按照哈耶克的定义,自发的制度是目的的和平等适用的,而组织的规则必定依附于命令,而且只能调整命令所未规定的事项。② “被俘获的制度”是由于政府的干预而偏离了自发演进路线的制度,它既有自发演进的特征,也有政府干预的烙印,我们认为现代社会中的货币制度和银行制度就属于此例,因为我们绝不可以说现在的货币和银行是自发形成的,但是,又不能说不是自发的形成的。

在哈耶克的自发秩序论中,他没有单独地把“被俘获的制度”这种制度形

---

① J. Huerta. de Soto, *Money, Bank Credit and Economic Cycle*, Ludwig von Mises Institute, Alburn, Alabama, 2006, p773.

② 哈耶克：邓正来译,《法律、立法与自由》,中国大百科全书出版社,2000年版,第72页。

式罗列出来并进行分析,但是他的确谈到了干预自发秩序的危害,他说"用孤立且辅助性的命令来补充那些支配自生自发秩序的规则就绝不可能有任何助益,因为在这些孤立且辅助性的命令所涉及的活动中,人们的行动原本是由一般行为规则所指导的。这就是反对'干预'或'干涉'市场秩序之论辩的要旨所在"。① 哈耶克其实讲到这个问题"为什么自生自发的才是有益的",为什么这种不受干预的、长期演化形成的制度具有巨大的经济意义,哈耶克认为"这是因为与有意识的组织安排相比,自发过程能更多地利用信息和知识",②但哈耶克更认为理解这种自发形成的制度是超越我们理性的理所及的范围的。在我们看来,"主观主义"为我们理解自发演进的制度的价值提供了重要的视角。自发演进的制度意味着主体之间通过合作博弈达成了某种协议,并且认同这种协议的前景,也就是说,对这种协议有助于各方是有共同认识的。而假如这种制度被"俘获"或"挟持",那么这种共同的愿景是不存在的,并且只有通过强力或欺诈等手段才能维持这种制度。一旦一种制度被政府"俘获",被用于实现某个特地的目的(如就业、经济增长之类的),实际上它就失去了"目的独立性"的特征,也就失去了协调社会的作用,失去了增进大众福利的潜在价值。J. Huerta. de Soto 明确地指出了"传统法律原则的经济意义",他说"法律和经济是高度相关的,绝不可能破坏法律与道德原则而不对自发的社会协调造成致命的、有害的后果"。③

既然"自发演进的制度"具有如此大的价值,那么我们自然会问,产生"自发演进的制度"的前提是什么? 我们认为有这样几个方面,一是遵循传统的法律原则(主要是产权制度)。在上面的例子中,信用扩张和部分储备的银行制度都是对传统法律原则的破坏。米塞斯说"防止信用扩张所要做的事情,是要使银行业务受一般商业法规和民法的管制,这些法规是强制每个人和每个商号完全遵照契约条件充分履行义务的"。④ 二是没有强制,允许人们自由选择,或者换句话说,就是机会的可获得性。哈耶克谈到在金融领域机会可获得性的重要意义,这对现代金融制度的改革有着特别重要的意义,哈耶克讲到"我也相信,如果新一代的银行家获得机会,他们就会迅速地发展出新的银行形态所需的技术,这种新的银行形态不仅是安全的、有利可图的,而且

① 哈耶克:邓正来译,《法律、立法与自由》,中国大百科全书出版社,2000 年版,第 73—74 页。
② 范伯格:史世伟、钟诚译,《经济学中的规则和选择》,陕西人民出版社,2009 年版,第 224 页。
③ J. Huerta. de Soto, *Money, Bank Credit and Economic Cycle*, Ludwig von Mises Institute, Alburn, Alabama, 2006, p 740.
④ 米塞斯:夏道平译,《人的行为》,远流出版事业股份有限公司,1991 年版,第 555—556 页。

与以前的制度先比,更有益于社会"。① 当然,我们要区分两种不同的"强制",
一是规则本身所具有的强制性,无论是法律还是道德,都对人的行为构成某
种约束,也就是一定的强制,另外一种强制是自外部人为力量的强制,这种强
制是某个机构或个人为了实现自己的目的而施加给他人的,如上文所述,这
种强制导致制度的失灵,使制度的演进偏离正常的轨道。

拿现代社会的"货币"和"银行"这两种制度来说,显然由于政府的干预,
这两种制度不仅都违背了"传统的法律原则",也为政府的"强制力"所侵害,
就是说成为自发演进制度的两个前提条件已经丧失了,因而它们已经是"被
俘获的制度",而不再是自发演进的制度了。

四、结语

本文把经济危机问题归为"制度失灵",即政府破坏传统的法律原则和产
权制度,干预货币制度和银行制度,使之偏离自发演进的路径。我们通过经
济周期的制度分析,实际上提出了一种以企业家思想为基础的动态周期理
论。经济危机给我们的启示是,自发演进的制度具有超出我们理解能力的经
济意义,可以说,经济危机是哈耶克自发秩序论有效性最有力的证明。我们
要再次强调,"制度失灵"绝不局限于金融领域,而是普遍存在的现象,在金融
之外的领域中,制度失灵的危害也是同样严重的,只不过不像在金融领域中
的制度失灵会以危机的形式表现出来,为人所认识,在其他领域中,制度失灵
的危害往往不像金融危机一样明显,而是隐蔽的,运用经济学的理论去把这
种危害揭示出来,也许是当代经济学者的一个重要使命。

---

① 哈耶克:姚中秋译,《货币的非国家化》,新星出版社 2007 年版,第 106 页。

浙商的公共行为与地方治理[①]

王春福

摘　要：浙商主要是指改革开放以来伴随着民营经济的发展而崛起的浙江商人群体。自利性与公共性相统一的人性特征构成了浙商公共行为的内在根据。浙商的公共行为同经营行为的相关性成为推动浙商公共行为的内在动力。浙商的公共行为不仅可以拓宽其创业领域，而且是促进地方治理的重要力量，它有利于地方治理中公共产品和公共服务的供给，有利于民主政治建设，有利于弘扬公共精神，有利于公民社会的发育和成长，对维护社会的稳定具有重要作用。浙商的公共行为还需要进一步扩大范围和提升层次，以便在地方治理中发挥更大的作用。这依赖于浙商自身素质的提高，更依赖于地方治理的改进。

关键词：浙商　公共行为　地方治理　社会稳定

浙商主要是指当代浙商，它是伴随着中国改革开放以来，生产资料所有制关系重大调整而崛起的浙江商人群体。浙商的发展得益于公有制为主体多种所有制经济共同发展的制度设计，也得益于地方政府的政策扶持。浙商作为新兴的、颇具实力的投资者和经营者群体，不仅对经济发展发挥了巨大的推动作用，而且在地方治理中也成为一支不可忽视的力量。

一、浙商公共行为与地方治理的概念界定

浙商是对浙江商人群体的一种称谓，既包括浙江民营企业的创办者，也包括从浙江走出去的在全国各地乃至世界各地创办企业的商人。这里所说

① 本文系浙商研究中心省重点项目"浙商公共行为与政府政策导向"的阶段性成果（项目批准号：09JDZS002Z）；浙江省教育厅高校科研重点项目"浙江民营企业公共行为研究"的成果（项目批准号：Z200804697）。

的浙商主要是指当代浙江商人,他们是改革开放以来,伴随着个体私营经济的发展成长起来的民间商人。浙商既表明他们与历史上的晋商、徽商相区别,也表明他们与当代的粤商、闽商、苏商、鲁商、京商等相区别的特性。勤奋、务实、和合、功利,敢为天下先,善于夹缝中求生存的草根精神,可以在一定意义上反映浙商的特点。正是由于其固有的特点,使浙商开个体私营经济发展之先河,成为当代中国商人的先锋。浙商又是温州商人、宁波商人、台州商人、绍兴商人和杭州商人等的总称,他们既具有浙商共同的本质特征,又具有各自的独立特性,形成了内涵丰富的浙江商人群体。根据浙江省工商局公布的数据,截至 2010 年 6 月底,全省私营企业总数已达到 60.47 万户,首次突破 60 万户大关;注册资本总数达 14835 亿元。浙江省还有 160 多万个体劳动者。浙江省个私经济总产值、社会消费品零售额、出口创汇额等指标连续多年居全国第一。随着浙江民营企业的崛起与壮大,浙商的影响力不仅仅局限于经济领域,越来越多的浙商将他们的目光投向公共事务领域。

公共行为是一个比较宽泛的概念,凡是与公共性相关联的行为都可以称为公共行为。公共性强调的是"一个人从只关心自我或自我的利益发展到超越自我,能够理解他人的利益。它意味着一个人具有这样一种能力,它能够理解其行为对他人所产生的结果。"[1]一个人从只关心自我的利益发展到能够理解他人的利益,就具有了公共性,与此相关联的行为就可以称为公共行为。浙商的公共行为就是指具有公共性特征的行为,可以界定为与浙商参与公共事务活动相关联的行为,主要包括参与公共产品供给、公共权力运作、公共精神积淀和公共领域建构等行为。

一个人在实现"自我"过程中表现出来的利他行为,这在"理性经济人"看来是不可思议的,即使有某种利他行为其动机也是利己的。但是,就是最早提出"自利人"假设的亚当·斯密也承认人性中具有与同情心相联系的利他性的一面,他指出:"无论人们会认为某人怎样自私,这个人的天赋中总是明显地存在着这样一些本性,这些本性使他关心别人的命运,把别人的幸福看成是自己的事情,虽然它除了看到别人幸福而感到高兴以外,一无所得。"[2]在马克思主义看来,"一个人的发展取决于和他直接或间接进行交往的其他一切人的发展。"[3]公共性不仅是人性中的一个方面,而且是"自我"得以实现的一个不可或缺的条件。

自然属性和社会属性是人的两种属性,自然属性在人性中更多地体现为人的自利性,而社会属性在人性中就更多地体现为人的公共性。人性同人的需要也是密切相关的,人有自然性需要和社会性需要,自然性需要往往同自利性相关联,社会性需要往往同公共性相关联。人的本性就是自利性和公共性的统一。脱离了人的公共性一面,任何社会都无法维持。在市场经济条件下,市场主体更多地表现为自利性,"理性经济人"假设概括了市场主体的本质特征。浙商作为市场主体当然不可避免地具有"理性经济人"的本质特征,但同时他们也具有一切人都具有的公共性的一面。这决定浙商的行为更多的表现为自利行为,但其公共行为也会在特定的条件下展现出来。

浙商的公共行为与其企业的经营行为密切相关。经营行为是指企业为获取利润而进行的活动。而企业的公共行为则主要是指企业为了保障和增进国家、民族整体或者某个特定群体的相关利益,为促进社会发展和企业自身发展,正确运用企业资源和各种行之有效的手段和方法,参与社会公共事务的行为。公共行为和经营行为是可以相互促进的。不仅如此,公共行为和经营行为的边界也不是一成不变的。在鼓励民间资本进入公共服务领域的政策的引领下,一些民营企业通过特许经营等形式提供公共产品,这不仅是企业的公共行为也是企业的经营行为。

浙商的公共行为不只是一种利他行为,也有利于自身的发展,因此,是由浙商人性中的自利性和公共性共同推动的。浙商的公共行为对企业自身发展的作用主要表现在以下方面:一是有利于增加企业自身的利益。在市场经济体制下,追求利润是企业的首要任务。企业从事公共行为,承担社会责任要支付额外的成本,这就意味着企业当期利润的部分丧失或让度,但如果换个角度考虑,情况就未必如此。民营企业在力所能及的范围内进行一些公共活动,从短期看,或许不能为企业带来直接的经营业绩,但从长期看,这种行为改善了企业的社会形象和生存环境,在获得社会各界的支持的同时,也提供了企业品牌扩展的机会。从这个意义上讲,民营企业在利他的同时,也在利己。企业的公共行为与市场经济的本质要求并不冲突。一个有远见的企业家不仅应追求企业的短期利润,更应关注企业的长期盈利的能力,从而在市场竞争中赢得更有利的地位。二是有利于企业的可持续发展。在现代社会,企业存在的意义已经超越了单纯牟利的范畴。企业若想获得持续的发展就必须承担社会责任,积极创造社会财富,而不仅仅是追求自身的利润。企业的可持续发展要求企业必须关心所处社会的全面的和长远的利益,注重社会效益,并且全面履行社会责任和义务。由于企业的公共行为改善了企业形象,吸引了大量人才,取得了竞争优势,同样会增加企业的收益。企业的公共行为和经营业绩之间有着正相关关系。三是有利于塑造良好的企业形象。企业承担社会责任,保护和改善生态环境,积极参加公益事业,提供满意的公共产品和优质服务,有利于树立企业良好的公众形象,赢得商誉,能够获得利益相关者的认同和支持,累积无形资产。同时,民营企业家通过行业协会有更多的机会与政府进行接触和交流,在社会中获得一定的声望和地位,进而提高企业在公众心目中的形象,更有利于企业自身的发展。

通过对杭州、宁波、温州、台州、绍兴等民营企业发达地区的调查,了解到绝大多数浙商已经认识到公共行为对与企业发展的重要性。在对企业公共行为与企业发展的关系的调查中,调查数据显示,调查对象普遍认为企业的公共行为会影响企业的发展,认为关系非常大的占到 20%,认为关系较大的占 70%,而认为无关系的仅为 1.3%。在调查的浙商中,有 67.3% 的人认为企业的公共行为很有必要,参与的积极性较高,参与意愿也比较强。

地方治理是指在国家内部一定的地域空间范围内,在多元主体构建的网络结构中,以公共权力为依托,以公众需求为导向,管理公共事务、解决公共问题、提供公共服务,推动地方全面发展的新型的管理活动和管理方式。地方是相对于中央而言的,是相对于国家的整体而言的,如果从行政区划来讲可以是一个省、市、县、乡,当然,也可以是一个社区。多元主体包括政府、私人组织、非政府公共组织以及公民个人等,不同主体交织在一起形成协商互动的网络结构。它强调的是不同层级政府之间、地方政府与民营企业之间、政府组织与公民社会之间广泛的合作与伙伴关系,共同对地方的公共事务进行管理。公共权力的纵向分割和横向分化为地方治理提供了可能性,以公众需求为导向奠定了它的合法性基础,提供公共服务是它的核心内容。从根本属性来讲,它是一种新型的管理活动和管理方式。地方治理属于公共治理的范畴,浙商的公共行为在地方治理中发挥着重要的作用。从地方治理的多元主体来看,浙商无疑是其中的重要主体。

二、浙商公共行为在地方治理中的作用

地方治理是一个系统工程,涉及到经济、政治、文化和社会各个领域。以多中心体制供给公共产品、以网络结构为依托运作公共权力、以公平正义为核心弘扬公共精神、以社会本位为基础构建公共领域,是目前地方治理中最具先进性的治理方式。浙商的公共行为在上述各个领域都有所表现,在地方治理中发挥着不可替代的作用。

高质量提供公共产品和公共服务是地方治理的首要任务,也是衡量地方治理绩效的主要标准。治理意味着主体的多元化,意味着以多中心体制提供公共产品和公共服务。治理主体的多元化可以通过政府和私人部门的合作来体现,也可以是地方政府、私人部门和民间组织的共同合作。在多中心体制下,地方政府、私人部门和民间组织之间相互补充、相互支持、相互监督,依据不同的原则在公共产品和公共服务的供给中分别发挥着不同的社会功能。

地方政府以行政区域内的公共利益为取向,对公共产品和公共服务的供给作出全面安排。它要确定可以由私人部门生产的公共产品项目,同其他主体共同完成相应的政策供给和制度设计。地方政府还负责对民间组织进行扶持、引导和规范,使其在公共产品供给中更有效地发挥作用。私人部门以追求利润最大化为取向,依据相应的制度安排参与公共产品和公共服务的供给。在引入竞争机制的情况下,私人部门既要通过激烈的竞争获取相应的项目,也要通过激烈的竞争取得消费者的信任,发挥政府无法发挥的作用。

浙商参与公共产品和公共服务供给,可以为自己开辟新的创业渠道,开辟新的经营领域,既能够为自己获取一定的利润,还可以满足社会的公共需求,一举多得。随着经济社会的发展,浙商参与公共产品供给的积极性不断提高,领域不断扩大,为浙商带来可观的经济效益的同时,也产生了很大的社会效益。浙商参与公共产品供给的领域,从开办私立学校、投资民营医院,到参与城市公共设施建设和公用事业运营,从农村基础设施建设到文化产业和体育产业经营,等等。

调查显示,有45.4%的浙商曾经通过不同的方式参与过公共产品的供给活动。有54.6%的浙商没有参与过公共产品的供给,比例大致各占一半。表示在金融危机过后愿意参与或继续参与公共产品供给的占57%,不愿意的只占7.4%。说明浙商参与公共产品供给的积极性比较高。还有34.9%的企业表示是否参与无所谓,这表明,如果能为民营企业参与公共产品供给提供一个良好的政策环境,这一部分企业也会参与其中。在公共产品供给的不同领域中,浙商更愿意参与的领域,基础设施建设所占比重最多,占24%;其次是教育、培训占21.2%;环境保护占15.1%,而愿意投资医疗卫生和文化、体育领域的较少,分别占8.2%和6.2%。这从一个侧面反映出,鼓励民营企业进入医疗卫生和文化、体育领域的制度和政策还需要进一步完善。

浙商通过参与公共产品和公共服务的供给,不仅使企业扩大了经营领域,推动了民营经济的发展,而且可以一定程度上弥补政府公共资源的不足,更重要的是可以满足社会公众对公共产品的需求。这不仅在地方经济发展中发挥了重要作用,而且,在改善民生方面也发挥了一定的作用。

公共政策作为调整社会利益关系的工具,是地方治理的主要手段。地方治理的重要任务就是制定公共政策,解决公共问题。公共问题可以界定为一定的社会共同体大多数成员所面临的共同问题。公共问题不论表现形态如何,归根结底是由社会利益关系失衡导致的。解决公共问题最主要的就是协调好社会利益关系。在制定公共政策,解决公共问题的过程中需要广泛的公众参与。在地方治理过程中,公共政策的运行应是在由不同的利益群体形成的政策网络中进行。不同的利益群体在政策网络中进行博弈,交换资源,平等互动,以制定和实施相应的公共政策,在争斗和妥协中满足各自的利益要求,解决公共问题,化解社会矛盾。浙商通过各种渠道参与地方治理中公共权力的运作,既可以为自身的发展创造良好的公共政策环境,也可以对地方政府运用公共权力的过程中可能出现的异化现象进行监督,使公共权力更好地发挥解决公共问题,实现公共利益,协调社会利益关系的作用,为社会的稳定与发展建立良好的秩序。

调查显示,浙商没有通过任何形式参与公共权力运作的只有16.43%,有高达83.57%的浙商都通过不同的方式参与了公共权力的运作。参与的主要方式和所占的比例是:有15.36%的人是通过与政府官员接触,建立私人关系影响政府的决策;有14.64%的人是通过加入行业协会、各类商会与政府部门进行联系或表达对政府公共决策的看法;有13.57%的人是通过加入中国共产党或各民主党派参与政治;有12.86%的人则通过参与选举活动(包括投票、选举组织工作,为候选人游说或进行其他影响选举过程结果的活动)影响公共权力的运作。通过新闻媒体或互联网来表达自己对政府公共决策看法的所占比例最少,仅占3.93%。可见绝大多数浙商能通过私人关系、行业协会、政党组织等形式参与公共权力的运作,表达自己的意见,维护企业的利益。在参与公共权力运作过程中,浙商最关心的内容是行业政策、党和国家对民营经济发展的政策,因为这些政策同企业发展密切相关,两者所占的比例达到85%以上。这说明浙商参与公共权力的运作更多的是从企业的发展出发,其公共性还有待于提高。

浙商通过政治参与有助于民营企业表达自己的利益诉求,通过参与公共权力的运作来实现自己的利益。浙商通过选举、参与决策、监督等行为直接介入公共权力的运作过程,制约政府的政治行为,有利于消除政府个人专断和政府独断。同时,民营经济发展的日益强劲,对地方公共事务的运行和决策带来了新的压力,这从根本上造成了民主议政的需求。民营经济的这种发展趋势以及民营企业的公共行为,极有可能形成一种自下而上的倒逼式的民主体制,有助于地方的民主政治建设。

在地方治理中,要求各治理主体,甚至广大公众都要具有公共意识,弘扬公共精神。以公平正义为核心弘扬公共精神,构成了地方治理的灵魂。公平正义同样也是地方治理的终极价值追求。在地方治理中体现其价值依归的公共精神显然就是对公平的承诺和践诺,这意味着要保证所有公民身份上的平等,要保证所有公民在社会交往中权利与义务的对等。对正义的信仰就是对社会基本正义原则的坚持与维护。浙商要在公共精神积淀中发挥自己的作用,首先要树立社会责任感和社会公德心。浙商的社会责任区别于商业责任,是指除了创造利润外,还必须对社会承担责任,包括遵守商业道德、维护劳动权利、保护生态环境、发展慈善事业、捐赠公益活动等。强烈的社会责任感是浙商公共精神的重要体现。

调查显示,浙商对参与社会公益活动的积极性还是比较高的。有82%的浙商有过或曾经有过公益捐赠的行为,没有公益捐赠行为的只有18%,有过公益捐赠行为的所占比例较高。对公益活动关注,有机会也会参加的占绝大多数,比例为65.4%,非常热衷,经常参加的占15.7%,而不太关注的仅占12.4%。说明大多数浙商还是愿意参与公益活动的。从浙商公益捐赠的方面来看,有70.9%的选择扶贫救灾,占到绝大多数。而捐赠其他领域,环保事业的占3.1%、社区公益的占7.1%、社会基础设施占5.5%、文化、教育事业占9.4%,其他占3.9%。由此看来,浙商对参与扶贫救灾的积极性更高。

民营企业之所以能够在激烈的竞争中生存、运营并且创造利润,离不开社会公众的支持,因此,企业应该服务于公众,回馈于公众。充满服务精神的企业就是要与公民的愿望和需要相一致,提供更好的产品与服务。参与公益活动,弘扬公共精神对民营企业而言常常外化为企业的形象和信誉以及企业所肩负的社会责任。企业承担社会责任不仅是道德层面上的要求,更是法律层面上的义务,也有助于企业的发展。社会责任感的驱使也可以使浙商具有更高的人生价值追求。

以社会本位为基础培育民间组织,推动公民社会的发展,构建公共领域是地方治理不可或缺的前提。民间组织的发育为治理主体的多元化提供了条件。浙商通过组织各种民间商会和行业协会参与公共领域的建构,推动了公民社会的发展。浙商参与公共领域的建构,一方面,可以通过组织表达利益要求,维护自身的利益,另一方面,可以健全自身的人格。借鉴汉娜·阿伦特的观点:人的需求有两个层面,一方面人需要有私人生活空间,以隐藏一些应该隐藏起来的东西;另一方面,人又渴望互相沟通与交流,这就必须进入可以显现自己的公共领域,这是一个人得到他人承认的必要条件。公共领域的社会基础是公民社会,自愿性组织、社团、私人领域等构成了公民社会的结构性要素。民间组织的发展是公民社会得以形成的标志,也是公共领域构建的前提。

调查显示,有57.2%的企业加入了行业协会,有42.8%的企业还没有加入行业协会。根据调查,参加行业协会的企业主要从事的活动和所占的比例分布如下:参与建立行业自律性机制,制定行业职业道德准则、行规行约,规范行业自我管理行为,维护行业内公平竞争的活动,比例为33%;参与制定、修订本行业的企业产品标准、技术标准、计量标准、质量标准,组织推进行业标准的实施,开展行检、行评工作的比例为12.7%;开展咨询、培训服务,提供国内外经济技术信息和市场信息比例为15.7%;发展行业公益事业比例为14.9%;承办政府及有关部门委托事项,参与政府及有关部门政策制定比例为10.4%。以浙商为主体的各种民间商会和行业协会,发展之迅速超出了人们的预料。它们在公民社会的形成和公共领域的建构中,发挥着越来越大的作用。

随着民营经济的蓬勃发展,民间商会和行业协会大量涌现。一大批由浙商自发自愿组建起来的民间商会和行业协会的出现,一定程度上实现了国家与社会某种程度的分离。浙商通过民间商会和行业协会,既为推动民营经济的发展发挥了重要作用,同时也通过民间组织的发展加快了公民社会的发育,形成政府和社会的一种新型关系,有利于地方的发展和社会稳定。

三、浙商公共行为与地方治理的改进

尽管浙商的公共行为在地方治理的各个领域都有所展现,并发挥了重要作用,但是,从总体来看,更多的是出于企业经营的考虑,其普遍性和公共性还有待于提高。要提高浙商公共行为的层次,更好地发挥在地方治理中的作用,一方面需要提高浙商自身的素质,更重要的是依赖于地方治理的改进。

从浙商公共行为的动机来看,虽然呈现多样化的特征,但自利性动机仍然居于主导地位。调查显示,出于树立企业形象,提高企业知名度动机的比例为28.7%;出于改善企业经营环境,为企业的发展寻求便利,维护企业经营者的利益动机的比例为25.4%,两者的占比到达50%以上。此外,结合是否愿意继续参与公共产品供给的数据来分析,从对公共行为同企业发展关联度的认识来看,认为两者的关联度非常大的参与的积极性比较高,认为无关联的参与的积极性比较低。从中可以看出,浙商公共行为的主要动机是为了企业的发展,处于公益性考虑的还不多。

从浙商公共行为的群体普遍性来看,调查显示,仍然有一些浙商对公共行为缺少积极性。在对其原因的调查中,从企业和企业家自身寻找原因的比较多,他们认为,对公共行为缺少积极性最主要的原因是财力有限,其次是受企业家自身素质和知识水平的影响。从外部寻找原因的所占比例比较少,认为渠道不畅通和政治体制不完善的分别为13.3%。在政治体制对民营企业公共行为影响的调查中,有47.5%的浙商认为现有的政治体制有利于民营企业公共行为的开展,认为不利于的仅占12.8%,当然还有39.7%的人对是否有利于不清楚。

从浙商公共行为的基本现状中可以归纳出如下特点:一是浙商实际的公共行为有限且层次比低。由于缺乏对公共行为的系统性认识,使得现阶段浙

商的公共行为相对比较缺乏,而且层次不高。但是随着经济实力的提升,随着其他社会群体认同度的提高,浙商参与公共事务的热情也有所提高。二是浙商公共行为的利益导向性明显。通过考察浙商公共行为的动机发现,从总体来说,浙商的公共行为同维护和增加企业自身利益的关联度比较明显,出于对社会公共利益的追求和伦理道德动因的所占比例较小。公共行为的利益导向性明显,关注自我利益的"理性经济人"特征表现得非常突出。三是浙商公共行为存在不均衡性。浙商由于其文化素质、政治面貌和经济实力的不同,在具体的公共行为方面也存在较大差异。另外,不均衡性还表现在浙商公共行为所涉及的领域分布不均衡。大多浙商的公共捐赠行为明显多于其他公共行为。四是浙商公共行为的感性和随意成分居多。作为改革开放的直接受益者,民营企业家对党和政府有着朴实和强烈的感激心理。对政府的动员和引导,都会给予积极的配合和回应,但是,他们的公共行为往往表现得比较感性,还处于一种自在、随性的状态,从而使其公共行为无法在激烈的利益竞争中保持长久。

因此,要使浙商的公共行为在地方治理中发挥更大的作用,必须提升浙商公共行为的普遍性和公共性。这离不开政府和浙商的共同努力。

第一,引导浙商提升公共行为的层次。一是要加快民营经济的发展,为浙商的公共行为提供物质基础。要提升浙商公共性的层次,首要的任务就是发展和扩大企业公共行为的物质基础。因此,必须进一步深化经济体制的改革,完善资源配置的市场途径,提高资源流动的效率和人力资本的活动空间,扩大社会整体的经济存量,为民营企业的公共行为的提供经济支撑。二是要提高浙商的思想文化素质,为其公共行为提供精神支持。针对有些浙商对公共行为的认识还比较模糊的状况,要积极宣传民营企业公共行为的社会意义,进一步深化他们对公共行为的认识,推动浙商把自己掌握的知识转化为公共行为所需要的能力,保证浙商公共行为的健康发展。同时,进行正确引导,使其充分认识到民营企业公共行为范围的扩大和层次的提升是社会发展的必然结果,它不仅有利于经济社会的发展,也有利于民营企业自身的发展,从而调动浙商展现公共行为的积极性。加强浙商的道德修养,引导他们理性地看待公共利益和个人利益、社会利益和企业利益的关系,学会以合法的方式表达自己的利益诉求,养成与政治文明建设要求相一致的道德文化素养。引导浙商在市场化的过程中形成强烈的主体意识、平等意识和竞争意识,并在这些意识的指导下不断提高自身的公共行为能力。要放宽民营企业的融资渠道和市场准入,为民营企业创造公平的竞争机会,使浙商在注重功利性经营活动的基础上提升行为的公共性。

第二,拓宽浙商公共行为的空间。积极推进政治体制改革,转变政府职能,加强服务型政府建设。通过收缩政府的职能为浙商的公共行为留下更大的空间。政府职能转变是浙商公共行为的基础条件之一。要扩大民营企业公共行为的范围,就要弱化和转化一些本来不该由政府直接承担的职能。政府要进一步放权,将部分职能交由市场去承担。目前,我国的市场经济还很不完善,市场秩序也很不规范,政府职能的转变还远没有完成,这些都会阻碍浙商公共行为的发展。于是某些浙商为了避免公共行为对经营行为的干扰,采取了一些非制度化的手段和方法,给现行的政治体制带来一定的压力。因此,必须进一步转变政府职能,为民营企业的公共行为创造一种良好的环境,提供更大的空间。

第三,完善浙商公共行为的制度设计。相应的制度设计是浙商公共行为持续性和稳定性的保证。针对当前浙商公共行为缺乏相应的制度化安排,相关的法律、法规还不够完善,具体的操作程序还存在缺陷的状况,必须加强制度建设。浙商的公共行为应该始终与制度化建设联系在一起,用制度化的方式规范和引导浙商的公共行为。加快民营企业公共行为的制度化建设,一是构建民营企业公共行为的制度框架应具有全面和系统的眼光,要对现有的各项制度安排的合理性进行深入分析,吸收国内外促进企业公共行为的先进经验,全面和系统地构建民营企业公共行为的制度框架;二是循序渐进,在民营企业公共行为已经活跃起来的领域,加快制度化、规范化和程序化进程,提高已有的公共行为的质量。对民营企业公共行为还没有活跃起来的领域,要加强激励制度建设,鼓励民营企业的公共行为向这些领域扩展。

第四,营造浙商公共行为的文化氛围。浙商公共行为的主观效能感对其行为具有决定性的作用,而这一心理因素的形成受制于相应的文化环境。要扩大浙商公共行为的普遍性,提升其公共性,必须要营造一个积极向上的社会文化氛围,使浙商的公共行为向更高层次发展。社会文化氛围制约和影响着人们对制度的认同感和归属感,规范着他们的社会责任,影响着他们的思想意识、政治价值评价和政治心理习惯。这种文化氛围会全过程、全方位地渗透到浙商的公共行为之中,构成支配浙商公共行为的内在精神力量。通过文化建设营造与浙商公共行为相适应的文化环境,为浙商创造公共行为得以顺利展开的基本心理环境和核心价值体系。通过加强对浙商公共行为社会文化氛围的营造,提高浙商的公共行为意识,必将促进浙商公共行为的进一步发展。

第五,构建浙商公共行为的互动机制。浙商公共行为的发展需要政府、社会、企业之间的有效合作和良性互动。要促进政府、社会和企业之间的良性互动,一是要正确处理政府和社会的关系。与市场经济相对应的理想的政府与社会关系模式应该是:政府对社会控制既能保证社会秩序的有效运转,又不侵害社会自由和公民权利;政府的社会规范能力既提供有效的产权和有效的市场,又不影响社会的独立性与自主性。二是要正确处理政府和市场的关系。社会主义市场经济如同一般的市场经济一样,都需要合理划分政府和市场的边界,凡是市场能够很好解决的问题,政府就应该主动退出。应该按照市场经济体制和知识经济时代的客观要求,调整政府机构、规范政府行为。总之,要充分发挥社会自治功能,构建中国特色的市民社会;要充分发挥市场配置资源的基础功能,构建完善的市场体系,从而在政府、社会、企业之间建立一种互相促进、共同发展的合作伙伴关系。浙商的公共行为更为直接地显示了意志与行动,利益与权力、经济与政治之间的复杂而微妙的关系。要将公共行为与经营行为两者之间的"单项依赖"转变为"双向依赖",并通过建立企业与政府、企业与社会之间的良性互动机制维护这种双向依赖,使浙商的公共行为在地方治理中更好地发挥作用,形成政府、社会和企业三赢的良好局面。

参考文献

[1] [美]乔治·弗雷德里克森. 公共行政的精神[M]. 张成福等译,北京:中国人民大学出版社,2003.

[2] [英]亚当·斯密. 道德情操论[M],北京:商务印书馆,1997.

[3] [德]马克思恩格斯. 马克思恩格斯全集(第 3 卷)[M],北京:人民出版社,1976.

浙商公共行为的公共治理机制分析①

陈 驰

摘　要：浙商公共行为主要表现在参与公共产品的供给、公共权力的运作、公共精神的积淀、公共领域的建构四个方面。浙商公共行为为经济发展与社会进步贡献了巨大的能量，但是随着改革开放的深入和社会利益关系的不断调整，浙商公共行为在实践的过程中还存在诸多的问题，一定程度上影响了浙商可持续发展的能力，值得全社会共同关注。对浙商公共行为公共治理的框架进行分析、构建浙商公共行为公共治理的模型、探讨浙商公共行为公共治理的机制选择，以期纠治浙商公共行为存在的问题，实现提升浙商公共行为的品质。

关键词：浙商　公共行为　公共治理机制

浙商的公共行为包括参与公共产品供给、公共权力运作、公共精神积淀、公共领域建构等内容。这些公共行为弥补了浙商私人经营之外的行为空间，提高了浙商适应时代发展、社会转型的素质和能力。当然，浙商的公共行为必然地对其他社会群体以及社会发展产生一定的积极影响，提高了公民意识，增进了公共福利。但是，浙商公共行为或多或少地存在这样或那样的问题，亟待发现科学有效的治理运行机理，②形成一个系统合理的治理运行结构，利用一套切实可行的治理运行机制，以营造和实现公共产品供给、公共权力运作、公共精神积淀、公共领域建构等公共行为联动共荣的浙商公共行为健康成长的良好局面。

---

① 本文系浙商研究中心省社科基金重点项目："浙商公共行为与政府政策导向"的阶段性成果。
② 浙商研究中心省社科基金重点项目："浙商公共行为与政府政策导向"的阶段性成果。

一、浙商公共行为的具体内涵

浙商参与公共产品供给。浙商公共产品供给是浙商公共行为在经济领域的展示。以逐利而居的浙商参与公共产品的供给既是公共产品供给过程中"政府失灵"的必然选择,也是浙江民营资本为自身创造更多发展空间的重要途径。将实力雄厚的浙商资本引入到公共产品供给领域,显著升级了公共产品供给的模式,提高了公共产品供给的效率。本质上,浙商公共产品的供给是浙商关注民生、构建和谐社会的一项公共行为,而构建和谐社会最为基本、最为重要的任务就是解决社会失衡以及加大公共产品供给力度,正如党的十七大明确指出那样:推进社会体制改革,扩大公共服务,完善社会管理,促进社会公平正义,努力使全体人民学有所教、老有所得、病有所医、老有所养、住有所居,推动建设和谐社会。因此,浙商在公共产品供给方面有着特殊的角色和功能。当然,浙商公共产品供给也面临着一些问题:行业垄断的阻碍、民众偏好的影响、利益的驱动过大、制度建设的薄弱等等。

浙商参与公共权力运作。公共权力是基于特定政治共同体成员的同意或授权,为管理、支配、影响、调控该政治共同体内部的公共事务,而集中起来掌握在法定公共组织手中的一种公共权威力量。[①] 公共权力运行就是指实体性公共权力通过主体作用于客体,以实现管理国家和社会事务的过程,主要包括社会自治性公共权力运作和政府权力运作两部分。浙商参与公共权力运作主要指前者,这种公共权力运作的主要方式主是政治参与。当然,浙商公共权力运作也面临着一些问题:浙商公民政治参与意识不足、政治参与功利性倾向明显等等。

浙商参与公共精神积淀。浙商公共精神是在浙江精神的血脉中、在浙商精神的发展中不断得到给养和更新,在当下个人意识不断延展的社会变迁中,作为第二部门主体的企业家商人释放公共性既是履行社会责任的需要,也是企业长远可持续发展的必然要求。当然,浙商公共精神积淀也面临着一些问题:"公共"概念内部化和模糊化、公共精神的非常态化倾向依然存在、公共行为的私人利益驱使成分较重等等。

浙商参与公共领域建构。浙商公共领域的建构基于浙商私人领域的拓展和深化,是指浙商在私人领域得到一定利润和相应保障的基础上为了企业健康发展以及社会公共福利,通过行业协会或商会等组织形式铺建相应的场

---

① 宁骚:《公共政策学》,高等教育出版社,2003年版。公共权力是一个体系,主要包括社会自治性公共权力和政府(国家)权力两部分。

域、发挥一定的功能,以形成壮大一支拥有相对独立于政府执政党的地位和自治权力、内含自由平等契约关系的合法社会组织力量的过程。当然,浙商公共领域建构也面临着一些问题:法律环境缺失、管理体制约束、行业组织发展失衡、内部管理不完善、人文公共意识淡薄等等。

浙商公共行为是具体生动的,随着经济社会的不断发展,越来越多的浙商认识到公共行为在其经营发展中的重要性,越来越多的浙商也愿意拿出实际行动落实公共行为并积极参与建立公共行为生发的长效机制。这样的特征在我们的调查中可以得到部分的印证,具体看:浙商对于公共产品供给总是抱持正面的态度,这一结论在我们的调查中可以被轻易发现:有超过98%的受访浙商认为,公共产品供给并非没有必要,其中接近80%的受访浙商对于公共产品供给表示了"有必要"的肯定态度,见图1。

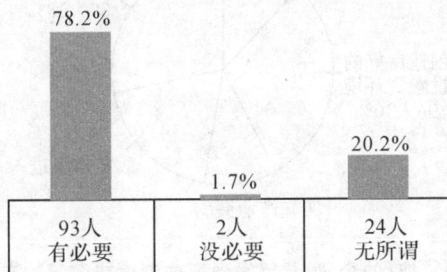

图1　浙商的公共行为有无必要

资料来源:问卷调查整理所得。

此外,在对"公共性与浙商可持续发展"这一调查中,有11.8%的受访浙商认为影响非常大,58.8%的浙商选择"较大",25.2%的浙商觉得影响一般,只有不到5%的浙商给予了负面的答案,见图2。

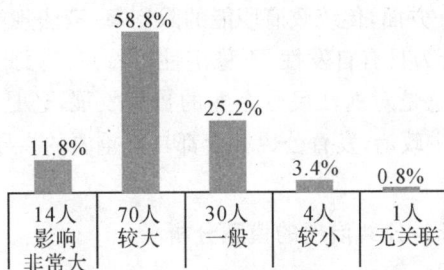

图2　公共性与浙商可持续发展的联系

资料来源:问卷调查整理所得。

由此,我们或许可以这样解释:不管出于何种目的,浙商对公共行为是有需求的,并且在一定程度上已经认识到其公共行为与可持续发展的正相关关系,但是碍于客观条件约束或自身情况局限,初衷良好的浙商公共行为并没有获得足够的展示空间,也没有赢得社会的普遍认可,更谈不上激发持续作为的不竭动力,这需要我们深入思考分析并探求解决之道。当然,浙商公共行为存在的问题也不容回避。在"您(的企业)希望得到哪些制度或政策的支持"的调查中,有 30% 的浙商选择了"希望创造良好的投融资环境",有 28% 的浙商认为"保持政策的稳定与连续"比较重要,有 19% 的浙商盼望"放宽市场准入",另外分别有 12% 和 11% 的浙商支持"加大补贴力度"和"实施产业倾斜",见图 3。

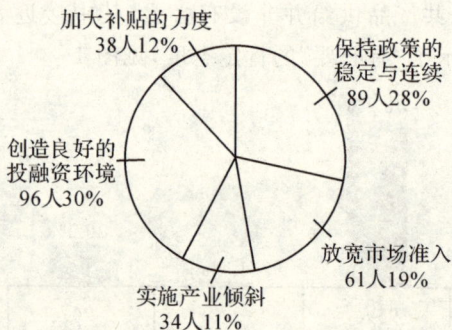

图 3　您(的企业)希望得到哪些制度或政策的支持

资料来源:问卷调查整理所得。

以上看来,积极向上的浙商公共行为有助于我国管理型政府向服务型政府的转变;有助于深入推进我国的政治文明,加快政治民主化的进程;有助于我国第三部门、非政府组织的壮大与完善;符合我国构建和谐社会的要求。但是,不容乐观的是,一方面,浙江民营企业自身存在着认识上的局限性、利益上的导向性。另一方面,传统政府职能的限制,政策法规配套等问题,使得浙江民营企业的公共行为具有自发性、不稳定性等特点。因此,从全方位了解、研究浙商公共行为,无论是对浙江民营企业的自身发展,还是对我国建设社会主义和谐社会、推进民主政治、发育公民社会都具有重要的指导和实践意义。

二、浙商公共行为公共治理的模型分析

当今社会进入了一个全球化、网络化时代、公民社会正在发育,第三部门不断成长壮大,非盈利组织发挥着重要的作用,这些都对政府单一的治理传统提出了新的要求,政府不再是治理的唯一主体,政府要和新兴的公共组织或者私人组织处理好关系。不管是政府、私人组织还是第三部门,都越来越多

地追求双赢甚至是多赢局面,这就使得润滑和胶合这些组织的优势、实现多元主体有效合作成为了当前浙商公共行为公共治理机制的重要方向和内容。

1. 治理模型运行的机理

发现一种科学有效的治理运行机理——治理主体与治理客体的统一、社会公平与治理效率的统一。治理主体与治理客体的统一。浙商公共行为公共治理的治理主体是以浙商为主的多元社会主体,治理客体是浙商的公共行为——浙商公共产品的供给、公共权力的运作、公共精神的积淀、公共领域的建构等等。在不同阶段不同层次的治理过程中,主客体是否统一直接影响着治理供需是否能够准确对接,进而决定了治理的效果和效益。社会公平与治理效率的统一。公平与效率的统一是人类追求的永恒价值,浙商公共行为治理在提升治理主体公共治理能力、肩负更多公共治理责任的基础上,有必要置公平于突出位置,这是因为公共行为直接体验者和最终受益者将是社会公众,而当前社会公众对于社会公平的预期是比较强烈的。正如有些学者指出的那样:"在表达自己的利益需求时,政府的一些顾客比另一些顾客拥有更多的资源和更强的技能。就像在私人部门中一样,这是否就说明他们应该得到更好的对待? 显然不是。在政府中,公平和平等方面的考虑在服务供给中起形成一个系统合理的治理运行结构。"①但是,浙商毕竟是市场经济体制下的独立市场主体,公共行为同样需要市场化运作的考虑,公共产品的供给面临着市场竞争、公共权力的运作存在着市场合作、公共精神的积淀有待于市场环境的成熟、公共领域的建构期待着市场程度的开放。因此,发现一种科学有效的治理运行机理——治理主体与治理客体的统一、社会公平与治理效率的统一将是浙商公共行为公共治理的头等大事、刻不容缓。

2. 治理模型运行的结构

形成一个系统合理的治理运行结构——浙商、各级地方政府、社会大众与社会互补。浙商民营企业公共行为的治理机制涉及的主体包括各级地方政府、企业、社会大众和社会组织等等。他们之间的行为选择是由他们的利益诉求、主体地位、职能范围与行为方式所决定的。他们之间的协调互动必须在有共同利益的基础上通过制度设计和激励措施来实现,见图4。

---

① [美]罗伯特·B. 丹哈特,珍妮特·V. 丹哈特:《新公共服务:服务而非掌舵》,刘俊生译,载于《中国行政管理》,2002 年第 10 期,第 32 页。

各级地方政府:
利益拆求
掌握的资源
公共财政体系
行政决策机制
基层政府执行力

浙商(民营企业):
利益诉求
掌握的资源
产权制度
内部制度安排

激励、谈判、监督、
合作机制

社会大众和社会:
利益诉求
掌握的资源
主本地位
内部制度安排

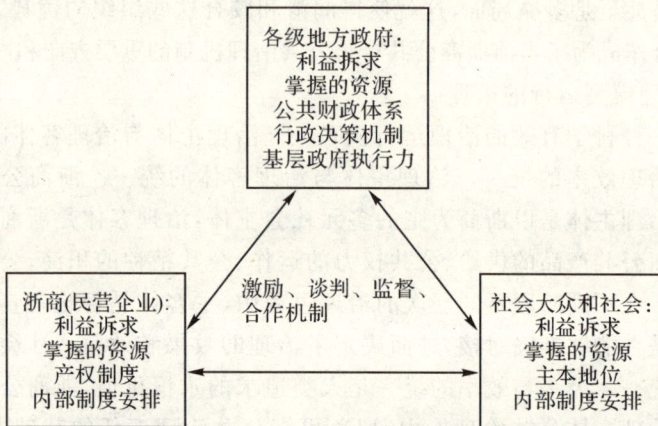

图4 浙商公共行为公共治理模型

资料来源:问卷调查整理所得。

3. 治理模型运行的机制

利用一套切实可行的治理运行机制——激励、谈判、监督、合作机制等。根据"社会运行论"①的基本观点,一个社会的良性运行协调发展是结构协调、功能协调以及机制协调为基础的。其中,结构的协调是指社会要素的联系具有较高的有序性、合理的比例与排列和严密的组织性,功能性协调是指社会系统在活动和作用上相互配合与相互促进。② 机制的协调则是社会运行的动力机制、整合机制、激励机制、控制机制、保障机制的健全和协调。浙商公共行为的公共治理机制有待于这些机制独立并且共同地发挥功能和影响,在政府、市场、社会"三赢"的治理机制中不断探索和前进。

三、浙商公共行为公共治理的机制选择

根据"社会运行论"③的基本观点,一个社会的良性运行协调发展是以结构协调、功能协调以及机制协调为基础的。其中,结构的协调是指社会要素的联系具有较高的有序性、合理的比例与排列和严密的组织性,浙商公共行为公共治理发现一种科学有效的治理运行机理、形成一个系统合理的治理运行结构、利用一套切实可行的治理运行机制正是在整体上对浙商公共行为公

---

① "社会运行论"是郑杭生教授在上世纪80年代中期提出的第一个系统的本土社会学理论,在学术界和社会上产生了比较大的影响。

② 郑杭生主编:《社会学概论新修》(第三版),中国人民大学出版社,2003年版,第75页。

③ "社会运行论"参见郑杭生主编:《社会学概论新修》,中国人民大学出版社,2008年精简版。

共治理的梳理和规范,以发挥结构协调方面的指导意义;功能的协调是指社会系统在活动和作用上相互配合与相互促进,浙商公共产品供给、公共权力运作、公共精神积淀、公共领域建构作为浙商公共行为的主要内容有着各自独立的运行逻辑,并且在功能上是互补的。[①] 机制的协调则是社会运行的动力机制、整合机制、激励机制、控制机制、保障机制的健全和协调,浙商四大公共行为的公共治理离不开主体的互动、资源的共享、工具的调整、过程的监督、绩效的评价、责任的追究。因此,一个社会的持续和品质发展离不开结构协调、功能协调与机制协调三者之间的"大协调",尤其是在实际运行中不可或缺的各机制的健全与协调。

以上不难得出,浙商公共行为公共治理在发现一种科学有效的治理运行机理,形成一个系统合理的治理运行结构后,如何现实地利用一套切实可行的治理运行机制就显得至关重要,公共治理主体的互动机制、公共治理资源的共享机制、公共治理工具的调整机制、公共治理过程的监督机制、公共治理绩效的评价机制、公共治理责任的追究机制这六方面机制有效运行或许可以帮助政府、企业、社会在治理浙商公共行为上获得治理的启发、找到治理的路径,见图5。

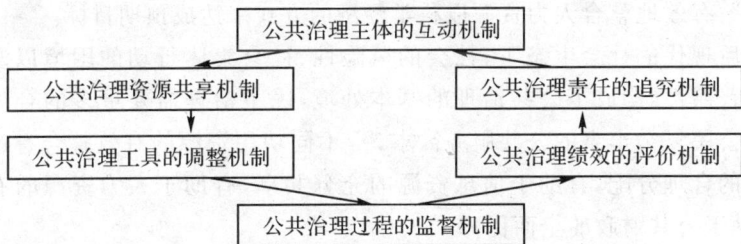

图 5 浙商公共行为公共治理机制协同运行模型

资料来源:归纳整理所得。

1. 公共治理主体的互动机制

政府与市场互动。浙商公共产品供给、公共权力运作离不开政府与市场的互动,政府与私营组织的合作也被称为公私合作,顾名思义就是以政府组织为主体的公共部门(通常是政府或社团)和私营部门(通常是企业)的合作关系,即 PPP 模式,它是由英文"Public Private Partnership"直译而来的。政府与社会互动,这就涉及到浙商的公共领域建构。浙商的公共产品供给、公共权力运作、公共精神积淀等公共行为都需要一定的展示平台和空间,需要

---

① 郑杭生主编:《社会学概论新修》(第三版),中国人民大学出版社,2003 年版,第 75 页。

政府释权,需要社会参与,浙商公共领域建构正是搭建彼此桥梁的一种公共行为。行业协会从其本质上应属于非政府组织,具有民间性。① 如此中介性和民间性的要求就需要政府与社会良性的互动——政府尊重并回应社会的合理需求。市场与社会互动,两者互动最能体现浙商的社会责任,包括市场责任、环境责任、用工责任、公益责任等等。

事实上,无论是政府与市场、政府与社会,还是市场与社会,主体间的互动并非泾渭分明,在更多的情况下是三者之间的胶合和调整,而这三者的互动机制又是其他机制发挥作用的重要前提,是影响浙商公共行为公共治理最为重要的部分。

2. 公共治理资源的共享机制

资源整合能力是浙商公共行为公共治理成败的另一个决定性因素。资源整合需要权力,只有在拥有合法适度权力的情况下浙商资源整合行为才能有效地进行,而这首先需要政府还与浙商一定的权力,尤其是实践公共行为的权力;其次,资源,如人力资源配置需要依靠更多社会优质人才资源的参与,如政府参事室、专门社会问题研究机构、高等院校等,通过理念分享与多方合作来吸引多元复合人才参与公共治理,"以事业留人、以情感留人、以待遇留人",有效地整合人力资源以科学经济的方式来达成预期目标。

在后现代的社会生态下,社会的风险性、社会集体行动的困境以及正义价值的普遍性,构成了公共治理的基本处境,民主治理需要更多的合作实践以满足公民复杂丰富的公共服务欲求。② 不同功用资源的有效整合有助于权力资源的合理分配,有助于信息资源的充分共享,有助于人力资源的有效利用,有助于公共财政的全面保障。

3. 公共治理工具的调整机制

治理本质上是运用政策工具、政策手段或管理手段提供公共物品和公共服务或者解决公共问题。加拿大公共政策学者迈克尔·豪利特和 M. 拉米什在《公共政策研究——政策循环与政策子系统》一书中根据政府介入的程度不同将政策工具分为强制型政策工具、混合型政策工具和自愿型政策工具三种。

浙商公共行为公共治理必须使用更多的自愿型政策工具,即非行政性非强制性的政策工具。同时,政府、市场、社会三大治理主体在混合使用政策工具的时候需要信息对称,适时调整。例如现代社会中呈现越来越多的不同声

---

① 黎军:《行业组织的行政法研究》,罗豪才主编:《行政法论丛》,法律出版社 2001 年版,第 164 页。

② 孔繁斌:《公共性的再生产——多中心治理的合作机制建构》,凤凰出版传媒集团和江苏人民出版社,2008 年 4 月第 1 版,第 2 页。

音和诉求,表达方式也越来越多元,尊重、引导、利用以网络舆情为代表的社会舆情是大势所趋,这种类似于社区概念的公共讨论平台正是自愿型政策工具应用的典型示范。

4. 公共治理过程的监督机制

美国著名行政学家诶莉诺·奥斯特罗姆指出:在每一个群体中,都有不顾道德规范、一个可能采取机会主义行为的人;也都存在这样的情况,其潜在收益如此之高,以至于恪守信用的人也会违反规范。因此,有了行为规范也不可能完全消除机会主义的行为。[①] 此外,学者罗森布鲁姆和克拉夫丘克将监督公共行政官员遭遇到的困难与阻碍归纳为九项无法突破的困境:专业知识、技术和信息的增长;公职人员专职地位的重要性;人事制度的保护;反制的法则;协调的问题;政治领导的缺乏;机关结构与功能的分裂;公共行政规模与范围的庞大;"第三部门"的管理等。[②]

浙商公共行为公共治理同样需要内部监督的先觉优势,需要党政监督的体系支撑,需要社会监督的新生力量,需要独立专业监督的市场服务,这样浙商公共行为公共治理过程的监督机制才能真正有效地运转起来。

5. 公共治理绩效的评价机制

浙商公共行为公共治理评价机制建立的目标在于实现公共行为的规范化和公共治理的标准化。浙商公共行为的公共治理机制要有序开展,必须需要一系列的控制机制,否则毫无章法、一片混乱。规范化和标准化就是一种非常重要的控制机制,它使得公共治理这一抽象的概念变得具有可操作性、可评估性,使得不同层面公共行为的公共治理变得具有可比较性和可激励性。

公共治理绩效的评价机制通过价值和事实两个层面确定相应的衡量标准,利用科学的技术手段确定标准的权重,结合专业分析得出改良的方案,以示规范,最终回归政策影响,即浙商公共行为公共治理综合效应的评价。而"政策影响"是指政策产出所引起的人们在行为和态度方面的实际变化。[③] 此外,当然还包括公共行为公共治理的风险是否得到管控和优化,有助于实现浙商公共行为公共治理绩效评价相当重要的关怀内容——公共治理的安全性、稳定性和可持续性。

6. 公共治理责任的追究机制

---

① [美] 诶莉诺·奥斯特罗姆:《公共事务的治理之道》,上海三联出版社,2001年版,第118页。

② [美] 罗森布鲁姆,克拉夫丘克:《公共行政学:管理、政治和法律的途径》(第五版),张成福等译,中国人民大学出版社,2002年版,第564—566页。

③ [美] 威廉·N. 邓恩:《公共政策分析导论》(第二版),谢明、杜子芳等译,中国人民大学出版社,2002年版,第366页。

　　治理主体依法定权限落实政策,是权、责、利的统一体,对政策执行必须承担相应的政治责任、道德责任和人格责任。为此,应当激励多元主体提高政策质量和政策水平,控制政策执行方向,规范政策执行行为,应当重视建立公共政策执行者责任制,使政策理解偏差、贯彻不力、执行失误,甚至违背政策、对抗政策的责任落实到具体的执行者身上,以使政策执行的责任明晰,增强执行者的责任感、使命感和危机意识,构建完整的浙商公共行为公共治理责任的追究机制。

参考文献

[1]　宁骚. 公共政策学[M]. 北京:高等教育出版社,2003.

[2]　迈克尔·豪利特,M.拉米什. 公共政策研究——政策循环与政策子系统(第一版)[M]. 上海:上海三联书店,2006.

[3]　诶莉诺·奥斯特罗姆,余逊达,陈旭东译. 公共事务的治理之道[M]. 上海:上海三联书店,2000.

[4]　奥尔森. 集体行动的逻辑[M]. 上海:上海人民出版社,1995.

[5]　陈振明. 公共政策学——政策分析的理论、方法和技术[M]. 北京:中国人民大学出版社,2004.

[6]　谭爽,胡象民. 论我国公共治理中公民角色的多元并存于转化[J]. 南京社会科学,2010(5):39—45.

[7]　王春福. 政策网络的开放与公共利益的实现[J]. 中共中央党校学报,2009(1):100—103.

[8]　陈绍峰,李永辉. 全球治理及其限度[J]. 当代世界与社会主义(双月刊),2001(6):57—61.

[9]　郁建新,吴玉霞. 公共服务供给机制创新:一个新的分析框架[J]. 学术月刊,2009(12):12—18.

[10]　张仁寿,杨轶清. 浙商:成长背景、群体特征及未来走向[J]. 商业经济与管理,2006(6):5—9.

[11]　余晖,贾西津,潘光军. 行业协会:为何难走到前台[J]. 中国改革,2002(6):29—31.

[12]　张冉. 中国行业协会研究综述[J]. 甘肃社会科学,2007(5):231—235.

[13]　陈进华. 企业社会责任:财富共享的时代精神[J]. 学术研究,2007(12)10—20.

浙商政治参与的现状、
影响因素及改善对策①

沈银红

摘　要:改革开放以来,浙江民营企业的发展取得了显著的成就,随着民营企业的发展需要,部分民营企业主群体通过各种方式参与政治活动以表达自身的利益诉求,为经济和社会的发展发挥了积极作用。但是,浙商在政治参与中仍然存在许多限制因素,这其中存在多种原因,综合调查以及理论分析,可以将这些因素归为政治参与的成本、政治参与的渠道、政治参与的效果三种因素。参与式治理、公民社会以及建立回应机制或许可以针对性解决其中存在的问题。

关键词:浙商　政治参与　改善对策

随着浙江经济,尤其是民营经济的飞速发展,一方面促使整个社会结构出现分化,利益格局、价值体系、权利结构等呈现多元化趋势,而这些又影响并推动着制度体系的变迁和政府治理方式的转变。另一方面,经济上的自立也促进了浙商政治参与的需求,丰富了其实现权利、追求利益的手段与方式。浙江的民营企业家作为浙江精神的主要代表之一,是一个有强烈利益诉求的群体,鉴于此,我们基于浙江省 10 个市对 119 位民营企业主的进行了抽样问卷调查。

一、浙商参与公共权力运作的现状

1. 当前浙商参与公共权力运作的主要动机

---

① 本文系浙商研究中心省社科基金重点项目:"浙商公共行为与政府政策导向"的阶段性成果。

　　组织行为学认为,人的行为是由动机引起的,它支配着人的行为。马克思主义哲学中意识能动性的一个主要方面是,意识活动具有目的性和计划性,这是人类意识具有的最基本的特征。目的性是人们认识世界和改造世界的出发点与归宿点,没有目的的意识是不深入的、无意义的,也是没有任何价值的。人是自利性和公共性的统一,作为民营企业主中富有特色的浙商,参与公共权力运作的动机也可以从这两方面进行考察。一方面,人为了自身的生存和发展必然要追求自身的利益[①],浙商作为人民的一部分,既享有宪法和法律赋予的地位与权利,也有着迫切的政治参与愿望和要求,有着公民政治参与的一般动机,即希望通过政治参与表达本阶层的利益诉求,影响政策资源的分配。因此,浙商参与公共权力运作的目的很大程度上与其所在的行业及企业利益有很大关系,经济利益也成为浙商参与公共权力的主要动机。另一方面,人又是社会性的动物,不能脱离社会的公共生活,这同时也就塑造了人的公共性。在追求自身利益的同时,浙商也会考虑公共利益的实现,希望营造良好和谐的社会氛围。

　　从人的自利性和公共性出发,浙商政治参与的动机一般可分为四大类:经济利益导向、政治保护导向、公共责任导向和个人利益导向,并将这四大类参与目的具体化为六个选项。在这一问题调查中我们发现,改善企业经营环境,获得更多的企业利益比重最大,为28%,其次为树立企业形象,提高企业知名度,占了19.5%,然后依次为寻求政策保护,使企业免遭不公正待遇17.3%,实现个人价值,实现自我,贡献社会15.5%,对社会事务、政治事务的关心,推进社会发展12.8%,提高自己的声望地位,获得社会尊重6.1%,如图1所示。

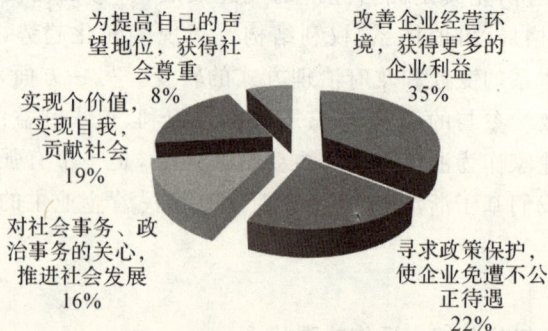

图 1　浙商政治参与的目的

---

　　① 王春福:《构建后金融危机时代民营企业公共行为的政策环境——以浙江民营企业调查为基础的分析》,《学术交流》,2010年第2期。

资料来源:根据问卷统计数据整理。

2. 政治参与的主要方式

公共权力运作的参与方式是政治系统的民主发展水平与公民政治参与能力的体现,它随民主化水平和公民参政能力的变化而变化。根据各国的政治实践,政治参与的主要方式有投票、选举、主动接触、政治结社等。[①] 当前,我国民主化水平和公民的参政能力还不高,浙商参与公共权力运作的方式主要包括制度性参与与非制度性参与两种方式,其中包括选举、投票、非正式接触和成立行业协会组织等。

在对政治参与的方式的调查中,在被调查的浙商中通过行业协会或商会进行政治参与的最多,占了 21.8%,其次是加入中国共产党或民主党派的,占17.9%,第三位的则是通过与政府官员的私下接触,占 12.8%,通过加入政治性团体方式来进行政治参与和通过参加党政部门召开的政策咨询会、座谈会或听证会的方式都占 11.5%,同属于第四主要的参与方式,接下来分别是加入人大或政协占 4.7%,通过新闻媒体或互联网表达对政府看法占 2.1%,除此之外,还有 17.5%的人没有进行任何形式的政治参与。如图 2 所示。

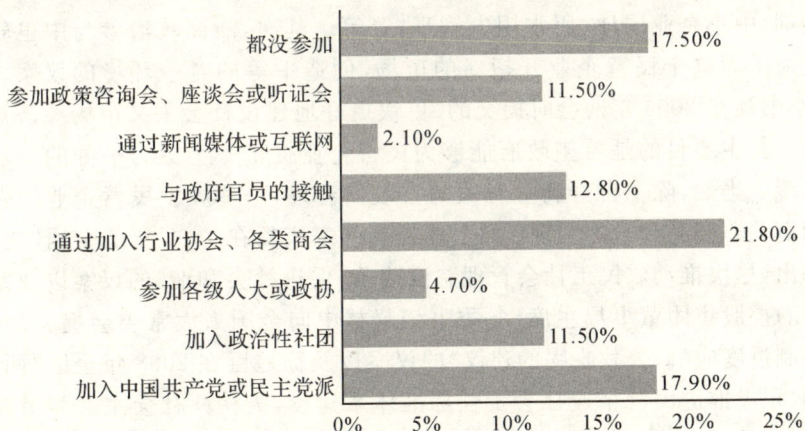

图 2 浙商参与公共权力运作的方式

资料来源:根据问卷统计数据整理。

3. 浙商政治参与的主要内容

浙江民营企业家政治参与的主要内容也可以从民营企业主们最关心的问题引出,从调查中可知,浙商们最关心的依然是自己所在行业的行业政策,

---

① 杨光斌:《政治学导论》,中国人民大学出版社,2004 年版,第 258 页。

其次是国家对民营企业的政策动向,然后依次是国际政治经济发展趋势、国家的前景以及党委、政府的人事调动等,如图 3 所示。

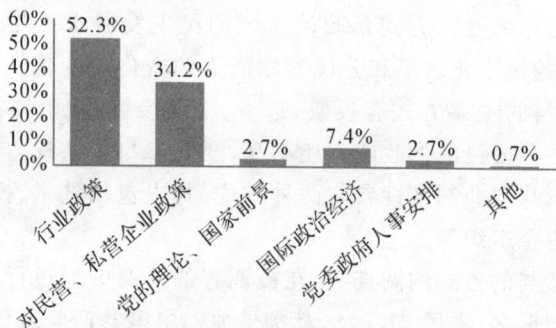

图3 浙商政治参与中最关心的问题

资料来源:根据问卷统计数据整理。

浙商所关心的这些问题也反映在众多有机会参与政策、法规制定的民营企业主提交的议案提案中。人大政协的议案提案及其建议的大多数,其中较为集中的问题和意见主要有:行业投资环境的改善、企业融资、企业人才引进和培训、中小企业用地、用水用电管理,等等。其次,浙商政治参与中也较多地反应了为整个民营企业开拓新的市场,创造平等的竞争环境的议案。例如,李书福在 2006 年两会时提交的《更快更好地建设社会主义市场经济竞争氛围》,其主要目的是希望政府能够为民营企业提供一个更为平等的市场竞争环境。当然,除了自身利益有关的参政内容外,一些大型民营企业的企业主则更关心公共利益的实现。如上述提到的宗庆后在 2007 年的全国“两会”上提出《尽快推动农民工社会管理制度改革,促进社会和谐》的议案以及富润(浙江)控股集团董事局主席、党委书记赵林中向全国人大常委会提交的《关于遏制过度应酬、公款吃喝的建议》的议案以及徐冠巨在 2008 年全国“两会”上的《积极推进民营企业社会责任标准体系建设,为构建社会主义和谐社会做贡献》的议案都充分反应了浙商的社会责任感。

二、浙商参与公共权力运作的影响因素

尽管浙商政治参与的人数日趋扩大,但从政治参与的比例上看,没有政治参与的浙商依然占了大多数,可见,存在许多因素制约着浙商的政治参与。从调查结果可见,自身经营状况有限占了 28.5％是最主要的限制因素,然后依次是政治体制不完善、时间精力有限、渠道不畅通、信息缺乏以及其他因素,如图 4 所示。

渠道不畅通　13.30%

时间精力有限　19.1%

自身经营状况　28.50%

政策制度不完善　24.70%

信息缺乏　10.30%

其他　4.10%

0% 5% 10% 15% 20% 25% 30%

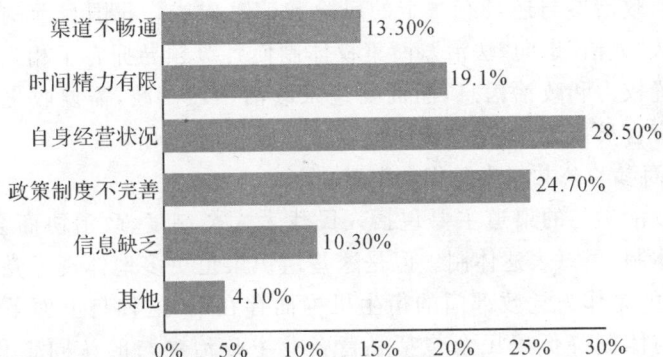

图 4　浙商参与公共权力运作的影响因素

资料来源:根据问卷统计数据整理。

1. 浙商参与公共权力运作的成本

在公共权力的参与过程中,每一个参与者,在进行选择时,都要先对个人的成本与收益进行计算。如果一项集体决策给他带来的收益,大于他投赞成票时所需承担的实际成本,那么,他就会支持这项决策;否则,就不支持甚至反对。浙商政治参与的成本主要包括:财力、人力、时间、风险与信息等。企业自身的经营状况是影响浙商政治参与的重要影响因素。一是表现在参与公共权力运作的资金成本上。在我国当前的政治参与过程中,信息的不完备性和非稳定性会对物质成本产生影响。选民通常对候选人的个人情况如品德素养、实际能力、当选后的政策趋向等不太了解,而要获得这些信息往往需要成本较大的信息收集。西方民主政党的选举经费来自国家拨款、政党会员会费及民间捐助,而在中国,这些成本主要由候选人个人承担。资金成本对于部分大型浙商来说并不是主要的问题,但对于中小企业主来说在政府的回应性十分不确定的基础上做出相应的资金投入,是不理性的。二是表现在企业主参与的地位上。企业经营状况好的大型民营企业的企业主,具有较大的社会影响力,自然也容易引起政府的重视。而对企业经营规模较小的企业主来说,每年的纳税额不到大企业的 1% ,在政府心目中的地位也就随之低微,即使参与公共权力运作,提出合理的建议或诉求也不能引起政府的重视,参与的效度较低。其次,政治参与所需的时间与精力成本对浙商政治参与也有较大的影响。与社会中的其他社会群体不同,浙商大多数时间需要经营和管理自己的企业,而政治参与首先需要浙商们投入时间和精力了解社会或整个利益群体的需求。根据理性利益人假设,一般的理性人都不会选择投入多而回报少的经济行为,这也是中小企业主政治参与行为不积极的原因。第三,民营企业家政治参与还具有一定的风险和信息成本。我国目前的行政体制尚未完全从"人治"走向"法治",而集权体制使各级领导拥有了相当大的稀缺资源的配置权力和政治信息,浙商要进入政治领域参政,需要收集信息才能与各级政府官员接触,而这种接触也容易造成一定的风险。

2. 浙商参与公共权力运作的渠道

我国政治参与的渠道主要包括人民代表大会制度、政治协商会议制度、社会监督体制、民意表达体制。但是这些组织渠道更多地体现了党委政府的意志,更多的是作为党政部门的衍生机构而存在的,这种自上而下的单向控制式的参与体制降低了民众包括私营企业主政治参与的认同感和效能感。民间社团不能充分发挥利益聚合与表达功能的主要原因也在于自主性不高,有关政府部门视之为行政管理的衍生工具。据一些私营企业主反映,有些行业协会是政府为了方便管理或为了一项具体的目标匆匆忙忙建立起来的,一旦政府的任务完成就撒手不管、不了了之了。对于私营企业主的参政途径而言,竞选人大代表、政协委员被多数私营企业主看作是参政的最佳途径,但要成为人大代表与政协委员的条件很多,需要一定的政治文化水平、一定的社会认可度以及相应的资金作为前提,这对于一般的中小企业主而言显得十分困难。其次,行业协会、工商联等社团组织也是浙江民营企业主政治参与重要方式。这种组织化程度相对较高的组织有利于利益诉求的规模化,促进利益表达的有效性。但各个地区民营企业分布不均,有些地区由于民营企业少或民营企业主缺乏政治参与的积极性,行业协会中不少存在着先天不足:会员的覆盖率低,代表性欠缺。目前浙江省仍有不少行业协会的会员企业不超过企业总数的 20%。另据省民政部门对行业协会的抽样调查,协会认为妨碍其发挥作用的主要因素中,"没有明确的职能"和"缺乏政策扶持"两个因素占77.4%;被调查的企业则认为,影响协会发挥功能作用的主要因素中,"政府对协会放权不够"、"行业协会功能太弱"两项所占比重为 65.4%。因此,行业协会作用还无法得到充分发挥。再次,若以上几种主要参与渠道都无法实现的情况下,浙商可能会寻求非制度性政治参与的方式,包括与政府官员的非正式接触、影响媒体制造舆论压力、安排亲属进入政府工作等。非制度性参与容易造成政府的寻租行为,也不利于民营企业的政治参与的长期发展。

3. 浙商参与公共权力运作的效度

根据我国法律规定,对人大代表、政协委员的议案、提案,政府部门必须做出回应,但由于我国尚未建立一个完善的提案回应机制,很多大大代表或政协委员的提案、议案虽然被提出,但并不等于能够进入政策议程或者进入政策议程后一直被搁置没有得到落实。民营企业主政治参与的目的多样化,有为自身利益寻找支持的、有为公共利益呼喊的,也有为国家民主法治建设出谋划策的,但这些目的的实现还有赖于政府的回应性,缺乏政府回应的议案只是一纸空文。当前主要的问题在于缺少政府与民营企业参与的互动,多数时候是民营企业主单方面的参与到政治活动中,提出各种议案和建议,却很少得到政府的回应。近年来,越来越多的浙商通过各种形式参与公共权力运作,一些浙商在刚开始参与这些活动时,怀有较高的政治热情和参与预期,但是随着参与时间和次数的增加,浙商发现公共权力参与中自身的力量十分微不足道,提出的议案与建议很少会被政府采纳或采取有实际意义的措施,其参政热情受到了较大的打击,转而对参与公共权力运作态度冷淡,即使参与也只是形式化地走过场。

三、浙商参与公共权力运作的完善对策

1. 引入参与式治理理念 降低政治参与的成本

从国家－社会两分的理论上讲,建立在统一基础上的国家只能有一个权力中心,但是由于政府失灵的频繁发生以及公民社会的发展,公共管理学的治理理论对这种国家管理模式发出了质疑,治理理论突破了国家与社会的对立关系,试图建立国家与市民社会之间的互动网络克服国家和社会各自能力的有限性。参与式治理要求非政府组织和公民个人直接的、积极地参与社会公共事务治理过程,发展政府、社会组织、民营企业以及公民各主体间的多元参与、合作、协商[①]。通过参与式治理,公民根据自身的利益相关度,可以直接参与到公共事务中,降低了财力、人力、时间、风险与信息在内的参与成本。首先,在资金上,财富的规模所带来的社会声望不再与政治参与相关,民营企业主也不再需要因为为进入正规的参与渠道而笼络政府官员。其次,在时间和精力上,通过参与式治理省去了许多交易成本,民营企业主可以根据政治参与与自身的利益相关度自由选择参与或不参与,避免了常年参与带来的耗时耗力。最后,通过参与式治理,使得政治信息更加公开化、透明化,减少了民营企业主为了参与政治活动或了解政府的政策动向而付出的信息成本。尽管参与式治理也需要一定的参与成本,甚至在这种治理模式运行的早期,会存在很大的试行成本,但一旦这种治理模式确立以后,随着公民社会的发展和公民对这种参与模式的了解,这种模式的参与成本必将大大降低。

要建立治理型的政府与企业、社会的关系,最重要的是培育公民社会。

① 陈剩勇、赵光勇:《参与式治理"研究评述》,人大复印资料,公共行政,2009 年第 8 期。

社会团体和中介组织起着承担公民与政府之间的桥梁和纽带作用,综合所代表成员的利益向政府反映,为公民向政府直接进行利益输入提供了一种缓冲机制。团体要实现社会层面的参与,植根于国家的社会化进程和政府有效的政策扶持。由经济和社会发展引起的社会组织结构的变迁是政治发展的重要推动力,社会组织结构的变迁必然带来对政治权力和政治权利进行重新分配的要求,我们不应被动接受,而要主动利用和转化,根本出路在于进行制度创新。要改革完善我国社团和中介组织的成立制度,为保障公民的结社自由,可以实行登记备案制。要保证社团和中介组织的民间性、自愿性和独立性,应取消"挂靠制",改变社团经济上依附于企业、有关部门的状况。由于我国原有的政治体制并没有考虑私营企业主的位置,因此,现存的政治参与体制并不能有效满足私营企业主参与政治的愿望和需求。应创新体制机制,畅通现有的政治参与渠道,充分发挥人大、政协体制、社会监督体制、民意表达体制的职能和功效。通过人事组织制度的改革,取消有关制度中对私营企业主的歧视性规定,吸收优秀的私营企业主参与政治。更为根本的是,增强商会、个私协会等民间经济社会组织的自主性,切实发挥民间经济社会组织的职能,有效协调冲突的利益和矛盾,增强吸引力和凝聚力,使民间的社会经济组织成为政治参与的重要的途径和渠道,缓解私营企业主过多的政治诉求对政治体系施加的压力。

因此,政府应鼓励建立各种利益群体的社会团体,并创造条件以便于他们的利益表达和公民参与,要制定相应法律和政策,对他们的利益表达和参与进行法律保护,使其具有合法性,尤其重要的是要形成多元的非强制性的公民参与渠道,如代理表达,允许利益群体将自己的代表推进有关政治机构,代表本集团进行利益表达,以便将公民的非制度化参与纳入制度化的体系内。浙江的民间组织,如行业协会、商会,以及政治性社团,如工商联、青联、工会等都发挥着代理表达的作用。但这些组织的作用相比较其他途径而言依然十分微弱,还需要进一步发挥其作用。

2. 加强制度建设,改善参与方式

诺斯认为,在历史上,人类制度的目的是要建立社会秩序,以及降低交换中的不确定性,并为经济行为的绩效提供激励。[①] 哈耶克认为制度提供了人类在世界上行为的基础,没有这个基础,世界将充满无知和不确定性。非制度性政治参与存在诸多的弊端,容易引起政治腐败,破坏政府的公信力,从长远来看,也不利于浙商的利益表达和提高政治参与的效率。制度的关键性功

---

① 诺斯:《经济史中的结构与变迁》,上海三联书店,1991年版,第68页。

能就是增进秩序,抑制人际交往过程中的机会主义行为。因此,制度化是解决浙商政治参与方式中的非制度化参与问题的重要方法。

第一,完善制度性政治参与机制,将公民非制度化参与纳入制度化体系。要进行公民参与的制度化建设,首先要完善当前的政治参与制度,尤其是人民代表大会制度。当前我国的人民代表大会制度还没有做到完全的公开透明。因此,要通过制度性立法规定公开人民代表大会的选举过程、政策议程与立法程序以及人大代表的相关信息。这有利于拉近人民代表大会与社会公众之间的距离,促进社会公众从真正意义上理解人民代表大会的运作,从而提高公众政治参与的热情。通过这样的方式,浙商能了解如何参与人民代表大会,如何提出议案,既可以提高政治参与的参与度,又提高了政治参与的有效性。另外,还需要通过制度化的方式,将非制度性参与纳入制度化体系。政府有关部门及官员应与浙商建立固定的联系,使浙商与政府官员的接触公开化、制度化,而不是私人化、隐蔽化。就公民的民主权利而言,我国宪法规定,公民有言论、出版、集会结社和游行示威的自由。这些都是公民利益表达的途径和参与政策过程的方式,浙商政治参与中通过大众媒体、互联网等方式进行的非正式政治参与也属于其中之一。目前我国还没有就针对网络社区政治参与的相关法律,通过制度化方式为网络政治参与创造合法性土壤,努力完善运行机制,程序化网络政治参与行为,此外还需要政府加以引导,构建健康良好的网络环境。

第二,构建多层次的利益表达和参与机制。目前我国利益表达的机制较为单一,现阶段企业规模的大小决定了浙商政治参与水平高低,企业规模大的浙商一般都拥有更多的社会资源和政治资源,在政治参与中也更具有话语权。而大多数中小企业主缺乏相关的社会资本,也没有能力和精力参与到层次较高的专门性政治活动中,因此需要构建多层次的政治参与机制。第一层次是在政治生活实践中涌现出来的被广大私营企业主认可的政治代表人物,他们包括各级人大代表以及在国家机构各种政党和各类群众团体中担任一定工作的私营企业主。我们要通过完善人民代表大会制度和共产党领导的多党合作和政治协商制度等等发展第一层次的政治参与。第二层次是具有较好的参政热情和较强的政治参与能力的私营企业主,要通过完善各级各类团体组织,明确这些组织的地位和作用,拓展私营企业主的参政渠道,使他们充分发挥自己的聪明才智,推动决策的科学化和民主化。第三层次是广大普通私营企业主的政治参与。通过完善广大的基层群众性自治组织,发挥他们的主人翁作用,锻炼他们参与本地区事务的能力和才干,增强政治参与意识,并逐步引导他们参与对国家和社会事务的管理。只有通过长期不懈的努力,我国私营企业主阶层政治参与水平参差不齐的状况才会消失,代之以全体自由平等的政治参与①。

3. 完善政治参与回应机制 提高政治参与有效性

政府与社会组织、私营企业以及公民等政治参与主体间的互动是政治参与的重要内容。要实现政府与第三部门以及公民个人之间的良性互动,就需要完善当前我国的政治参与回应机制。人民代表大会制和政治协商制度作为代议制的一种形式,其建议和提案基本处于"封闭办理"状态,质量和效果难以为社会公众所知晓,这不利于政治参与的民主化,人大政协的议案应该更加开放。完善政治参与的回应机制。

首先是要制定相关的回应制度,从法律上保障政治参与的回应性,犯规各种参政议政组织,避免公民参政流于形式。不仅要在人大、政协等立法机构中明确对代表议案的回应,同时也应在其他各类利益表达机构中明确规定对提案和建议的回应机制。

其次,尽管目前浙江省的各个市县基本都设立了市长热线、市民信箱等对公民意见建议的回应机制,但人大、政协体制中这种回应性机制仍不完善,公民也没有正式的渠道了解和跟踪人大代表的议案。要在各种参政议政的组织中建立专门的回应部门,针对性地对提出的议案和建议及时有效地做出回应,同时对被采纳进入议程的政策执行过程进行监督和追踪,及时向社会公布实施情况。

第三,引入电子政务的服务理念,建立政府网络反馈系统。在信息技术日趋成熟的今天,电子政务利用计算机及网络系统进行政府公文处理和政府信息发布的解决方案,打破了行政机关的组织界限,全方位地向社会提供优质、规范、透明,符合国际水准的管理和服务。推行电子政务不仅有利于提高政府的办公效率;有利于公众充分享受政府提供的公共服务;还有利于加强行业管理。②良好的电子政府,可以有效地缩短政府机关与民营企业主之间的距离,使由于各种限制因素没有正式进行政治参与的普通民营企业主也可直接向政府机关提出诉求和建议。在这一方面上,值得借鉴的是陕西省的人大代表建议和政协提案网上办理系统,通过该系统,不仅实现了办理方式的历史性转变,提高了工作效率,而且方便了社会公众、代表和委员的监督,使办理过程处于社会监督之下。

① 邢建华:《私营企业主阶层政治参与的现状分析与对策思考》,《世纪桥》,2005 年第 3 期。
② 赵国俊:《电子政务教程》,中国人民大学出版社,2004 年版,第 39—40 页。

参考文献

[1] 吕福新. 浙商的崛起与挑战[M]. 北京:中国发展出版社,2008.

[2] 杨光斌. 政治学导论[M]. 北京:人民大学出版社,2000.

[3] 王晓燕,私营企业主的政治参与[M]. 北京:社会科学文献出版社,2007.

[4] 诺斯,经济史中的结构与变迁[M]. 上海:上海三联书店,1991.

[5] 赵丽江,中国私营企业家的政治参与[M]. 北京:中国科学出版社,2006.

[6] 王春福,构建后金融危机时代民营企业公共行为的政策环境——以浙江民营企业调查为基础的分析[J]. 学术交流,2010(2).

[7] 陈剩勇、赵光勇. "参与式治理"研究评述[J]. 人大复印资料,公共行政,2009(8).

[8] 邢建华,私营企业主阶层政治参与的现状分析与对策思考[J]. 世纪桥,2005(3).

[9] 邢乐勤、杨逢银. 浙江省私营企业主政治参与的现状分析——以温州永嘉私营企业主的政治参与状况为个案[J]. 中国行政管理,2004(11).

浙商参与公共产品供给的实证分析[①]

范宇欣

摘　要:浙商参与公共产品的供给,是民间资本发挥优势、增强经济增长内生动力、弥补"政府失灵"的重要实践。目前浙商参与公共产品供给呈现供给领域集中、成熟浙商供给多、多数浙商愿意参与、参与目的单一化特点。同时,浙商参与公共产品供给也面临着行业垄断的阻碍、民众偏好的影响、利益的驱动过大、制度建设的薄弱的问题。在当今公共产品民营化的热潮下,为了更好的促进浙商参与公共产品供给,除了政府为浙商创造良好的参与环境,浙商还应当在理念上创新,加强企业公共性,突破传统发展路径,提高自身竞争力,同时还要加强人才储备,增强垄断企业进行竞争的能力。

关键词:浙商　公共产品　供给领域

19世纪70年代末以来,行政改革运动在全球范围内掀起了汹涌澎湃的浪潮。在经济发展、社会变革和意识形态等方面的推动下,民营化逐渐走上了历史的舞台。它通过引入市场竞争机制,改变以往的对经济主体实行的政治干预,以撤资国企、鼓励民间资本提供产品和服务等方式,改进一个国家的国民经济状况[②],改善"政府失灵"。其中,民间资本提供产品和服务,可以通过合同承包、特许经营、凭单等形式在自来水供应、垃圾收集处理、兴办教育、建设公(铁)路等准公共产品领域中进行竞争。浙商作为中国长久以来极有有代表性的民间力量,以它为例考察目前民间资本进入公共产品供给领域的现状和问题,对今后正确引导民间资本的合理流动具有重要意义。

---

① 本文系浙商研究中心省社科基金重点项目:"浙商公共行为与政府政策导向"的阶段性成果。
②[美]E. S. 萨瓦斯.《民营化与公共部门的伙伴关系》,中国人民大学出版社,2002年版。

一、浙商参与公共产品供给的现实状况

十六届三中全会的召开,为我们国家打开了市场化改革的大门,社会性公共产品供给市场化也被写进了党的决定。随着城市化进程的不断推进,浙江省公共产品供给市场化的工作取得了显著的成就。除了政府的政策引导,部分浙商企业也积极地参与浙江省公共产品的供给。因为相对于商业经营活动,参与公共产品供给,除了能够获得丰盈的利润,也是企业树立公共形象、取得社会效益的良好途径。

为了能够更加清楚的了解浙商目前参与公共产品的现状,我们面向杭州、宁波、绍兴、义乌等地的民营企业和民营企业家为调查对象,采取问卷调查和专访访谈等形式对浙商参与公共产品供给情况进行了调研,获取了大量一手的资料。具体的从浙商参与公共产品供给的实践和调查结果来看,浙商在公共产品供给方面的行为表现为以下几个特征。

1. 供给领域集中

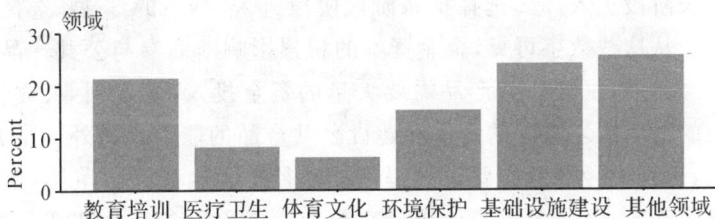

图1 浙商参与公共产品供给集中的领域

资料来源:问卷调查整理所得。

目前浙商参与公共产品供给的领域主要包括教育培训、医疗卫生、体育文化、环境保护、基础设施建设等几个方面。从调查结果来看,基础设施建设、教育培训、环境保护这三方面是浙商参与主要的领域。产生这一结果的原因主要有两个:第一,从市场化程度来看,在公共产品供给市场化进程当中,这三个领域的开放程度相对较高。在政府招标的项目中,这三个领域占主要方面。第二,从浙商自身来说,与其他几个方面相比,参与这三个领域的公共产品供给是在短期内获得收益最快的。基础设施建设、教育培训、环境保护这三个方面的产品都都存在较强的经济利益和社会利益,如果不考虑收益外在性的特征,这类产品的高昂收费会使人们望而生畏,导致巨大的财政浪费。然而通过浙商的介入,既节约了政府的财政成本,使得这类产品的收费数额降低,又扩大了浙商企业的经营范围,增加了收益。

2. 供给主体成熟

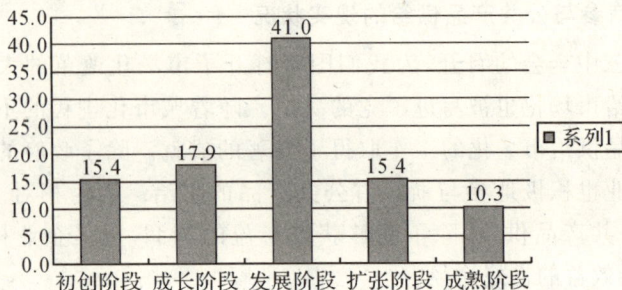

图2 浙商开始参与公共产品供给的阶段

资料来源：问卷调查整理所得。

在参与调查的一百余位浙商中，有 32.8％的浙商参与过公共产品的供给。我们选择的调查对象以中小企业为主，在这些企业中，13.4％是选择在企业发展阶段进入到公共产品供给领域，5％选择在企业创世之初进入，5％选择在成长阶段进入，5％选择扩张阶段阶段进入，剩下的 3.4％选择在成熟阶段进入。从这些数字可见，企业资本的积累影响浙商参与公共产品供给的积极性。一方面，供给公共产品需要大量的资金投入，处于创业、成长阶段、扩张阶段的浙商缺乏雄厚的资本和建设公共产品的能力。另外一个方面，企业的发展、扩张、再发展，需要通过一定的途径扩大生产经营范围，借助一定的力量巩固基业，这是多数企业选择在企业发展阶段参与公共产品的时机。然而对于进入成熟阶段的浙商，可以在拥有一定的发展模式、资本的基础上，将触手深入到公共产品供给行业中，这既是企业再发展壮大、丰富经营内容的途径，也是活络企业资金的有效方式。

3. 供给意愿强烈

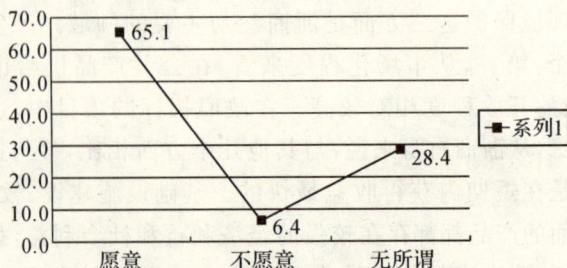

图3 浙商对是否继续参与公共产品供给的意愿

资料来源：问卷调查整理所得。

在调查的过程中我们发现,虽然目前参与公共产品供给的浙商的数量不算多,但是通过对供给意愿的调查结果看,多数浙商还是愿意参加公共产品供给的。在已经参与过公共产品供给的浙商中,59.7％的浙商愿意继续提供公共产品;在没有参与过公共产品供给的浙商中,有 32.1％愿意参与公共产品的供给。众所周知,浙商是一群白手起家的草根企业家,他们单凭自己的双手打拼出了天下！然而,当他们"走进千家万户、踏遍千山万水、吃尽千辛万苦、想尽千方百计"的 积累了一定的资本后,他们开始关注社会的发展。而且,在第一代浙商的带动下,聪慧的新一代浙商从企业发展的一开始,就涉足公共产品供给领域。调查结果显示,有 16％的企业出于尽义务的目的有参与公共产品的供给。虽然这一比例还很小,但为我们展示出了一个美好的愿景,随着社会经济的不断发展,除了经营行为,浙商还在不断拓展自身的公共行为。

4. 参与目的单一

浙商参与公共产品供给目的

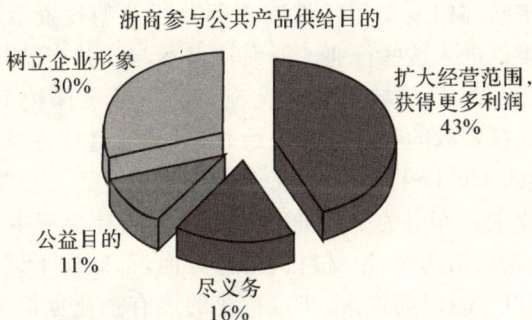

图4 浙商公寓公共产品供给的目的

资料来源:问卷调查整理所得。

经济学理性人假定告诉我们,人是追求自身利益最大化的。因此,从事任何事情,人都是带着目的并为了最大化的实现预期目标而行动的。同样,作为营利性组织的浙商参与到社会性公共产品的供给当中,也是为了实现组织的目的。在调查浙商参与公共产品的目的时,有 43.2％的浙商是为了扩大生产经营范围、获得更多收益参与公共产品供给的。的确,一些准公共产品蕴含着着巨大的经济效益,如从事该类公共产品的生产能够为企业在短期取得丰厚经济利润。参与公共产品的另一效用就是能够借机向社会公众宣传企业的品牌,有 29.7％的浙商以此为目的参与公共产品的供给。同时,有 16.2％以及 10.8％的浙商分别是出于尽义务和公益目的来参与公共产品的供给。

二、浙商参与公共产品供给面临的问题

公共产品民营化的发展方向已经不可逆转,特别是几年来国家放开对一些公共事业的准入力度,在基础设施、教育医疗、金融体系等方面的都对私人部门敞开了大门。可以说浙江的民营企业走在了参与公共产品供给的前列,然而在肯定已有成绩的同时,也需要看到目前存在的一些问题,以便正确判断自身的发展阶段、周围环境的发展趋势。通过在调研中与浙商的交流和对问卷的整理,我们发现浙商在公共产品供给中,面临着以下几个问题制约着浙商参与公共产品的发展。

1. 行业垄断的阻碍

在传统的经济发展路径中,政府是社会投资的主体。改革开放以来,各行业开始实行市场化的发展,随着私人投资的崛起和发展,政府垄断投资的局面被打破。从表面上看,私人资本进入公共产品供给领域已没有明显的障碍,但由于一些垄断部门或集团仍控制着部分行业的投资活动,私人资本受到很大的限制,难以进入这些行业。浙商较多参与公共产品的领域是基础产业与基础设施的建设,包括城市公用设施、教育、环境保护工程等领域。然而,浙商在参与这些领域的公共产品供给时,只是通过特许经营、合同外包等与政府合作的形式来进行生产,要想完全安排与生产还是很难做到的。在这些领域,由于行业主管部门为了行业利益不愿意向社会资本开放,在项目审批、项目设计、优惠政策选择、原材料供给等方面,都倾向于该系统直属企业,不仅民营企业难以在短时间进入,非本行业的国有企业也很难进入。这种过高的市场准入限制,一方面造成这些领域的建设资金投入不足,影响供给的数量和质量,另一方面导致大量私人资本进入受限,发展受到限制。随着国家对拓宽民间资本投资范围的重视,在今后,金融、保险、旅游、电力、医疗等新型服务业将经成为新的投资热点和经济增长点,但这些新型服务业投资开放的难度与复杂程度要更加超过一般的制造业,浙商要想在这些行业分的一块蛋糕还需要很长的路要走。

2. 民众偏好的影响

由于国有企业非凡的产权制度,使其经营行为并不像民营企业那样具有十分突出而唯一的商业性目标,给人们的感觉不像民营企业那样"唯利是图"。同时,由于体制的原因,人们事实上已经将国有企业信用等同于国家信用,在民众的心目中,国有企业以国家为背景,经营具有更强的稳定性,不会轻易破产倒闭。而且从传统的经济体制以来,国企一直负责公众的公共产品供给,具有了一定的品牌效应,民营企业在进入公共产品供给领域过程中存

在一定的壁垒,因此在品牌上缺乏知名度。因此,在民众的心目中,国有企业较之民营企业具有更好的信誉。在这种情况下,实施政府投资退出,改由民营资本来替代提供相应的商品和劳务,人们自然会担心他们的交易安全和利益保障。当一个地区没有形成广泛接纳和认可民营企业的社会氛围时,民营资本进入并在其中经营的难度是可想而知的。这在一定程度上也影响了浙商参与公共产品供给的意愿。大部分浙商是白手起家的家族式企业,受传统小农思想影响较深,因而除了在私人产品供给领域有极强的主动性外,在参与公共事业治理方面的积极性还不高。民众偏好的影响更加影响了其参与公共产品供给的意愿,使他们不能正确、科学的认识到参与公共产品供给的优势所在。一些企业在掌握了大量的经济资源后反而迷失了方向,存在小富即安的心理,因而很少注意公共事业治理等问题,不愿意再拓展生产经营的范围。

3. 利益的驱动过大

务实肯干是浙商获得成功的关键,因此追求利益是浙江企业生存的第一动机。在浙商参与公共产品供给的过程中,也是以追逐利益为导向的。浙商今天的成功,正是凭着强烈的追逐利益的动机,才在这块政策扶持少、资源基础匮乏的弹丸之地创造出惊人的成绩的。然而,在不同的事业当中追求利益要讲求"度"的界限。对于个人产品的提供,浙商可以在供给平衡的状态下追求利润最大化,但是相对于公共产品而言,它具有一定的公益性,公共产品的提供就是为了以最大限度的满足公众的社会需求。即便是准公共产品,它的质量、价格、数量上要最"公益"的满足公众需求。我们在调查的过程中发现,一些企业在进入公共产品供给领域时,利益的驱动过大,导致了资源的浪费并且损害了消费者的利益。比如在市政水务工程的参与中,民营企业在原有国企的基础上又铺设了供水管道,并向用户收取管道铺设、维护费用。然而其服务质量并没有比原来的生产者费用更低、效率更高,反而在质量上和服务水平上均低于原有企业。这种不惜牺牲诚信、消费者利益和环保的做法,显然不符合现代公众对公共产品的需求水平。其过度追求利润最大化的行为违背了公共产品供给质量、效率上的要求。公共产品的供给是一项投资周期长、收效慢的事业,但其收益风险低是吸引浙商参与的重点。古语云:"君子爱财,取之有道。"在公共产品供给领域,浙商应该把握其投资收益的特点,稳扎稳打地经营好供给公共产品这项事业。

4. 制度建设的薄弱

目前,我国正处于社会体制转型的关键时期,在这样的大环境、大背景下,很多经济、法律等制度建设还不完善,制度的缺失在一定程度上导致民营企业在公共产品供给的参与程度上明显不足。这主要表现在关于公共产品供给缺少健全的法律框架、缺少独立的执法主体、监督机制不完善。例如关于公共产品的产权界定问题，应明确区分不同形式的公共产品，这样才能寻找出有效的供给方式。可以通过私人领域供给的，就不能再成为拖累政府财政的包袱；不能通过私人资本参与提供的，政府各界要齐抓共管起来，并且在资金、质量、效率上得以保证。同时，对于民营企业参与公共产品的制度设计还没有很完善的提法。民营企业参与公共产品供给的政策、法制环境并不理想，对企业的竞争、监督、价格制定等方面也存在很多的问题，在这样的环境下，是非常不利于公共产品供给民营化的发展的。我国的公共产品供给民营化道路，必须要坚持法制化的去向，应当通过加强法制建设、构建全面、系统的法律体系，健全执法主体、监督机制，要在法律的框架下推进公共产品的民营化，引导民间资本进入该领域，并且有法可依、有法可循。

三、推进浙商参与公共产品供给的环境与理念

民间资本进入公共产品供给领域是一个十分复杂而长久的问题，涉及政治、经济、法律、社会等各方面的改革和协作。对于广大浙商群体而言，也需要从自身角度进行积极、切实、有效的探索，充分发挥民间资本的种种优势，并将一些弊端弱化，乃至最终加以克服。

1. 营造良好的参与环境，放宽行政约束

参与公共产品的供给，不仅是浙商自己的行为，其参与数量、参与广度、参与深度等等在很大程度上都受到社会的影响。如果公共产品的供给市场是开放的、公平的，社会环境是诚信的，企业是优质的，那么企业就能够在这一领域中有容身之地，发挥民间资本的优势。

首先，要加强和完善立法。我国市场经济体制改革在不断深入，然而改革过程中的立法立规并没有及时地跟进。许多规制体制严重落后，法律法规体系不健全，许多领域的规制职能并没有得到法律的明文规定，导致工作在具体开展的过程中无章可循、无法可依。比如我国的电信行业，这是我国居民生产生活不可或缺的领域。然而到目前为止我国依然没有一部正规的《电信法》，因此在民间资本进入该领域时，没有规范自身行为的规范，也没有维护利益的法规。这些法规、体制上的弊端已经不能满足现实形式发展的要求。但是，我国已经相继出台了推进民间资本经营范围的指导意见，这为今后浙商参与投资指引了方向。虽然还没有明确的细则跟进，但也为今后的政策设计指引了方向。

其次，要切实开放经营领域。在传统的经济体制下，许多行业由专属部

门垄断经营。实行市场经济以来,非公有制经济和民间资本要参与市场竞争进入公共产品供给领域,也离不开法制的支持、政策的引导、政府的调节,来为其创造一个公开、公平、有序的竞争环境。积极改进政府的治理工作,把促进和引导民间资本投资纳入国民经济和社会发展规划,本着积极引导、热心服务、依法监管的原则,采取法律、经济和必要的行政手段,引导民间资本健康发展;要改革行政审批制度,减少程序,提高效率,尽快建立民间投资项目登记备案制度。同时,各行业也要积极配合,进一步降低准入门槛,进一步开放非公有制经济投资领域,凡是国家法律法规没有明令禁止的,都应该答应非公有制经济从事生产经营;凡是外资经营的领域,都应向民间投资开放。

此外,政府还应该加强监管。这里所说的监管是双向监管,政府不仅要对企业的行为进行事后监管,还要对政府相关部门的操作行为进行监督,双方都要公正行事,维护社会公众的利益。在引导浙商参与公共产品供给的过程中,政府的职责不仅是为社会公众选择哪家企业参与公共产品的生产或提供,更要加强重视的是对事后企业的公共产品生产经营情况进行监督。由于监督与约束机制的不健全,公共部门与参与企业之间信息不对称以及市场的竞争等问题,使得一些企业在开展其公共行为的过程中,过分追求自身的利益最大化,在利益上变成价格的"俘虏",在信誉上变成质量的"傀儡",最终使公众的利益受损。同时,在行政法规没有明确禁止的权限内,政府的行为还没有完全的纳入审查的范围内,一些行政部门面对参与公共产品供给的企业滥用权力,公共产品供给企业也无可奈何,造成自身利益的损失。

2. 浙商要突破传统发展路径,提高自身竞争力

浙商无论是生产个人消费产品还是参与公共产品的供给,首先都是建立在有利于企业发展、促进社会进步和国家繁荣的基础之上。因此,浙商自身的发展水平、企业实力如何对参与公共产品供给有着重要的影响。在一代浙商所创造的神话逐渐落幕的时候,加之国际经济环境、国内经济状况的影响,浙商传统的发展路径已经不能很好的适应现代经济的发展。浙商要想巩固传奇地位,并且能够进入到公共产品供给领域,必须要突破传统的发展瓶颈,转变生产方式。

首先,浙商要加快转型升级,改善资源、技术上的支撑不足。在改革开放的浪潮中,浙商凭借其不屈不挠的精神、敏感锐利的眼光在改革开放 30 年里打拼了属于自己的天下,从原来的生存危机到现在成为各大城市的座上宾。可以说,中国是当今时代的世界工厂,而浙江民企则是这个大工厂中举足轻重的部门。然而,从浙商白手起家的发展路径看,大多数浙商都存在以家庭作坊、家族企业、自找销路为明显特征的发家方式,这种小、精、活的组织形式

成为浙商崛起的重要优势,"从总体上来说,增长形势主要是规模扩张而非技术密集化"①。我国作为世界工厂的优势已经在逐渐弱化,调整产业结构、转变经济发展方式已是未来经济所刻不容缓的局势。浙商要想立足经济榜首,并且突破垄断跻身于公共产品供给领域,必须提高自身的竞争力,改善在资源、技术上的不足,转变发展方式、调整产业结构。

其次,浙商要以创新文化为引领,提高创新能力。现代经济学早就指出过,在出口产业已经发展到相当规模以后,出口导向政策容易使出口国的企业依赖于低要素价格和低汇价,缺乏从事技术创新和产品升级的压力和动力。这种情况,被诺贝尔经济学奖获得者斯蒂格利茨教授称为"劳动密集型产品专业户"。② 在过去几十年的发展中,低成本加工的小生产模式为浙商创造了巨大的财富,然而这种优势势必降低了浙商创新生产技术、升级产品层次的动力。随着中国经济的发展和汇率水平的变化,单靠竞争出厂价格,不能为浙商的可持续发展增添优势。在浙商企业转型升级的"转折点"上,创新文化与创新能力应当被浙商重视起来,作为企业发展的强大支撑和无穷动力。新时代的浙商,企业的竞争力不只是高、精、尖的技术产品,要在创新文化的引领下具备难以被对手模仿的能力、有价值的眼光、异质的产品。参与公共产品的供给,将会为浙商的生产经营扩大范围,然而怎样在公共产品供给领域获得市场,增强创新能力、提高企业竞争力才是浙商可持续发展的不灭动力。

最后,浙商要加强人才储备,与垄断进行竞争。

企业核心竞争力越来越表现为对作为第一资本的人才的培育、拥有和运用能力。相对于国企来说,浙江的民营企业要想进入到原先垄断的公共产品供给市场进行竞争,必须有足够的人力储备资源,但是,由于浙江民营企业发展的独有特点,在人力资源上也存在着一定的问题。比如传统的家族式管理模式使人力资源获取存在封闭性。随着行业整体的发展,需要他们以更为有效的管理来面对激烈竞争。但家族内部环境中成长起来的子女们很多无法面对激烈竞争,引领进行良性发展,使企业面临困境。而且浙商缺乏人力资源的战略规划,在企业文化建设方面也几乎空白,而这两点都是一些国企在管理与发展上的优势。民营企业在制定发展战略时,往往忽视人力资源规划,也不考虑本企业的人力资源状况及本企业的人力资源体系能否有效的支持企业发展的战略,人力资源与企业发展战略不匹配。企业的文化建设也是凝聚员工的有效办法,为员工提供积极、快乐、有振奋人心的企业文化,能够

① 陈群:《如何提升其浙江中小企业生存能力》,民营经济与科技,2008 年第 4 期。
② 袁弘明:《转变发展方式的战略变革》,中国投资,2009 年第 8 期。

使企业的人力资源管理措施事半功倍,在企业内形成和谐的工作、生活环境。

3. 浙商要在理念上创新,加强企业公共性

企业是经营性组织,而盈利则是其存在和发展的条件,因此追求盈利是企业先天的目标。企业的运营管理就是围绕着这一目标的实现而展开的,因此可以将这种经济诉求称为企业的"经济性"要求。在传统的市场经济中诞生的民营企业,一直在这一理念的指导下经营与生存,并逐渐发展壮大。传统的经营管理理论对这一点已做了充分的论述,它通常被表述为未加任何限制的所谓"利润最大化"。"利润最大化"并不必然导致野蛮经营,但它并未排除野蛮经营。但是,随着现代社会生产力的不断提高,社会文化的转变也使市场经济日益从野蛮向文明转化,形成了以法制经济和道德经济为特征的现代市场经济,从而对构成市场经济细胞的企业的要求也大大提高了。

企业是一种社会存在,它不但存在于社会之中,也是依赖于社会才得以存在的。企业必须维护社会的存在,才能保障自己的存在。社会不会因个别企业的兴亡而兴亡,但任何企业危害社会公益都是社会所不允许的,也会使自己走上灭亡。因此,企业就必须自觉使自己的存在方式与社会相适应,使企业的利益与社会的利益统一起来,在维护社会利益的前提下去追求实现企业利益,同时它还必须履行自己对社会的责任和义务。

日本学者水谷雅一教授曾在其代表作《经营伦理理论与实践》一书中提出并详细论述了一个"经营价值四原理体系"问题,包括:效率性原理、竞争性原理、人性原理、和社会性原理。他认为前面两原理是传统的经营价值原理体系,已不适应"成熟社会"和时代发展的要求,需要增加后两原理重新构建成一个新的经营价值四原理体系。[①] 他还将前面两原理归并为"经营经济性",后两原理归并为"经营公共性"。企业可以也应该追求盈利,但不能不择手段地搞野蛮经营,损害社会公共利益,必须遵守法律并搞好道德自律。这样,就必须对传统的经营管理理念进行发展和创新,不能片面地只强调"经济性",还要考虑"公共性"的要求,从而构成一个全面的把"经济性"和"公共性"紧密结合的新的经营管理理念。这一演进过程早已开始,逐步从量的积累进入到质的变革,然而市场法律、法规体系不可能瞬间完备,至于市场伦理建设也需要一个较长的过程,但现在已到了质变阶段,这也是企业的"经营公共性"的实质所在。确立企业的"经营公共性"的理念不是要把企业变成一般公益性的组织,也不是要把企业变成一般的慈善团体,而是强调企业在追求盈利、从事经营活动时不损害社会公益、不得违反社会的法律规范和道德规范,

---

① [日]水谷雅一著:李长明编,《经营伦理理论与实践》,经济管理出版社,1999年版,第212页。

要自觉约束自己,搞好企业的经营伦理建设,切实履行企业对社会的义务和责任。如果企业不这样做,就要受到社会的惩罚,并最终被社会所淘汰。浙商应该把企业的"经营经济性"要求和"经营公共性"要求辨证的结合和统一起来,形成新的企业经营管理理念,这是推进企业经营伦理建设的思想基础,也是浙商适应社会变化升级企业管理水平的途径。

　　一国经济的持久发展,不可能依靠政府不断的投资和国有企业的力量,这既不合理也不现实。要保持经济的常青发展,必须增强经济发展的内生动力,必须依靠民间资本的活跃。

浅析当代浙商公共行为的时代意义[①]
——基于公共行为的历史沿革的分析

齐玉华

摘　要:随着社会的进步与发展,越来越多的浙商进入社会公用事业领域的建设之中,同时自身的公共行为得到展现。从历史沿革来看,公共行为在古希腊时期萌芽、中世纪时期兴盛、近代资本主义社会的弱化到现代社会的回归。当代浙商开展公共行为,顺应了公共行为的发展,符合社会规律的需要。浙商公共行为的时代意义主要表现在弘扬人的公共性与规范社会公共秩序两个层面。

关键词:浙商公共行为　历史沿革　时代意义

历史有什么用? 马克·布洛赫的小儿子问过他这样的问题,他经过系统的思考,认为"历史的魅力首先触发人们对历史的兴趣,继而激励人们有所作为,它的作用始终是至高无上的。","历史研究的最终目的显然在于增进人类的利益。事实上,一种根深蒂固的秉性使人们几乎本能地要求历史指导我们的行动"。[②] 从公共行为的历史沿革来看,公共行为经历了一个从萌芽、兴盛、弱化到回归的过程,发展历程表明公共行为是社会进步的重要因素,商人开展公共行为则是社会公共行为的重要组成部分。浙商作为社会群体中的一部分,参与公共生活与社会公用事业建设,符合社会发展的需求。当代浙商展现公共行为有助于弘扬人的公共性与规范社会公共秩序,促进社会的健康和谐发展。

---

① 浙商研究中心省社科基金重点项目:"浙商公共行为与政府政策导向"的阶段性成果。
② [法]马克·布洛赫:《历史学家的技艺》,上海社会科学院出版社,1992年版,第12页。

一、浙商公共行为的历史渊源

1. 古希腊时期公共行为的萌芽

1. 城邦政治与公共行为

从希腊的政治实践方面来看,民主政治是基本特征,从政治哲学到政治实践,都体现了一定程度的公共性思想,在古希腊政治哲学中,德性和正义是其核心范畴,正义本身又是德性的一个重要方面。哲学家亚里士多德称人是天生的城邦动物,人的本性是由城邦共同体决定的,政治是一种追求至善生活,即人是在献身于城邦整体利益中过上至善生活的。以亚氏为代表的古希腊思想家们主张公共权力要被全体公民所共同分享,公共活动要由全体公民所共同参与,公共事务要由全体公民所共同决定和管理。公民只有通过共同参与公共权力的运作,管理城邦公共事务,才能达到城邦之善,也从而提升自身的德性,个人追求美德与城邦公民追求城邦整体利益是一致的。

2. 经济发展与公共行为

商人是雅典工商业的发展动力,商人地位的好坏直接影响着城邦商业经济。柏拉图、亚里士多德、色诺芬等希腊思想家们在一定程度上肯定了商业及商人的重要性。公元前 7 世纪到前 6 世纪,雅典的手工业和商业有了显著的发展,成为希腊的手工业生产与商贸中心。从事手工生产的工场手工业主和以商品贸易为主的商人,也逐渐成长为新兴富有阶层。但商人的地位低下,并不能作为公民,因此对于参与城邦公共事务的管理自然也是无能为力。公元前 6 世纪初,梭伦的政治改革打破了个人和国家之间的旧障碍,使中下阶层获得了政治表达。公民并不是按照家庭和出身,而是按照每个人的收入来划分等级。具体涉及商人的改革,工商业者的货币收入也可折合地产计算,即只要商人的收入达到一定水平,即可折入不同等级,如果是第一或第二等级,就能担任国家高级官员。梭伦的改革在一定程度上激发了商人更加追求经济收入的动力,同时也提高了商人参与城邦公共事务管理的信心。

3. 城邦公共文化

教育的意义是显而易见的,在古希腊时期,教育是实现理想城邦的重要手段,进一步从深层次的意义上讲,城邦教育又是理想城邦的本性所在。苏格拉底指望"通过集中化的公共教育,可以使铜铁质的后代转化为金银质,从而为理想城邦的实现创造条件。将 10 岁以上的有公民身份的孩子统一安排到乡下进行集中教育,以免他们的心灵遭受其父辈的污染"①。从历史意义来看,古希腊这一时期,在城邦至善理念的推动下,无论是政治制度,经济发展,文化教育及社会活动都体现了人与社会的公共性,可以说公共性在这时期得到萌发与发展。

另一方面,要求全体公民必须共同参与管理公共事务,不仅受城邦大小、国家规模的限制,而且也不利于分工的合理发展和人力资源的充分利用。单纯从道德方面要求公共性,显然不足以约束城邦、国家的管理者。因此,雅典在提倡注重公民德性教育的同时,还兴建大量公共空间,如城市广场,议事大厅,神庙等以供城邦公民参与讨论与管理公共事务。可以说古希腊城邦的公共建筑不仅为城邦公民增加了活动的场所,更为他们的参与城邦公共事务的管理,弘扬人的公共性,展现公共行为提供了途径。

2. 中世纪时期公共行为的发展

1. 基督教思想推动公共性

中世纪对以后公共性的发展最早体现在思想方面。对人与国家的关系和人与人之间关系的集大成者是奥古斯丁,在他的《上帝之城》一书中提到尘世国家和上帝之城两种不同的秩序。在奥古斯丁的眼中国家是一种人的造物,是人理性的外化,是人们意识到他们所追求目标的一致性而联合形成的集体。是人对人统治的机器,是以恶抑恶的世俗机构。而人作为上帝造物,他们之间原本就是完全平等的。奥古斯丁认为教会的成员应该服从尘世的秩序,无论是和平和谐的秩序还是动荡混乱的状态,他认为此世只是一个过渡阶段,彼世才是一个人的最终归宿。这种宗教性质很浓的思想也很大程度上影响了中世纪民众的公共性的实践活动。虽然基督教思想对民众的公共事务参与并不是很鼓励,更多的提倡去忍受,但在平等问题和共同体的方面却为西方提供了强有力的理论支撑,之后的斯宾诺莎的泛神论、霍布斯和洛克的国家理论、卢梭的天赋人权等,从中都可看到基督教思想的延留。而在现实中,随着教权和王权的不断斗争,以及一些地区如威尼斯和佛罗伦萨的也出现了各种不同共和制的政体,政治生活和经济生活方面的公共性不断得到彰显。

2. 商人行为致力公共事务

由于基督教价值观的影响,人们把财富看成是维持每个社会成员在适当条件下"生存"的手段,而不把它当作目标。财产在他们看来是挡在自己对热爱上帝、热爱人类道路上的一块绊脚石,因为它导致人们自私自利、贪得无厌,为财产而你争我夺。托马斯·阿奎那就曾经指出:"甘愿贫困是人们达到

---

① 柏拉图:《理想国》,郭斌和等译,商务印书馆,1986年版,第541页。

完美之爱的最重要和最基本的条件。"①因此商业活动最初是被认为是一种邪恶的活动,商人也是怀着这样一种矛盾的心情去经商。他们心怀愧疚,他们赚到钱后,所做的第一件事往往都与基督教教义吻合,以证明自己的财富具有正义性。"他自豪的捐献款项,建造美丽的公共建筑,开办学校或医院,为他的城市的普遍繁荣和伟大做出贡献。看到他和他的自由公民同胞正在完成的事业,他会由衷地感到他们是佼佼者。"②通过这样的举动,商人们在民众中获得认可,赢得声誉,地位也得到提高。

3. 商业组织激发公共意识

中世纪商业文化的发展,表现在商人组织的建立。"在中世纪的城市中,商人的数量并不大。但他们拥有大量的资本。商人组成自己的联盟—同业公会。同业公会保护自己的会员在城市中有贸易权利,并维护商人经商旅途中的安全和利益。"③受基督教思想的影响,类似于同业公会这种早期商人组织,也参与到公共事务的建设之中。比如,早先在建筑业方面,城市中较大的公共建筑的营造,就是由许多这样的行会共同分担完成的。商人参与公共事务的行为,与基督教思想的一致性,也直接推动了社会公共性的发展,公共行为在这一时期得到兴盛发展。

3. 近代资本主义时期公共行为的弱化

1. 政治王权庇护资产阶级利益

马克思认为经济基础决定上层建筑,一定程度上的经济是与政治相互关联的。15世纪晚期到16世纪中期的英国,随着商业经济的发展,商人和新贵族势力的强大,他们通过议会与王室进行了长期争权夺利的斗争,目的是削弱王室对经济的干预。新贵族在取得商业利益后拿出小部分来投资公共设施,通过提高政治地位来争取统治阶级的政策优惠。

从英国资本原始积累的过程来看,英国之所以能够成功地向资本主义社会发展,乃在于英国王权政府与城市资产阶级贵族的合作,完成了强制城市化的过程。伊丽莎白时代(1558—1603)制定了一系列政策,取消了中世纪的限制,鼓励商人从事商业活动,推动了商业的发展,促进了早期资本主义民族国家的强盛。正如布罗代尔所指出的"资本主义的前提条件乃是一个强大的国家力量的支持"④。缺乏国家政权的有力支持,资本积累的过程根本无法完成。在政府的公共政策与资产阶级私人"作用"下,早期资本主义把资本与利

---

① 赵立行:《商人阶层的形成与西欧社会转型》,中国社会科学出版社,2004年版,第263页。

② [意]卡洛·M.奇波拉:《欧洲经济史》第一卷,商务印书馆,1998年版,第13页。

③ 樊亢:《资本主义兴衰史》,经济管理出版社,2007版,第7页。

④ [法]F.布罗代尔:《资本主义论丛》,中央编译出版社,1997年版,第94页。

益放在首位,英国等资本主义国家得到迅猛发展。

2. 资本原始积累冲击公共性

资本主义的生产关系是从封建社会解体的过程中逐渐生长起来的。资本主义发展的基本条件是资本和劳动力。对于初级解体的封建社会来说,一无充足的货币资本,二无过剩的劳动力。二者的缺乏,势必会阻碍资本主义的快速发展。在这样的情况下,资产阶级通过暴力进行疯狂海外殖民掠夺,奴隶交易,大力剥削与压迫农民等贫困阶级,从而获取相应的资本和劳动力。剥夺农民土地的圈地运动、殖民制度、奴隶贸易、商业战争,这些血淋淋的原始积累的手段,都充斥着资产阶级兴起的过程,促进了资本主义的发展。正如马克思所概括的:"资本来到世间,从头到脚,每个毛孔都滴着血和肮脏的东西。"[①]近代资本主义时期,资产阶级为了获取发展所需的资本与劳动力,自私自利的本质表现的一览无余。资产阶级在疯狂追逐自身利益的同时,也是弱化自身公共行为,丧失社会公共性的过程。

3. 重商主义思想弱化公共意识

近代资本主义的快速兴起有三方面的动力因素。一是代表新兴贵族利益的统治阶级的政策支持;二是资产阶级对于自身利益的无限追求;三是重商主义文化的有力影响。重商主义思想主张,商人积累财富有利于壮大民族国家,商人的税收使中央政府受益,政府从而可以为国家发展创造更好的环境,为国家公民提供更好的公共服务与公共产品,商人与商业的发展对于国家的发展至关重要。

作为古典政治经济学理论框架的灵魂人物,亚当·斯密在著作《国富论》中,提出了反对阻碍工业资本主义发展的政治壁垒的论点,并主张应通过财富的迁移和自由竞争的市场的出现来增进"国民财富"。对于个人利益与公共利益的二者关系,斯密强调,允许人们追求个人利益是重要的,这是促进国家繁荣的一种手段。个人利益不仅是一切经济活动的推动力量,而且是公共利益最大化的源泉。然而,与重商主义手段与方式相伴而生的是资本主义的贪婪,当在利己心的障碍被逐一消除后,资本主义的飞速发展也带来了一系列的新问题。例如残酷剥削导致工人生活水平的下降,财富增长不均引起两极分化严重,经济危机的爆发与社会矛盾的加深等等。

4. 当代社会公共行为的呼唤

1. 公共领域的重建

由于市场经济自由发展,"守夜人"政府的放任管理带来了市场失灵与资

---

① 马克思:《资本论》第一卷,人民出版社,2004年版,第819页。

本主义社会危机,而积极的政府干预也因政府失灵的出现最终没能从本质方面解决问题。从根本上来说,这是资本主义自利性文化对经济产生的相应影响。为此哈贝马斯提出,摆脱深重的晚期资本主义危机的唯一有效途径就是重建公共领域,创建能够形成良性的公众舆论的制度框架,为政治统治提供有效的合法性依据。只有这样才能更好地解决市场失灵与政府失灵。推动资本主义社会的有序发展。

实现人的公共性,使社会真正成为一个公平正义的共同体,主要有两方面的条件:一是要有完善的社会制度和公共伦理建设,另一方面需要公共文化的启蒙、公共精神的塑造和公共理性的构建,形成一个能使人的公共性得以实现的公共活动领域。这样的一种公共活动领域,既不是以追求私人利益为目的,也不是少数人或部分人参与的公共领域,而是一个让所有公民都能通过积极的言论、行为来展示自我、成就他人、增进人类自由和幸福的公共领域。

2. 公共经济的兴起

从现实活动来看,随着社会分工的发展,商品经济在自然经济中逐渐发展起来,最后从根本上瓦解了自然经济。20世纪以来,西方主要资本主义国家相继实现了工业化、城市化的发展过程,资本主义自由竞争阶段向垄断阶段过渡。尤其是在科学技术与经济发展联系间的不断细化,经济全球化的脚步越迈越宽,促进了世界性市场的形成。在"看不见的手"调节不力的情况下,市场发生失灵。政府介入市场经济,致力于提供市场不能提供社会发展所需的公共产品,社会公共需求是公共经济产生与发展的动力根源。在福利国家运行模式中,企业通过承担政府所要提供的那部分公共产品和公共服务,获得政府的财政补贴。随着经济的发展,人们生活水平的日益提高,公共需求的规模越来越大,层次越来越多复杂。企业的参与推动公共经济的进一步发展,也直接促进市场经济公共性的发展。

3. 公共责任的履行

从社会契约论的角度来看,社会中的个体与群体都是社会共同体中的权利人,享有社会的资源和财富。同样,他们也有维护社会健康,促进社会发展的责任。从公共管理的角度来说,公共责任是指公共组织在解决社会公共事务时,因产生不同的作用和结果,而对社会公共利益负有一定的责任。随着社会的进步与发展,特别是在经济全球化、信息化、城市化进程的加快下,公众对公共物品和公共服务的需求不断增长。公共部门与社会组织在提供公共物品和公共服务的同时也不可避免地承担更多的社会公共责任。因此,公共责任的履行就显得尤为重要。

企业被称作市场经济的细胞,足见其在市场经济中的地位。资源的有限性决定企业在占用社会资源的同时必须承担相应的公共责任。企业不应仅仅以为股东们营利或赚钱作为存在的唯一目的,而应最大限度的增进股东利益之外的其他所有社会利益。企业在当代社会拥有庞大的经济力量,完全有能力承担部分带有公共性质的责任,所以应该主动拿出相应的财富,为公益事业做出贡献,有目的、有计划地承担社会责任,履行自身公共责任。近些年来,世界上许多成功的商人、企业家都开始热衷起了慈善事业。比尔·盖茨和巴菲特的慈善事业为社会做出了很大的贡献,不仅带动了企业慈善事业,更弘扬了人的公共性,推动了公共行为的发展。

二、浙商公共行为的时代意义

1. 浙商公共行为与弘扬人的公共性

1. 浙商参与民主政治建设

浙商政治参与具有重要的社会功能:一方面,浙商作为经济群体,生产过程与各种政策息息相关,通过政治参与途径,企业能及时反馈经济生产中遇到的问题与困境,有利于政府针对具体问题制定合理有效的措施与政策,促进了整体经济的发展;另一方面,浙商作为社会群体中的个体进行政治参与,在利益表达的同时推动政治民主化,决策科学化,稳定了政治统治合法性基础,有利于和谐社会的构建。从个体角度来看,浙商进行政治参与,参与到公共事务的管理之中,是内在地将个人属性置换成社会主人翁属性,将社会良性发展看成个人致力的目标,正如顾炎武所言"天下兴亡,匹夫有责";从群体角度来看,浙商作为经济群体参与公共权力的运作,关注弱势群体等社会公共问题,有助于带动其他群体公民意识的发展,最终使人的公共性得到弘扬。

2. 浙商致力公共产品供给

由于公共产品满足的是全体民众的需要,具有效用的不可分割性、消费或使用上的非竞争性和受益上的非排他性,公共产品的供给往往难度大、利润低,因而由政府进行提供,政府管理公共事务、提供公共产品就表现出公利性。但随着社会的不断向前发展,公共产品的需求越来越大,单靠政府提供公共产品已经不能完全满足需求,缺口部分则需要企业和第三部门来进行提供。浙商作为经济群体,立足于自身优势,对政府供给不足的领域进行公共产品供给,如城市道路、水利水电、教育事业、基础设施等等。政府公利性是对每个公民的基本权益和价值的保障与尊重,浙商进行公共产品供给则是自身公共性的外在表现。在进行公共产品供给的同时,也使人的公共性得到弘扬。

3. 浙商履行社会责任

浙商作为中国具有代表性的经济群体,社会影响力也日益变化。随着社会经济与文化的不断发展,越来越多的浙商意识到,企业在获得较高发展后,应该承担一定的社会责任与义务。包括提供产品和服务、增加就业岗位、增加国家收入、提高人们的生活水平,以及关注社会弱势群体等。2007 年一批浙商在浙商大会上向全体浙商发出《浙商社会责任倡议书》,向社会承诺包括改革创新,做大做强;关爱员工,诚信守法;保护环境,节约资源;扶贫济困,热心慈善;修身立业,传承文明五个方面的内容。这也进一步说明浙商在社会责任意识与行动上的提高。浙商特别关注弱势群体的发展,利用自身经济优势,积极主动参与慈善事业建设之中。"正泰集团董事长南存辉创立全国首个民营企业扶贫济困总会,他们的口号是'慈善最幸福,助人最快乐'。据报道,《2008 胡润浙商慈善榜》30 位浙商慈善家共捐赠了 14.4 亿元(2003 年以来)。"①

2. 浙商公共行为与社会公共秩序

社会公共秩序同物质生活条件一样,是人类生存和发展的基本需要和利益要求。当人类处于一种无序状态时,其生命和财产安全无法获得保障,生存和发展便也无从谈起。如果社会缺乏良性的公共秩序,那么人类将会回到霍布斯所描述的依靠丛林法则生存的时代。可见社会公共秩序对于人类社会的发展有着不可否认的重要性。

1. 浙商的诚信经营

经济秩序是社会公共秩序的一大方面,经济发展的好坏程度直接关系到人民的生活水平与国家的富强程度。然而市场经济存在着盲目性、滞后性等缺陷,市场经济主体受到"经济人"思想的影响,追求经济利益最大化等,这些存在的问题都干扰着市场经济的发展。浙商作为具有代表性的经济群体,在生产经营过程中所产生的公共行为会对市场经济秩序、其他市场经济主体以及整体社会带来一定程度上的影响力。现代浙商以"社会责任者"理念来约束自身的经营行为,遵循市场秩序,诚信经营。同时利用自身优势,进行公共产品的供给,致力于公益事业等等。浙商的诚信经营与公共行为将会带动其他经济群体,使市场经济秩序进入一个良性循环过程,最终推动整体社会公共秩序的发展。

2. 浙商商会对社会公共领域的培育

根据哈贝马斯的观点,19 世纪的西方社会是社会公共领域发展较为活跃和自主的时期,但是到了 20 世纪,由于公共权力侵入了社会公共领域,公共舆论丧失了应有的独立性、公正性,从而导致了社会公共领域结构的转型,一旦社会公共领域丧失了独立性、公共性,公共权力就会成为私人利益竞争的工

---

① 吕福新等著:《浙商论》,中国发展出版社,2009 版,第 58 页。

具,最终使整体社会结构的公共性陷入危机。因此,发展代表社会各阶层利益的民间组织对于培育社会公共领域就显得尤为重要。"伴随市场经济的发展,出现了各种各样的利益阶层和利益群体,尤其是各种民间组织,社会团体不断发展壮大。这些民间组织、社会团体实行自我管理、自我发展,逐渐成为了一股来自社会自向的公共秩序的保障力量。这些社会团体、民间组织作为市民社会的中坚力量,可以发挥自我组织、自我管理的维护社会公共秩序的作用。"①

浙商商会的发展始于20世纪90年代中期,其中温州商会最具代表性。"1995年第一家异地温州商会在昆明成立。此后,在全国各地经商办厂的200余万温州人也纷纷在各个大中城市建立了异地商会。时至今日,温州的异地商会已达到100多家。"②经过十几年来的发展,浙商商会已成为浙商群体在全国进行生产经营的重要联系途径。浙商商会的建立不仅对于浙商自身的发展有着促进作用,同时异地浙商还积极参与当地政治、经济、文化的建设之中。商会不仅维护自身合法权益,而且还对社会问题进行关注。可以说,浙商商会自身的发展也推动了中国民间组织的发展,为培育社会公共领域提供了动力。

参考文献

[1]　[法]马克·布洛赫. 历史学家的技艺[M]. 上海:上海社会科学院出版社,1992.

[2]　柏拉图. 理想国,郭斌和等译[M]. 北京:商务印书馆,1986.

[3]　赵立行. 商人阶层的形成与西欧社会转型[M]. 北京:中国社会科学出版社,2004.

[4]　[意]卡洛·M. 奇波拉. 欧洲经济史,第一卷[M]. 北京:商务印书馆,1998.

[5]　樊亢. 资本主义兴衰史[M]. 北京:经济管理出版社 2007.

[6]　[法]F. 布罗代尔、资本主义论丛[M]. 北京:中央编译出版社,1997.

[7]　马克思. 资本论(第一卷)[M]. 北京:人民出版社,2004.

[8]　吕福新等著. 《浙商论》[M]. 北京:中国发展出版社,2009.

[9]　曹鹏飞. 公共性理论研究[M]. 北京:党建读物出版社,2006.

[10]　黄小伟. 中国商人纷纷"认祖归宗"[J]. 南方周末 2006(6).

---

① 曹鹏飞:《公共性理论研究》,党建读物出版社 2006 版,第 123—124 页。

② 黄小伟:《中国商人纷纷"认祖归宗"》,《南方周末》(经济版)2006 年 6 月 8 日。

如何根据浙江实情落实"国新 36 条"

——浙商研究中心提出 15 条建设性意见

张旭昆

浙江是民营经济发达地区,"国新 36 条"对浙江具有很强针对性适用性,对处于转型升级中的浙江具有重大指导意义。同时,浙江历来具有思想解放和真抓实干的传统,无论经济基础、市场环境还是政府服务都走在前列。因此,"国新 36 条"的落实和执行,浙江有条件也有可能继续走在全国前列。由此提出了以下建议。

1. "国新 36 条"表明中央政府发展民营经济的指导性意见,需要地方政府制订一系列配套性可操作性的政策细则。

2. 责令各个行政管理部门及时清理审查现有政策规则,凡不符合"国新 36 条"的,尽快废止、修改、补充。落实"国新 36 条"的新政策细则尚待时日,但旧的不合适规定应当尽快处理。例如在第二产业还有不少行业一直不准民营企业进入,像整车制造就实行计划经济时期制订的准入制;再比如,有些行业,表面对民营企业没有限制,但由于其行政主管部门偏袒其原先主管的国有企事业单位,设置种种"玻璃墙"不让民营企业进入。对于这种违背"国新 36 条"的规定,从长远来看,应当通过国家制订"平等竞争法"或"禁止歧视法"等法律予以坚决处治。近期则可以制订地方性法规予以制止。在法规尚不健全的当前,应当鼓励遭受进入歧视的民营企业向省发改委提出申诉,由省发改委根据"国新 36 条"的精神,对实施有形或无形歧视的主管行政部门作出相应处理,以便为浙江民营企业大举进入各个允许进入的行业修桥铺路创造条件。

3. 切实保护民营企业的正当产权,对于勇于进入重化工、装备制造业的民营企业,千万不要重演当年江苏"铁本"的悲剧。现在回头审视,"铁本"事件中断了民营企业进军重化工、装备制造业的步伐,阻碍了这些行业民营化的进程,打响了"国进民退"的发令枪。痛定思痛,现在需要制订保护民营企业进入国新 36 条认可的行业后的产权的具体细则,不论是全资还是合资,不论是民企控股还是非控股,都需要制订能够使民营企业家放心的产权保护细则。

4. 制订保护浙江民间资本省外投资权益的具体规则,鼓励民间资本进入省外资源开发性产业和装备制造业。积极推进外地浙商商会的建设,逐步摸索和完善商会沟通、维权等功能。

5. 向中央提出诉求,争取成为落实"国新 36 条"、发展民营经济的体制改革、政策先行的试点省,争取在要素(资金、土地、劳动)市场的改革和培育上使地方政府拥有更大的自主权。例如,原先只能资助国有企业的财政资金能否及如何资助民营企业,非农用地"工改商"的审批权限和审批条件,等等,能否允许地方政府有更大的自主决策权。

6. "国新 36 条"对民营企业新开放的行业基本上都是规模经济明显的资金密集型行业,而浙江民营经济的特点是中小企业居多资金比较分散。要想集聚民间资本,闯入那些行业,就需要抓住机会,深化金融体制改革,培育、建立和完善真正的民间金融体系,使浙江分散的巨额民间资本集聚起来,为浙江民营企业做大、做强提供金融支撑。具体操作:(1)大力扶持现有民营银行。(2)大力培育现有小额贷款公司,推动其条件成熟转变成民营银行;鼓励小额贷款公司加强合作,抱团发展,扩大规模,适时转(成银)行。(3)对于各种地下半地下的民间金融组织,放宽金融业的准入政策,让其尽快浮出水面,同时加强监管。(4)探索以现有的技改贴息资金为"酵母",带动民间资金发展风险创投基金。

7. 浙江的土地稀缺是民营企业发展的一大瓶颈,要想突破这个瓶颈,必须深入土地管理制度的改革。在保住基本农业用地的大前提下,在城乡建设用地的规划、配置和管理方面,以节约土地使用、合理配置土地、公平分配土地收益为基本原则,更多诉诸市场机制,以缓解民营经济发展的土地瓶颈。具体操作:(1)尽快筹划小产权房的产权改革,尤其是城中村的产权改革。(2)建立、完善土地农转非指标流转的市场化改革,指标的初次安排重点考虑公平,二次流转重点考虑效率。(3)完善农地流转的市场机制,通过提高农地的使用效率,释放更多土地于非农用途。(4)考虑到杭州的地价昂贵与杭州地域偏小密切相关,建议进一步扩大杭州市区面积。在总结前几年萧山、余杭撤市设区经验的基础上,尽快把富阳、临安划入市区,更大手笔是探讨把德清划入杭州的可行性。在非农用地特别稀缺的杭州,一方面要想方设法发展土地节约型经济,同时也必须尽量扩大杭州市区的土地面积。

8. 省内产业结构政策,既要尊重顺应配第——克拉克法则,适时鼓励民间企业发展第三产业;同时又要防止拔苗助长,人为超前拔高三产比重的倾向。在第二产业的内部结构上,要尊重顺应霍夫曼法则,为民营企业进入重化工和装备制造业提供平等竞争机会,推进这些产业的发展。最主要的是尊重市场选择和产业结构变迁的自然法则。

9. 在民营企业的转型升级中,政府主要的工作应当是逐步取消以往制订的妨碍民营企业自主选择的各种行业壁垒,对各类所有制企业一视同仁,提供平等竞争平台;同时要高度尊重企业的自由选择。政府可以引导,但不能驾驭。制订鼓励民间资本进入"国新36条"开放的行业的具体规则,鼓励民间资本与浙江内外的国企按照互利双赢的原则进行"联姻"。当前尤其要抓住"国新36条"打破许多行业原有进入壁垒的机会,把杭州含苞欲放的新概念整车制造业迅速发展起来。如果围绕新概念车进行发展,杭州就完全可能形成一个大中小企业共生、各种所有制企业互补的整车制造产业生态圈。

10. 尽快制订、完善鼓励民营企业科技创新的稳定的可操作性的土地、税收、金融、人才等政策法规。切忌朝令夕改,人去政息。

11. 深入教育体制改革。需要进一步解放思想,充分发挥民间资本办教育的积极性,大力发展面向市场、市场导向的民营教育机构。只有教育发展了,才能保持浙江民营经济发展的持久活力。具体操作:(1)在义务教育领域,逐步改变目前政府资金主要资助公立学校的现象,通过引进教育券制度,促进公平竞争,提高教育效率。(2)在高等教育方面,应当以现杭州师范大学为基础,尽快恢复杭州大学。"杭州大学"是国有商誉资产,闲置多年,流失严重,浪费极大。新杭州大学应当解放思想,大力吸引民间资本,走出一条运用民间资本、实行现代治学体制,以市场需求为导向的新路子。(3)尤其要鼓励发展各类中等学历和非学历的民营教育。现有公办教育体制往往引致高等教育过度发展,中等专业技术教育萎缩,已经导致学生学历结构与社会需要不匹配的后果。民间资金正好发挥拾遗补缺的作用。(4)进一步解放思想,认可民办教育机构正当合法赢利的权利。不准赢利,就不可能有大量民间资本进入教育领域,对民间资本开放就是一句空话。不准赢利,民办教育就无法通过市场解决校址用地、设备更新、师资引进培养等一系列问题。为此,首先要逐步放松收费管制。其次要同步降低进入门槛(但不等于没有任何门槛),以便引进竞争,既遏制收费过高的倾向,又迫使教育机构不断提高质量。解决质次价高的有效途径,从长远看,只能是竞争,而不是政府的强制规定。第三要加强以法律为基础的监管,减少行政监管可能出现的随意性。(5)通过与境外合作办学的方式,探索民间办学的成功之路。在这方面政府一定要坚持改革开放,大胆探索,对民间资本的"试水"给予优惠。同时还可以探讨让境内外一流学校到省内办分校的可行性。(6)教师有权在公立和民办学校之间合法守约地流动,主管行政部门不得改变其基本的社会保险待遇(特别是养老保险和医疗保险)和基本职称待遇。

12. 深入医疗体制改革。前一阶段医疗体制民营化改革的受挫,很大程度上是因为医疗行政主管部门实施的歧视性政策,不让民办医疗机构与医疗保险机构建立联系,限制其业务范围,结果民办医院大部分变成了民工医院,性病医院,孕育医院。另一个重要原因是过激地改变原有存量,把改革的重点放在原有公立医院的民营化方面,使原有职工的利益不能得到充分保障,引起他们的抵触。因此,今后的改革,一定要按照"国新36条"的精神,坚决制止一切歧视民办医院的政策和倾向,尤其是要制止主管行政部门的歧视性倾向。同时要充分考虑原有公立医院职工的应有利益。具体操作:(1)近期改革的重点应当是打破准入壁垒,允许和鼓励民间力量出资创办新的民办医疗机构,同时保持原有公立医院的稳定性。在民营医院发展一段时期之后,再由公立医院的全体员工决定是否改制。(2)进一步解放思想,认可民办医疗机构正当合法赢利的权利。不准赢利,就不可能有大量民间资本进入医疗领域,对民间资本开放就是一句空话。为此,首先要逐步放松收费管制。其次要同步降低进入门槛(但不等于没有任何门槛),以便引进竞争,既遏制收费过高的倾向,又迫使医疗机构不断提高质量。第三要加强以法律为基础的监管,减少行政监管可能出现的随意性。(3)民办医疗机构一旦获取营业资格,就自动与医疗保险机构建立与公立医院同样的联系,主管行政部门不得阻止。同时,其业务范围也由医院根据医疗市场的竞争状况自助决定,主管行政部门不得随意阻止,只能依法行事。(4)医护人员有权在公立和民办医院之间合法守约地流动,主管行政部门不得改变其基本的社会保险待遇(特别是养老保险和医疗保险)和基本职称待遇。

13. 自然垄断性质的行业,主要是城市里的"水、电、气"的供应及其他类似的自然垄断、需要保本微利为广大家庭和企业提供服务的行业,其基础设施可以通过招投标由各类企业公平竞争取得兴建权(不得歧视民营企业);但是其营运主要还是要由公营企业掌控,因为求利的民营企业即便有资格进入,恐怕也没有兴趣。落实"国新36条"的重点不应当放在吸引民营企业进入这些行业的经营上。

14. 在坚持继续改革开放的大原则下,在宣传舆论方面应当竖立守法创业致富的正面典型,防止所谓的追究企业家"原罪",败坏企业家形象的"极左"思潮对进一步改革开放的干扰。创造一个让大多数守法致富的企业家有安全感有自尊感的、自豪感的浙江。让更多的新一代浙江人更倾向于选择创业或子承父业。

15. 尽快调查总结民营企业协调劳资关系,和谐企业发展的经验教训,寻求建立新形势下和谐处理劳资纠纷,兼顾劳资双方利益,互惠双赢的新规则。总结政府在调和劳资关系方面的成功经验,探索政府在处理劳资关系时的正确角色和应有作用。

16. 省政府可以考虑把落实"国新 36 条"的工作任务进行量化,设计指标进行观察和考核,定期对各个区和各个部门的工作进行观察,同时对少数不太会产生副作用的指标进行考核。

借"国新 36 条"的东风,扬发展民营经济的传统。只要真正把"国新 36 条"落实到具体措施上,就可以再现浙江民营经济在改革开放新时期的辉煌。

后危机时代浙商发展的
金融法律政策研究①

摘　要：房地产泡沫、资产证券化、监管缺失导致美国金融危机的爆发，而美元的世界货币地位、全球资本一体化和流动性以及扭曲的世界经济格局则把这原本属于一国的危机扩展到全世界，其教训值得反思，其经验值得借鉴。金融危机对我国民营企业冲击很大，浙商首当其冲。未来浙商的发展必须充分考虑"后危机"时代的客观经济形势，尤其是金融秩序、国际贸易环境以及国内经济环境的新变化，从保障安全、实现"跨越式发展"和迈向"金融时代"三方面完善相关法律政策，为浙商的发展提供良好保障。

关键词：浙商　后危机　发展　金融法　政策

一、金融危机的教训与启示

1. 金融危机的成因与美国的应对

1. 金融危机源起美国的成因

第一，房地产泡沫破灭引发次贷危机。2008 年至今的全球性金融危机的始作俑者，是美国由于房地产泡沫破灭而引发的次贷危机。自 2001 年以来，美联储为了对付严重的经济衰退，连续 13 次下调联邦基金利率，使利率降至 1％ 的历史最低水平。极度宽松的货币政策大大刺激了美国居民的借贷消费，②再加上政府的"居者有其屋"政策为那些不具备购房能力的购买者提供

① 本文系浙江省社科中重点研究基地 2009 年度省社科规划课题"后危机时代浙商发展法律对策研究—日本应对两次金融危机的鉴与戒"（课题编号：09JDZS004YB）的阶段性成果。
② 国纪平：《过度创新与金融风暴》，《人民日报》，2008 年 11 月 5 日第 3 版。从 2001 年到 2007 年的 6 年中，美国个人积累的债务达到过去 40 年的总和。

次级贷款,使房地产的泡沫愈演愈烈。加上美国政府的"居者有其屋"计划为消费者提供了极其优惠的住房贷款方便,在对未来房价持续上升的乐观预期下,美国民众蜂拥进入房地产领域,银行也千方百计地向信用度极低的借款者推销住房贷款,使得房地产业成为社会民众普遍介入的领域,和美国经济的增长点。到 2006 年,美国住房投资在全部投资中所占的比重已达到 30% 以上。① 房地产领域的大量泡沫为金融危机埋下了隐患。一旦经济开始周期性下滑,货币政策出现调整,住房价格盛极而衰导致其抵押价值下降时,房地产泡沫必然破灭。这一情况在 2008 年出现,在经济形势恶化导致民众收入下降、粮油价格暴涨导致生活成本上升、利率上升导致还贷压力大等因素的综合作用下,大量低信用阶层的购房贷款无法按期归还,造成贷款银行的资金链断裂,金融危机被最终引爆。

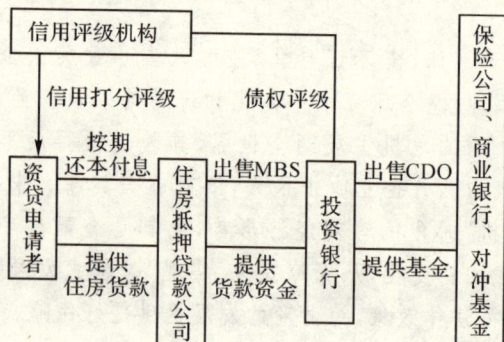

图　次贷流程及参与主体

第二,资产证券化扩大了次级贷款危机,最终演化为金融危机。由于美国金融业高度的证券化,房屋次级贷款几乎全部被证券化后在金融市场上流通。投资银行在购买了次级贷款机构的次级贷款抵押债券后,根据偿付的优先秩序将其与其他债券组合带来的现金流进行分割,发行不同级别的债务抵押凭证(CDO)。这些债务抵押凭证被商业银行、大型投资基金和外国投资机构等购买,从而都被牵涉到次级贷款的风险之中。次贷危机发生时,市场出现恐慌,集中抛售,危机从住房抵押贷款机构迅速蔓延到美林、花旗和荷兰银行等的投资银行及其他机构,最终酿成金融危机。而危机所造成的损失远远超出了次贷本身。

第三,监管缺失是美国金融危机的深层次原因。长期以来,美国监管者崇尚"最少的监管就是最好的监管",有时为了给市场创新自由的空间,故意

---

① 李济广:《西方金融危机的深层透视及其启示》,《税务与经济》,2009 年第 6 期。

放松对市场的管制,造成"自觉性滞后",以期促进跨业经营和竞争。在次贷危机爆发前,正是美国监管部门采取的不作为态度,最终催生了一场规模空前的金融灾难。[①]

在次级住房贷款的"一级市场"也即银行放贷过程中,美国金融监管当局没有及时对次级贷款的发放标准提供有效指引,也没有及时将独立放贷机构纳入监管体系内,更没有对这一高风险的贷款行为发出警示。在次级住房贷款的"二级市场"也即次级贷款资产的证券化过程中,由于美国对投资银行的资本金、流动性等均缺乏严格的监管标准,以及对金融衍生品缺乏严格审查,导致风险被进一步放大。而在信用评级领域,美国监管部门无权对信用评级模型及方法的科学、合理性进行实质审查,难以保障评级的准确性,使得大量高风险的次级贷款借以3A级的"优良评价"大行其道。而对于对冲基金一向的放任态度,更使得这些基金在资本市场上兴风作浪,为危机加剧推波助澜。[②]

2. 金融危机从美国扩展到世界的原因

第一,美元的世界通货地位把世界各国的经济与美国经济空前紧密地捆绑在一起。布雷顿森林体系解体之后,虽然以美元为中心的国际金汇兑制不复存在了,美元已成为不能兑换黄金的主权纸币。但不可否认,美元仍然是当今世界接受范围最广、影响力最强的货币,仍然是最主要的国际结算货币,并且被多数国家作为主要储备外汇。当国际贸易主要以美元为单位进行结算,当各国外汇资产和巨量财富大量地以美元形式而存在的时候,其经济命运必然与美国经济状况尤其是美元的币值紧密相连。而美国又常常回避大国责任,利用美元的这种优势地位,当问题积累严重又解决不了时,美国政府便开动印钞机大量印发美元,使美元不断贬值,将财政赤字危机、贸易逆差危机转嫁给储备美元外汇的国家,由它们为美国买单,并且导致热钱泛滥,冲进正常的金融秩序。

第二,资金的全球性流动和证券化发展,导致各国金融机构或主权基金因投资于美国金融市场而陷入巨额亏损。鉴于华尔街在金融创新中的领先地位,其炮制的金融衍生品成为全球投资者争相购买的产品。其中,雷曼兄弟公司被视为固定收益类产品市场的标杆,其发行的证券化产品以及信用保险类产品成为全球各类基金(包括中国的一些基金)的标准配置。由此,雷曼破产不仅倾覆了资产证券化和信用市场,也直接导致全球投资人损失惨重。

---

① 吴平凡、陈永生:《次贷危机对我国金融监管的启示》,《社会科学研究》,2009年第6期。

② 参见孙燕:《"次贷危机"对我国金融监管的启示》,《武汉金融》,2009年第9期。

第三,作为全球金融市场中心的美国爆发危机,沉重地打击了各国投资人对金融体系的信心,导致全球流动性急剧萎缩,其他国家中那些依赖票据市场、银行间市场或者国际资金作为主要融资渠道的金融机构遭遇资金链断裂的突发事件,陷入破产境地。例如英国的北岩银行危机。该银行的经营模式并不像传统银行那样靠吸收存款放贷,而是依赖银行间市场融资来获得主要资金。当市场流动性瞬间丧失,北岩银行融资遇到困难时,受惊的储户立即开始大规模提款,北岩银行连续三天遭挤兑,酿成了英国 140 年来的首次银行挤兑,并波及其他按揭贷款银行,最终迫使英国政府对其实行暂时国有化。① 冰岛、韩国、匈牙利以及波罗的海等国都出现类似情形,最终不得不向国际货币基金组织求助。

最后,从根本上说,金融全球化危机的根源在于日益扭曲的全球宏观经济格局。一方面,包括中国在内的新兴国家以消耗资源、环境为代价拼命生产;另一方面,美国长期贸易逆差,消费者大肆举债享用各国出口的商品。贸易顺差国家获得的大量美元纸币无处可用,最终只能再购买美国国债以及华尔街制造出的金融衍生品,把资金再输送回美国。如果说整个华尔街风暴源于美国次级贷款,源于银行不负责任地贷款给缺乏信用的借款人,而全球金融危机则源于全球不合理的宏观经济格局,源于美国这个永远举债而不必担忧还款的借款人。② 在一定意义上也可以说,金融危机是第三次全球化的危机,是全球化进入边际收益递减阶段的强制调整。

3. 美国应对金融危机的举措

金融危机带来的最直接效果就是金融自由、市场万能等资本神话的破灭。在巨大的危机面前,美国不得不改变过去对金融业的纵容态度,而对经济实行全面干预,其中首当其冲的,是加强监管。

第一,减少监管机构,集中监管权力,整合监管力量。(1)赋予美联储更大的权力。使其成为超级监管机构,承担支付清算系统的主要监督责任,并在必要时采取相关行动,以确保金融市场的稳定;(2)整合部分监管机构。将原由 5 个日常银行监管机构合并为一个机构,把美国证券交易委员会和商品期货交易委员会合并为一个机构,把美国储蓄管理局并入美国财政部金融局;(3)建立新的联邦监管机构。在财政部成立一个全国性保险业监管办公室,处理国际问题并向财政部提出建议。

第二,扩大监管范围和要求。(1)将信用衍生产品纳入监管范畴。(2)加

---

① 《年度话题之"2008 金融危机"(欧洲篇)》,《财经》,2008 年第 26 期。

② 楼建波:《金融海啸中的三重危机与法律应对》,《社会科学》,2009 年第 6 期。

强对评级机构的监管。(3)进一步提高监管要求。主要包括:探索新的金融市场信息披露制度,提高金融产品和金融市场的透明度、限制金融杠杆的运用、更加严格的流动性要求以及针对住房抵押证券化,要求发起行和实施证券化的机构对每个资产池都保留一部分所有权。

第三,加强对经济的直接干预。美国国会修改了联邦政府的发行国债的上限额度,由10.6万亿美元提高到11.3万亿美元;通过了7000亿美元的救市方案;向三大汽车公司提供资金援助,以解决他们的燃眉之急。

从美国政府在这场金融危机中所采取的措施我们可以看出美国决策当局已经完全放弃了自由放任主义,全面转向了凯恩斯主义的政府干预措施,从财政政策和货币政策两方面刺激经济。[①] 这也引起了其他国家的纷纷效仿。欧洲国家也采取了各种措施稳定金融市场,2009年1月初,欧洲中央银行降息50个基点,达到2%,创下历史新低。2008年10月德国国会通过了政府提出的近5000亿欧元的救市方案,2009年1月8日英格兰将银行间隔夜拆借利率降至1.5%,这是该行自1694年成立以来的最低水平。日本90年代以来经济一直萎靡不振,利率水平事实上一直接近零利率水平,但是在金融危机面前,日本央行2008年10月底将银行间无担保隔夜拆借利率由0.5%下调至0.3%,这也是2001年3月份以来日本央行首次下调利率,两个月后,日本央行又将这一数字下调至0.1%。

第四,推行新能源计划,加大基础设施投资,实施医疗改革,提高储蓄率,推动美国经济转型。在金融危机带来的变革氛围中胜出的美国总统奥巴马,深刻意识到此次危机实源出于美国经济结构的深层次矛盾,其雄心勃勃地推出包括发展绿色能源、加大基础投资,提高储蓄等在内的一系列经济刺激计划,力图从根本上扭转美国日益失衡的经济结构,恢复其实体经济的能力和活力。

2. 金融危机对我国的冲击与影响

1. 金融危机对我国金融业的冲击

第一,直接影响较小。在直接风险方面,中国银行业面临美国金融危机的直接风险包括持有美国债券的市场风险和对外向型企业贷款的信用风险。同时,由于市场信心不足,银行业对于房地产开发贷款的风险不容忽视,零售银行业务也将受到冲击。(1)境外投资风险在可控范围。由于中国金融体系发展相对滞后,中国银行业的境外投资受到外汇管制及监管机构审批的限

---

① 张国庆、刘骏民:《金融危机与凯恩斯主义的全面回归—兼论对中国的政策启示》,《南京社会科学》,2009年第9期。

制,中国银行业总体外汇风险敞口相对较小。(2)外向型企业信用风险有限。中小企业由于其自身的风险性,历来不是银行业尤其是大银行放贷的重点,创造中国近六成 GDP 的中小企业仅占主要金融机构贷款比例的三成,所以给银行带来的风险相对有限。(3)房地产贷款风险不容忽视。房地产开发商资产负债率普遍在 70% 以上,一旦无力偿还贷款,就会把巨额风险转移到银行。(4)零售银行业务将可能放缓。金融危机引起人们对经济前景的担忧,在国内社会保障程度仍然较低的背景下,居民的消费需求和投资意愿将受到极大抑制。国内银行业以个人住房按揭贷款占主导的个人消费业务将面临下滑风险。同时,在股票市场经历短暂繁荣之后,国内银行业起步不久的个人理财业务也可能因为对理财产品的疑虑而出现萎缩。

第二,间接影响重大而深远。(1)经济转型促使银行寻找新的利润增长点。全球经济与金融秩序的重建,将是长久的进程。为维持经济发展,政府将不可避免地加速引导经济转型与升级,促使银行必须通过寻找新的利润增长点来提高发展的质量。(2)政策调整挤压银行的利润空间。在实际存款利率为负的情况下,预期未来央行仍然有可能采取进一步的不对称调息措施,将银行的一部分利润让渡给实体经济,这将对银行的盈利造成负面影响。①

2. 金融危机对我国实体经济的影响

第一,信贷资金及流动性增速下滑影响实体经济发展。(1)国内信贷资金及市场流动性出现较为明显的增速下滑。一是信贷资金增速下滑。出于预防风险等因素的考量,国内部分商业银行出现一定的惜贷现象,信贷增速下滑。尤其是关乎国民经济长远发展的中长期贷款以及工业企业贷款的增速下滑明显。二是货币供应量增速放缓。2008 年下半年以来受到金融危机的影响,国际市场流动性显著下降,各口径货币供应量增速均出现明显回落。(2)信贷资金及流动性的制约实体经济发展,主要表现在三个方面:一是国民经济整体增速放缓。国内生产总值及第二产业和第三产业增速在 2008 年下半年均出现明显下滑。2008 年全年国内生产总值 300670 亿元,比上年增长 9%,整体经济增长受到明显抑制。二是全社会用电量出现了明显下滑。2008 年以来,我国用电需求整体增速放缓,2008 年 10 月份甚至出现了多年未见的用电量同比负增长,显示企业严重开工不足。三是工业发展受阻,重工业增加值增速下滑明显。2008 年规模以上工业增加值同比增长 12.9%,增幅比上年回落 5.6 个百分点;轻、重工业增加值同比分别增长 12.3% 和 13.2%,增幅比上年回落 4 和 6.4 个百分点。

---

① 位华:《美国金融危机对中国银行业的影响、挑战及对策》,《特区经济》,2009 年第 11 期。

第二,金融市场的动荡导致市场信心不足、企业发展活力下降。(1)以资本市场为代表的金融市场遭受重大打击,市场信心缺乏。资本市场受危机的影响最为直观和敏感。中国 A 股市场上证指数从 2007 年最高的 6000 余点跌至 2008 年最低 1700 点以下,跌幅深达 75%。从融资额度来看,A 股市场持续低迷,令上市公司融资再融资发生困难。民生证券统计显示,2008 年前 3 季度,沪深两市共发行上市 76 只 A 股,募集资金 1034.38 亿元,同比骤降 65.33%。此外,103 家公司实施增发,再融资 1773.97 亿元,同比也大幅下降 46%。(2)企业发展景气指数下滑,企业家信心减退。企业景气指数在 2008 年下半年以来迅速下滑,3 季度工业企业景气指数下滑至 2002 年 2 季度以来的新低,并在 4 季度持续迅速下滑。企业家信心指数也随之减退,3 季度工业企业家信心指数即减退至 2002 年 3 季度以来的新低。

第三,外部需求疲软导致整体发展乏力。从我国经济发展的动力因素来看,出口的作用愈来愈明显。中国经济对国际市场的依赖性很强,对外贸易依存度逐年攀升。一旦外需乏力,出口受阻,经济发展将受到很大影响。从 2008 年下半年以来进出口的当月增速指标来看,出口贸易出现显著下滑,进入 11 月份后,出口、进口、进出口的当月同比增速均为负值,显示外部环境对中国经济造成来严重的冲击。央行企业问卷调查结果显示,3 季度反映海外需求的出口订单指数为 2.6%,下一季度出口订单预期指数为 4%,均跌至 2005 年 7 月汇改以来的最低值。受金融危机影响,外需乏力,部分出口导向性的外资(港资)中小型企业倒闭,一些外资撤出。[①]

3. 金融危机对我国民营企业的冲击

第一,金融危机导致国际贸易环境恶化,对民营企业形成直接打击。(1)许多民营企业经营困难,甚至倒闭。金融危机对于民营企业的直接影响,一方面表现为市场需求低迷,销售出现严重问题;另一方面表现为货款迟迟不能到位,让本来抗风险能力差的民营企业流动资金更加的紧张。仅 2008 年上半年,全国破产倒闭或已陷入困境的企业约有 6.7 万家。2008 年 10 月间东莞合俊、俊领两家大型玩具工厂倒闭,造成约 7000 余名员工失业,引起普遍性恐慌。民营企业纷纷裁员、降薪,进一步引起员工的恐慌和抗议,资劳矛盾激化。(2)民营企业、特别是出口型企业遭受重创,造成心理冲击的连锁反应。金融危机带来的美元疲软和人民币升值,使得企业的价格优势不再,出口受严重抑制。统计数据显示,2008 年 11 月份,我国进出口各项指标同时出现负增长。在此背景下,民营企业的许多投资抉择往后推移,造成实体经济进一

---

① 吕铁、余剑:《国际金融危机对中国经济发展的影响》,《经济管理》,2009 年第 4 期。

步受到不利的影响。

第二,金融危机加剧民营企业融资困难,民营企业捉襟见肘。(1)民营企业向银行融资难度很大。目前,我国金融资源分配极不对称,对GDP的贡献率40％的国企获得银行贷款的七成,对GDP的贡超六成的非国有经济所获银行信贷不到30％。金融危机下,民营企业更难以取得银行贷款。对潮汕、珠江三角地区、浙江及湖北等地的调查问卷显示,73.92％的民营企业只能贷到所需资金的30％以下,其余资金需要企业通过其他途径解决。① (2)企业上市融资难。一方面,股票、债券等直接融资方式对民营企业门槛过高,难以利用。另一方面,证监会收紧了上市步伐,加剧民营企业上市的困难。(3)民间借贷问题突出。在正常的贷款需求无法被满足时,民营企业往往通过民间融资进行周转。既付出过高融资代价,又面临巨大的融资风险。"深圳市民营企业发展状况调查"显示,50％的民营企业将资金不足列为其发展过程中遇到的最大困难;68.5％的民营企业认为银行贷款难,融资渠道窄。在浙江某些地方,民间借贷利率已超过100％。

第三,金融危机阻碍民营企业自主创新。(1)由于政策、体制及市场不完善等原因,企业因自主创新短期收益低,而不愿自主创新。(2)民营企业规模小、设备和工艺落后、产品档次低、创新的基础差;同时缺乏必要的技术人才和相关信息,自主创新资源匮乏,无力创新。(3)企业自主创新风险较高,不敢自主创新。②

4. 金融危机对浙商的冲击

浙江省的经济发展具有民营经济发达、外向型经济活跃和中小型企业数量众多等重要特征。在国际金融危机冲击下,外部需求的急剧下降对浙江省外向型经济构成了直接挑战。在外贸方面,2009年上半年,浙江省进出口总额为830.3亿美元,同比下降18.9％,其中出口587.5亿美元,下降19.6％,降幅比2009年第一季度扩大2个百分点;进口242.8亿美元,下降17.1％。③许多民营企业和中小企业由于抗风险能力较差开始陷入困境。企业倒闭、停产、裁员等现象比较严重,失业人员不断增多,就业严峻。④

而由于融资困难,浙江企业之间连环担保现象十分严重,一旦担保链条

---

① 王珏:《民营企业融资问题研究》,《河北金融》,2008年第11期。

② 张瑞红:《金融危机对我国民营企业的冲击与启示》,《技术经济与管理研究》,2009年第5期。

③ 郁建兴、瞿志远:《金融危机冲击下的就业与保增长——以浙江省为研究对象》,《浙江大学学报(人文社会科学版)》,2009年第6期。

④ 郁建兴、瞿志远:《金融危机冲击下的就业与保增长——以浙江省为研究对象》,《浙江大学学报(人文社会科学版)》,2009年第6期。

中的某个企业出现问题,迅速引起连锁反应,殃及众多企业。这一现象在绍兴县的"华联三鑫事件"中得到典型体现。2008 年 9 月,绍兴县华联三鑫因国际石油价格的暴跌而陷入巨亏,涉及资金上百亿,直接导致当地银行、企业之间资金链紧张,而一旦任由市场作用必将引起连锁反应,受影响资金将达上千亿元,对当地经济造成灭顶之灾。在危机时刻,当地政府不得不出面介入,动用政府信用和行政手段,主导华联三鑫进行重组,才避免了一场区域性金融危机。但类似的危机仍在不同地区、不同领域、不同程度的存在。

3. 金融危机的启示

1. 房地产业是一把"双刃剑",必须加以调控

现代社会,房地产业对于经济发展的推动作用越来越突出,消极影响也越来越严重。无论上世纪 80 年代日本经济的大衰退,还是 1997 年的亚洲金融危机,至今方兴未艾的全球金融危机,无不起因于房地产泡沫的破灭。房价急剧上涨制造虚假繁荣引导热钱大量涌入把房价推向疯狂最终破灭并传导到各个领域几乎成为现代金融危机的铁律。在此次危机中,冰岛、迪拜的金融危机与房地产畸形发展之间的关系更是表现淋漓尽致。

近年来我国房价一涨再涨,几近疯狂。房产市场泡沫巨大,隐患众多早已是一个不争的事实。抛开畸高房价在社会稳定、民生、投资导向等方面的负面影响不谈,仅仅对金融安全而言,就已构成很大威胁。据统计,截至 2007 年 10 月,全国商业性房地产贷款余额已达 4.69 万亿元,占各项贷款总余额的 18%。如此大的比例使我们必须高度重视住房抵押贷款背后隐藏的风险。尤其我国住房抵押贷款实行的是每年调整的浮动利率制度,利率风险完全由购房者承担,一旦房地产价格下跌和抵押贷款利率上升的情况同时出现,购房者的还款压力将大幅上升,违约率也可能大幅上升,金融秩序遭受重创几乎不可避免。

2. 必须强加金融监管,保护投资,打击投机

金融危机的一个重要教训,在于提醒我们抛弃市场万能、金融至上的神话,充分认识到放松金融监管带来的一系列严重后果,加强金融监管,防止金融投机对经济健康发展的损害。

金融本来是为实体经济服务的,但随着金融资本的高度发展及信用制度的不断创新,金融业的投机性越来越浓,为了高额利润畸形发展,对实体经济产生巨大的负作用。其一大祸害,是改变经济危机的轨迹和形式,通过诱导过量生产、催生经济泡沫、制造虚假繁荣,危害经济运行。巨量金融资本除了依赖金融房地产等投机活动,难以找到可以按照较高利润率赚钱的途径,大亨们的绝大多数资本不是去生产可供人们使用的产品,而是用于股票、债券、

外汇,特别是千奇百怪的金融衍生品做赌博性投资。麦肯锡全球研究所称,全球金融资产占全球年度产出的比例,已从 1980 年的 109% 飙升至 2005 年的 316%。到 2006 年底,利率互换、汇率互换和利率期权交易的票面价值约为全球 GDP 的 6 倍。

金融资本的另一大祸害,是通过对利润的有力掠夺加剧两极分化,进一步破坏消费市场。在 1965 年,美国金融企业利润占利润总额百分比的 5 年移动平均线是 15%,而到 2005 年这一比例高达 45%。金融投机集团和金融寡头一年赚取数十亿美元,创造了垃圾金融品的金融资本代理人也赚取数十倍、数百倍于雇员工资的薪金。2006 年美国企业高管的平均收入是一般工人最低工资的 821 倍。[①]

可以说,现代资本主义的一个最显著特征是金融行业坐大,金融体系充斥投机性。现在世界金融市场每天的交易额 98% 以上都与商品贸易无关,天文数字般的金融资本的投机化使现代资本主义表现得更为腐朽。我国金融业的发展虽然远比不上西方,但近年来以房地产、股市为代表的资本市场的过度活跃、非理性发展已经呈现出非常明显的投机热度,值得我们警惕。

3. 必须建立良好的金融法律制度体系,减缓虚拟经济对实体经济的负面影响

此次次贷问题引发的金融危机与上个世纪 30 年代的经济危机有着本质的不同。后者仍然属于传统意义或者说是马克思所定义的资本主义经济危机,即本质上是一场生产过剩的危机。而此次金融危机的表现过程截然相反,危机先从投资银行、保险公司、商业银行等金融部门开始,进而波及到实体经济部门,造成实体经济部门的流动性短缺,大量企业倒闭,失业率上升,进而由进而波及到实体经济部门,造成实体经济部门的流动性短缺,大量企业倒闭,失业率上升,进而由金融危机演变成经济危机。

这种现象的根源是因为以美国为首的西方国家经济运行方式的转变。随着布雷顿森林体系的解体,美元与黄金解除了最后一丝脆弱的联系,美元的发行不再有任何硬性约束。美国国内有过度消费的习惯,信贷文化盛行,储蓄率极低,长期的经常性项目贸易逆差和政府财政赤字使美国发行越来越多的美元,由于美元世界货币的特殊地位,与美国进行贸易的各顺差国不得不将手中的美元购买美国国债以及其他各种债券,相当于将美元又借给美国,同时又在本国国内发行与顺差美元等额的本币,这就造成了世界性的流

---

① President's Council of Economic Advisors: The Economic Report of the President. Washington: U. S. Government PrintingOffice, 2008: 332.

动性泛滥,各种资产类证券,包括不动产价格暴涨,金融泡沫急剧膨胀。就此而言,可以说此次金融危机是虚拟经济的过度发展以及经济全球化的结果。

事实上,当前的经济全球化本质上就是虚拟经济的全球化,而每天往来于世界各地为获取利润的巨额资金就是其表现。在这样的经济体系和金融秩序之下,任何实体经济都难保不受虚拟经济的影响,任何国家的经济都难保不受其他国家的影响。但这并不意味着国家可以无所作为,各国要最大限度地发展好本国的实体经济,防范世界虚拟经济的冲击。对此,首当其冲的,是必须要建立健全的金融法律法规体系,筑起结实的篱笆抵御外源风险。

4. 必须优化产业结构,摆脱经济对欧美的过分依赖

近几年,我国对外商品和劳务贸易总额占 GDP 的比例一直在 60% 以上,净出口(贸易顺差)占 GDP 的比例约为 7% 左右,中国的对外贸易依存度普遍高于西方发达国家,这也使中国经济更容易受到外部冲击的影响。从市场和货币两方面受制于欧美,尤其是美国。前者表现为美国人一旦增加储蓄、减少消费,或采取严厉一些的外贸管制措施,就会对中国外贸经济产生重大影响。以至于被形容为,美国一打喷嚏,中国就感冒。后者表现为美国人挟美元以自重,不仅通过滥发美元等方式劫掠中国的财富,以极小的代价消耗着中国付出巨大环境资源和劳动力成本创造的产品,而且通过美元贬值使中国辛苦积攒的外汇财富大幅缩水,并动辄在人民币汇率问题上大做文章,妄图使中国经济服从于其一己之私。

实践证明,美国靠不住,美元也靠不住,要想在经济上不受制于人,真正做到独立自主,稳定发展,首先必须寻求经济结构的整体转型,把经济的动力从以出口为主转到满足内需上来,把以加工制造等劳动密集型产业转移到技术密集、资本密集型产业上来,把以高污染、高能耗的重工业为主转到低污染、低能耗的绿色产业上来。其次,必须寻求多元化的市场,积极开拓亚非拉等广大发展中国家市场,摆脱对欧美市场的过分依赖。最后,也是至关重要的是,必须重视人民币的国际化发展,逐步实现人民币从区域迈向国际,增强中国在国际货币金融体系中的地位和发言权,才能真正摆脱欧美金融资本的控制和盘剥。

二、后危机时代的金融秩序与经济环境

1. 国际金融秩序的变化

二战之后,随着布雷顿森林体系的确立,世界形成了起了以美元为核心的国际金融秩序。虽然在此过程中,美国通过发行美元坐享"铸币收入",攫取了大量不义之财,但毕竟为国际经济提供了一个稳定的、方便的货币流通

体系,战后全球经济迅速恢复和繁荣,这一稳定的金融秩序功不可没。1972年,布雷顿森林体系解体之后的一段时期内,虽然美元与黄金脱钩之后不断膨胀,日益偏离正常轨道,但对世界经济的发展仍然具有积极作用。客观而论,我国外贸经济的迅速发展,也有所受益于该体系。可以说,只要美元滥发和虚拟经济增长被控制在一定的幅度范围之内,世界各国还是愿意对美国有所容忍以换取良好的贸易环境。

但是,此次席卷全球的金融危机表明,以华尔街银行家为代表的金融巨头们的贪欲是无穷的,为把所掌握的美元优势发挥到最大,他们宁愿冒着世界经济崩溃的风险。而此次金融危机过程中,美国政府在美元问题上为了本国一己之私而不惜牺牲他国利益的狭隘立场和不负责任性也暴露无遗。

由此导致的结果是,虽然在短期内,美元的世界通货地位仍然不可替代,各国从长远利益出发还会不得不勉强维持美元的地位,但实际上无论美元还是美国,其信用都已经发生了不可逆转的下降。美元不可替代的神话已被打破,人们将越来越倾向于寻求多元化的金融格局,谋求更加合理的国际货币体系,世界金融秩序将面临较长时期的动荡和曲折。

1. 世界金融秩序多元化发展,国际货币体系存在较大变数,经济面临的金融风险增强。

这次国际金融危机暴露了现行国际货币体系存在的一系列严重弊端,尤其是美国几乎可以无约束地向世界倾销其货币,但其偿还却因为汇率的"浮动"而得不到保障;同时又借助金融创新将风险扩散到全球,使全球为美国的金融危机埋单。这种不合理的金融秩序不可能长久存在,现行以美元为主要储备货币的国际货币体系,将发生缓慢而深刻的变革,在 2008 年 11 月 15 华盛顿召开的 20 国集团领导人峰会上,胡锦涛主席明确指出国际金融体系应从四个方面进行改革:一是加强国际金融监管合作,完善国际监管体系。二是推动国际金融组织改革,提高发展中国家在国际金融组织中的代表性和发言权。三是鼓励区域金融合作,充分发挥地区资金救助机制作用。四是改善国际货币体系,稳步推进国际货币体系多元化。此后,中国领导人多次在国际重要会议上强调,应完善国际货币体系,促进国际货币体系多元化、合理化。2009 年 3 月 23 日,中国央行行长周小川更是以罕见的高调姿态发表了署名文章《关于改革国际货币体系的思考》(中英文稿),指出金融危机源于当前国际货币体系的内在缺陷和系统性风险,必须创造性地改革和完善现行国际货币体系,并提出了建立超主权储备货币的主张,引起国际社会的广泛关注。而世界银行和国际货币基金组织在人事安排上的一系列变动(如林毅夫为世界银行副行长,朱民为国际货币基金组织总裁特别顾问)也表现出发展中国家在世界金融体系中的话语权的增加。但由于改革会触动既得利益者的利益，会削弱欧美发达国家在国际金融秩序中的优势地位，而且各国都倾向于有利于己的改革，所以改革过程必然充满波折并直接在市场上反映出来。近期，黄金、石油、有色金融等重要资源价格显著上涨，显示出市场对主权货币失去信心的情况下的"规避"；与此同时，则是欧洲货币汇率的普遍下跌。而人民币的币值问题，更是成为欧美甚至包括一些发展中国家所共同关心的问题，成为攻击中国的替罪羊。虽然我国一向主张人民币币值不屈从于外来压力，但在目前空前的国际压力下，人民币的升值恐怕是大势所趋。这些都将直接影响到我国经济。

2. 人民币国际化势在必行。

推进人民币国际化，是中国促进国际货币体系多元化、合理化的重要步骤，有利于提高中国的国际地位，降低汇率风险，进行逆差融资，增加铸币税收入，增强中国在国际货币金融体系中的地位和发言权。

早在上世纪 90 年代，中国与有关邻国就已开始在边境贸易中使用人民币进行结算，同 8 个国家的央行签署了边境贸易本币结算协定，2008 年人民币结算量约为 230 亿人民币。进入 2009 年以来，人民币国际化进程明显加快。到 3 月底，中国央行先后与韩国、马来西亚、印度尼西亚、白俄罗斯、阿根廷及香港等 6 个国家和地区的央行及货币当局签署了货币互换协议，总额达 6500 亿元人民币，约合我国外汇储备总额的 5％。4 月 14 日，国务院作出《关于推进上海加快发展现代服务业和先进制造业建设国际金融中心和国际航运中心的意见》，明确提出到 2020 年，基本建成与我国经济实力以及人民币国际地位相适应的国际金融中心，为推进人民币国际化作出了战略部署。7 月初，国家在上海、广州、深圳、珠海和东莞 5 个城市实行跨境人民币结算试点。9 月 28 日，中央政府在香港发行 60 亿元人民币国债，这是中国政府第一次在内地以外地区发行以人民币计价的主权外债，既表明中央政府对香港人民币债券市场发展的支持，又是推动人民币国际化进程的重要举措。特别值得注意的是，9 月初全球各大媒体又竞相披露，中国将以人民币认购 500 亿美元国际货币基金组织（IMF）债券，开创了一直来能够用来购买 IMF 债券的只能是美元、欧元、日元以及英镑四种主权货币的先例，体现了世界对人民币的国际储备货币地位的认可。

随着人民币国际化进程的推进，人民币汇率问题将更加开放、透明，这意味着国家货币政策将有更多的不由自主，并不得不承受着由此而来的开放风险。国内各种经济力量，都将直接受到影响。

2. 国际经济环境的变化——传统产业和出口导向难以为继

1. 贸易保护主义抬头

在国际金融危机的冲击下,全球经济衰退,各国为保障本土的民族工业,提振本国的企业发展,摆脱经济困境和越来越大的就业压力,一些国家在经历了多年的自由贸易繁荣后,再度举起了贸易保护主义的旗帜。

世界银行 2009 年 3 月发布的《贸易保护:初现端倪但趋势令人担忧》报告显示,自 2008 年 11 月 G20 国华盛顿峰会结束以来,G20 国集团中的 17 个成员推出了 47 项旨在限制贸易的措施。贸易保护主义呈现出新的特点:(1)民间力量成为推动贸易保护主义的主要推手。对于金融危机引致的失业狂潮,一些利益集团、行业协会和劳工组织为了维护本集团、本行业的利益,鼓动广大民众,特别是困难民众对政府施加压力,要求实行贸易保护主义政策,优先保障本国就业。2009 年以来,法国、日本东京、英国伦敦都爆发了大规模的示威游行。在强大压力面前,一些国家的政治领导人出于平息民怨或争取选民的需要,不得不把稳定或扩大就业、保护本国市场放在首要位置。(2)经济刺激计划常常与贸易保护和就业扶持挂钩。如美国众议院通过的 8190 亿美元经济刺激计划议案,就附加了"购买美国货"条款。而在相关产业振兴计划中也都不同程度地附加了一些贸易保护条款和保护就业的条件。如意大利向汽车产业提供了 17 亿欧元的政府救助,要求受援企业必须在国内进行主要生产。(3)发达国家的贸易保护倾向增强。发达国家由于国内市场已经非常成熟,加投资刺激经济的余地已经不大,政策选择有限,只能把贸易保护主义作为其缓解政治压力、取悦民心的重要手段。(4)显性贸易保护抬头。一是关税作为传统的贸易壁垒,不断为一些国家采用;二是反倾销越来越多。2008 年,全球反倾销制裁案件比 2007 年大幅增加 20%,2008 年下半年案例又比上半年增加 20%以上。三是贸易保护的范围不断扩大,从商品贸易领域扩展到了商品生产、劳动力雇佣、金融等各个领域。(5)隐性贸易保护花样不断翻新。如不久前美国农业部动植物检疫局宣布再次修订了野生动植物保护法,要求进口商必须填写并提交"植物及产品申报单",无形中给我国植提物出口美国增加难度。①

在中美这两个世界超级经济体之间,因贸易保护主义而引发贸易摩擦的可能性大大增加。2009 年 9 月 12 日,奥巴马宣布对中国进口轮胎实施限制关税,涉及中国近二十亿美元的出口和十万人就业;2010 年 4 月 9 日,美国商务部对从中国进口的油井管征收 29.94%至 99.14%的反倾销税,涉案金额超

---

① 杜正艾:《金融危机冲击下贸易保护主义的特点、成因和发展趋势》。《国家行政学院学报》,2009 年第 5 期。

过10亿美元。与此同时,2009年9月13日,在美国宣布轮胎特保案的第二天,中国商务部毅然做出决定,对美国部分进口汽车产品和肉鸡产品启动反倾销和反补贴立案审查程序,大有贸易战一触即发之势。

2. 低碳、环保成风尚,"绿色"成经济新增长点

以环境污染、生态退化、资源匮乏、能源枯竭和气候变化为主要特征的环境危机已成为全人类共同面临的危机。环境问题根源于传统不可持续的工业发展模式,尤其是以高能耗、高污染为特征的传统重工业。现在,全世界已经意识到这种发展模式的危害,世界各国已经联手抑制高消耗高污染的经济增长,粗放型的经济增长必将受到很大抑制。

同时,国际金融危机以来,美、日、欧等发达国家也都把发展绿色产业重夺实体经济主导权的关键,竞相逐鹿全球"绿色"制高点。在美国,奥巴马政府明确提出把新能源产业作为经济复兴的核心,通过了《美国清洁能源安全法案》,逐步提高来自风能、太阳能等清洁能源的电力供应,短期目标是创造就业机会摆脱经济危机,而长期目标则是希望通过开发使用新能源和可再生能源,争夺未来能源和科技制高点,拉动美国经济再次崛起,占领全球经济的制高点。日本通过实施"绿色新政",计划将太阳能发电量增加20倍,新型环保汽车使用量增加40%。而欧盟诸国在发展绿色经济上更是一向不遗余力。德国通过了温室气体减排新法案,使风能、太阳能等可再生能源的利用比例从现在的14%增加到2020年的20%。最近欧盟还宣布,自2012年起征收航空公司进出欧盟以及在欧盟内部航线飞行的温室气体排放费。同时,国际"绿色壁垒"和碳交易机制也在加速形成,低碳产品将成为进入国际市场的"通行证",我们如果应对不当,就可能陷入"绿色壁垒"的围困之中。[1]

3. 石油、铁矿石、黄金等价格大幅上涨,且波动剧烈,风险很大

由于国际货币体系处于变革期,各主要货币汇率波动日趋频繁,金融因素对于石油、黄金、铁矿石等能源、原材料的影响日甚一日。由于货币本身的信用下降,这些高价值的实物负载了很高的避险和保值功能,加上世界货币总体上的通货膨胀趋势,这些重要实物的价格将一涨再涨,并随市场剧烈波动。如2009年国际油价在经历了30美元左右的低谷之后,短短一年内又冲上了80美元的高峰,且中间几经波折,剧烈动荡。2008年黄金市场大幅振荡,一季度国际金价冲破了1000美元历史大关,到下半年,则又一度跌破700美元关口,低至672美元/盎司位置。而到2009年,黄金价格又大幅上涨,一

---

① 郭占恒:《浙江"十二五"发展面临"后金融危机时代"若干重大趋势性变化与思考(下)》,《政策瞭望》,2009年第11期。

度冲破 1200 美元大关。到 2010 年 4 月份笔者截稿时,停留于 1150 美元左右。而铁矿石价格,自 2008 年经历了短暂的低谷和 2009 年的小幅退让之后,又开始高歌猛进。2010 年,世界三大铁矿石供应商提出了高达 90% 的涨价要求,虽然目前尚未尘埃落定,但预计大幅上涨是肯定的。这些重要物品的价格变动,将传导至相关的各个行业,引起诸多经济领域的波动。

4. 美国的消费欲望、能力和信心下降,美国市场的消费需求总体下降

金融危机不仅通过失业、经济衰退、收入锐减导致发达国家消费市场的萎缩,而且金融危机已经引起了发达国家,尤其是美国对其自身这种高负债、低储蓄的经济结构和生活习惯的反思。奥巴马政府不断向外界发出信号,说美国不会继续当全球最后的消费国和进口国。

在 2008 年,金融危机爆发时,美国个人储蓄率仅为 0.8%,到 2009 年 5 月,美国个人储蓄率已达到 6.9%,创 1993 年 12 月以来的新高,据学者估计,这一数字最终将达到 10% 至 11%。而金融危机的爆发引致的大量失业也让美国政府意识到加工制造业和实体经济的重要性,其提出的一系列刺激计划对本国产业予以扶持并优先满足国内市场。而在美国进口商品中占主体地位的消费品进口也将减少,浙江商品特别是低端消费品出口美国的压力将明显增大。从这个角度来看,即使美国经济复苏,其消费市场也未必能够恢复到危机前的高水平。美国消费对中国经济的拉动作用,从长远来看,是一个下坡的趋势。

3. 国内经济环境的变化

1. 住房抵押贷款风险加大,储蓄存款严重流失

随着中国房地产市场的持续高烧,目我国住房抵押贷款占商业银行贷款总数的比例不断增加。据统计,截至 2007 年 10 月,全国商业性房地产贷款余额达 4.69 万亿元,占各项贷款总余额的 18%。如此大的比例使我们必须高度重视住房抵押贷款背后隐藏的风险。尤其是我国住房抵押贷款实行的是每年调整的浮动利率制度,利率风险完全由购房者承担,一旦房地产价格下跌和抵押贷款利率上升的情况同时出现,购房者的还款压力将大幅上升,违约率也可能大幅上升,而房屋拍卖价格又可能低于欠款额,从而使银行遭受很大的损失,并引发金融风险。

另外,目前房市的疯狂,吸引了城乡居民储蓄从银行到楼市的"大转移"。尤其进入 2010 年以来,我国银行固定存款利率已低于 CPI 涨幅,社会进入"负利率"时代,富裕阶层为求保值纷纷把资金转向楼市,居民储蓄存款大幅减少,相当于从根本上断掉了银行的"血脉",也会导致银行本身流动性的紧张,加剧"挤兑"风险。

2. 金融投机热度过高,实业"失血",内需受抑

房价一再攀升不仅导致巨大的房地产泡沫,而且对资金起到了错误的导向作用,使整个经济活动中的投机性过度增加。房产泡沫经济给投资者制造了一个幻觉,与其把资金投入实际产业部门,辛辛苦苦还赚不到大钱,还不如投入房地产,有可能在很短的时间内获得高额利润。由此,不仅普通人只要能够付得起首付和按揭就不遗余力地去买房,大量实体经济部门的运营资金也通过各种途径大量流入房市。2009 年末出现的非房地产主业的国企大举进军房地产市场并一再制造天价地王,就是一个极端表现。2010 年春节前后的海南房地产泡沫则是另一个表现。在这些行动中,以温州炒房团为代表的浙商资本起着不小的推动作用,并且着实获益匪浅。但必须提醒的是,投资不等于投机,过高的泡沫总有破灭的一天,经济的健康发展靠的还是实业。如一味沉溺于房产、证券等资本市场,丢掉了浙商多年来辛苦积攒的制造能力、市场意识、吃苦精神和品牌机会的话,实在因小失大,得不偿失。

从内需市场来说,在房价高企,普通家庭不吃不喝几十年或者祖孙几代共同努力才能买得起一套房,并且还要透支未来几十年的收入的情况下,其对内需市场的抑制作用也相当明显。而对于富裕阶层而言,目前普遍存在的"恐慌性买房"情绪下,他们宁可把钱大量投入房市获利,也大大抑制了其在其他方面的消费。

3. 房价上升带动各类产业成本,环保、能耗、劳动力成本显著提高

高房价带来经济短期繁荣和带动相关产业发展的同时,其负面因素也在逐渐显现。其中首当其冲的,是经营成本和城市生活成本的大幅上涨。前者直接地表现为过高的、令商家越来越难以承受的商铺价格,后者最直接地表现为劳动者日益不堪重负的住房成本。可以说,目前许多一线城市的高房价即使让许多中高收入者也对买房感到绝望,而对于低收入者,日益增长的房租导致其原本菲薄的工资收入的大幅减少。高昂的成本导致人才流失日益严重,无论高级白领群体流行的"逃离北、上、广",还是近年来愈发严重的"民工荒",都是这一恶果的体现。

而在环境成本、资源成本、能源成本以及劳动力成本方面,也将一涨再涨。除却通货膨胀的因素,这一趋势存在很大程度的必然性和必要性:过去片面强调经济发展不惜牺牲环境资源代价的不可持续道路无论从国际还是国内因素来看,都难以为继。过去不惜牺牲社会正义而被过分压低的劳动力成本也必将随着国家对社会和谐和人权保护重视程度的提高而加以扭转,尤其未来一段时期,中国适龄劳动力将逐渐减少,过去基于人口高峰所享有的廉价劳动力资源日渐稀缺,"人口红利"期已过,劳动力价值升值是大势所趋。

三、后危机时代浙商防范风险、实现发展的金融法律政策保障

浙商必须从金融危机中吸取教训，把握后危机时代经济环境的特点和发展趋势，积极应对，才能化危为机，实现良性发展。对此，从金融法律政策的角度，应注意以下三个层面的完善：

1. 为浙商发展防范风险、保障安全的金融法律政策

1. 加强金融监管，防控金融风险

我国金融系统的监管功能、监管体系都要尽快实现从过去强调针对机构进行监管的模式向功能监管模式过渡，即对各类金融机构同类型的业务进行统一监管并统一监管标准，以减少监管的真空和盲区。金融监管应更加贴近市场交易一线，从金融业务末梢上出现的小问题抓起，以防从个别向普遍演变，形成大范围的经营隐患，使监管更具前瞻性和有效性。

第一，严格对贷款机构审慎经营的监管。其中，特别需要改革的是按揭贷款的"发起—转售"模式，强制性地要求贷款机构必须保留一部分贷款。只有贷款机构真正承担起不良贷款的损失，才能克服道德风险，从源头消除高风险不良贷款的泛滥。

第二，强化对投资银行的资本充足率的要求。鉴于商业银行、投资银行之间业务边界的模糊化，强化投资银行的净资本监管与商业银行的资本充足率监管同样重要。

第三，加强对评级机构的监管。主要体现在禁止利益冲突、强化信息披露义务两个方面，要求评级机构严格分离营销部门与业务部门，并且充分、完整地记录其评级方法并公开，以接受市场审查与评价。

第四，加强金融市场的综合监管。金融衍生品危机显示，金融创新已经将银行、证券、保险等市场紧密联系在一起，分业监管模式不可避免地产生监管盲区，如现实中的 CDS 市场。不论一国是否继续实行分业经营的格局，金融监管者之间的密切配合都不可或缺。从长远来看，建立统一的金融监管者恐怕是唯一的选择。

第五，理顺地方政府与金融机构的关系。目前地方政府对地方金融机构拥有很大的影响和控制权，对金融业务的导向作用明显，常常出现"政治性"与金融经营的效益性、安全性、流动性冲突的现象，不利于银行遵循市场法则防控风险。对此，要通过行政体制改革和银行管理体制改革，正确处理市场机制与政府干预的关系，理顺政府与企业和银行的法律关系。

第六，要合理灵活地规定更多的审慎性市场准入标准，对外国金融机构进入中国市场设置相应的符合世贸组织规定的限制标准。在过渡期内提升

中资银行竞争力,按照产业制度与现代企业制度对中资银行改造,切实加强银行的金融信息透明度。

对于浙江地方政府和金融部门而言,尤其重要的,是要加强对民营企业的金融监管,包括建立风险评判体系、风险预警机制和日常监管机制,随时掌握企业金融动向以作出应对。

为了能够对浙商面临的金融风险进行监测,必要时进行报警,需要建立一套金融风险监测、预警系统。为此,要尽快完善与风险处置相关的配套措施,如对合并、重组关闭的金融机构制定减免法律诉讼费、税收优惠等措施,为及时处置风险创造条件。在日常监管机制方面,应既有对大额资金的监管,也包括在向企业派驻官员。在绍兴县"华联三鑫"事件之后,地方政府全面加强了对民企的监管,目前已有 19 位"驻企指导员"被派往 21 家企业,是一个不错的尝试。而对于浙商中的民营银行,更有必要建立严格的风险监控体系。

2. 规范融资担保公司运营,加强对民间信贷的扶持与监控

融资担保公司为中小企业融资提供了极大便利,也是浙商企业间普遍采用的融资形式。尤其在金融危机过程中,融资担保公司对帮助中小企业渡过难关发挥了积极作用。

2008 年 12 月 3 日国务院常务会议通过的经济刺激方案"金融国九条",第二条便明确提出要大力扶持和发展中小企业融资担保公司。而在绍兴"华联三鑫"危机中,对风险排除起到关键作用的,也正是由政府主导、民资参与的担保公司。为构建新型融资担保体系,破解民间担保链,绍兴县和每个乡镇、街道都成立了政府主导的融资担保公司,以替代民间担保。

但目前融资担保公司发展仍遭遇诸多困难,一是政府资金支持不足,政府出资普遍不到位;二是许多融资担保公司为追逐商业利润,偏离政策性方向,大量经营商业性担保业务;三是缺乏必要监管。据有关部门 2007 年对浙江担保机构的调查,250 家担保机构中,只有 44 家受到监管。监管不力导致担保工商抽逃资金或违规发放"过桥贷款"等现象严重,产生了一些不利后果。对此,应通过以下几个方面予以规范和监控:

第一,尽快完善相关立法。我国目前的中小企业融资担保公司法律制度主要是一些部门规章和地方性法规,法律位阶较低,在司法实践中的法律效力不足,难以解决担保实践中日益增多的法律问题。一些部门规章和地方法规缺乏规范性和系统性,且条文之间相互矛盾,令担保公司无所适从。因此,在国家层面,应尽快制定《政策性担保公司法》予以统一规定。而在浙江地方层面,当务之急是出台通行全省的"担保公司条例",对包括中小企业融资担

保公司在内的政策性担保公司,在出资主体、法律定位、风险控制、政府责任、自身的义务等方面作出统一规定,使浙江省融资担保公司的发展步入法制化的正规。

第二,强化政府的出资责任。资本是信用的基础,只有具有雄厚的资本,才能提高融资担保公司的担保能力,因此必须提高融资担保公司的最低资本限额。

第三,明确功能定位。明确融资担保公司能否经营商业性担保业务及其业务比例。作为一种政策性金融机构,对中小企业提供融资担保是中小企业融资担保公司的"份内"之事如进行商业性担保则是"越位"之举。另外,中小企业融资担保公司实施商业性担保,容易与商业性担保公司之间形成不公平的竞争关系。对此,有学者提出,应把融资担保公司经营商业性担保业务的比例限定在20%以下,较为合适。①

第四,加强监管。加强监管主要是要明确监管机构,并使监管机构依法监管。笔者以为,担保行业的监管机构应具备较强的防范和化解金融风险的能力,具备全面监管和统一监管的能力和一定的监管基础和监管经验。从目前的情况看,保监会最为适合。应通过立法明确保监会作为融资担保机构监管主体的地位、职权和责任。

3. 加大对房地产投机的打击力度,建立一个健康的房地产市场和理性的投资环境

泡沫过高的楼市往往是金融危机的前兆。房价过高,无论对经济健康、社会民生、经营心态、资金流向、消费市场和社会效益各方面都具有严重的负面影响,对此必须从认识上厘清,从心理上转变,从行动上打击。进入2010年以来,中央就房价问题表明了坚决遏制的态度,两会期间,温总理更是多次表态。4月12日,中央公布了国务院常务会议的要求:二套房首付不得低于50%,贷款利率不得低于基准利率的1.1倍;首套房但面积在90平方米以上的,首付不得低于30%;在某些房价过高的城市可以实施"停止对第三套房贷款"、"外地人购房,必须出具一年以上纳税或社保基金证明",并且将高房价问题纳入地方政府问责机制。并要求财政部、税务总局加快研究制定引导个人合理住房消费和调节个人房产收益的税收政策。

中央调控房价的力度空前,显示了中央的决心,和房地产问题的严重性、紧迫性。对此,地方政府应当积极予以配合,推出相应的配合性政策,稳定房价,稳定经济,把经济推向良性。目前浙江房产市场泡沫非常明显,杭州、温

---

① 陈秋明:《中小企业融资担保公司面临的困境与对策》,《特区实践与理论》,2009年第6期。

州等地房价高企不下，一再出现惊人价格，炒卖、投机因素浓烈，必须予以严格控制。如果地方政府仍然沾沾自喜于"土地财政"的巨额收入，资本拥有者仍沾沾自喜于短期获得的巨大暴利，热衷于"炒"，那对于浙江经济的长远、健康发展而言，绝非幸事。

在平抑房价方面，浙江要做的，首先是取消过去为了刺激房地产市场而采取的一些具有明显导向性的优惠政策，如"购房入户"等。其次，是作为中央政策所涉及的"房价过高地区"，积极采取具体政策具体落实中央所提出的"可暂停发放购买第三套及以上住房贷款，对不能提供1年以上当地纳税证明或社会保险缴纳证明的非本地居民暂停发放购买住房贷款"。第三，增加保障性住房供给，解决夹心层住房困难，稳定中产阶层，扩大消费需求。

2. 为浙商适应新环境，实现跨越式发展提供服务的金融法律政策

1. 为浙江产业发展和升级提供金融服务

一方面，要再建浙江制造业优势，大力推进传统优势产业的改造和提升。要利用高科技手段改造、提升传统产业；推动传统产业的产业链向研发、设计与营销、品牌两端延伸，重点是提升传统产业内企业的自主创新能力和设计水平，鼓励和支持企业建设营销渠道，引导企业从无牌、贴牌向有牌、自主品牌方向转变。

要着力推进产业组织形态重构。基本方向是推动传统块状经济向现代产业集群转变，培育新产业，推动现代服务业集聚区的形成和发展，发挥龙头企业的影响和带动作用。后危机时代特别是"十二五"时期，浙江发展现代产业集群的核心是形成产业集群的"六大竞争优势"，重点是构建完善"三个体系"：一是培育龙头骨干企业，发展专业化配套企业，加快构建完善产业集群分工协作体系。二是支持研发中心、检测中心、信息中心等服务机构建设，探索建立多形式、多层次公共服务平台体系。三是引导和支持块状经济内企业创立产品品牌、树立企业品牌，培育发展区域品牌，构建完善集群产品品牌、企业品牌和区域品牌为一体的产业集群品牌体系。发展现代服务业集聚区的重点，是围绕区域中心城市和重点产业集群，推动制造业企业二、三产分离，加快形成一批专业性现代服务业集聚区和一批综合性现代服务业集聚区。龙头企业的培育，要突出抓好145家行业龙头工作，带动传统产业的提升，新产业的发展和产业组织的转型升级

另一方面，要大力发展和培育新产业，着力培育新的经济增长点。发展新产业至少可以考虑三个重点领域。一是打造一批基础条件成熟、产业带动性强的产业，以形成"十二五"时期浙江的新主导产业和重要的经济新增长点。主要是钢铁、石化、船舶、汽车和大型成套装备产业。二是培育一批迎合

世界技术革命浪潮、增长潜力大的新兴产业,以形成后危机时代浙江的新兴主导产业和长远的经济新增长点。主要是新能源、新材料、生物工程、节能环保和管电子信息产业等产业领域。三是发展一批对先进制造业支撑能力强、与城市化进程结合紧密的现代服务业,以更好地支撑后危机时代浙江工业化和城市化进程,优化经济结构。"十二五"时期要发展八大现代服务业:服务外包、现代物流、金融、科技服务、专业化的信息服务、知识密集型商务服务、创意产业和文化产业。① 在这些领域,都离不开大量资金的支持。

2. 低碳、高科技业。循环经济业发展的"绿色金融"

在巩固和发展传统产业的基础上,浙江必须做好充分准备迎接已经悄然兴起的"绿色革命"。浙江要实现由经济大省向经济强省跨越,由制造大省向创造强省跨越,由要素投入型驱动向技术创新型驱动跨越,就必须紧紧抓住绿色工业革命的机遇,以发展低碳经济为重心,早谋划、早布局、早起步,积极抢占相关技术、产业与市场的制高点。

一是抓规划,将发展低碳经济纳入"十二五"规划,研究提出"发展低碳经济路线图及促进政策",进一步明确节能、降耗、减排等指标,明确发展太阳能、核能、风能、生物质能等目标。二是抓技术,加快对低碳技术如燃煤高效发电技术、CO_2 捕获与封存,高性能电力存储,超高效热力泵,氢的生成、运输和存储等技术研发,形成技术储备。三是抓产业,提高"高碳"产业准入门槛,大力发展低碳排放的新能源、新材料和现代服务等产业,加快用高新技术改造轻纺、钢铁、水泥等传统产业,大力增加森林碳汇,发展壮大循环经济,降低 GDP 的碳强度。四是抓政策,灵活运用财政、信贷、价格、税费、审批、要素供应、排放权交易等政策手段,鼓励发展低碳型的城铁(轻轨、地铁)、公共汽车等公共交通以及节能建筑,形成低碳的生产方式和消费方式。同时还必须清醒看到,绿色工业革命是一个渐进的过程,浙江作为能源资源小省和市场需求大省,"十二五"期间确保石油、煤炭等化石能源供应至关重要,其中重要的保障措施就是,在省外国外加快建设能源基地,在省内充分利用优质港口资源加快能源储备,保障浙江经济健康发展的能源安全。②

这些发展离不开"金融"支持,联系国家的"绿色金融",提议浙江出台地方法规予以保障。

3. 为浙商"走出去",开拓海外市场和扩大海外投资提供金融服务

---

① 兰建平、罗延发:《后危机时代浙江工业化道路怎么走? ——"十二五"时期浙江产业的发展战略》,《浙江经济》,2009 年第 17 期。

② 郭占恒:《浙江"十二五"发展面临"后金融危机时代"若干重大趋势性变化与思考(下)》,《政策瞭望》,2009 年第 11 期。

在欧美消费市场不可避免地日益萎缩和贸易保护主义一定程度升温的大背景下,浙商应大力实施"走出去"战略,变被动为主动。

一方面,是产品的走出去,即转变外贸出口方式和开拓新兴国家市场。在出口问题上,不要把眼睛老盯着发达国家,应该看到广大发展中国家旺盛的消费需求。要大力推动外贸出口由粗放型向集约型转变,即引导出口企业由追求"量多价低"向追求"价高量少"转变,由美欧市场为主向亚洲、非洲、南美及俄罗斯等新兴市场拓展。

另一方面,是资本的走出去,即变国内生产出口销售的外贸模式为直接在外国进行投资和生产。尤其在那些劳动力和环境资源成本都较低的国家,海外投资能大大减少经济成本。而对于发达国家,尽管用工成本较高,但投资环境成熟、法律体系健全,尤其是如果刨除关税壁垒,有些产业投资仍然有很大优势。

说明这些发展离不开"金融"支持,联系国家的"绿色金融",提议浙江出台地方法规予以保障。

3. 为浙商向"金融时代"迈进提供扶持的金融法律政策

就其本质而言,现代经济是一种金融经济,金融在整个经济结构中的影响和地位越来越重要,各种实体经济、产业资本越来越受到金融因素的影响和制约。后危机时代的浙商,必须要适应这一特征,做好准备迎接越来越频繁的金融活动。而从另一个角度来看,金融经济又是现代经济的高级阶段,是产业经济发达到一定程度的必然产物和发展要求。当前浙商经过二十多年的原始积累,民间已经积累了巨量资金,客观上既有发展金融业的能力,又有发展金融业的迫切需要。由"制造时代"迈向"金融时代",是浙商发展的大势所趋。

但长期以来,由于我国金融业整体不够发达,投资渠道较窄,国家又对金融业(尤其是民营金融业)的发展抱持过度谨慎的态度,限制过多,导致大量民间资金缺乏有效的投资渠道,而只能要么大量涌入股市和楼市,推升股市和楼市的泡沫;要么在民间以非法集资和担保借贷的形式流转,风险很大;要么集中于各种以"炒"为名的短期投机。没有充分发挥资金的优势,为实体经济发展作出实实在在的贡献,造成资金的严重浪费或过度投机,非常可惜。

对此,关键还是要"疏导",应逐步放宽金融业的发展条件和准入门槛,允许民间资本进入金融领域,从政策、法规各方面予以引导,把民间资本充分利用起来,发展健康的金融产业,使金融业成为浙商做大做强的又一支柱性产业。目前,当务之急是两个方面:

一方面,应逐步放开金融执照,放款金融市场的准入条件,为民间资本进入金融领域提供政策扶植和制度规范,创造一个健康的融资环境。毋庸置疑,在浙商崛起的过程中,尤其在温台地区,各种形式的"民间集资"发挥了巨大的作用。这些集资解决了民营企业正常渠道难以融资的问题,具有很大的灵活性和市场敏感性,并且有着一套具有地方宗族色彩的自我治理和监控系统。但依目前金融法律法规,许多民间集资和借贷都是属于违法甚至严重犯罪活动的"非法集资",属于被严格打击的对象。而由于"非法",缺乏必要的管制,又因为客观上存在需求,导致民间集资常常以非理性的方式发展,蕴藏着巨大的风险。一些地方,资金的年利率已经达到四五成,并且由于不受法律保护,在债务催讨过程中容易滋生各种黑势力。今年2月23日,浙江省台州市中院判处"王菊凤非法集资"案飞主犯王菊凤以死刑,显示了政府在打击金融投机、稳定金融秩序上的决心。但必须要认识到的是,对于民间集资仅仅打击是不够的。在现有金融体系不能充分满足民间需求的大背景下,打击解决不了需求问题,只会使得集资行为更隐蔽,暴利性更强,风险更突出。恰当的解决方法是放开执照,使民间集资合法化,同时加以规范和约束,使民间集资走向阳光,走上规范化轨道的根本出路。

另一方面,从更长远的、整体的发展布局考虑,浙商应充分.配合上海的国际金融中心建设,为人民币国际化道路贡献力量,并从中谋求商机,实现浙商的长远发展和集团效应。

浙江作为东部沿海开放度较高的省份,民间拥有巨量资金,法律法规、市场化程度都较发达;同时又有毗邻上海之地理便利。国家推进人民币国际化和建设上海国际金融中心,无疑会对浙江未来发展产生重大影响,也为浙商在金融领域大显身手提供了难得的契机,必须早研究、早谋划、早行动。

一是明确目标定位。浙江在国外有150多万人,华侨众多;在省外有440多万人,从事边贸生意的众多;加上省内出口产品众多和国际人员往来众多,这几个众多都将是人民币国际化的推动者和受益者。所以浙江的目标定位应高一点,可以考虑:近期目标是积极创造条件,争取把杭州、宁波等市纳入下一批国家跨境人民币结算试点城市;远期目标是大力吸引国内外更多的优质金融机构落户浙江,加快发展壮大地方金融业,努力发展成为上海国际金融中心的副中心。

二是明确思路重点。近年来浙江金融业发展迅猛,已成为包括银行、证券、保险、期货等在内的金融市场发展最快、风险最小、回报最高、机构和投资者最活跃的省份之一;成为全国金融机构最齐全、金融规模增长最快、金融资产质量最好的省份之一;成为名副其实的"金融大省"。浙江应以此为基础,充分发挥经济发达、民间资本雄厚、金融生态环境良好的优势,以发展壮大地方金融业并向全国拓展市场为重点，进一步增强金融支持经济发展力度，提升金融业在经济总量中的比重，推动浙江由"金融大省"向"金融强省"跨越。

三是明确政策举措。包括深入研究在对外经贸活动中鼓励扩大使用人民币的政策，积极推进长三角金融合作和落实《长三角城市商业银行战略合作协议》的政策，推动城市商业银行跨区域发展的政策，引导鼓励规范民间融资行为的政策，支持金融机构、金融市场、金融产品等方面的改革和创新的政策，以及鼓励发展村镇银行、小额担保公司、风险补偿、"两权一房"贷款（农村股份经济合作社股权质押贷款、土地承包经营权质押贷款、农村住房抵押贷款）的促进政策等，努力把浙江建设成金融改革的先行区、金融发展的繁荣区、金融生态的优质区、金融运行的安全区，为浙江经济发展提供充足健康的金融"血液"。①

---

① 郭占恒：《浙江"十二五"发展面临"后金融危机时代"若干重大趋势性变化与思考（下）》，《政策瞭望》，2009 年第 11 期。

后经济危机时代浙江省
对反倾销的对策[①]

徐婉娴

2008 年金融危机爆发,反倾销作为"各国保护本国贸易产业的重要手段之一"[②]无论是对进口国还是出口国都应受到更多的重视。浙江省作为贸易大省,更应如此。根据浙江省商务厅的统计,"浙江省到 2008 年,出口总额达到 1543 亿美元,全省外贸依存度和出口依存度为 68.2％和 49.9％。"[③]而出口依存度为"一定时期内国内出口总值占国内生产总值(GDP)的比例,它反映一国国民经济活动与世界经济活动的联系程度,其越高,说明该国国民经济对世界经济的依赖程度越高。"[④]金融危机时期,各国经济不景气,为保护本国企业必定会加大对倾销的审查,遭受反倾销而无对策于外贸企业而言无疑是雪上加霜。根据 2008 年 9 月 24 日浙江省人民政府新闻发布会的一份报告《浙江省应对国际贸易摩擦的基本情况》称:2002 年—2008 年 8 月,我省共遭遇来自美国、欧盟、印度、土耳其、加拿大、埃及、墨西哥等 25 个国家和地区提起的反倾销、反补贴、保障措施(含特别保障措施和纺织品特别保障措施,以下简称"两反一保")和"美 337 调查"等贸易摩擦案件 296 起,占全国总案件数的 1/3。从案源国看,前五大国家(地区)分别是美国、印度、土耳其、欧盟和加拿大。其中,美欧是重点案源国,两者合计涉案数和涉案金额分别占全省的

---

① 本文系浙江省社科中重点研究基地 2009 年度省社科规划课题"后危机时代浙商发展法律对策研究—日本应对两次金融危机的鉴与戒"(课题编号:09JDZS004YB)的阶段性成果。

② 尤宏兵、刘卓林编著:《中国应对倾销与反倾销》,人民出版社,2004 年版,第 147 页。
③ 参考浙江省商务厅网站:http://www. zcom. gov. cn/zcom/zjyx/,2010 年 4 月 10 日访问。
④ 百度百科:http://baike. baidu. com/view/175506. htm? fr=ala0_1,2010 年 4 月 10 日访问。

30％和80％以上。① 因此,本文主要结合美国对华反倾销实践从倾销的原理、对策等方面浅谈笔者的看法。

一、概述

所谓反倾销,最初被作为经济术语使用,较为权威的是雅各布·瓦伊那在《倾销:国际贸易中的一个问题》中的定义,即倾销是指"不同国家市场间的价格歧视。"②而倾销的法律定义有多种(如1947年的《关税与贸易总协定》,1994年的《反倾销守则》及我国的《反倾销条例》)。本文采取1947年的《关税与贸易总协定》第6条关于倾销的定义:用倾销手段将一国产品以低于正常价值的办法引入另一国的商业,如因此对以缔约方领土内的一个已建立的产业造成实质损害或实质损害威胁,或实质阻碍了一个国内产业的新建,则倾销应予以谴责。③ 从这一定义中可以推导出发起反倾销调查必须满足三个条件:(1)一国产品以低于正常价值的价格进入另一国市场。(2)对进口国相关产业造成损害(实质损害、实质损害威胁和实质性障碍)(3)上述损害与低价销售有因果联系。④ 然而适用这三个条件必须要先解决以下几个问题。

1. 正常价值的价格的认定

根据《关税与贸易总协定》第6条,以下情况中被视为低于正常价值的价格,即(1)低于正常贸易过程中在出口国中供国内消费时的可比价格,或(2)如无此种国内价格,则低于①正常贸易过程中同类产品出口至第三国的最高可比价格;②该产品在原产国的生产成本加上合理的销售成本和利润,即结构价格。上述三种方法是在市场经济条件下的正常贸易过程中才被适用的,中国企业在国际贸易中,尤其是对美贸易中,一向被认为是具有"非市场经济地位"。比如,自1980年美国对华第一起反倾销案件——1980年美国对华薄荷醇反倾销案以来,中国企业一直被美国商务部和美国国际贸易委员会认为是非市场经济国家(1988年《综合贸易与竞争法》以前称为国际控制的经济体)⑤。而由于非市场

---

① 网址:http://zjnews. zjol. com. cn/05zjnews/system/2008/09/24/009968989. shtml,2010年5月31日访问。

② 尤宏兵、刘卓林编著:《中国应对倾销与反倾销》,人民出版社,2004年版,第2页。

③ 尤宏兵、刘卓林编著:《中国应对倾销与反倾销》,人民出版社,2004年版,第3页。

④ 杨仕辉著:《反倾销的国际比较、博弈与我国对策研究》,科学出版社,2005年版,第1页。

⑤ 参见对外贸易经济合作部进出口公平贸易局编著:《国外对中国产品反倾销、反补贴、保障措施案例集(美国卷)》1册,中国对外经济贸易出版社2002年版。商务部进出口公平贸易局编著:《国外对中国产品反倾销、反补贴、保障措施案例集(美国卷)》第2册,中国商务出版社2003年版。商务部进出口公平贸易局编著:《国外对中国产品反倾销、反补贴、保障措施案例集(美国卷)》第3册,中国商务出版社2005年版。

经济国家的产品价格并不是由正常的市场形成,而是由国家确定,若将其与市场形成的价格置于同一竞争环境,对后者是不公平的。因此,对具有"非市场经济地位"的出口国的产品价格有另外的确定方法,而这种特殊的确定方法对中国企业(包括生产商与出口商)是十分不利的。以美国为例,美国对中国极少使用结构价格法,一般使用的是替代国的方法。"而替代国方法又可分为两种,一种是替代国价格法。即对非市场经济产品的正常价值采用替代国同类产品或类似产品的国内市场价格作为基础加以计算的方法"①。从美国对华反倾销案例的研究中,可以发现,90 年代以前,美国多采用此方法。但在 90 年代以后,多采用生产要素法。所谓"生产要素法"是指"在了解被调查产品的生产要素以后,使用替代国的生产要素价格的总和作为正常价值的基础。"②其计算方法为:以非市场经济生产受控倾销产品所投入的各生产要素数量分别乘以被选择作为"替代国"的一个或几个市场经济国家各该生产要素的价格,然后相加,所得之和再加上一般费用、利润以及集装箱、包装及其他费用等即等于同类产品的正常价值。③ 其中替代国的经济发展水平应当与出口国相当,并且是可比产品的重要生产者。④ 而欧盟反倾销条例与加拿大反倾销法在选择类比国(替代国)时,甚至不要求考虑"类比国"的经济发展水平与非市场经济国家是否相当,"一些经济发展水平远高于中国的国家或地区,如德国、英国、丹麦等曾被作为替代国"。⑤ 同时,在确定正常价值时,一旦应诉方未提交对调查卷的回答或者回答不充分等令调查方认为中国企业未配合调查时,美国商务部会采取"可获得的最佳信息"(Best Information Available,简称 BIA),其含义在于"如果受调查的外国出口商没有'在规定的时间或以规定的形式'提供商务部要求其提供的信息,那么商务部就可以使用可以获得的其他信息做出裁决,而这些信息可能是对外国厂商不利的信息,即不配合的外国厂商要为此付出代价"⑥。从案例看,经常会采用申请人提供的数据。不难想像,反倾销中,申请人与被申请人为对立面,申请人提供的必定是对外国厂商不利的数据以试图令其被认定为倾销。因此,"非市场

①② 对外贸易经济合作部进出口公平贸易局编著:《国外对中国产品反倾销、反补贴、保障措施案例集(美国卷)》1 册,中国对外经济贸易出版社 2002 年版,第 52 页。

③ 张晓凌、陈华敏:《反倾销行政审理中"正常价值"举证研究》,福州大学学报(哲学社会科学版)2006 年第 3 期。

④ 陈明聪著:《经济全球化趋势下反倾销的法律问题》,厦门大学出版社 2006 年版,第 219 页。

⑤ 参见宋和平主编:《反倾销法律制度概论》,中国检察出版社 2007 年版,第 39—40 页。

⑥ 对外贸易经济合作部进出口公平贸易局编著:《国外对中国产品反倾销、反补贴、保障措施案例集(美国卷)》1 册,中国对外经济贸易出版社 2002 年版,第 72 页。

经济地位"对于出口国是非常不利的。而中国改革开放 30 年,产品价格早已摆脱国家控制,为何仍被认为具有"非市场经济地位"? 根据《关税与贸易总协定》附件 1 注释与补充规定关于第 6 条第 1 款第 2 项,当进口产品来自贸易被完全或实质上完全垄断的国家,且所有国内价格均由国家确定时,才有必要考虑为具有"非市场经济地位"。但实际上,各国关于非市场经济地位的确定并不相同,条件也并非像《关税与贸易总协定》规定的如此严苛。再以美国为例,1988 年美国《综合贸易与竞争法》第 1316 节(b)对非市场经济国家下了定义:非市场经济国家是指不以成本或结构价格为基础的市场原则运转的,产品在国内销售不反映产品的正常价值的任何国家。在标准有 6 点:(1)该国货币可兑换性;(2)对劳工与雇主之间可自由设定工资率的允许程度;(3)对外国公司开办合资企业或进行其他投资的允许程度;(4)生产资料的政府控制或有程度;(5)对资源配置以及企业价格、产量决策的政府控制程度;(6)商务部认为还应考虑的其他因素。[1] 以美国反倾销法所列的这些标准中可以看出,用了"允许程度"、"控制程度"之类的词语,表明这些标准实际上带有主观色彩的。到达什么样的"程度"构成市场经济? 裁量权均在商务部,在实践中也确实如此,至今为止,美国仍将中国视为"非市场经济地位"国家。1999 年的中美关于中国加入 WTO 双边协议反倾销条款(以下称《中美反倾销条款》)和《中华人民共和国加入 WTO 协定书》(以下称《协定书》)第 15 条也规定:根据《中美反倾销条款》),中美同意美国将中国作为非市场经济国家对待,这一条款有效期为 15 年,中国可以争取排除"非市场经济方法"的适用。[2] 而《协定书》第 15 条(a)项也规定 WTO 成员可以使用不依据与中国国内价格或成本进行严格比较的方法,但是中国可以依据进口成员的国内法证实其是一个市场经济体,则(a)项规定即终止,但截至加入之日,该 WTO 进口成员的国内法中须包含有关市场经济的标准。也就是说,进口国将中国首先视为"非市场经济体"已经法律化,那么再多的抱怨也无济于事,我们要做的应当是图和在既定条文下尽全力保护自身权益。而中国因此遭受反倾销调查并非"一棒打死",仍有翻身余地(容后详述)。

2. 损害的界定

如上所述,损害包括三种。(1)实质损害。对损害的确定应依据肯定性证据,界定实质损害主要考虑:①倾销进口产品的绝对数量或相对于进口成

---

① 对外贸易经济合作部进出口公平贸易局编著:《国外对中国产品反倾销、反补贴、保障措施案例集(美国卷)》1 册,中国对外经济贸易出版社 2002 年版,第 91 页。

② 陈明聪著:《经济全球化趋势下反倾销的法律问题》,厦门大学出版社 2006 年版,第 218—219 页。

员中生产或消费的数量是否明显增加。②与进口成员同类产品的价格相比，倾销产品是否存在大幅度的削价、大幅压低价格、或者在很大程度上抑制在其他情况下本应发生的价格增加。③对国内产业影响的审查，即对影响产业状况的所有相关经济因素加以分析，如市场占有率、投资收益、设备能力即利用状况等(《反倾销协定》第 3 条第 1、2、4 款)。① (2)实质损害威胁。因为此种情况下，损害并未发生，故要求损害必须是有事实依据的，且损害的发生必须是明显遇见且迫近的。主要考虑：①倾销进口产品进入国内市场的大幅增长率，表明进口实质增加的可能性。②出口商可充分自由使用的、或即将实质增加的能力，表明倾销出口产品进入进口成员市场实质增加的可能性，同时考虑吸收任何额外出口的其他出口市场的可获性。③进口产品是否以将对国内价格产生大幅度抑制或压低影响的价格进入，是否会增加对更多进口产品的需求。④被调查产品的库存情况(《反倾销协定》第 3 条第 7 款)。关于这点，各国规定基本一致，但内容过于模式，自由裁量权过大，存在具体适用的尺度问题。② 如美国国际贸易委员会对实质损害威胁的标准有 11 项，但并不能直接操作，其具体适用时，仍会涉及委员会的主观评估。③ (3)实质性障碍。关于实质性障碍，并不像实质损害与实质损害威胁一样，《反倾销协定》给出了主管机关应考虑的因素与原则。实践中，也极少做出此类裁定。④ 因为实质阻碍一个国内产业的新建实践中一般认为是阻碍了新产业的实际建立进度。⑤ 而对于阻碍"建立进度"的考量也实在难以用客观标准衡量，因此，比较适宜具体案件具体分析。

3. 因果联系的确定

根据《关税与贸易总协定》第 6 条第 6 款(a)项，只有当倾销的效果造成损害(包括实质损害、实质损害威胁和实质性障碍)时，才可以征收反倾销税。因此，损害与倾销间必须要有因果联系。各国在判定因果关系时，一般考虑三个因素：进口数量、价格影响、对进口国内的影响。⑥ 如果进口数量(包括绝

---

① 宋和平：《反倾销法律制度概论》，中国检察出版社，2007 年版，第 90 页；陈明聪：《经济全球化趋势下反倾销的法律问题》，厦门大学出版社，2006 年版，第 54—57 页。

② 商务部进出口公平贸易局编著：《国外对中国产品反倾销、反补贴、保障措施案例集(美国卷)》第 2 册，中国商务出版社，2003 年版，第 99 页。

③ 商务部进出口公平贸易局编著：《国外对中国产品反倾销、反补贴、保障措施案例集(美国卷)》第 2 册，中国商务出版社，2003 年版，第 91 页。

④ 陈明聪：《经济全球化趋势下反倾销的法律问题》，厦门大学出版社，2006 年版，第 59—60 页。

⑤ 宋和平：《反倾销法律制度概论》，中国检察出版社，2007 年版，第 91 页。

⑥ 商务部进出口公平贸易局：《国外对中国产品反倾销、反补贴、保障措施案例集(美国卷)》第 2 册，中国商务出版社，2003 年版，第 156 页。

对数量与相对数量)大幅增加,进口产品市场份额大幅增长而国内产品市场份额下降,外国产品价格过低而导致国内产品价格大幅下跌或阻碍了价格增长,国内产品库存增加,失业人口增加等等因素导致国内产业经营状况恶化时,可以认定为因果关系。同时《1994年反倾销守则》规定了五种情况可以排除因果关系的存在[1]:(1)未按倾销价格出售的进口产品的数量和价格;(2)进口国需求下降或消费结构发生变化。如1991年美国对华精制三氧化锑反倾销案中,美国国际贸易委员会在评价国内产业状况时,认为美国国内产品消费量下降的部分原因是宏观经济形势不景气,许多买家减少了购买量[2]。(3)国内外生产商的贸易限制管理和彼此间的竞争。同样是1991年的精制三氧化锑案,委员会在调查中发现从事原料加工厂商的产量激增,影响美国国内产业竞争。这样就不能认定损害是由进口产品的倾销引起的。[3](4)进口国国内产业生产技术的改进;(5)进口国出口方式的变化和生产率的提高。总之不能简单地考虑数量、市场份额、库存等国内产业状况,还必须考虑是什么导致这些状况,即损害与倾销间必须要有因果联系。当然从理论上说,并不要求倾销是唯一因素,即只要倾销是造成损害的原因之一即可,但"主管机关还应审查除倾销进口产品外的、同时正在损害国内产业的任何已知因素,且这些其他因素造成的损害不得归因于倾销进口产品"。"其他因素"包括未以倾销价格销售的进口产品的数量和价格、需求的减少或消费模式的变化、外国与国内生产者的限制贸易的做法及它们之间的竞争、技术发展以及国内产业的出口实绩和生产率。(《反倾销协定》第3条第5款)这些因素与倾销并无关系,但也有可能导致损害,因此,在确定损害时,因此须将此类损害排除在外。

二、对策

在分析了有关反倾销的基本原理后,笔者结合有关反倾销案例谈谈浙江省反倾销的对策。

1. 重视替代国的选择

在分析了美国对华反倾销案后,可以发现中国从未被认定为市场经济国

---

① 商务部进出口公平贸易局:《国外对中国产品反倾销、反补贴、保障措施案例集(美国卷)》第2册,中国商务出版社,2003年版,第156页。

②③ 商务部进出口公平贸易局编著:《国外对中国产品反倾销、反补贴、保障措施案例集(美国卷)》第2册,中国商务出版社,2003年版,第142页。

家。即使是"市场导向行业"(MOI)①也从未被认定,原因在于标准过于严格。因此在美国对华反倾销案中,几乎都采用了替代国法。替代国的选择直接决定了正常价值的高低,进而直接决定了我国企业是否构成倾销或者倾销的幅度。

比如 1982 年美国对华蘑菇反倾销案中,申请人认为商务部会选择韩国或者中国台湾作为替代国(地区)来计算正常价值,于是按照他们自己的计算提出了紧急情况指控(按美国法律,初裁倾销幅度高于 25%时,即存在紧急情况)。但最后,商务部采用了印尼作为替代国,初裁倾销幅度为 7.38%,终裁倾销幅度为 0.46%,属于忽略不计范围,不构成倾销。② 从这个案子中看到,替代国的选择对我国企业的影响是十分大的,假设商务部采用了韩国或者台湾地区作为替代国,我国不仅构成倾销,可能还会被采取临时反倾销措施。两者结果迥然不同。再如 1993 年美国对华糖精案中,初裁时,商务部选择了印度作为替代国,但应诉方提出"印度是一个高通货膨胀国家,使用印度价格会导致原材料成本价格扭曲"。③ 商务部在终裁中改用了印尼为替代国。因此,我国企业即使是在初裁中已选定替代国的情况下,只要对我方不利,都应当据理力争,保护自身利益。

2. 联合进口商与消费者

根据美国法律,"美国国内相关产业及消费者都能对反倾销调查提出反对意见"。④ 因为反倾销本身就是一把双刃剑,虽然保护了国内生产商的利益,但进口商、消费者的利益都会受损。从这一角度说,中国出口商与美国进口商、消费者是同一利益线上的。因此可以由美国进口商联合美国终端用户,向当局施加压力,即为"公共利益原则"。公共利益原则是指,"在采取反倾销、反补贴和保障措施等贸易保护措施时,都不能只考虑受到损害的国内行业的利益,还要重视并考虑公共利益尤其是上下游产业、消费者和用户(包括中间生产人)的利益。"⑤

---

① 美国将市场经济分为四个层次,第一个层次是市场经济国家,第二个是市场导向行业,第三个是分别税率,第四个层次是非市场经济国家。参见商务部进出口公平贸易局:《国外对中国产品反倾销、反补贴、保障措施案例集(美国卷)》第 2 册,中国商务出版社,2003 年版,第 26 页。

② 对外贸易经济合作部进出口公平贸易局编著:《国外对中国产品反倾销、反补贴、保障措施案例集(美国卷)》1 册,中国对外经济贸易出版社,2002 年版,第 32 页。

③ 商务部进出口公平贸易局:《国外对中国产品反倾销、反补贴、保障措施案例集(美国卷)》第 3 册,中国商务出版社,2005 年版,第 93 页。

④ 商务部进出口公平贸易局:《国外对中国产品反倾销、反补贴、保障措施案例集(美国卷)》第 2 册,中国商务出版社,2003 年版,第 121 页。

⑤ 商务部进出口公平贸易局:《国外对中国产品反倾销、反补贴、保障措施案例集(美国卷)》第 3 册,中国商务出版社,2005 年版,第 95—96 页。

关于公共利益的抗辩可以参见 1993 年美国对华糖精案。而在 1994 年美国对华蜂蜜案中,同样利用了消费者的力量向美国政府施压,使得最后商务部接受了中止协议,停止反倾销调查。[1] 联合进口商与消费者另外几个优点是:(1)他们对本国市场行情较为熟悉。(2)降低中国企业诉讼成本,一般而言,美国进口商参与诉讼,会同意分担一部分律师费。(3)帮助庭外解决。在估计胜诉无望时,可委托进口商与对方协商,达成协议,以避免高额的诉讼费。[2]

3. 积极、充分、全面、清晰地回答问卷

回答问卷不充分或者未提交问卷是中国应对反倾销实践中的一个常见问题。比如,1985 年的美国对华铸件件反倾销案,1989 年美国对华工业硝酸棉反倾销案,1990 年的美国对华大苏打案,1993 年的美国对华硝基烷案及 1994 年的美国对华新鲜大蒜案等,均因中方未提交答卷或答卷不完整、不准确、未按美国商务部格式等原因使美国商务部认为中方不配合而采用"可获得的最佳信息",关于"可获得的最佳信息"在本文第一部分已经阐述。这实际上是一种惩罚,既然应诉方不合作,那么就要为其不合作的态度负责,即采取申诉方提供的数据,这样一般会导致极高的倾销幅度。故答卷一旦出现问题,对我方企业极不利。比如 1985 年的铸铁件案,初裁中,中国企业没有及时提交答卷,于是适用了 BIA,倾销幅度为 25.52%,而终裁中,中企积极应诉,倾销幅度为 11.66%。[3] 其他相关案子也是如此,适用了 BIA 的倾销幅度都十分大。

4. 重视复审

对于被认定为倾销,尤其是倾销幅度比较大的企业来说,复审是一次翻身的机会,但从案例的总结中发现,中国企业经常放弃复审。尤其是日落复审,如果无答复或回答不充分,美国方面会启动"快速复审","快速复审"结局多为维持原裁定。

复审包括年度行政复审、情事变迁复审、新出口商复审和日落复审。对年度复审应用得较多,虽然年度复审并不肯定会使情况变好。但这毕竟是一

---

① 商务部进出口公平贸易局:《国外对中国产品反倾销、反补贴、保障措施案例集(美国卷)》第 3 册,中国商务出版社,2005 年版,第 186 页。

② 商务部进出口公平贸易局:《国外对中国产品反倾销、反补贴、保障措施案例集(美国卷)》第 3 册,中国商务出版社,2005 年版,第 94—95 页。

③ 对外贸易经济合作部进出口公平贸易局:《国外对中国产品反倾销、反补贴、保障措施案例集(美国卷)》1 册,中国对外经济贸易出版社,2002 年版,第 69、73 页。

次机会。比如第一轮反倾销调查时没做好抗辩,复审就是一个弥补的机会①。情势变迁复审运用的比较少。但也有成功的例子,比如,1992年美国对华硅铁反倾销案,中方企业无人应诉,导致了137.73%的倾销幅度。到了1998年,巴西请求启动情势变迁的复审,美国国际贸易委员会重审裁决撤销了对中国硅铁的反倾销税的命令。② 这个案子表明即使情况较少,中国企业根据具体情况,若有提出情势变迁的复审的理由,仍应抓住机会。新出口商复审是指如果出口商它在反倾销调查期间没有向美国出口被调查商品,自己与原被调查生产商/出口商没有关联关系,而且在反倾销调查结束后出口了或计划出口被调查商品,那么它就可以申请进行复审。③ 商务部终裁后,计算出的倾销幅度适用于所有中国企业,但这样对那些在调查结束后出口或打算出口的企业来说是不公平的,因此这些企业就可以申请"新出口商复审",证明自己没有倾销,或获得一个较公平的税率。这一复审在1994年美国对华的新鲜大蒜案中得到运用。在这个案子中,终裁倾销幅度为376.67%,适用于所有中国企业。2001年11月30日,济南一品有限公司(济南)向美国商务部申请新出口商复审,2001年7月31日,商务部初裁给予济南一品分别税率(有关分别税率的问题容后详述),税率为15.26%。2002年12月4日,商务部终裁认定税率为0.00%。④ 关于日落复审,我国很多企业都会放弃,导致了"快速复审"而非"全面复审"。如1982年的美国对华棉毛巾案、1983年的高锰酸钾案、1993年的癸二酸案等,1989年的硝化棉案尤其如此,本来我国企业在第一次年度复审中已胜诉,在日落复审中又放弃应诉,导致市场完全丧失⑤。需要注意的是美国与欧盟对"日落复审"(欧盟为"日落条款")的规定有所区别。在美国的"日落复审"中,"若确定停止反倾销税不会使倾销和使国内产业受损害的情形继续或再度发生时,可以停止征收反倾销税。"因此,美国对华反倾销案件中,应诉方主要证明损害不会发生。而在欧盟规定"5年期满,征收反倾销税的法令自动失效,除非确定这种终止可能会导致倾销和损害的继续

---

① 对外贸易经济合作部进出口公平贸易局:《国外对中国产品反倾销、反补贴、保障措施案例集(美国卷)》1册,中国对外经济贸易出版社,2002年版,第82页。

② 商务部进出口公平贸易局:《国外对中国产品反倾销、反补贴、保障措施案例集(美国卷)》第2册,中国商务出版社,2003年版,第185、191页。

③ 商务部进出口公平贸易局:《国外对中国产品反倾销、反补贴、保障措施案例集(美国卷)》第3册,中国商务出版社,2005年版,第123页。

④ 商务部进出口公平贸易局:《国外对中国产品反倾销、反补贴、保障措施案例集(美国卷)》第3册,中国商务出版社,2005年版,第114、124页。

⑤ 对外贸易经济合作部进出口公平贸易局:《国外对中国产品反倾销、反补贴、保障措施案例集(美国卷)》1册,中国对外经济贸易出版社,2002年版,第129页。

或重新产生"。显然,欧盟的规定宽于美国。[1]

5. 争取分别税率

争取分别税率是一个成功率较高的对策,从已有的案件看,除了个别企业无法提供足够材料证明自己不受控制(如 1992 年美国对华球墨铸铁管件案中的中国五金进出口公司与 1994 年美国对华金属锰案中,长城工业进出口公司因无法证明自己有选择管理层的自主权而未获得分别税率[2]),企业申请后,一般都能获得,且税率大多低于统一税率。美国在 1990 年对华烟花反倾销案中第一次明确提出了分别税率的标准。关于其标准之后经历了四个阶段,第四个阶段是在 1993 年美国对华碳化硅案中,完善了烟花案中的标准,认为只要满足"法律上"和"事实上"的七项测试标准即可,这一标准一直适用至今,虽然美国在 2005 年 4 月改变了分别税率政策,但是并没有改变上述标准,只是加大了问卷难度。[3] 尽管如此,对大多数企业而言,证明上述 7 项标准并不困难,而获得分别税率的企业明显能获益。如在 1992 年美国对华弹簧圈反倾销案中,商务部认为杭州弹簧圈厂"非常配合"商务部调查,"记录了内部选举过程的相关文件及该厂同当地政府间的正常商务关系体现了杭州弹簧圈厂事实上有很高的经营自主权。"最终给了杭州弹簧圈厂分别税率,最终倾销幅度为 77.47%,而其他企业为 128.63%。[4] 除此之外,还有如 1993 年美国对华曲别针案、1994 年美国对华硫酸锰案等,应诉企业均获得了分别税率,而未应诉企业均适用统一税率,这也从侧面说明了我国企业应当积极应诉,不能期待"搭便车",否则很有可能失去国外市场。

6. 重视国际贸易委员会

根据美国相关法律,如果国际贸易委员会做出的初步裁决或终裁是否定性的,反倾销程序即结束,应诉企业获胜。[5] 也就是说,即便商务部做出倾销裁定,企业只要把握好委员会那一关,仍有机会改变局势,且从已掌握的案子看,委员做出无损害裁定或无损害威胁裁定的几率要高于商务部做出无倾销

① 商务部进出口公平贸易局:《国外对中国产品反倾销、反补贴、保障措施案例集(美国卷)》第 3 册,中国商务出版社,2005 年版,第 125 页。

② 商务部进出口公平贸易局:《国外对中国产品反倾销、反补贴、保障措施案例集(美国卷)》第 3 册,中国商务出版社,2005 年版,第 203 页。

③ http://article. chinalawinfo. com/Article_Detail. asp? ArticleID=32682,2010 年 6 月 7 日访问。

④ 商务部进出口公平贸易局:《国外对中国产品反倾销、反补贴、保障措施案例集(美国卷)》第 2 册,中国商务出版社,2003 年版,第 213—214、216 页。

⑤ 商务部进出口公平贸易局:《国外对中国产品反倾销、反补贴、保障措施案例集(美国卷)》第 2 册,中国商务出版社,2003 年版,第 147 页。

裁定。因此,企业必须重视国际贸易委员会,积极应诉。

美国国际贸易委员会主要分析同类产品的确定、国际产业境况(如是否有大量库存、消费量是否下降、国内产业占市场份额是否下降、雇员数是否下降等)、损害分析(遭受损害的原因,即是否有因果关系),包括实质性损害与实质性损害威胁。那么我方企业在应诉时可以从这几个方面入手,证明出口活动没有对美国工业产生实质性损害,将来也不会造成实质性损害的威胁。如 1991 年美国对华精制三氧化锑案中,中国生产商向委员会解释,中国锑资源近期内极难开发,外经贸部官员也证明中国政府决定采取出口许可证以保护自然资源,使委员会认识到中国出口不会增加从而不会威胁美国产业。① 再如 1993 年糖精案,美国进口商证实若中国糖精不能进入美国市场,则美国进口商只能进口韩国糖精,而韩国糖精价格更低,这样使委员会意识到若中国糖精不能进入美国市场,美国国内工业不仅不能受益,反而可能遭受更大的损失,于是判定无损害。② 除了这些人的努力,律师的工作也很重要,如答卷技巧,在回答准确、真实、完整的前提下,一切目的都是为了证明自己无威胁。

7. 建立预警机制

预警机制主要起到一种预防作用,如果能建立良好的预警机制,可以防止部分产品遭遇反倾销。比如关注美国工业界是否会对中国企业特定产品的进口提起反倾销诉讼的各种因素,一旦发现有被起诉的危险,要及时做好应对工作,如提价以控制倾销幅度,及时准备数据提出无损害抗辩等。③

在浙江省进出口公平贸易的网站上可以看到我省已经建立了预警机制,包括外贸预警,分为政策预警、产品预警、行业动态、规章制度、预警分析、预警点链接等,在预警点链接里又细分各个县(县级市)的对外贸易预警示范点。④ 但是,预警机制是否能达到预定的效果,除了官方建立之外,还需要企业对国外态度变化的敏锐和警惕。

8. 维护出口秩序

为了避免胜诉后又被提起新一轮的反倾销,有必要在胜诉后维护良好的

---

① 商务部进出口公平贸易局:《国外对中国产品反倾销、反补贴、保障措施案例集(美国卷)》第 2 册,中国商务出版社,2003 年版,第 147—148 页。

② 商务部进出口公平贸易局:《国外对中国产品反倾销、反补贴、保障措施案例集(美国卷)》第 3 册,中国商务出版社,2005 年版,第 95 页。

③ 商务部进出口公平贸易局:《国外对中国产品反倾销、反补贴、保障措施案例集(美国卷)》第 3 册,中国商务出版社,2005 年版,第 10—11 页。

④ 网址:http://www. zcom. gov. cn/zcom/gjmy/myjj/gpmy_wmyj/,,http://www. zcom. gov. cn/zcom/gjmy/myjj/gpmy_wmyj/gpmy_yjdlj/index. shtml,2010 年 5 月 31 日访问。

出口秩序,主要是因为企业胜诉后如果获得无损害裁决,则适用于所有的企业,而未应诉企业经常变本加厉地压低价格,这就使得那些积极应诉付出一定代价的企业十分沮丧,所以宁肯获得较低的税率也不要无损害裁决。[①] 因此,我国政府提出了"谁应诉,谁受益"原则。这一原则在1993年美国对华碳化硅案中有所体现,1997年底,外经贸决定对美国出口碳化硅只由1993年参加应诉的六家公司经营。1998年3月外经贸决定将碳化硅调整为出口许可证管理。1998年底宣布对碳化硅出口实施配额招标。[②] 这一原则起到了一定的作用,但出口秩序的维护仍要靠企业间的合作,把握好定价策略,防止低价竞争。只由样,才能保证某类产品的外国市场。

---

① 商务部进出口公平贸易局:《国外对中国产品反倾销、反补贴、保障措施案例集(美国卷)》第3册,中国商务出版社,2005年版,第99页。

② 商务部进出口公平贸易局:《国外对中国产品反倾销、反补贴、保障措施案例集(美国卷)》第3册,中国商务出版社,2005年版,第32页。

纯粹农民专业合作社
创办出资制度的反思①

张学军

摘　要: 创办出资是指合作社设立时由成员缴纳的资本。《合作社法》规定,"纯粹农民专业合作社"的成员是否缴纳创办出资、缴纳者的出资数额均由章程规定。它应该这样解释:成员均应出资且其出资额应与合作社的预期交易成正比。这样解释吸取了实践中的教训、公平、有比较法上的依据;同时因为有国家扶持、获得特别资本、获得保留资本也切实可行。如果解释成立,还应优化创办出资的计算方法、创设"保留资本归还计划"制度、实现创办出资的记载多元化。

关键词: 创办出资　成员　比较法　服务　保留资本

"纯粹农民专业合作社"(以下简称"纯粹农合社")是指完全由"同类农产品的生产经营者"组成的农合社。② "创办出资"是指合作社"设立"时成员"认缴"的出资。③ 全国人大农业与农村委员会、农业部明确指出,"纯粹农合社"创办出资制度的特色是,"《农民专业合作社法》规定成员是否出资以及出资方式、

---

① 本文是浙江省社科中重点研究基地 2009 年度省社科规划课题"后危机时代浙商发展法律对策研究—日本应对两次金融危机的鉴与戒"(课题编号:09JDZS004YB)的阶段性成果。

② 与之相对的另一类合作社是由"同类农业生产经营服务的提供者"和"同类农业生产经营服务的利用者"共同组成的。在学说上可称为"混合农民专业合作社"。其第一类成员被正式称为"团体成员",其第二类成员被正式称为"农民成员"(《农民专业合作社示范章程》第 9 条)。"农民成员"有时也被称为"农户成员"。参见乌云其其木格副委员长在全国人大常委会执法检查组《关于检查＜中华人民共和国农民专业合作社法＞实施情况的报告》(2008 年 10 月 27 日在第十一届全国人大常委会第五次会议上)。

③ 与之相对称的出资是《农民专业合作社示范章程》第 41 条规定的"调整""出资"。

出资额均由章程规定,体现了立法的灵活性。"(《农民专业合作社法》以下简称《合作社法》)。[①] 这样一来,就与《公司法》规定的股东创办出资制度形成鲜明对比。后者规定,出资是成为股东的前提(《公司法》第3条第2款)、公司有"注册资本的最低限额"要求(《公司法》第26条第2款、第81条第3款)、有限责任公司股东的"货币"出资具有最低比例要求(《公司法》第27条第3款)、公司成立时"首次出资额"具有最低比例要求(《公司法》第26条第1款、第81条第1款)。笔者认为,纯粹农合社创办出资制应该这样解释:所有成员均应出资且每个成员均应按照与合作社的预期交易成正比的原则出资。那么理由是什么呢? 这切实可行吗? 若成立的话是否应该增补配套制度呢? 本文拟回答这些问题。

一、"纯粹农合社"成员按预期使用比例出资的必要性

笔者认为,"纯粹农合社"的所有成员均应出资且每个成员均应按照与合作社的预期交易成正比的原则出资。具体的计算方法是:各成员的创办出资额＝创办出资总额×[各设立人预期的交易量÷全体成员的总交易量]。[②] 其理由是:(1)这吸取了实践中的教训。具有法人身份的市场主体,以其追求的目的为标准可分为以下两类:①赢利法人;②合作社法人。前者是指主体通过以成本加利润为利用者服务的方式给投资者取得利润的法人。也就是说,其投资者和利用者分离,利用者系投资者牟利的工具。后者是指以成本价[③]给投资者兼利

[①] 乌云其其木格副委员长在全国人大常委会执法检查组《关于检查〈中华人民共和国农民专业合作社法〉实施情况的报告》中(2008年10月27日)指出,"自法律实施以来,截至2008年6月底,全国依法登记并领取法人营业执照的农民专业合作社有58072个…成员出资总额430.13亿元,货币出资占出资总额的77%。"这一比例远远高于《公司法》对有限公司中货币出资所占比例的要求。因此,本文对出资方式不做详尽探讨。

[②] "创办出资"(equity capital)总额加借贷资本(debt capital)总额即为合作社的全部创办资本(initial capital)。

[③] 美国俄克拉荷马大学合作社中心教授(chair)肯克尔(Kenkel)指出,"传统的合作社通常以市场价买和卖。"其理由有三:"1. 在年终之前,合作社无法准确地确定利润额。2. 低于市场价定价会招致其他公司的反击。3. 那样定价会将合作社的利益提供给非成员顾客。而这会减少成为成员的动机。"Phil Kenkel, Trational Agricultural Cooperatives,2004,p. 14. http://cpa. utk. edu/pdffiles/PB1748. pdf 2010年4月27日访问。弗雷德里克(Frederick)等人指出,由于以下两种原因,在成员与合作社进行交往的当时就精确地计算出所需的成本几乎不可能:"①它无法准确地知道每天需多少费用。②与其他私立企事业单位一样,它购进的商品、出售的商品在价格上一直随市场波动。经过每年一次的正式决算,合作社的收入和花费才能得到确定。"[美]Donald A. Frederick and Gene Ingalsbe, Whar are patronage refunds? 1985, pp. 2~3,http://www. rurdev. usda. gov/RBS/pub/cir9. pdf 2010年4月27日访问。于是,合作社只好分两步走:首先,在出售农业生产资料或提供农业生产性服务时按通常的市场价收钱,在经销农产品时支付部分价款;其次,在财政年度结束时,购买合作社或"其他服务合作社"再将多收取的价款退还给成员,经销合作社将少支付的价款退还给成员,这就是"惠顾返利"。《合作社法》第37条第2款第1项就用来规范它。

用者,提供作为个人不能从以赢利为目的的主体那里获得服务或更好的服务的法人。也就是说,其投资者和利用者统一。因此,人们成立或加入法人的主要目的相应也有两个:(1)获取利润;(2)获得服务。如果同一法人出于某个(些)原因具有追求上述两种不同目的的成员,其冲突就难以避免、其利益就难以兼顾。美国匹斯堡大学经济学博士、荷兰伊拉兹马斯大学管理学院教授恒德里克斯(Hendrikse)等学者明确指出此点。他们说,"如果合作社由非成员提供资本,利益冲突就会在成员兼服务的利用者和希望获得最高投资回报的投资者之间发生。"[1]美国农业经济学家雅各布斯(Jacobs)结合实例也指出此点。他说,20世纪初期,"在由中间商(broker)和果农共同成立的组织中,中间商感兴趣的是以最低的价格购买水果以提高他们的回报。其结果是果农的利润相应地减少。尽管由相互竞争果农水果的独立中间商组成的市场是健康的,但是由两种当事人为稳定市场而成立的单一组织则相反。在成功的合作社中,成员的利益和营业(business operation)的利益是同一的。"[2]中国也有类似的教训。2005年8月至10月,国务院发展研究中心农村经济研究部与财政部农业司对分布在9个省、由中央财政资助的140家合作社,进行了调查研究(以下简称"九省调研")。结果表明,一方面,"合作社具有明显的龙头企业…带动型的特征";[3] "极少有合作社需要成员承担成本"。[3]另一方面,"极少有合作社需要成员…参加合作社利润分配。"[3]然而,为谋求资金,谋求"获得服务"的人也要被迫接纳谋求"获取利润"的人(相反的情况可能不会多甚至不会有,因为资本更稀缺)。真可谓"一分钱难倒英雄汉"!混合农民专业合作社(以下简称"混合农合社")就是这样的主体。它既有谋求服务的"农民成员",也有谋求利润的"团体成员"(它与公司的股东毫无二致!)。不过,为保障混合农合社始终运行在为"农民成员"提供服务(也就是防止合作社沦为"团体成员"谋利的工具)的轨道之上,《合作社法》设置了下列强制性的法律制度:(1)人数上控制。如果混合农合社成员总数在20人以下,则只能有1个团体成员;如果在20人以上,团体成员不得超过成员总数的5%(《合作社法》第15条第2款)。(2)在基本表决权上实行一个成员一票(《合作社法》第17条第1款)。(3)两种附加表决权相互制衡。出资额较大的成员和与本社交易量(额)较大的成员均可享有附加表决权(《合作社法》第17条第2款)。(4)附加表决权总数受限。附加表决权总数不得超过本社成员基本表决权总票数的20%(《合作社法》第17条第2款)。(5)章程可以限制附加表决权行使的范围(《合作社法》第17条第3款)。(6)惠顾返利所占比例高。在可分配盈余中,惠顾返利部分不得低于60%(《合作社法》第37条第2款)。

如果"纯粹农合社"成员的出资可以不等,且多投资者一方面能获得惠顾返利,另一方面能获得投资回报(《合作社法》第37条第2款)(按常理推测,他拒绝投资回报的可能性不大①),他就是在一身兼二职。从谋求利润的角度来看,他与"混合农合社"的"团体成员"没有任务区别。这样一来,多投资的农民成员和不投资、少投资的农民成员之间同样会存在利益冲突。而且,由于确保纯粹农合社为全体成员提供服务的法律保障不完整(即对多投资者无"人数上控制"),纯粹农合社沦落为为多投资者谋求利润的工具之可能性更大。

这样出资才公平。《合同法》第5条规定,"当事人应当遵循公平原则确定各方的权利和义务。"纯粹农合社成员间的约定也要遵守它。"纯粹农合社"的职责是为农民成员提供服务(《合作社法》第2条第2款)。所提供的"服务"依它成立前有无为标准可分为以下两类:(1)"新增的服务"。它是指以赢利为目的主体因无利可图而未曾提供的服务。(2)"改善的服务"。它是指以赢利主体为目的的主体以不利于农民的条件已经提供了的服务。② 第一类服务给农民带来了"可得到服务"这一利益,而第二类服务给农民带来了"惠顾返利"这一利益(若没有合作社,该利益就会落入加工商或流通商之手[4])。既然成员均按利用的比例获得了利益,就应该均按利用的比例出资。这样方公平。而且,由于"出资"属"对债务承担责任"的财产(《合作社法》第4条第2款),而交易的农产品不属之且"与农民成员已发生交易所欠款项"在清算时还应优先清偿(《农民专业合作社示范章程》(以下简称《合作社示范章程》)第55条第1款),所以多出资的人实际上多承担了经营失败的风险。这也不公平。而且,在发生冲突时,多出资者可以用"退社"(《合作社法》第19条、《合作社法》第21条第1款)逼迫出资少或不出资的成员就范。后者实际上占了小便宜但吃的大亏。这也不公平。③

比较法上有依据。首先看国际合作社联盟的立场。美国威斯康星—麦迪逊大学消费者学系教授、著名合作社专家霍伊特(Ann Hoyt)指出,"自国际合作社联盟于1895年创立以来,它就一直被全球合作社成员公认为界定合作

---

① 徐旭初教授等人指出,"为什么对于多数专业合作组织来说难以实现合作社的原则呢? 原因有多种:其一,农户充分意识到资金的稀缺性,以及非有高回报不足以吸引资本拥有者加盟…"。徐旭初、黄胜忠:《走向新合作——浙江省农民专业合作社发展研究》,科学出版社,2009年,第190页。

② 经济理论将以赢利为目的的主体不提供服务的现象,称为市场失灵或服务动机丧失。Wikipedia,Agricultural Cooperative,http://en. wikipedia. org/wiki/Agricultural_cooperative 2010年4月27日访问。

③ 作为现代合作社鼻祖的罗虚代尔公平先锋合作社(成立于1844年)的创办者起初就"强调社员自行提供资本",因为它可以"确保合作社成员在经济上免受出借人的控制。"Terry Appleby. The Industrial Revolution Gave Birth to the Cooperative Movement,http://www. wedge. coop/newsletter/article/56. html. 2010年4月27日访问。

社的概念、制定合作社的原则（它为合作社事业提供了动力）的最终权威（final authority）。"[5]国际合作社联盟 1995 年确定的第三个原则是"成员经济参与原则"，在内容上包括"成员应公正地提供合作社的资本"。① 其次看美国法律及实践。美国农业部 1987 年对合作社的定义是："合作社是由成员所有、归成员控制、按照成员利用合作社（惠顾）的多寡分配利润的组织。"美国威斯康星－麦迪逊大学农业和应用经济学系足利（Zeuli）助教和克鲁普（Cropp）教授指出，"该定义抓住了得到公认的以下合作社基本原则：'使用者拥有'（user-owner）原则。它暗示利用合作社的人（成员）帮助筹措资本（否则，何谈拥有合作社）。成员必须提供至少一部分资本。每个成员的出资额应该与其利用合作社的（惠顾）情况呈正比…"。[6]即使有人多出资，也没有意义。美国密歇根大学经济学系学者麦克布雷基（Mcbridge）指出，"每个成员创办出资的份额，应该与对合作社的预期使用（expected use）成正比…有些设立人希望抛开均衡的比例多出资。应该允许他们这样做。但是，应该提醒他们的是：合作社实行民主控制原则，多出资不会给他们带来任何额外的特权。"[7]在实践中，成员提供的普通资本（即不是通过出售优先股获得的资本）很多没有回报。美国著名合作社专家弗雷德里克（Frederick）这样说："很多合作社并不给资本支付任何股息。其他合作社只根据限制大量支付股息的州成文法和联邦成文法，支付适当的回报。"[4]而且，合作社一般也不能通过出售优先股取得资本。足利助教和克鲁普教授这样说："发行股票的合作社也可以出售优先股或非表决权股。但这样做依旧相当罕见（relatively uncommon）。它们可以将这类股票销售给成员和非成员。"[6]最后看欧洲法律和实践。美国合作社教育专家梅耶（Meyer）暗示到，欧洲传统的合作社实行"出资责任…与利用成正比"的原则。[8]2003 年 6 月，欧盟理事会通过了欧洲合作社法。该法对合作社所做的定义是："合作社根本地是指具有其他经济代理人所没有的特有运行原则的一群自然人或者是法人。这些原则包括民主结构原则、民主控制原则、在财年基于衡平分配净利原则。"欧共体重要的行政负责人（Principal Administrator）洛克米德斯（Loakimidis）指出，该定义"吸收了国际合作社联盟于 1995 年通过的'关于合作社特征的宣言'、欧洲各国法律和习惯包含的合作社基本因素。"[9]鉴于国际合作社联盟的立场，可以说欧洲目前依然在坚持传统的原则。在实践中合作社也由成员出资。恒德里克斯教授等学者明确指出，"在合作社中，成员是它的所有人。因此，成员提供资本。"[1]

---

① Statement on The Co-operative Identity，网络地址：http：//www. ica. coop/coop/principles. html 2010 年 4 月 27 日访问。

20 世纪 90 年代，^①美国大规模兴起了旨在将初级农产品加工成具有高附加值产品的"加工合作社"。它被美国学者称为"新一代合作社"。^② 它是在克服传统合作社弊端的基础上建立起来的。其主要特征是：(1)创办投资的可观性。传统合作社的创办出资极少，发展所需的资本主要依靠成员经营期间的积累(容后详述)。新一代合作社通常通过要求创办成员购买交付权股(delivery rights stock)的方式提供大量资本。交付权股通常用农产品的单位来计量，每一股表示成员每年有权将该单位的农产品交付给合作社。(2)合作社的封闭性。传统合作社实行开放原则。即只要成员能够利用合作社的服务并愿意承担成员的职责，就能够获得成员资格。这样一来，在加工合作社成功建立后加入的新成员，可以和冒风险建立它的创办成员一样获利。这阻碍了成员去投资兴建有风险的、长期运营的项目。而新一代合作社实行封闭原则。即交付权股一旦订购完毕，就不再接纳新成员。其实也无力接纳，因为交付权股总额与合作社每年可加工的农产品的总额是相对应的。(3)交付农产品的强制性。传统合作社实行自愿使用原则。即合作社成员没有与合作社交易的义务。其结果是，一方面，在合作社没赢利时难以保障合作社拥有足够数量的、优质的、所需的初级农产品，另一方面在合作社赢利时无法给成员合理分配企业的加工能力。而新一代合作社实行强制原则。即合作社成员既有权利又有义务根据持有的交付权股数，向合作社交付额定数量和质量的农产品。于是，其他没有交付权股的人就不能与合作社交易，持有交付权股的成员即使合作社的出价低于市价也必须交付。(4)交付权股的可转让性。传统合作社的普通股无法转让(升值更谈不上)，因为任何人可以通过自愿加入而无困难地取得；优先股的利率受到法律限制(一般是每年不超过8％)，所以很难转让。而新一代合作社的交付权股可以转让，这是因为它实行了封闭原则。而且可以升值，这是因为成功合作社的利润分配与交付的农

① 它创制于 1973 年。[美]Scott Flynn，Putting the New Generation Cooperative in Perspective Within the Value-Added Industry，85 Iowa Law Review，May 2000，p. 1482.

② Shannon L. Ferrell，New Generation Cooperatives and The Capper-Volstead Act：Playing A New Game By the Old Rules，27 Oklahoma City University Law Review 737，2002；Christopher R. Kelley，"New Generation" Farmer Cooperatives：The Problem of the "Just Investing" Farmer，77 North Dakota Law Review185，2001.

产品的数量相联。[10]很显然,新一代合作社不是抛弃而是强化了过去的传统。①

二、"纯粹农合社"成员按预期使用比例出资的可行性

或许有人认为上述想法根本不可行。这种担心不是一点道理都没有。毕竟,一方面农合社的成立和发展均需要足够的资本。《合作社法宣传提纲》指出,农合社也是"市场经营主体",也处在"市场竞争"压力之下。② 该立场完全正确。发达国家的立法可以提供佐证。足利助教和克鲁普教授指出,"在美国(加拿大、欧洲、其他国家也是如此),从根本上看,可供选择的商业组织形式主要有以下五种:(1)个人独资企业;(2)合伙;(3)有限责任公司;(4)(股份)公司(适用 1962 年国内税法第 C 节、第 S 节);(5)合作社公司(适用 1962 年国内税法第 T 节)。"[6]他们还指出,"在很多方面,合作社与其他种类的公司完全相同。它们同样参与劳动力市场和资本市场,而必须支付同样的员工薪水、管理层报酬、借款利息。诸如包装、贮藏、运输、加工、广告宣传等经营活动也完全相同…而且,诸如失业、银行利率、通货膨胀等总体经济条件,对它们的影响也相同。漠不关心对方身份的消费者通常也不能辨别出他们是否在与合作社交易(当然,'合作社'成为公司名称一部分的除外)"。[6]此外,部分欧洲国家甚至对于合作社和其他市场体在组织方式上同等对待。洛克米德斯指出,很多欧洲国家"对合作社并没有设置专门的法定形式(specific legal form)。例如,在法国和德国,合作社主要采用带有股份资本的公立或私立有限公司作为组织形式;在英国和爱尔兰(后者尤其如此),合作社主要采用带有团体目的和社会目的的法律实体——'储蓄互助会'(provident society)作

---

① 田纳西大学赢利农业中心(Center for Profitable Agriculture)学者荷兰(Holland)和布伦奇(brunch)指出,在现实中,"传统合作社在(新)成员加入时通常只要求交纳极少的、统一的资本。它的目的是尽可能多地招募成员、扩大农产品数量。然后通过保留未分配的利润(retained earnings)的方式积累资本。"Rob Holland、Megan Brunch. Commentary and Overview for the Tennessee Processing Cooperative Law[EB/OL]. (2004—11—15) [2010—04—27]. http://cpa. utk. edu/pdffiles/PB1748. pdf.

② 《合作社法宣传提纲》指出,"农村改革开放以来,中央确立了党在农村的基本经营制度,即以家庭承包经营为基础,统分结合的双层经营体制,农户的市场经营主体地位也因此确立。但是,由于经营规模小、应对自然风险和市场风险的能力弱,农户在商品生产和经营中遇到很多困难,因此,组织起来共同面对市场风险成为市场经济体制下分散经营的农民的必然选择。其中,受到农民群众普遍欢迎的一种十分重要的组织形式,就是农民专业合作社。但是,由于缺乏法律的保护和规范,在市场竞争中,农民专业合作社法律地位不明确、内部运行不规范、组织和成员的权益不能得到保护等问题,成为制约农民专业合作社发展的瓶颈。"

为组织形式;在荷兰,它采用非营利性的社会团体(association)作为组织形式;在爱沙尼亚,采用'以福利为导向的社会团体'(profit oriented society)作为组织形式。"[9]美国也是如此。① 既然纯粹农合社也是市场经营主体,它的成立同样需要足够的资本。美国密苏里—哥伦比亚大学农业经济系合作研究者(research associate)苏勒(Suhler)和(Cook)教授指出,"工商企业若想能提供理想的服务、在不利的商业和经济环境中生存下来、为债权人提供最低限度的安全,拥有足够的资本基础是不可或缺的。与其他商业组织一样,合作社也必须维持足够的资本基础。"[11]其实,这也是常识。另一方面,纯粹农合社是由农民成立的,而农民筹集创办出资并不容易,所需创办出资越大就越如此。②

　　然而,笔者认为,上述担心应该彻底打消。其理由是:合作社无论在成立时还是在经营期间均能获得政策性的"借贷资本"。《合作社法》第 51 条第 1款明确规定,"国家政策性金融机构应当采取多种形式,为农民专业合作社提供多渠道的资金支持…";③《关于开展农民专业合作社示范社建设行动的意见》指出,"加强对有关金融机构支持农民专业合作社发展工作情况的检查指导,推动落实金融支持农民专业合作社发展的政策措施"。《合作社法》第 51条第 1 款所谓的"为农民专业合作社提供""资金支持",在解释上应该包括为农合社的"设立"提供。其理由是:(1)这样解释符合立法目的。第 51 条第 1款的目的是帮助农民成员解决"资金困难"。④ 既然在成立时遇到了它,就应该从此时开始。(2)比较法上有依据。1933 年,美国通过了《农场信用法(Farm Credit Act)》。该法授权州长成立了 12 家"合作社服务银行"(Banks for Cooperatives)。这些银行"的唯一职责是为农业合作社贷款",[7]贷款用于"充当合作社的流动资金、购买合作社所需的设备"。[7]麦克布雷基指出,在"创

---

① 合作社可以发行股票,也可以不发行股票。参见张学军:《美国农业垄断豁免制度研究》,《比较法研究》,2010 年第 4 期,第 41 页。

② 乌云其木格副委员长在全国人大常委会执法检查组《关于检查〈中华人民农民专业合作社法〉实施情况的报告》(2008 年 10 月 27 日在第十一届全国人大常委会第五次会议上)中指出,"资金饥渴是农业和农村经济发展中的一个共性问题,要缓解农民专业合作社及其成员贷款难的矛盾,必须从全面改善农村金融服务入手。"

③ 长期以来,扶持资金的性质并不清晰。九省调研显示,有一个合作社遇到了国家对合作社提供的 10 万元专项资金是否应该归还的难题;由于包括这一难题在内的问题没有"得到解决,原来的盈余没有分配下去"。韩俊:《中国农民专业合作社调查》,上海远东出版社,2007 年版,第 198 页。笔者认为,"支持"应该采用借贷的形式。这一方面可以提高资金使用效率,另一方面可以防止套取国家扶持的虚假合作社的成立。

④《合作社法宣传提纲》指出,"基于农民专业合作社在发展过程中普遍遇到的资金困难,法律对国家政策性金融机构和商业性金融机构向农民专业合作社提供金融服务做了原则性规定。"

办成员"(original member)提供的投资资本(equity capital)和合作社借贷资本(debt capital)各自占总创办资本(initial capital)的比例问题上,美国的"经验法则是各占50%"。[7]借贷资本主要来源于那些银行当无疑问。1977年,曾担任审计署副署长一职的亚伯拉罕森(Abrahamsen)也指出此点。他说,"与过去相比,合作社越来越不依赖成员获得不断增加的资本,而是越来越多地利用借贷资本来获得…1963年到1970年,合作社资本增加了59%,其中股东股本只增加了23%,而借贷资本增加了132%。合作社服务银行依旧是借贷资本的主要来源,提供了2/3左右的借贷资本。"[12]

合作社可以在成立时从成员或公众那里取得特别资本。弗雷德里克还指出,"美国有些合作社通过向成员和非成员出售无表决权的优先股或无表决权的投资证书(equity certificate)的方式获得资本。为吸引人们投资,这两类无表决权的资本通常可以获得有限的股息或红利。"[4]笔者认为,我国合作社法虽然未这样明确规定,但在解释上当无疑问。这是因为,既然立法允许成立混合农合社而让投资者成为成员,就更应允许通过出售与股份公司的优先股相当的"投资证书"来取得资本。通过这种途径取得的资本,在学说上可称为"投资证书资本"。

合作社可以在经营期间取得新资本。首先看比较法。弗雷德里克指出,"合作社一旦运行,就可以从经营收入中提取惠顾收入保留(retained earnings)和交易价款保留(per-unit retains)来积累补充的资本。"[4]足利助教和克鲁普教授指出,所谓"惠顾收入"(即"惠顾返利"或"惠顾返还"),是指合作社根据成员与合作社的交易量(额)分配给该成员的收入,其中被合作社扣留下来充当资本的那部分,即为"惠顾收入保留";所谓"交易价款",是指经销合作社因销售其成员的农产品所得的价款("尽管从理论上说可以对购买合作社扣留保留资本,例如按所购商品的价款的2%扣留),但很少这样做"[6],其中被合作社扣留下来充当资本的那部分,即为"交易价款保留"。麦克布雷基说,"交易价款保留放入循环基金之中。后者通常用来在合作社成立后的第一年度内,偿还合作社开办时所负的长期债务。"[7]足利助教和克鲁普教授指出,"保留资本从法律技术角度来说归成员所有,合作社负有在未来的某时间点归还(redeem)的法律义务。"[7]华盛顿大学农业学院杜弗特(Duft)教授指出,"正因为可以取得交易价款保留,立法才允许合作社拥有少量的创办出资。"[13]恒德里克斯教授等学者明确指出,在欧洲,"增加创办资本的常见方法是惠顾收入保留"。[1]笔者认为,我国合作社法虽然未这样明确规定,但在解释上当无疑问。其理由是它更"简单和容易完成"。[14]详言之,《合作社示范章程》第41条规定,"为实现本社及全体成员的发展目标需要调整成员出资时,经成员大会讨论通过,形成决议,每个成员须按照成员大会决议的方式和金额调整成员出资。""调整"无疑即追加。若以"非货币资产出资",则由"全体成员评估作价"(《农民专业合作社登记管理条例》第8条第1款),并"办理其财产权的转移手续"(类推适用《公司注册资本登记管理规定》第12条第1款)。若以货币出资,则应"交付"(《物权法》第23条)。很显然,与之相比,合作社直接扣留部分利润或价款更简捷。立法连"调整成员出资"都允许,扣留它们就更应允许。通过这两种途径取得的资本,在学说上可统称为"保留资本"。

三、完善相关配套制度的立法建议

笔者认为,如果纯粹农合社的成员应该按预期使用的比例出资,那么应在以下方面完善配套的法律制度。

1. 优化创办出资的计算方法。新方法是:各成员的创办出资额＝(创办出资总额－投资证书资本总额)×[各设立人预期的交易量÷全体成员的总交易量]。这是因为,投资证书资本总额减少了所需的创办出资总额。

创设"保留资本归还计划"(equity redemption plan)①制度。首先看比较法。足利助教和克鲁普教授指出,"美国和其他国家"[6]采用了以下三种方法:(1) 循环基金计划(revolving fund plan)。它是指合作社经过一定期间的保留之后,按时间顺序退还所保留的资本。其要件和后果是:①确定一个循环期(revolving period)。确定它时,最根本的考虑因素是"如何确保资本的积累和退还之间的平衡"。②在循环期内不断增加保留资本。③在循环期结束后的下一个财年,从总保留资本中退还时间最久的保留资本。[7]一般而言,每年只退还一个最早年度的资本。[6]例如,某合作社确定的循环期为3年(即自2006年至2008年)。2006年至2008年,保留资本分别为500元、1000元、300元。2009年,则退还2006年的500元,2010年则退还2007年的1000元,依此类推。

2. 比例偿还计划(percentage of all equities plan)。它是指合作社经过一定期间的保留之后,按比例退还保留资本。其要件和后果是:1)确定一个循环期(revolving period)。2)在循环期内不断增加保留资本。3)在循环期结束后的下一个财年,按比例退还既有的保留资本,它在何时加入则在所不问。[7]例如,在上例的事实中,若成员大会确定的比例为20%,2009年则退还360元。

---

① 应该注意的是,依据各国的规定,归还的对象是"保留资本"。也就是说,创办出资不归还。但它可以取得有限的股息或红利。在诸如成员退休、法人终止等特殊情况下才原额退还。

3. 基础投资计划(base capital plan)。它是指根据每个成员在过去一定期间内的交易量占合作社总交易量的比例,对新财年的出资进行调整。其要件和后果是:(1)确定新财年所需的总出资量。在学说上称为"基础投资"(base capital)。例如,提前确定 2010 年度所需的资金为 1 万。(2)确定决算期(base period)。所谓决算期,是指计算成员与本社的交易量(额)的期间。它可以较短(例如一年),也可以较长(例如三年)。确定较短的期间之优势在于,可以对每个成员的交易量(额)的变化迅速做出反应。确定较长的期间之优势在于,可以抚平交易量(额)的大范围波动,而提供一个更有代表性的交易量,从而防止经常的调整。例如,确定决算期为三年,自 2007 年至 2009 年。(3)确定决算期内各成员的交易(惠顾)占总交易(惠顾)的比例。该比例在学说上可称为"交易比"。(4)以"交易比"乘以"基础投资"。该乘积在学说上可称为"必须的资本"(required base)。(5)比较"必须的资本"和"目前的资本"(current base)的大小。若"必须的资本"大于"目前的资本",则在下一财年以此数为准追加资本。反之,则在下一财年以此数为准获得归还资本。[7]例如,2010 年某合作社所需的资本预计为 1 万元,2009 年成员甲、乙的保留资本均为 1000 元,决算期为三年(即自 2007 年至 2009 年)。如果甲、乙的交易比分别为 15%和 8%(即"必须的资本"分别为 1500 元、800 元),那么在 2010 年甲就要追加出资 500 元,乙获得退款 200 元。

笔者认为,我国合作社法应该借鉴这些方法。其理由是:

(1)这才公平。由于合作社的保留资本是投资,所以应由接受合作社服务的成员按利用的比例提供。而这三个计划都达到了这一目的。

(2)这便于取得新增资本。这是因为按照这些计划合作社在不断积累新资本,致使退款有保障。当然,按照基础投资计划有些成员要追加。

(3)创办出资的记载实现多元。成员提供的创办资本可分为两类:①按照预期交易量提供的资本。这与股份公司的普通股基本相当。②与交易无关但可取得红利的资本。这与优先股相当。这两类资本应用不同的证书记载或证明。其理由是:①这便于合作社分辨。②这便于成员转让后一类投资。

参考文献:

[1] Hendrikse G. W. J., Restructuring Agricultural Cooperatives[E]. Rotterdam: Erasmus University Rotterdam, 2004.

[2] Jacobs J. A.. Cooperatives in the U. S.-Citrus Industry [EB/OL]. (1994-12-15) [2010-07-23]. http://www.rurdev.usda.gov/rbs/pub/rr137.pdf.

[3] 韩俊.中国农民专业合作社调查[E].上海:上海远东出版社.2007.

[4] Frederick D. A.. An Introduction to Cooperatives [EB/OL]. (1997 - 06 - 15)[2010 - 05 - 20]. http://www. rurdev. usda. gov/rbs/pub/cir55/c55text. pdf

[5] Merrett C. D., Walzer N. . Cooperatives and Local Development: Theory and Application for the 21st Century[M]. New York: M. E. Sharpe, Inc.. 2004.

[6] Zeuli K. A., Cropp R. . Cooperatives: Principles and Practices in 21st Century [EB/OL]. (2004 - 08 - 15) [2010 - 04 - 12]. http://learningstore. uwex. edu/pdf% 5CA1457. pdf

[7] Mcbridge G.. Agricultural Cooperatives: Their Why and Their How [M]. Westport: The Avi Publishing Company. 1986.

[8] Meyer T. M.. Understanding Cooperatives: The Structure of Cooperatives [EB/OL]. (1994 - 10 - 15)[2010 - 06 - 28]. http://www. rurdev. usda. gov/RBS/pub/cir453. pdf

[9] Loakimidis A.. Legislative Development: The Statute of The European Cooperative Society[J]. Columbia Journal of European Law. 2007(1):189—199.

[10] Kenkel P.. Traditional Agricultural Cooperatives [EB/OL]. (2004 - 11 - 15) [2010 - 03 - 22]. http://cpa. utk. edu/pdffiles/PB1748. pdf

[11] Suhler D. R., Cook M. L.. Origins of a Current Conflict？ An Examination of Stock-Nonstock Cooperative Law[J]. Journal of Agricultural Cooperation, 1993 (8):54—62.

[12] Abrahamsen M. A.. Agricultural Cooperatives: Pioneer to Modern [EB/OL]. (1977 - 08 - 15) [2010 - 06 - 05]. http://www. ag. ndsu. nodak. edu/qbcc/Library/Historical% 20Aspects/Agricultural% 20Coopeatives - % 20Pioneer% 20to% 20Modern. pdf

[13] Duft K. D.. Allocation of Losses:Tax,Legal,Member Relations Financial Structure and Equity Ramifications [EB/OL]. (1984 - 08 - 28 - 29) [2010 - 05 - 02]. http://www. ag. ndsu. nodak. edu/qbcc/Library/Finance/Allocation% 20Losses/Allocation% 20of% 20Losses - % 20Tax,% 20Legal,% 20Member% 20Relations,% 20Financial% 20Structure% 20and% 20Equity% 20Ramifications. pdf

[14] Frederick D. A., Ingalsbe G.. What are patronage refunds？ [EB/OL]. (1985 - 01 - 15) [2010 - 03 - 27]. http://www. rurdev. usda. gov/RBS/pub/cir9. pdf

图书在版编目(CIP)数据

浙商研究. 2010 / 吕福新主编. —杭州:浙江工
商大学出版社,2011.3
ISBN 978-7-81140-285-8

Ⅰ. ①浙… Ⅱ. ①吕… Ⅲ. ①商业经营－研究－浙江
省 Ⅳ. ①F715

中国版本图书馆 CIP 数据核字(2011)030833 号

浙商研究 2010

吕福新 主编　张旭昆 副主编

责任编辑	许　静
责任印制	汪　俊
出版发行	浙江工商大学出版社
	(杭州市教工路 198 号　邮政编码 310012)
	(E-mail:zjgsupress@163.com)
	(网址:http://www.zjgsupress.com)
	电话:0571－88904980,88831806(传真)
排　版	杭州朝曦图文设计有限公司
印　刷	杭州杭新印务有限公司
开　本	710mm×1000mm　1/16
印　张	24.5
字　数	426 千
版 印 次	2011 年 3 月第 1 版　2011 年 3 月第 1 次印刷
书　号	ISBN 978-7-81140-285-8
定　价	45.00 元